SIFA

现代司法文丛

夏锦文◎主编

司法部法治建设与法学理论研究
部级科研项目成果

江苏高校优势学科建设工程
资助项目（法学）成果

司法方法与
法学流派

秦策　张镭◎著

人民出版社

总　序

改革开放三十多年来,中国在全球化浪潮中展开了波澜壮阔的创新实践,经济建设、政治建设、文化建设和社会建设取得了举世瞩目的成就。在经济增长、社会转型的宏大背景下,我国的各项司法改革渐次展开,开启了当代中国司法现代化的崭新历程,有力推动了中国特色社会主义法治国家建设的发展步伐。经过二十多年的司法改革,中国的司法领域发生了历史性的深刻变化,逐步走出了一条具有鲜明中国特色的自主型司法改革道路。中共十七大报告进一步明确将建设公正高效权威的社会主义司法制度作为司法改革的目标要求,为司法改革指明了新的方向,注入了新的动力。作为法律学人,我们以高度的热情和强烈的使命感关注着当下中国法治生活所展示的新特点,所涌现的新问题,以及在此新形势之下司法改革向纵深发展的复杂进程。

我们关注司法,是因为司法领域正日益成为中国法治建设的重中之重。在当下中国,一个以宪法为核心的中国特色社会主义法律体系已经形成。由宪法及相关法、民商法、行政法、经济法、社会法、刑法、诉讼和非诉讼程序法七个法律部门和法律、行政法规和地方性立法三个层级的法律规范组成的法律体系奠定了法治的基本框架。改革开放之初无法可依的状况已经得到根本性的改变,人们越来越多地关注法律的实施,尤其关注司法活动中的各种矛盾与问题。在法学理论界,我们也观察到一些微妙的转向,即由偏重立法的研究视角转向立法与司法并重的研究视角,由法条主义的规范分析转向法律适用的动态分析。近年来,最高人民法院提出了"能动司法"的司法理念。这表明,司法过程不是立法条文的机械演绎,其中交织着规范与事实之间、法律关系与社会关系之间的复杂互动关系,蕴涵着独特的司法规律、司法原理、司法价值与司法理念。法学注定是一门经世致用的学科,而其实用性或实践性在司法活动中将会得到最为充分的彰显。因此,关注司法,既是法治发展的时代需求,也是法学固有的学科性质使然。

我们关注现代司法,是因为中国司法仍然处于由传统走向现代的发展进程之中。"现代"本是一个时间范畴,它与传统或前现代相对,代表了一个更为高级的文明发展阶段。当代中国司法体制正处于由传统的价值——规范体系向现代的价值——规范体系的历史转型时期,这一过程就是中国的司法现代化。如何建立与现代社会相适应的司法制度仍然是一项非常艰巨的任务。因此,我们需要借鉴世界各国法治发展的先进经验与优秀成果,梳理司法现代性的具体标准与目标模式,把握司法现代化的共同规律,为中国司法制度的改革寻找可资参考和借鉴的思路。但是,我们也注意到,现代性的司法往往寓于多样性的法律制度与文化之中,在这个意义上,"现代"又包含着空间的要素,换言之,所谓的现代司法必须依托于特定的法律传统与文化语境才能展开其基本脉络。因此,司法现代化不等于西方化,我们关注的是能够与中国社会传统相对接、与中国普通百姓的现实观念相调适的现代司法。中国的社会传统与正在生动、恢弘和全方位展开的现代化进程,构成了当下中国司法现代化的现实背景,只有认真考察这一背景的性质特征,才能构建出富有活力的、体现中国特色的现代司法。西方的司法现代化经验确实能为我们提供多方位的启示和帮助,但是,我们也不能忘记,本土资源中仍然存在不少值得挖掘和改造的优秀成分。深入研究中国司法文化的传统与现代性,揭示中国司法文化从传统向现代转型变革的基本走向、条件和发展阶段,这是当代中国法律学人必须担当的历史使命。

于是,我们认为有必要系统地梳理和总结中国司法改革的经验与教训,透视当下中国司法改革存在的突出问题,反思理论界关于司法知识的生产范式,完善司法原理,揭示司法规律,构建司法学科体系,进而探寻在全球化时代建立中国式现代司法的基本路径和方法。基于这一宗旨,我们编辑出版了这套"现代司法文丛"。

为了能够更好地回应时代需求,我们努力使这套"现代司法文丛"成为一个开放、多元的学术平台。在文丛的体裁上,她应当是不拘一格的。除了学术专著之外,我们也欢迎高质量的司法调研报告,以及见解深刻、文笔优美的司法随笔文集。

在论域范围上,她应当是包容性的。司法改革包含着从观念到制度、从理论到实践各方面的变革与创新,因而文丛的选题将逐步涵盖与司法活动相关的各个领域,包括司法基本原理、司法理念与价值、司法政策、司法体制、司法程序、司法文化、司法伦理、司法管理、司法技术、司法行为、司法心理等,以多维度的论域展示司法活动的各个侧面。

在研究方法论上,她应当是多样化的。方法论的多样会带来研究视角的独特与新颖,促成观点上的创新。文丛以辩证唯物主义与历史唯物主义为总方法论,并积极倡导具体方法论上的创新,在更为有效而精到应用规范分析、比较研究、历史分析、文献整合、实证研究、结构分析、反思诠释等法学方法论的基础上,密切关注法学和相关学科学术方法论的最新发展和创新方向,尤其重视当今世界哲学社会科学正在发生的由"学科综合"到"问题综合"的方法论范式创新和转向,深刻洞悉和准确捕捉现代司法理论和实践的真正问题,通过多元化学术方法的有效综合应用,对现代司法领域的各种宏观与微观问题进行多角度、多层面的揭示、分析、阐释和论证。

总之,我们将努力使"现代司法文丛"拥有丰富多姿的样式和兼容并蓄的内涵,为深化现代司法理论、推进当代中国的司法现代化作出我们的学术努力。

夏锦文

2011 年 11 月 18 日

目　录

上编　司法方法论的流派观点

下编　法学流派视野中的司法方法

序

毛泽东指出:"我们不但要提出任务,而且要解决完成任务的方法问题。我们的任务是过河,但是没有桥或没有船就不能过。不解决桥或船的问题,过河就是一句空话。不解决方法问题,任务也只是瞎说一顿。"❶这段精辟语录同样适用于司法活动。和所有的人类实践一样,司法过程也要遵循一定的方法。对于立法中心主义而言,法制建设无非是法律规则的完善与法律制度的健全,法律适用则被视为从法律大前提向个案判决的直接演绎,并没有太多的方法论问题。然而,这种观点显然将司法过程简单化、机械化了。事实上,在司法实践中,法律与案件的对接并不总是那么顺畅,逻辑的演绎也并非总是那么奏效;要获得既有法律效果又有社会效果的判决,我们需要更加丰富、更加有效的司法方法论资源的发掘和利用。司法方法是联结法律与案件之间的桥梁,也是规制法官裁量权和保障司法公正的重要手段,有鉴于此,司法方法论的研究应当成为法学研究的重要组成部分。

在当下中国,"一个立足中国国情和实际、适应改革开放和社会主义现代化建设需要、集中体现党和人民意志的,以宪法为统帅,以宪法相关法、民法商法等多个法律部门的法律为主干,由法律、行政法规、地方性法规等多个层次的法律规范构成的中国特色社会主义法律体系已经形成"。❷ 中国的法制现代化正在走向深入,我国的法制建设显现出了新的特点。随着社会主义法律体系的建立,改革开放之初无法可依的状况已经得到根本性的改变,人们越来越多地关注法律的实施,尤其关注司法活动中的各种矛盾与问题。正因为如此,关于法律方法

---

❶ 《毛泽东选集》第一卷,人民出版社 1991 年版,第 139 页。
❷ 吴邦国在"形成中国特色社会主义法律体系"座谈会上的讲话,见《人民日报》2011 年 1 月 26 日第 1 版。

与司法方法的研究近几年来在我国法学研究中逐渐兴起,成为一个重要的研究领域。在司法现代化的宏大背景之中,对司法方法进行研究具有特别重要的价值意义。首先,法治不仅要求法律本身是一种体现社会价值要求的"良法",以及立法体系的完备,同时也要求从立法向判决的转换过程即司法推理过程是正当的、合法的。因此,司法方法本身是否具有正当性,这是法治命题在理论上是否成立的前提。其次,要改善司法状况,就必须从个案的高质量审理入手,个案虽小,却能反映司法水平的高低,体现法治文明的发达程度。司法方法是法官审判过程的重要因素,如果不能系统地认识和把握司法方法运用过程中的规律,也就难以提高审判质量进而实现司法公正。因此,司法方法的研究能够为我国的司法实践提供重要的方法论指导,它对于构建客观、公正、高效、权威、符合现代化要求的司法制度而言也是必不可少的。

秦策和张镭两位副教授合作完成的这部专著——《司法方法与法学流派》,是司法部研究项目的最终研究成果。该著作在法学流派理论的发展脉络之中确立了司法方法的基本分析框架,系统而细致地探讨了多种司法方法的发端、含义、操作及相互关系,剖析了这些司法方法的价值和局限及其对司法实践的可能影响。作者将对司法方法的分析放入各种法学流派理论的背景之中,试图联结"形而下"的司法技术层面与"形而上"的司法哲学层面,达致一种关于司法方法论的整体观。在这样一种独特的视角之下,全书分为两大部分,上编讨论了七种主要法学流派(法律形式主义、现实主义法学、法律过程理论、自然法学、分析法学、实用主义法学和批判法学)的司法方法论哲学理论,下编探讨八种具体的司法方法(语义分析、逻辑推理、历史分析、政策分析、价值衡量、利益衡量、原则裁判和后果评估),以及法学流派理论对这些司法方法及其运用的影响。由此一方面展示了不同法学流派在司法方法论问题上的各自特色;另一方面也阐释了各种司法方法背后的深厚法哲学渊源。

我有幸作为该著作的第一位读者,第一个享受到作者奉献给我们这份丰富的精神文化大餐,感到十分高兴。我既为两位年轻学者勇于求索的理论勇气而感到叹服,也为他们透辟精准的内容观点而感到折服,尤为他们所取得的高质量的研究成果而感到兴奋。我感到,该研究成果在总体设计上具有重要的理论创新意义,弥补了国内相关研究的空白。应该说,对西方法学流派的研究,我国学术界一向比较重视,产生了一批重要的研究成果。但这些成果大多是以法律本体论、价值论为研究重心或目的,而对西方诸法学流派著述中涉及的司法方法论问题极少作为重点问题展开研究。一些著述对西方司法方法论思想的评价,又往往把视阈局限于个别学者或流派,显得零散,缺乏系统性,对不同法学流派司法方法论之间的关联也未能清晰地加以揭示,因而留下了广阔的研究空间。与此同时,近年来国内法学界对法律方法与司法方法的研究,较多地局限于就方法谈方法,就技术论技术,缺乏对司法方法之法理内涵的系统挖掘,以及对不同司法方法之间异同关系的细致梳理。两位青年学者试图克服上述两种研究倾向之不足,将司法方法论的解析视角投向特定法学流派的法律本体论、政治哲学倾向的内在关联之中,同时,又将个案判决的形成与司法方法的运用置入特定法学流派的影响之中,以挖掘具体司法方法的法哲学底蕴。这样的分析使研究视野更加开阔,阐述更加深入,观点更为新颖,结论也更令人信服。

具体说来,该著作诸多观点创新之处主要表现在以下几个方面:第一,在建构司法方法体系时,作者提出了"司法基准"的范畴,并倡导以"基准分析"的方法来梳理司法方法的类别与体系。作为一家之说,该观点能够在一定程度上消解当前相关研究中认识混杂不清的状况。第二,作者提出了建构司法方法论哲学的设想,具体界定了司法方法论哲学的主要领域与问题群,以此作为分析各个法学流派理论的指标和参照系,这在理论界也是一个全新的尝试。第三,在各种具体司法方法的分析上,作者也提出了一些有价值的观点,诸如语义分析弹性模式的构建、政策分析方法的次序与路径、原则裁判功能的限定、后果主义司法的多重视角等,这些观点虽然并非作者的全新"发明",而是在细致考察各种流派理论观点之后的重新"发现",而且,他们对国内的学术通说作了进一步深化、系统化的研究,有的甚至是纠偏式的研究,等等。所有这些探索性、创新性的研究,无疑是具有重要的理论价值和实践意义的。

当然,本书也存在一些不足之处,一些问题看来只是确立了基本的研究方向与路径,尚未得以充分展开,在深度上还有待于进一步挖掘。例如,作者提出了多元化的"司法基准"以及相应的司法方法,但这带来了新的困惑:不同的司法基准或司法方法之间发生了冲突,那又当如何处理和选择?还有,决定司法方法运用的根本性因素究竟是什么?特别是不同司法方法论哲学之间的演变脉络、各种以实质基准为基础的司法方法之间的共性和个性关系问题如何阐发得更加清楚明白?等等。上述问题,不仅有待于两位青年学者继续深入研究,而且也会引发我国法学界和法律实务界广大同仁在他们研究的基础上作进一步系统探索。我认为,恐怕这也是该著作的理论价值之一吧。总之,我们不能强求作者能够一蹴而就地在短时间内解决长期以来困扰人们的司法理论难题,这才是实事求是的根本态度和根本方法。

2009年,最高人民法院提出了"能动司法"的司法理念。不管人们对最高院的这样一种提法和做法持怎样的态度和观点,在我看来,从法哲学理论和方法的角度来看,这实质上是构建一种具有中国特色、适应司法工作实际需要的司法哲学理论与方法,并且要求全国法院以这种哲学的理论与方法来指导司法人员的个案裁判实践。任何国家的司法实践都可以昭示人们:机械司法并不能负载法治的使命,法条主义不能完全解决纷繁复杂的社会生活和社会纠纷。要真正做到定纷止争,案结事了,我们既需要依法裁判,也需要能动司法。司法方法论是司法哲学的重要组成部分。各种具有能动性的司法方法是在司法理论与实践的参验与互动中得以炼造和验证的,从这个意义上说,该著作可以为当下的司法理论和实践提供一种可供借鉴的学术资源。也正是在这个意义上,我热烈地祝贺该著作的出版,并期盼该成果能够引起我国法学理论界和法学实务界的注意和重视。

感谢作者邀请我为他们的著作作序。我殷切地期待着两位青年学者能够以该书的出版为契机,继续努力,不断求索,取得更多的学术成果,攀登更高的学术峻峰!

是为序。

龚廷泰　谨识

2011年2月28日夜于金陵

前言　联结司法的"形而下"与"形而上"

> 形而上者谓之道,形而下者谓之器。
>
> ——《易经·系辞》

一

美国学者昂格尔在论及现代法律秩序时指出,西方法治的形成有赖于法律获得一种"方法论的自治性",即法律推理具有使自己区别于科学解释以及政治、伦理、经济论证的方法与风格。❶ 作为法治的一种基本要素,这种"方法论的自治性"具有深层次的意义。一方面,它通过同质的思维方式与推理方式彰显了法律职业的基本特色,构筑了共同体的基础;❷另一方面,它也使法官在司法实践中能够有效抵御各种法外因素的不恰当渗入,进而维护司法的独立性和依法而治的法治精神。之所以如此,是因为这种"方法论的自治性"揭示出了司法活动蕴涵着不同于其他社会活动的特殊运行方式和规律,只有循此而行,才能将司法置于科学的基础上,实现客观司法与公正司法。诚如学者所言:"法学之成为科学,在于其能发展及应用其固有之方法。"❸

关于方法,人们有不同的理解。在许多场合它是指解决问题的技术性手段,但在另外一些场合它又与方法论一词不加区分,指的是这种技术性手段背后的理论思维。依此思路,我们可以将司法方法分为技术与哲学两个维度,前者是指

---

❶ 参见[美]昂格尔:《现代社会中的法律》,吴玉章、周汉华译,中国政法大学出版社 1994 年版,第 47 页。

❷ 参见夏锦文:《法律职业化:一种怎样的法律职业样式——以司法现代化为视角的考察》,《法学家》2006 年第 6 期。

❸ 梁慧星:《民法解释学》,中国政法大学出版社 1995 年版,第 80 页。

帮助法官处理具体案件的实务技能,可谓司法的"形而下";后者是指系统解释这些实务技能的理念与学说,可谓司法的"形而上"。这两个维度与司法主体的塑造有着十分密切的联系。人们一般认为,技术培养"法匠",哲学造就"大师"。这种两分法不可避免地给我们提出了一个问题:在司法方法论中,技术与哲学何者为重?换言之,法官是应成为"法匠"还是"大师"?对这个问题,以及何谓"法匠",何谓"大师",不同的论者之间显然是存在不同看法的。

对于"法匠",人们的看法多少有点负面,认为他们虽然熟知众多的法律条文,亦了解运作这些法律条文的技能,但是,只能作机械的适用,不能彰显法律的精神内涵,因此是没有深度的、"目光如豆"的;而要成为"风骨卓然的法律人",必须洞悉法律条文背后的立法意旨,这涉及法理的高深智识,需要法哲学上的涵养。❶ 这一点似乎得到一些著名法官的认同,如法兰克福特大法官认为,杰出法官最重要的品质并不是司法阅历和工作经验,而是他所拥有的法哲学思想。❷ 霍姆斯大法官则以一种更宽阔的视野来看待法律与司法,他说:"法律更为悠远和一般的方面是那些赋予它普世兴趣的东西。正是通过它们,你不仅在你的职业里成为一名大师,而且将你的主题与宇宙联系起来,捕获那发自无限宇宙的回音,深不可测过程的瞬间,以及宇宙法则的线索。"❸ 对于霍姆斯而言,通过合适的司法方法将正义分配于现实的世界不仅是法官的天职,更是作为一名真正法律人的人生操守和终极关怀。

然而,我们也注意到,无论是法兰克福特,还是霍姆斯,都堪称司法技艺的巨匠。法兰克福特在其法官任期内撰写了约 250 份司法意见,而霍姆斯所撰写的司法意见竟达 2000 份之巨!司法技艺的深湛同样是这两位大法官的特色。看来,"法匠"与"大师"之间并非截然对立,司法的技术维度与哲学维度亦非不可兼得的"鱼"与"熊掌",相反,它们都应该被视为法官司法素质的必要组成部分。具体而言,要想成为"大师",必先成为"法匠"。在笔者看来,能够称之为"法

---

❶ 参见林立对"法匠"与"风骨卓然的法律人"的比对性评价。林立:《法学方法论与德沃金》,中国政法大学出版社 2002 年版,序言部分。

❷ 参见宋冰主编:《程序、正义与现代化》,中国政法大学出版社 1998 年版,第 146 页。法兰克福特(Felix Frankfurter),曾任美国联邦最高法院大法官(1939 年至 1962 年)。

❸ [美]奥利弗·温德尔·霍姆斯:《法律的道路》,张千帆、杨春福、黄斌译,《南京大学法律评论》2000 年秋季号。霍姆斯(Oliver Wendell Holmes Jr),曾任美国联邦最高法院大法官(1902 年至 1932 年)。

匠"的,必须能够在法律规则的运用方面驾轻就熟,通晓裁断案件的"十八般武艺",在典型案件中能够自如地发现唯一正确的结论。他们忠实地将法律的形式意义传送到具体案件之中,将司法置于立法的框架之下;他们虽然未必能够妥当地照顾到个案的特殊情形,但是尊重了普通人对于法律平常含义的一般预期;他们或许会拘泥于法律,但绝不玩弄规则;他们或许会生搬硬套,但绝不偏私。严守律文的品格经常被人讥为机械,但却维持了国家法律机器的基本运转。何况,不具备"法匠"技能的法律人最多只是一名坐而论道的价值建构者,很难成为真正的"大师"。

其实,"法匠"或"大师"是对法官素质的两种不同的表述方式。前者描述的是法官的实践技能;后者则强调了法官的哲学涵养。这两种素质对法官而言是同等重要、不能偏废的。固然,在善于较真的批评者面前,笔者承认这一结论并非没有例外。在法律欠发达或不成熟的社会里,"奇里斯玛型法官"❶以非规范的方式来解决纠纷可视为一种特例。但是在成熟的现代司法制度内,这一结论应该说还是具有妥当性的。在司法的"形而下"层面,法官获得了一种技术理性,抑或以数理科学家般的严谨分析法律概念,适用法律规则;抑或像社会科学家一样面向社会现实,融情理、事理于判决之中,总之能够以娴熟的技巧化解纠纷,游刃有余。在司法的"形而上"层面,法官深深地潜入法律的"内核"与"灵魂",这使他不仅能够以超然的视角透析法理,阐述法的真意,而且能够以独特的风格兼容传统的底蕴,以创造的个性引导社会的发展。只有二者综合与统一才能铸就杰出的法官,塑造法官职业的辉煌。

由此,我们可以获得一种关于司法方法论的整体观。一方面,司法方法论被划分为技术与哲学成为两个相互独立的领域,在理论上作分别研究,这有助于对这两个性质不同的领域进行细致的观照。另一方面,我们也需要通过某种方式,将司法的技术维度与哲学维度联结起来。这一点或许更为重要,因为它有助于我们将司法过程——无论哲学立场的选择,还是具体技术的选用——放在特定的社会历史背景之中,从社会需求、政治经济思想中汲取力量,从而避免认识上的褊狭。这种褊狭的认识抑或将司法方法钝化为一种纯技术,抑或将其视为某

---

❶　奇里斯玛(charisma)即"个人魅力"。德国社会学家马克斯·韦伯曾经使用过的术语,它本义是神圣的天赋,领袖人物能使成员服从自己的非凡魅力。

种大词大语的纯理论性或纯意识形态清谈,无论哪一种,都是将司法方法的技术维度与哲学维度割裂开来。为了避免这种褊狭认识,我们有必要将司法的"形而下"层面与"形而上"层面联结起来,在法律思想流变的深刻背景中来观照司法方法的具体运用,来透析个案判决的实际形成。

二

法律思想的精华集中体现在各种法学流派理论之中。从西方历史的演进历程来看,法治既表达为具体的法律制度与实践,同时也代表了一种智识积淀和理论追求,而理论追求的高级形态就是法学流派的形成。法学流派乃是"围绕法的现象世界中的某一重大问题,持相同之立场,发相同之议论,倡相同之学说之法学家群体也"。❶ 在法学思想的发展史上,流派的诞生会带来新的观点、观念和分析工具,法律共同体中关于法律、司法的认识得以更新,视野得以拓展。流派的发展则意味着某种新的理论形态从传统思想中得以脱颖而出,蓬勃壮大,乃至于形成一种智识"运动"(movement)。这种智识运动呼应着社会的深层需求,并导引法学理论或实践上的范式转换。有些流派理论可能会被原有的主导性理论所吸收,使其发生内部的修补;也有一些流派理论则可能导致剧烈的观念碰撞与变革,带来法哲学范式的转换,从而产生更加深远的影响。

在理论领域,法学流派可以引领法学研究的方向,但对司法实践,法学流派能否发挥作用?虽然我们倾向于将法学总体上看成一种经世致用的学问,但是不可否认的是,法学理论与法律实务之间毕竟存在着某种区别。作为一门科学,法学理论关注法律现象背后的本质和价值问题,通过理性思辨与经验抽象来建构系统的理论体系,以超越实践的姿态获得评价和批判司法实践的客观立场。而作为一种权力运作,司法实务是专职裁判者适用法律解决具体纠纷的活动,以维护法制统一和解决实践问题为旨向,它镶嵌在特定的社会关系与政治场域之中,摆脱不了现实情境的羁束,其思维方式显得具体而实际。也正因为如此,从事法学研究的法学家与从事司法实务的法律家在国家的法制生活中分别扮演不同的角色,在法律发展史上也发挥了不同的作用。既然存在如此区别,那么,以

---

❶ 何勤华主编:《西方法学流派撮要》,中国政法大学出版社2003年版,序言。

抽象理论形态表现出来的流派观点何以能够影响到法官对于具体案件的审理与判决呢？反过来说，法官适用法律解决具体纠纷的活动又如何体现出一定的法哲学的观点呢？

其实，这种差异并未阻断两者之间的互动与交流。哲学起源于追问。赫尔姆霍茨说，只要我们把问题追索得足够深远，任何科学问题都会把我们引向哲学。❶司法实务问题亦然。我们对法官审理案件所使用的司法方法同样也可以产生许多追问，诸如：为什么在本案中要使用这种司法方法而不是其他的司法方法？特定的司法方法是否有效？是否能够实现我们所追求的法律精神或其他目的？法律的精神是什么？对法官所使用的司法方法有何决定或限定作用？使用某种司法方法是否符合权力分工体系中法官的职责或角色要求？是否符合社会对于法官审判行为的基本预期？法官又应当在何种程度上考虑这些社会预期？如果使用不同的司法方法会得出不同的判决结论，法官应当如何抉择？等等。这种穷根究源的问题渐渐将我们引入一个更一般、更抽象的理论体系之中，这种理论体系可以宽泛地称为司法方法论，它是司法哲学的重要组成部分。

这样，司法方法与法学流派观点之间产生了一种割不断的联系。择其要者：首先，司法方法论与法律本体论紧密相连，因为如何适用法律的问题必然牵涉到对法律是什么这一基本问题的看法。其次，司法方法的具体选取与法官对于司法功能、司法与立法相互作用的观点也有着直接的联系。偏重民主价值和立法至上原则的法官主要会选用以法条为核心的限缩性解释方法；而主张司法能动主义的法官则会选用论理性的扩张性解释方法。再次，司法方法论与法官所禀持的政治、经济、伦理等观念有着紧密的关系，而法学流派理论正是这些政治、经济、伦理等观念的重要集散地，不同的法学理论流派采用不同的立场与视角，影响乃至决定法官对司法方法的选用，从而影响到具体案件的审理与判决。除此之外，足以将两者之间连接起来的问题还有很多。

进一步的问题是，法学流派对司法方法的影响是以何种方式发生的？我们应当如何来看待这种影响？流派观点的多元性究竟是深化了认识，还是混淆了思想？研究司法方法与法学流派，不仅可以帮助我们解析这些问题，而且能够帮助我们建立独立而健全的司法方法论。由于不同的法学流派观点不同，揭示了

---

❶ 参见［德］M. 石里克：《普通认识论》，李步楼译，商务印书馆 2005 年版，第 18 页。

不同侧面,因此,综合各流派的不同视角和智慧,能够对司法过程获得全面的了解。同时,从法学流派的角度来讨论司法方法,能够揭示司法方法与法学理论之间的关系,以及各个法学流派之间的师承、同源、借鉴、对立、融合等关系,并将司法活动放在智识发展的进程来进行考察,把握其发展趋势。如此看来,司法过程的"驭术之道"不仅是有迹可循的,而且是值得探讨的。

值得一提的是,在司法方法与法学流派观点之间进行连接所满足的不完全是智识上的好奇,对于当下中国司法改革的推进而言,它也可以产生某种可欲的结果。例如,我们可以进一步思考,如何在一定司法哲学观的指导之下,提高各种司法技术的规范程度?尤其是如何成功地将司法技术或组合"固化"为明确的司法规则和制度,以利于在司法实践中的普遍推广?又如,我们还可以发现构建或选择某种司法方法论的决定因素,理解司法方法论的不同历史类型及其流变,以利于在新的时代背景下有意识地铸造恰当的司法风格。就拿当下中国的司法改革来说,能动司法理念的提出❶,不仅是新的司法哲学观的形成,同时也是对司法适度弹性机制的倡导。这种司法适度弹性机制反对简单机械地套用法律条文,主张法官较多地运用政策分析、价值衡量和利益衡平等弹性司法方法,努力以和谐的司法方式化解矛盾纠纷,实现最佳的社会效果。❷ 当然,囿于论题的宽度与视角,本书叙述的重点是西方法学流派思想对司法方法论的影响,并未将所涉及的问题直接放在当前中国司法现实的语境之中,因此看起来仍然是一种"纯理论"或"纯西方"的叙事。但是,"纯理论"的问题背后未必没有现实的基础,"纯西方"的思想未必就找不到东方的共鸣。事实上,在许多看似具有个性的问题之中,其实是隐含着普遍规律或社会诉求的,将这些规律与诉求一律贴上"纯西方"、"非中国"的标签是不合适的。正是在这个意义上,就西方法学流派对司法方法关联性的研究是有着深刻的现实意义的。

总之,法官的思维方式及其背后的司法哲学观点是决定司法方法运用乃至判决结果的"中枢神经"。而且,可以毫不夸张地说,任何一个时代的司法风格乃至个体法官的判案方式,都可以在法学流派观点的参照系中找到自己的位置。

---

❶ 2009 年 6 月至 8 月间,最高人民法院院长王胜俊在对宁夏、江苏等地法院进行实地考察时提出了能动司法的理念,要求各级法院通过能动司法,服务于经济社会发展大局。

❷ 参见公丕祥:《当代中国的自主型司法改革道路——基于中国司法国情的初步分析》,《法律科学》2010 年第 3 期。

当然,不能排除有人没有意识甚至直接否认这种关联的存在,但是,只要不至于陷于意识形态化或不可知论,我们就不得不承认这一点,因为,这是理论与实践相联系的一种方式。

三

本书的主旨在于,将"形而下"的司法技术层面与"形而上"的司法哲学层面联结起来,以获得一种关于司法方法论的整体观;同时,在法哲学理论演变的参照系内寻找各种司法方法的具体位置、发展轨迹及运用方式。

导论旨在确立"司法方法论的分析框架"。司法方法与法律职业自治存在着历史与逻辑的关联,彰显了司法方法论研究的意义。只是当下学界在司法方法的称谓及其概念内涵这个基本问题上,却是分歧众多,混乱丛生,因此需要对司法方法(论)进行"正名",并确立其在法律方法体系中的定位。通过分析富勒虚构的"洞穴探险案",可以发现,在司法方法的运用背后,隐藏了法官对法律本质、司法本质等问题的基本观点,因此有必要将"形而下"的、技术层面的司法方法与"形而上"的、哲学层面的司法方法论区分开来,厘清各自的研究视阈。前者主要体现在下编部分,后者则体现在上编部分。通过梳理与分析司法方法体系以及司法方法论哲学所涵盖的问题群,我们进一步确立了全书的基本结构。

上编"司法方法论的流派观点"着重分析和比较不同法学流派的司法方法论理论与学说。司法方法论是司法哲学的重要组成部分,相对于一般的法哲学,它着重关注与司法人员运用各种司法方法来适用法律、解决纠纷相关联的理论与学说,具有相对独立的问题领域。为了便于集中的讨论,本书以美国法学流派为主要研究对象,只是在必要时旁及大陆法系的法学流派。美国法学流派林林总总,数量众多,本书所选取的法学流派多是在司法方法论问题上具有较为完善的理论阐述。这些流派包括:法律形式主义、现实主义法学、法律过程理论、自然法学、分析实证主义、实用主义法学、批判法学等,这些法学流派各有其产生背景和思想渊源,对司法过程、法律适用等问题形成了独特的理论立场,在这一部分,我们将着力揭示出不同法学流派在司法方法论哲学观点上的特异性,叙述各个流派的主要观点。本书并不是关于法学流派的历史分析,但尽其可能地梳理不同法学流派之间在司法方法论问题上的源流、承继与对立关系,并作出相应的比较与评价。流派的选取并不全面,但力求代表性。

下编"法学流派视野中的司法方法"着重探讨各种具体的司法方法,并比较各个法学流派关于这些司法方法在概念、侧重、适用性、操作方式方面的相同或不同观点。在本书中,笔者倡导从司法基准分析的角度来梳理司法方法的类别与体系。所谓司法基准,是指能够作为法官判决思维出发点,又能凝结和概括法学流派理论要点的基本范畴。司法基准可分为形式基准与实质基准两大类型。形式基准主要是指作为法律载体的语言以及构成法律结构的逻辑;实质基准则涉及基于经济、政治、伦理、宗教等社会因素的考虑而产生,并且被各个法学流派理论视为表述法律(或司法)本质、要素的基本范畴,包括历史、政策、价值、利益、原则和后果等。于是,司法方法被划分为形式基准的分析方法和实质基准的分析方法,前者包括语义分析方法和逻辑推理方法,后者包括历史分析方法、政策分析方法、价值衡量方法、利益衡量方法、原则裁判方法和后果评估方法等。在笔者看来,这些司法基准正是联结个案判决形成与特定法哲学思想的桥梁,以此为标准来展开司法方法体系具有重要意义。它有助于全面地认识司法活动的具体与抽象:将司法方法的运用置于法学流派理论的视野之中,有助于我们理解司法过程的法理底蕴;而将司法哲学抽象理论的阐释放到判决的形成过程之中,又能彰显法学思想的真正实践价值。

本书由秦策与张镭合作完成,具体的分工是:秦策撰前言、导论、第一章至第三章、第七章至第十五章;张镭撰写第四章至第六章。

导论　司法方法论的分析框架

一、司法方法与法律职业自治

（一）司法方法与法律职业自治的历史关联

司法方法的最初形态应该是解决纠纷的方法。有社会就有纠纷，解决纠纷的方法于是应运而生。这些方法虽不及刀耕火种的技术那样直接关乎生存大计，却也成为人类社会不可缺少的因素之一，历史亦同样悠久。而且，先民与今人关注着同样的问题：什么样的人才能成为最佳的裁判者？罢纷止争的技能所从何来？在他们眼中，解决纠纷需要极高的智慧，这种智慧或许并不存在于人伦世界之内，而直接来源于上天的感应或恩赐。终极的裁判官是上帝，他全知全能，秉持公义，在古代的神话或传说中，在神的世界，没有冤屈之人，有罪者必受惩罚；而走下人间执掌司法的贤明法官也多半具有神的血统，或者拥有神灵之物。中国最早的司法官是尧舜时期的皋陶，他不仅以半人半神的面目出现，而且有一头著名的神兽——獬豸伴随左右，助其明辨是非。

不过，生于人伦世界中的世俗君主或法吏，面对复杂难解的人间纠纷，就只能向神乞求听讼之术了。《圣经》中载，古以色列的所罗门国王向神献祭，一不求寿，二不求富，而是说："这民多得不可胜数，所以求你赐我智慧，可以判断你的民，能辨别是非，不然，谁能判断是非呢？"❶神感其虔诚，应允赐予听讼的智慧，其后便有了流传后世的"二妓争子"案的妙断。❷ 古代君主指导和规范司法

---

❶ 《圣经·列王纪上》。

❷ 《圣经·列王纪上》中记载了所罗门王的智慧断案故事：一日，有两个妓女来，站在王面前。一个说："我主啊，我和这妇人同住一房，她在房中的时候，我生了一个男孩。我生孩子后第三日，这妇人也生了孩子。我们是同住的，除了我们二人之外，房中再没有别人。夜间，这妇人睡着的时候，压死了她的孩子。她半夜起来，趁我睡着，从我旁边把我的孩子抱去，放在她怀里，将她的死孩子放在我怀里。

1

官吏往往会寻求神的依据。《圣经》中载,古犹太王约沙法在其坚固的城里设立审判官,并对他们说:"你们办事应当谨慎,因为你们判断不是为人,而是为耶和华。判断的时候,他必与你们同在。"❶如果说在大多数文明古国都曾经盛行过神明裁判的制度和方法,那么,我们可以推断,在司法史上曾经出现过一个"神性法官"时代。

神性法官时代的人们认为,神是人类纠纷的终极裁判者,但同时他也会将裁判的智慧赐予世俗的君主或官员;司法的方法和技术本是来自天庭的"神器",极其神秘,只能由受神恩宠的特权人物或阶层来执掌,凡人百姓不具备掌握司法技能的资质。除此之外,祭司或教士等宗教阶层可以借助某种"通灵之术"而感应神的意旨,由此获得解决纠纷的技艺和权威。在这一时期,裁判活动并非由专司审判的人员来实施,司法方法也不能通过后天的学习来加以获取,自然不能成为支撑一种特殊职业共同体的基础。

古希腊哲学家发现了人类自身的理性能力,人所固有的理性思维能力不仅可以展现自然界的真理,而且能够借以探索公平和正义的真谛,理解司法活动的本质。不过,古希腊人长于展示道德与政治的雄辩术,却并不十分关注法律论证过程。古罗马人是天生的法律家,他们将源自古希腊的辩证法应用于法律实践,发展出一整套法律分析技术,法律制度空前繁荣,法律家阶层开始萌芽。牛津大学的何诺尔教授认为:"古罗马对人类文明的贡献在于其对法律职业化的重要作用,即它必定在接受相同普遍观念培训的特定人群之中,建立起某种惯例,来约束与特定问题相关的可被允许的论证范围,法律话语于是既独立于道德、政治、社会学(指在现代社会)等社会生活,又具有受其影响的开放性。"❷相对于

天要亮的时候,我起来给我的孩子吃奶,不料,孩子死了。及至天亮,我细细地察看,不是我所生的孩子。"那妇人说:"不然,活孩子是我的,死孩子是你的。"这妇人说:"不然,死孩子是你的,活孩子是我的。"她们在王面前如此争论。王说:"这妇人说:'活孩子是我的,死孩子是你的。'那妇人说:'不然,死孩子是你的,活孩子是我的。'"就吩咐说:"拿刀来!"人就拿刀来。王说:"将活孩子劈成两半,一半给那妇人,一半给这妇人。"活孩子的母亲为自己的孩子心里急痛,就说:"求我主将活孩子给那妇人吧!万不可杀他。"那妇人说:"这孩子也不归我,也不归你,把他劈了吧!"王说:"将活孩子给这妇人,万不可杀他,这妇人实在是他的母亲。"以色列众人听见王这样判断,就都敬畏他,因为见他心里有神的智慧,能以断案。

❶ 《圣经·列王纪下》。
❷ A. M. Honore, Legal Reasoning in Rome and Today. See Csaba Varga, ed. , Comparative Legal Cultures, Dartmouth Publishing,1992,p.359.

神性法官时代,法律的智慧已从天庭走下凡尘,人只要凭借自身先天的理性思维能力即可获得。于此,我们可以说司法进入了"理性法官"时代。

理性法官的人们关注一个更为深入的问题:在其性质上,法律方法论是属于自然理性,还是人为理性? 对这一问题的分歧典型地体现在 17 世纪英国大法官柯克与英王詹姆士一世的争论之中。英王质问柯克,既然法律是基于理性的,而且国王的推理能力并不逊于柯克法官,为什么国王本人没有作出法律判决的资格? 柯克回答道:诉讼不是依自然理性,而是依"人为理性"来决断的,"法律是一门艺术,一个人只有经过长期的学习和实践才能获得对它的认知。"❶在这里,柯克强调的是,法律作为一种理性活动,属于一种特殊理性的作用,而不只是常识、道德或政策的分析,是一种有别于普通人观念的专门思维和技能,需要通过长期的职业培训方可获得。历史地看,柯克的"人为理性"概念意义深远。以司法权独立的角度观之,它成为对抗王权侵入司法领域的理性依据。不过,作为权力斗争的某种武器或托辞只是一种附带的推论,其直接价值在于,它揭示了法律活动中存在着不同于其他社会活动的特殊规律,并极其简练地概括了西方社会自古罗马以来持续探求法律方法论的合理性。自然理性与人为理性的二分法昭示出两者之间所可能具有的不同作用空间,在司法活动领域,即使事实认定可以有普通人秉承"人类普遍认识能力"来完成,法律问题也必须由经过专门训练,具备特殊资格要求的律师、法官进行辩论、分析、论证才能得到妥当的解决,英美法系区分陪审团与职业法官不同职能的二元审理模式是一个典型的例证。

在人为理性的理念支撑下,西方法律职业逐步摆脱了王权的直接控制,并走向自治,成为推动法治发展的基本力量。就法官职业自治而言,机构上的自治(即法官隶属于专司审判的机构——法院)构成了外在的基础,更具实质意义的是一种专门化的方法论以及获得这种方法论的独特途径的诞生与发展。这一点可以在近代西欧法律发展史中得到印证。11 世纪末,西欧法学家发现了一部罗马法手稿。发现之初,这部手稿显得残破而杂乱,但其中所包含的独特概念和法律分析技术已经让处在中世纪历史樊篱里的人们嗅到了新时代的气息。在其后的几个世纪里,西欧的法学家们在这部手稿的基础上将法律的学问逐渐发展成

---

❶ [美]爱德华·S.考文:《美国宪法的"高级法"背景》,强世功译,生活·读书·新知三联书店 1996 年版,第 35 页。

为一门法律科学。这不仅使古罗马的法律分析技术得以延续,而且,一种与现代相连的、系统的法律方法论也随之诞生,这种法律方法论试图有效地发现和证明隐含在各种法律材料之中的规则或原则,协调法律内部以及法律与各种外部规范之间的矛盾,也使法律制度得以概念化、系统化,成为融洽的知识体系,法律的问题与政治、道德的问题有了更加明确的区分。伯尔曼说:"这种出现于11世纪晚期和12世纪的西方新的法律方法——它的逻辑、它的论题、它的推理类型、它的一般化层次、它的联系个别与一般及案件与概念的技术——乃是将法律作为一门自主科学而对立进行有意识地系统化过程的一个实质组成部分。它也是自主的法律体系在其创造中的实质组成部分。"❶在西欧的法治进程中,这些法律方法或司法方法渐渐超越了纯粹的技术或技巧的层面,演化成为对现存法律规则与制度进行批评和发展的方法、立场与理论,甚至包含了对于法治理想和完备法律体系的信仰与不懈追求。

这种新型的法律科学和方法渐次被融入近代西方大学的课程和教学之中。大学教育的传播又使得这门法律科学和方法具有跨国界的普遍性质。法科毕业生们返回故里,担任法官、执业律师和法律顾问,而通过大学训练而获得的法律术语和方法也被运用于各种的法律实践之中,于是法律成了一种集体性的事业。基于此,伯尔曼认为,在这一时期的西欧,法律家职业阶层得以形成,最初在教会或大学,逐步扩展到各个层次。法律家们由于共同的训练,由于承担着引导教会或世俗法律活动的共同任务而联系在一起,即使是法学院的毕业生,尽管分散到许多国家,但是由于共同的训练和共同的任务,他们仍然非正式地联系在一起。❷ 诚然,此时此地的职业法律家阶层与西方现代的法律职业尚不能同日而语,由前者演化为后者尚需在权力分工与制衡理念基础上的机构独立、法律职业的准入、资格、身份保障等制度的出现与支撑,然而,不可否认的是,这种围绕着法律智识与方法论而形成的共同体显然成为法律职业共同体正式形成的先导。

梳理西方法律职业化的基本脉络,不难发现法律家对于法律方法论尤其是

❶ [美]哈罗德·J.伯尔曼:《法律与革命》,贺卫方、高鸿钧、张志铭、夏勇译,中国大百科全书出版社1993年版,第198页。
❷ 参见[美]哈罗德·J.伯尔曼:《法律与革命》,贺卫方、高鸿钧、张志铭、夏勇译,中国大百科全书出版社1993年版,第194~198页。

法官司法方法的探求是其中不可或缺的一环,而对司法方法理论代代相传、渐趋精致的阐述,传授这种司法方法的教育与培训制度的健全与完善,以及在此基础上形成的所谓的"方法论上的自治性",正是西方现代法律职业阶层生成并完善的基本标尺。由此可以确证司法方法与法律职业自治之间的历史关联。

(二)司法方法与法律职业自治的逻辑关联

在现代社会,无论是法律还是职业都不能缺少方法这个要素,甚至方法还是个相当本质的要素。先说法律。按照通行观点,法律是一种规则或规则体,但是事实上,法律现象包含着仅凭规则所无法覆盖的性质。庞德就认为,作为一种复杂的社会现象,法律至少包括三个方面的要素:律令要素(又包括规则、原则、概念和标准等成分)、技术要素和理想要素。其中的技术要素是指"传统上有关法律律令应当如何解释和适用以及案件应当如何审判的观念体,以及传统上关于发展和适用法律律令的一种技术,凭借此一技术,这些律令根据司法的需要得到补足、扩展、限定和调适"。❶庞德所谓的技术要素其实正是司法方法的另一种表述,它既包括适用和发展法律的基本方法、技能和技巧,也涵盖着运用这些方法、技能和技巧的思维方式、操作习惯和指导思想。庞德把它作为实施正义的文明制度的一部分,并指出:"观察到这一点,人们就会由衷地感到:柯克所说的'人为理性和法律判断',以及它与'每个人的自然理性'所作的区分,是何等的确切;而这种'人为理性或判断'又是法律的一个何等关键的部分。"❷无论何时,对法律性质的理解不能仅仅涉及规则及其语言上的表述,更重要的是要理解其效力和运作。而对其效力和运作的理解又在很大程度上取决于有关法律方法论的认识。由此可见,在其本质性上,任何法律制度均不能忽视方法论这个要素。

再说职业。职业的概念可以从不同的角度来加以界定。汉语中关于职业的定义比较笼统。根据《现代汉语词典》的解释,职业是指"个人在社会中所从事的作为主要生活来源的工作"。这一定义着眼于行业分工和活动的经常性,与知识、技能的水平关联性较弱。英语中则具体区分了"一般职业"(vocation)和

---

❶ Roscoe Pound, Theory of Judicial Decision, 36 Harv. L. Rev. 641, 1923, p. 645.
❷ Roscoe Pound, Theory of Judicial Decision, 36 Harv. L. Rev. 641, 1923, p. 651.

"专门职业"（profession），法律职业（legal profession）属于后者。在英语中，"专门职业"（profession）则被定义为"一种需要高层次的教育和培训，包含着智力技巧的行业或职位"❶，显然属于一种专业化程度很高的行业或社会分工。要进入"专门职业"，往往不仅要经过大学教育，而且要进行系统的、专门的职业训练，而在这种专门的职业训练之中，高层次的、智力含量很高的技巧或方法显然是具有重要意义的。因此，准确地说，我们现在所讨论的法律职业并不是"一般职业"（vocation），而应当属于"专门职业"（profession）的范畴，从其基本的词源意义来看，方法论即是其不可或缺的核心要素。

何谓法律职业？《不列颠百科全书》的定义是"以通晓法律和法律应用为基础的职业"，法律的应用显然离不开一定的方法和技巧。因而，法律职业者的基本特征之一就是精通法律专门知识，受过良好的法律专业训练，具有娴熟的运用法律的技能和技巧。然而，我们仍然可能产生一个追问：从事社会上的"一般职业"（vocation）其实也是需要一定的训练，掌握相应的技能、技巧，缘何法律职业就是"血统高贵"，一定可以归入"专门职业"（profession）的范畴呢？这一追问已然涉及法律学科的性质，以及法律职业与法治之间关系等基本理论问题。

法律职业的社会定位与关于法律学科性质的认识关联甚大。以美国的发展为例。在19世纪中叶以前的美国，法律知识的获得和职业准入采取的是学徒制方式，学生在律师行或法庭上直接向法律从业人员学习具体的诉辩技巧和法庭程序，颇类似于手工艺行业的培训。19世纪60年代，大学里已开始教授法律课程，但相对于物理学、化学这些历史悠久、相对成熟的学科而言，法学专业只是大学里的边缘角色。1870年美国哈佛法学院第一任院长兰德尔上任之初，全院连他本人在内总共才三名正式的教职人员。于是他开始引入科学方法论来改造法律学科。为此，他首倡在法学教学中采用案例教学法和苏格拉底方法。这场开始于课堂里的方法论革命不仅标志着美国现代法学教育的崛起，而且迅速波及整个法律实践领域，成为法律职业化发展的重要里程碑。

在一次演讲中，兰德尔阐述了法律学科的性质与法学教育之间的关系："如果法律不是科学，大学会虑及其尊贵地位而拒绝传授；如果它不是科学，那只能

---

❶ Webster's New World Dictionary, Third Edition, p. 1074.

是一门手艺,靠做从业人员的学徒来获得最好的学习;如果它是科学,鲜无争议它是最伟大也是最难解的科学之一,需要最具启蒙性的学府才能阐明它的真谛。"❶通过科学方法论的引入,兰德尔及其追随者为后世的法律人设计了一条新型的法律职业之路。这同时昭示着,法律职业的方法论不能单纯地归结为某种操作性的诉辩技巧,而具有更多的智识性内涵。

概而言之,法律方法论之中固然包括了具体的法律分析方法和推理技术,乃至特定的程序技巧,但另一方面它还代表了一种思维方式,对于法律人以何种方式使法治得以可能的深层思考,以及对于自身价值和社会定位的深刻认知。而后者才是法律学科和法律职业走向成熟的真正标志。由此可见,深厚的智识性内涵是法律方法论或司法方法论的一个核心要素,这个要素使得法律职业与一般的社会职业得以界分,也是法律职业自治的内在基石。由此可以确证司法方法与法律职业自治之间的逻辑关联。

二、司法方法的基本含义与定位

(一)司法方法(论)的正名问题

任何一种人类实践活动都需要借助于一定的方法。方法总是为了实现一定的目的而设定,因此,它常常被界定为在给定的条件下实现特定目的而采用的行为、手段或方式。同时,人类实践又是在实际问题的解决过程中得以展开,因此,"从服务于实践的角度,方法是用以解决主体所面临的问题的技术性手段。"❷再者,方法的运用要取得效果,必须符合客观的规律,于是,方法也可以界定为"主体在认识作为客体的客观世界和事物,揭示其本质并阐明其一般规律的实践活动中,所遵循的一套原则、程序和技巧"。❸可见,方法具有三个基本特征:目的性、问题指向性和合规律性。

作为人类实践的特殊形式,司法也需要方法。司法是国家专职裁判者适用法律解决具体纠纷的行为,它不仅要追求立法目的的实现,而且,司法职能的行

❶　C. Langdell,Teaching Law as Science,21 Am. L. Rev. 123,1887,p.123.
❷　孙笑侠主编:《法理学》,中国政法大学出版社 1996 年版,第 9 页。
❸　沈宗灵主编:《法理学》,高等教育出版社 1994 年版,第 14 页。

使本身也蕴涵着一定的目的。这是司法的目的性。同时,作为社会纠纷的一种解决方式,司法应对实际的社会问题,它既要解决具体的案件纠纷,同时也不可避免地触及具体纠纷背后的社会弊端。这是司法的问题指向性。再者,司法应依法为据,是关于法律的认识活动,它既要符合认识论的一般规律,也要遵循司法认识的独特规律。这是司法的合规律性。可见,司法方法虽是一种特殊实践类型,但同样具有一般方法的目的性、问题指向性和合规律性等特征。

关于司法中的法律方法,学者们提出了各式各样的名称,诸如法学方法(论)、法律方法(论)、法律学方法、裁判方法、司法技术、司法技艺等。称谓上的众说纷纭,使概念的内涵变得有些晦暗不明。应该说,作为引导人们达到特定目的的工具与手段,方法若要发挥其作用,其本身应当是清晰的,有着精确的内涵、外延及作用范围。这正如医生的手术刀,如果应当锋利之处欠缺锋利,不仅会使主刀医师不能自如地切除病灶,甚至会损伤不该切除的有机组织。而方法学要对实践提供有效的指导,也应当具有明晰的体系。正名问题必须首先加以解决。

(二)法学方法(论)与法律方法(论)之辨

最主要的争议发生在法律方法(论)与法学方法(论)这两个概念之间。❶之所以会出现两种称谓之间的分别与竞争,究其原因是倡导者立足于不同的法系传统背景所致。

大陆法系既使用"法学方法(论)",也使用"法律方法(论)"。但是,以严谨思维见长的德国学者赋予"法学方法论"概念以更加丰富的内涵,既包括了法律适用和解释的技术,也涵盖了技术背后的相关法哲学问题,诸如法律适用的一般结构、超越法律规范的评价标准、个案裁判的正当性以及怎样通过法律方法实现

---

❶ 关于这两个概念之间的关系,学界观点众多:其一,认为法律方法(论)是一个上位概念,涵盖了法学方法(论)在内。参见严存生:《作为技术的法律方法》,《法学论坛》2003 年第 1 期。其二,认为法律方法(论)与法律方法(论)性质不同,但可并列。前者指法学研究的方法,后者指应用法律的方法,参见郑永流:《法学方法抑或法律方法?》,载郑永流主编:《法哲学与法社会学论丛》(六),中国政法大学出版社 2003 年版,第 29~31 页。陈兴良也赞同将法学方法与法律方法进行如此区分,并认为,对于部门法来说,需要深入研究的是法律方法。参见陈兴良主编:《刑法方法论研究》,清华大学出版社 2006 年版,第 3 页。其三,将法律方法(论)与法学方法(论)等同起来。例如,在诸多域内和域外的著述中,法学方法和法律方法都被用来指称在司法实践中适用法律的方法。

正义等问题都可以在"法学方法论"的标题下进行研究。● 因此,我国有学者认为,对司法中的法律方法,应当使用法学方法(论)的称谓,而不是法律方法(论)的称谓,这是因为前者体现了德语中"法学"一词的特殊含义,包含了"一种与自然科学和技术相并列的实践智慧",有助于维护法学的独立性,防止将法律人"降格为与木匠、泥瓦匠和面点师一样的法律匠人"。● 这种观点的主旨是深刻的,但不免在一个用语上赋予了过高的期许,同时,也将其他法系传统中的相关概念看得简单化了。

英美法系使用"法律方法"(legal method)的概念。英国学者麦克里奥德在其《法律方法》一书中将这一概念界定为"法律人(lawyer)在处理问题时可用的技术,它是一种关于法律与法律推理的方法"。● 但是,与欧陆学者一样,英美学者也不认同将法律方法等同于纯技术的观点。例如,美国学者庞德在法律之中划分了律令、理想和技术这三个要素,而法律中的技术要素不仅是一个纯粹的技术与方法,而是"传统上有关法律律令应当如何解释和适用以及案件应当如何审判的观念体",●其包含了理论思维与指导思想的成分。

可见,无论是在大陆法系还是在英美法系,无论是使用法律方法(论)的称谓,还是法学方法(论)的称谓,都足以涵盖技术与哲学的不同层次,既包容了内涵上的丰富性,当然也导致了理解上的模糊性。在这个意义上,无论何种指称,都未见得有什么特别的优势与劣势。诚然,我们应当借鉴域外经验,全面认识法官裁判与判决形成过程中的方法与方法论问题,既要重视法官在法律适用中的特定实践技能,又要关注支撑这些实践技能如何运用的法律思维、法律智慧,只是一个称谓的改变未必就意味着这种全面认识的完成,更何况,"法学方法(论)"在我国传统法学中有特定的含义,在这一术语之上试图赋予传统含义所不能涵盖的内容,初衷虽好,却可能会带来误解与混淆。

● 参见葛洪义主编:《法理学》,中国人民大学出版社2003年版,第264~265页。德国学者或者受德国理论影响的其他国家和地区的学者往往以"法学方法论"为题来著书立说,如德国学者卡尔·拉伦茨等和我国台湾地区学者杨仁寿的相关著作都是以"法学方法论"为题的。
● 参见舒国滢等:《法学方法论问题研究》,中国政法大学出版社2007年版,第33~34页。
● Ian Mcleod,Legal Method,Fourth Edition,Palgrave Macmillan,2002,p.3.
● Roscoe Pound,Theory of Judicial Decision,36 Harv. L. Rev. 641,1923,p.645.

（三）法律方法、司法方法的体系定位：如何纳入本土理论框架

正名之初，我们应明确两点指导思想：首先，从认识论的角度，事物的称谓只不过是约定俗成的东西，应着重关注事物的实际功能，即它着力于解决什么问题？是理论问题还是实践问题？属于整体法律生活中的哪个领域、哪个环节？称谓的厘定应尽可能契合法律生活的不同功能性领域。其次，为便于理解与沟通，称谓的选取应尊重我国本土既有的理论框架或概念体系。尽管在法律方法问题上我们对域外著述借鉴颇多，但在概念名称这样的形式性问题上，应采取尊重传统的立场为宜，避免给理论研究带来不必要的误解；❶同时也有利于司法实务部门的认同与接纳。鉴于此，我们的问题是如何将法律方法所涵盖的内容纳入现有的法律理论体系，而不是去锻造需要调整整个体系方可容纳的新概念。

在我国本土传统的理论框架中，法学或法律科学指的是研究法、法的现象以及与法相关问题的学问，是关于法律问题的知识与理论体系。这是一个广义的概念。当提及"法学方法（论）"时，往往带有很强的研究旨向，并不会直接想到法官判案的方法（论）。分类有助于理解，因此我们不妨将广义的法学（法律科学）分为理论法学与应用法学两部分，前者所指是从总的方面探求法学基本概念、基本原理、基本原则和基本规律的学问总称；后者则是以直接服务于法律实践、帮助解决法律实际问题为目的。虽是通说，但恰好与英国学者沃克的观点不谋而合，沃克将法律科学分为理论法律科学和应用法律科学两个部分。理论法律科学（也称纯法律科学）"致力于对有关材料的调查研究，以及对调查取得的知识进行吸收和加工"，属于法律学者和法学家的领域；应用法律科学"主要涉及对实际问题的原则和规则的确认，这些原则和规则的运用及其结果"，属于立法者、法官和法律实践者的领域。❷

据此，我们可以从广义—狭义两分的角度来明晰法学方法（论）与法律方法（论）概念之间的关系。广义法学方法所针对的是整体的法学（法律科学）而言，可以界定为人们认识法律现象，揭示其本质并阐明其一般规律，以及帮助解决具

---

❶ 例如：在中国政法大学召开的全国法学方法论论坛第一届学术研讨会，将主题定为"实践理性与法学方法"。会议的主办者用"法学方法"一词意指法律分析的实践方法，但研讨会上不少学者讨论的还是"法学研究方法"的问题，与会议主题原意相去甚远。参见焦宝乾：《"法律方法"的用语及概念解析》，《甘肃政法学院学报》2008年第1期。

❷ 参见［英］戴维·M.沃克：《牛津法律大辞典》，光明日报出版社1988年版，第545页。

体法律问题的特定方法。它包括两个方面：其一是法学研究方法，即理论的法学方法；其二是法律方法，即实践的法学方法。前者强调法学的理论研究，后者侧重实践领域关于法律的实际运作。这种界定并无多少玄奥之处，只是在既有概念体系中容易得到清晰的理解而已。虽然法律的实际运作之中未必没有理论的反思，但相对于"法学方法"一词而言，"法律方法"具有明确的实践旨向，它所描述的不是纯粹的法学研究方法，而是司法活动中法官适用法律形成判决的方法。两者之间并非没有关联，但各自的范围仍可界分。

作为一种实践的法学方法，法律方法以特定的法律实践为旨向。这仍然是一个相当广泛的概念，司法方法只是亚类之一。根据法律活动的基本分类，法律方法具体包括立法方法、执法方法、司法方法、法律监督方法等，换言之，有多少法律实践，就有多少法律方法。立法、执法自不待言，即便是公民的守法行为也存在一定的方法，比如：循规蹈矩的守法方法、打擦边球的守法方法、规避法律的守法方法、利用法律为自己谋利的守法方法、以合法形式掩盖非法目的的守法方法、良心违法式的守法方法等。可见，法律方法应是司法方法的上位概念。在近年来我国关于法律方法的诸多学术讨论中，法律方法或法学方法所表述的实际上是司法裁判的方法，究其原因，是受域外法律方法论著述的影响。但是笔者认为，在借鉴"他山之石"之后，仍然需要使相关的概念符合我国本身、现有的理论框架，换言之，应将"司法方法"放在"法律方法"的体系中。这实际上不过是将"司法"放在"法律"的体系之中而已。尽管说司法决定是法律方法的中心问题，但是，正如司法不是法律生活的全部一样，司法方法也只是法律方法的一个组成部分（参见图导-1）。

如此，笔者将司法方法看成是法律方法中的一种类型，其范围由司法的概念来加以限定。目前，国内研究司法方法所使用的概念，存在过窄或过宽的倾向，有时将司法方法等同于法律解释的方法，不免有些过窄；有时用司法方法涵盖法官司法时的所有办案策略，则显得过宽；有时又将其混杂于法律思维、法律论证、法律推理的含义之中，又失之于笼统，加之这些概念本身的内涵以及相互关系在理论上并不明晰，也影响了对司法方法概念的理解。其实，从司法的概念入手来确定司法方法的内涵反而是一条清晰而简明的路径。

在现代司法体制之下，司法过程的基本推导结构可用"案件事实+相关法律→判决"来概括。司法方法因而划分为三个层次：（1）认定案件事实；（2）发现

狭义法学方法（法学研究方法即理论的法学方法）

广义法学方法
（法律科学方法）

立法方法
司法方法
法律方法（实践的法学方法）　执法方法
守法方法

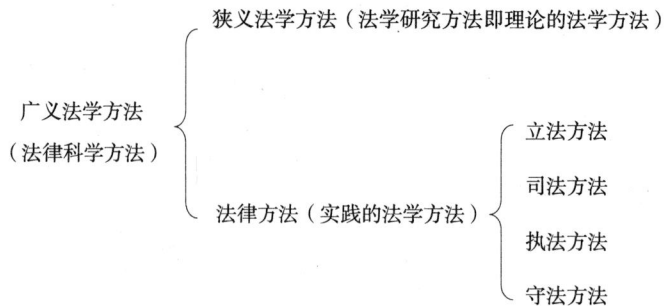

图导-1　法学方法体系

相关法律;(3)将相关法律适用于案件事实得出判决。其中,认定案件事实是一种事实证明活动,即运用查证属实的证据对案件事实加以确认,作为适用法律之基础。这是一种复合性的活动,既有纯粹的事实认定部分,也包括程序规则与证据规则的适用。纯粹的事实认定固然会涉及诸多的技巧,但严格说并不属于"司法"(法律的操作),在性质上与法律适用问题多有不同,只是由于人们将"司法"宽泛地理解为"案件的处理",又将其包含在广义司法的范畴之内。因此,我们可以用广义司法来表述"案件的处理",狭义司法来表述"法律的操作",即法律适用。广义司法方法包括法律适用方法、事实认定方法以及其他司法技术(如既非法律适用又非事实认定的调解策略等),而狭义司法方法限定于法律适用领域,不包括事实认定问题,它是指在案件中发现相关法律并加以适用的方法(参见图导-2)。

司法方法（广义:案件处理）

司法方法（狭义:法律适用）
事实认定方法
其他的案件处理方法

图导-2　司法方法的广义、狭义划分

有人认为,可以用裁判方法来表述法官适用法律并形成判决的诸多方法,使之与事实认定方法或其他司法方法相区别,但是这样的界分未必没有问题。因为,"裁判"强调的是一种判断过程,并不具有区分法律适用与事实认定的功能,于是便有了"事实裁判者"的称谓;而且,在诉讼法(尤其是刑事诉讼法)上,"裁判"概念甚至可能延伸到审判之前的起诉与侦查阶段。❶ 其实,在法学之中,此类"魔术性"词语甚多,一定要搞得泾渭分明不但费时费力,而且往往是徒劳无功。按照通常的理解,从广义与狭义的角度进行必要的划分就可以取得简明易懂的效果。

有时,我们也会使用司法技术、司法技巧、司法技艺、司法技能、司法策略等概念,这些概念与司法方法之间存在着关联,但是或多或少地都存在着区别。技术是与方法最为相近的一个词,缺点在于它与技巧、技能等词语常常容易混淆起来。我们有时用技能来说明技术或方法,但技能更多的是指运用一定方法、手段、技巧的能力,是人的素质的一部分。技巧则是一种巧妙的技能,是指方法和技术的灵活运用;技艺所描述的是以高明的方式来使用技巧的本领;技巧与技艺这两个词具有褒义色彩,因此范围会稍稍狭窄一些。策略产生于在实现目标的一系列行动方案进行思考与选择的过程,其结果是要选取符合条件与形势需要的方案。这显然不能描述司法方法的常态。而方法这一概念较为中性,涵盖面也宽一些,使用起来也不会产生歧义。

由此我们可以确定司法方法与司法技术、司法技巧、司法技艺、司法技能、司法策略这几个概念之间的关系。司法技术与司法方法基本可以通用,如《牛津法律大辞典》将法律技术界定为法官和律师"利用和运用他们的知识去处理争议或者达到其他预期结果的手段"。❷ 这基本上与司法方法同义。司法技能是指运用各种司法方法的能力与素质。司法技巧、司法技艺是指对司法方法熟练而灵活的运用方式。而司法策略则是指在司法过程根据条件与形势的需要所选择的、有利于实现某种目标的行动方案,在某些情况下它可以指对合乎要求的司法方法的选择过程,但是由于司法过程中需要处理的问题往往不限于法律适用问题,因此司法策略的外延要大于司法方法的运用。总之,我们所说的司法方法是指法官在司法活动中根据案件事实适用法律并形成判决的一种法律方法。

---

❶ 例如:最高人民法院、最高人民检察院、公安部、国家安全部和司法部2010年6月13日印发的《关于办理死刑案件审查判断证据若干问题的规定》第2条确立了刑事诉讼中的"证据裁判原则",理论界普遍认为,所谓的"证据裁判"不仅规范审判阶段,而且可延伸适用于审判之前的起诉、侦查阶段。
❷ [英]戴维·M.沃克:《牛津法律大辞典》,李双元等译,法律出版社2003年版,第1095页。

三、司法的"术"与"道"：从"洞穴探险案"谈起

前文明确了司法方法的称谓、内涵及其在法学方法、法律方法体系之中的定位，但这尚不足以涵盖司法方法概念问题的全部。对前述这几个概念，我们有时候会称法学方法论、法律方法论或司法方法论。方法与方法论之间是存在区别的，但是，如何在司法的语境中来理解这个问题呢？这需要作进一步的探讨。

在司法实践中，我们经常观察到，面对同样的案件，不同的法官往往各有其法律见解，并导致不同的判决结论。初看起来，这种分歧多与这些法官分别倡导和采取不同的司法方法有关，但进一步分析发现，事情并不那么简单，因为这种分歧实质上有着更为深刻的法理意蕴。

（一）富勒虚构的"洞穴探险案"

"洞穴探险案"（The Case of the Speluncean Explorers）❶是美国法学家富勒虚构的一个案件，其基本案情是：

4299 年 5 月的一天，五名来自纽卡斯国的探险者在洞穴探险活动中不幸被困在一个山洞里。救援队虽迅速赶到，但由于地形复杂，又恰逢山体滑坡爆发，救援工作进展极慢，有十名救援人员因山体滑坡而遇难。在被困二十天之后，探险者所有的给养消耗殆尽。但他们意外地发现了一个能与外界通话的无线通讯器。他们首先向救援人员询问多长时间能够完全清除洞口的障碍物，救援人员

---

❶ Lon L. Fuller, The Case of the Speluncean Explorers, 62 Harv. L. Rev. 616, 1949. 这个案件虽是一个虚构的案件，但在英美法哲学世界中却产生了深远而持久的影响。后世学者以续写的方式来进一步讨论富勒教授在该案例中所提出的各种法理问题。1980 年，达玛窦教授试图将德沃金的权利理论适用于这一案例。See, Anthony D'Amato, The Speluncean Explorers–Further Proceedings, 32 Stan. L. Rev. 468, 1980. 1993 年，埃斯克里奇教授组织了七位学者从批判法学、女权主义法学的角度写作了七篇新的法官意见。See, William N. Eskridge, Jr., The Case of the Speluncean Explorers: Twentieth-Century Statutory Interpretation in a Nutshell, 61 Geo. Wash. L. Rev. 1731, 1993. 1998 年，哲学教授萨伯在《洞穴奇案》一书中为该案例增加了情节：当年的洞穴中还存在着一个与四位被告共谋犯罪的第六人。围绕着对这个第六人的审判，萨伯教授撰写了九篇司法意见，探究了法哲学的新观点。See, Peter Suber, The Case of the Speluncean Explorers: Nine New Opinions, first published 1998 by Routledge. 1999 年，正值富勒教授发表此文 50 周年，《哈佛法律评论》又邀请六位学者续写了六篇司法意见。See, David L. Shapiro, The Case of the Speluncean Explorers: A Fiftieth Anniversary Symposium, Foreword: A Cave Drawing for the Ages, 112 Harv. L. Rev. 1834, 1999.

回答,至少需要十天。然后他们又向救援队中的医务人员询问在没有任何食物的情况下,他们能否活过十天,医疗人员告诉他们:可能性很小。此后,由于无线通讯器的电池用完,探险者与救援人员之间失去了任何联络。在探险者被困之后的第三十二天,救援人员终于排除了洞口的所有障碍,进入山洞,救出了探险者。但救援人员发现,其中一位名叫威特莫尔的探险者被另外四人杀死,这四名探险者就是靠吃威特莫尔的肉才得以生存的。

进一步了解的情况是,由于洞穴之内找不到可供食用的生物,在救援队到达之前,探险者们已面临着死亡的威胁。于是,威特莫尔(即后来的被害人)率先提议,通过抓阄的方式选出一人杀死,其他人可用死者的血肉维持到救援队赶到。这个提议得到其他四名探险者的同意。只是在抓阄结果揭晓之前的最后一刻,提议者威特莫尔突然犹豫了,并决定退出,但是,在结果揭晓之后,其他四人仍然杀死了他。这是四名探险者得以生还的全部秘密。

经过一段时间的治疗,四名生还的探险者恢复了健康。随即,他们被检察机关指控犯有谋杀罪,并起诉到法院。该国刑法明确规定:"无论何人,只要剥夺了他人的生命,都必须判处死刑。"为了讨论的简捷,富勒设定,刑法之中没有为这个条款设置任何例外。初审判决认定谋杀罪名成立,四名被告被判处绞刑。该案被上诉到纽卡斯国最高法院之后,由首席大法官特鲁佩尼与另外四名大法官福斯特、塔廷、基恩、汉迪组成了合议庭进行了审理。本案所要解决的焦点问题是:就本案情况而言,如何理解和适用前述刑法规定?四名幸存探险者的谋杀罪名是否成立?

五名大法官分别提交了自己的意见。他们虽然对四名被告人的食人行为感到震惊,但鉴于行为发生时的特殊情境,又对这些被告人怀有某种程度的同情;从情感的角度,他们都不愿意判处被告人死刑。但是,在法律适用问题上,五名大法官发生了严重的分歧,特鲁佩尼法官和基恩法官主张维持原判,福斯特法官和汉迪法官主张撤销原判。在主张相同结论的法官之间,他们所依据的理由却大相径庭。而塔廷法官最终选择了弃权。根据纽卡斯国的法庭审判规则,原审判决发生法律效力。有人向纽卡斯国最高行政长官提出了特赦这四名被告人的请求,但遗憾的是,行政长官没有这么做。最后,四名被告人被执行绞刑。

（二）法官们因何而不同

富勒虚构此案的主旨并不是要分析刑法问题，亦非以人吃人的野蛮行径来吸引眼球，而是为探讨司法的法理设置一个具体案件的情境。这个案件在事实认定上并无争议，但在如何适用法律的问题上法官之间出现了分歧。这种分歧首先表现在司法方法的运用层面。

1. 司法方法层面

首先提交司法意见的是首席大法官特鲁佩尼。他特地提到了初审判决的形成经过。初审陪审团在案件事实上并无争议，但却不想直接作出被告人有罪的判决，而是提议由法官来作最终的决定，控辩双方均同意了陪审团的提议。法官认为，法律在这个问题没有授予他们以任何的自由裁量权，因此判决四名被告人谋杀罪名成立，并处以绞刑。但在判决之后，初审法院的陪审团与法官都试图与行政长官进行沟通，希望行政长官行使法律赋予其的特赦权，将这一判决转变成六个月的监禁。只是行政长官尚未明确表态。就本案而言，特鲁佩尼法官提出两点处理意见：首先，初审法院的判决应予维持。这是因为，从判决形成的过程来看，初审法庭是慎重的。法律的谋杀罪条款不存在任何例外，虽然我们对被告人的特殊境遇心存不忍之心，但无论如何，明确的法律规定还是应当执行的。其次，初审法庭在判决之后的做法值得仿效。这是因为，就本案的特殊事实而言，法律的机械适用毕竟显得严苛，而由行政长官行使其特赦权是消解这一严苛的最佳途径。可见，特鲁佩尼法官承认法律存在局限性，并反对机械地适用法律，但同时他也反对法官随意偏离和突破法律的字面意义，主张利用国家机关的职能分工来给出最终的恰当结果。

第二个发言的是福斯特法官。他的态度很明确，就是撤销初审法院的判决。并为此提出了两项各自独立的理由，每一个理由都可以充分地论证被告人是无罪的，而每一个理由又都立足于法律的目的解释方法。首先，实证法与属地管辖原则不能适用于本案，这是因为，实证法的效力以社会中人与人之间的共存关系为前提，洞穴的状况使这种共存关系变得不可能，因此排拒了实证法的效力；同时，法律管辖虽通常以属地原则为基础，但属地原则仍然要以人在群体内的共存关系为理据，而探险者们与世隔绝，实际上进入了"自然状态"，已完全脱离纽卡斯国法律的管辖。福斯特法官说："如果我们考察法律与政府的目的，以及实证法的内在前提，那么，这些人在作出关系到其命运的重大决定时，他们离我们的法律秩序是如此遥远，就好像他们置身我国国境线的千里之外。"❶其次，即使承认纽卡斯国法律的管辖权，法律也应依据其明确的目的进行合理解释。被告人的行为看起来违反了刑法谋杀罪条款的字面含义，但是，古老的法律智慧告诉我们，一个人可以违反法律的文字但却合乎法律本身。每一条实证法，无论它是来自制定法还是判例法，都应当按其明显的目的来作合理的解释。忠诚于法律是法官的职责，但忠诚的方式却是明智与不明智之分。正如再笨的女佣也会知道，当她被告知"削掉汤羹的皮，撇去马铃薯的油脂"时，女主人只是口误而已，法官也需要一点点明智来纠正明显的立法错误和疏漏，这种纠正"不会取代立法者的意志，只是使其意志得到实现"。❷具体到本案，刑法中设立谋杀罪的目的是吓阻犯罪，保护生命权，可是，假如四名被告未采取本案的极端行为，其结果必然是五名探险者在救援人员赶到之前全部饿死。因此，这一刑法规则并不适用于本案。

第三个发言的塔廷法官。他坦承自己始终处在情感的矛盾之中，尽管在平时的审判过程中他往往能够将情感与理性区分开来，现在他试图这么去做，但遗憾的是，他发现很难找到具有确定性的法律论证。对他来讲，福斯特法官的意见不仅未能消除疑问，相反，不确定性有增无减。就洞穴探险者们身处"自然状态"的观点，塔廷的疑问是：人们空间究竟何时处在"自然状态"？何时处在"文明社会"？难道是由于厚厚的岩石阻隔？这实在是没有明确的界限。而即使承认探险者们确系处在"自然状态"之中，那么又是谁来授予纽卡斯国最高法院的诸位法官们以"自然法庭"的审判权？从技术的角度，塔廷法官并没有提出独特的司法方法，但他却一针见血地指出福斯特法官所使用的目的解释方法的内在缺陷。诚然，法律需要依其目的来加以适用，法律的目的是多元的。吓阻犯罪只是刑法的目的之一，除此之外，刑法尚有报应、恢复等重要目的。这些目的在性质上并不完全一致，于是问题就产生了："假如说我们必须依目的来解释法律，那么，当法律具有多重目的或者目的之间发生冲突时我们又该怎么做呢？"❸因此，使用目的解释方法来宣告被告人无罪并不能使人信服。但是另一方面，他又

❶ Lon L. Fuller, The Case of the Speluncean Explorers, 62 Harv. L. Rev. 616, 1949, p.1855.
❷ Lon L. Fuller, The Case of the Speluncean Explorers, 62 Harv. L. Rev. 616, 1949, p.1859.
❸ Lon L. Fuller, The Case of the Speluncean Explorers, 62 Harv. L. Rev. 616, 1949, p.1861.

不愿意判决四位可怜的被告死刑,而对这样的困境,他最后选择了弃权。

第四个发言的是基恩法官,他的态度十分明确,即维持原判。其出发点是法官的职责。首先,他不同意首席大法官特鲁佩尼的意见,因为法院与行政长官各司其职,法院是在法律制度中给被告人定罪处罚的最后声音,至于行政长官是否会行使特赦权不是法官判案所应考虑的问题,否则便是混淆了国家机关的职能。其次,司法权与立法权应当区分开来。在民主社会里,法律是由民意代表组成的立法机关按照法定程序制定出来的,因而具有至上的地位。他说:"立法至上原则之中包含了司法机构忠实执行法律,并按照通常意义而不是诉诸个人欲望或观念来解释法律的义务。"❶他同意塔廷法官对福斯特法官所使用的目的解释方法的质疑,并进一步指出,既然我们无法确定刑法谋杀罪条款的目的,那么,"我们又如何能够说其中存在着'漏洞'(gap)?"❷因此,就本案的解决,文义解释是唯一合法的司法方法。而且,运用何种司法方法并不需要考虑公众的意见,他说:"一个困难的判决从来不是广受欢迎的判决。"❸

最后发言的是汉迪法官。汉迪法官恰巧是基恩法官的对立面。基恩法官强调的是法律的静止性与必然性,汉迪法官却主张法律的流动性与偶然性;基恩法官将法律解释与政治区分开来,汉迪法官主张运用实践的、政治的智慧来解释法律。汉迪法官指出,本案的判决需要的是实践智慧,行使这种智慧的情境不是抽象的概念或理论,而是社会现实。司法机构不能离普通人的生活太远,而应当倾听公众的声音。汉迪法官没有援引和分析法律,而是提供了主流媒体所做的民意调查:90%的人支持判决被告人无罪。同时,他从担任行政长官秘书的朋友处得知,如果法庭判决被告人有罪,行政长官将不会给予他们特赦。从这样的现实出发,如果要使判决满足公众的要求,而不至于让法庭在公众面前看起来很愚蠢,唯一结论是判处被告人无罪释放。汉迪法官对使用何种司法方法来达到这一判决结果并不十分计较,他说:"如果需要一个更为详细的论证来说明协调判决结果与法律规定的方法,那么,我将会十分满意于福斯特法官司法意见中第二部分、空想色彩较弱的那一部分论证。"❹汉迪法官以纯粹手段的眼光来看待司

---

❶ Lon L. Fuller,The Case of the Speluncean Explorers,62 Harv. L. Rev. 616,1949,p. 1864.
❷ Lon L. Fuller,The Case of the Speluncean Explorers,62 Harv. L. Rev. 616,1949,p. 1866.
❸ Lon L. Fuller,The Case of the Speluncean Explorers,62 Harv. L. Rev. 616,1949,p. 1867.
❹ Lon L. Fuller,The Case of the Speluncean Explorers,62 Harv. L. Rev. 616,1949,p. 1867.

法方法的运用,只要能够达到想要的结果,可以选择任何一种司法方法。

小结一下,审理洞穴探险者案的五名法官虽然在内心里都不愿意判处被告人死刑,但是,由于他们使用了不同的司法方法,因此得出了不同的判决结论。这几种司法方法在富勒所处的年代是具有典型性的,难怪埃斯特里奇教授将富勒的这篇文章称为"20世纪成文法解释理论之概览"❶。

2. 法哲学层面

虽然解读的是同一条刑法规范,但由于采用了不同的司法方法,因此五位法官得出不同的判决结论。然而,司法方法只是判决结果产生差异的表层原因,至少富勒本人的主旨并不在此。他在文章末尾指出:"虚构这个案例的唯一目的在于引入各种存在分歧的法律与政府哲学所共同关注的焦点问题。从柏拉图与亚里士多德时代起,这些哲学就给人们带来了永恒的抉择难题;当我们的时代对这些难题提出看法时,它们似乎仍然如此。"❷看来,富勒是为探讨法哲学的流派观点设置一个具体案件的情境,凸显法哲学理论对司法活动和法律解释的重要影响。的确,从虚拟的纽卡斯国最高法院的五名法官身上,我们不仅看到了来自不同法学流派的法理观点,甚至也可以依稀辨认出某些著名法哲学家的身影。以下分而述之,但在出场顺序上略作调整。

(1)基恩法官:分析实证主义法学

基恩法官的实证主义立场十分明显。在他看来,本案之所以产生纷争,是因为人们把法律适用与是非善恶的道德评价混为一谈,但是,司法与个人的道德观念无关,唯一相关联的只有国家法律以及法官职责。他说,既然宣誓就任为一名国家法官,那么,司法行为就应当"完全由国家法律来控制"。❸ 而从他对本案的具体裁判来看,我们隐约看到了新分析法学代表人物哈特的影子,只不过出于批判的便利,富勒将其老对手的观点作了简化处理。按照哈特的观点,法官在裁判中可以根据案件的难易性质采取不同的司法方式,而案件的简单抑或疑难则是通过对法律进行语义分析来划分的。简单案件对应词语含义的"核心地带"(core area),疑难案件对应案件的"暗区地带"(penumbral area)。在法的"核心

❶ William N. Eskridge,Jr.,The Case of the Speluncean Explorers:Twentieth-Century Statutory Interpretation in a Nutshell,61 Geo. Wash. L. Rev. 1731,1993.
❷ Lon L. Fuller,The Case of the Speluncean Explorers,62 Harv. L. Rev. 616,1949,pp. 1874−1875.
❸ Lon L. Fuller,The Case of the Speluncean Explorers,62 Harv. L. Rev. 616,1949,p. 1864.

地带",规则语言的表述是明确的,法官应当根据语言的自然含义来进行推理,法官不享有自由裁量权,法律的适用也相对机械。这并没有什么不妥之处,它恰恰是法治的基本要求。哈特说:"法律的生命在很大程度上存在于确定的规则对官员和私人的指导。"❶在法的"核心地带",规则的含义难以精确把握,不同主体之间的理解出现歧义,这时,"一个明智裁决不应是机械地作出的,而必须是依据目的、效果和政策"。❷ 可见,哈特试图通过上述两分法增强对司法实践的解释涵盖力,并在理论上自圆其说。但是,富勒敏锐地察觉到这一点,并决定将对手逼到死角。他设定,纽卡斯国刑法的规定极其明确,且不存在任何例外,换言之,从语言分析的角度,这个案件归属于哈特所说的简单案件,只能根据语言的通常含义来作演绎推理,即便是哈特本人来了,也是没得选择的,因为他的理论立场决定了他的做法。富勒用一个条件预设压缩了哈特理论的复杂性,看起来有些"蛮横",但却抓住了要害:哈特理论未能涵盖也解决不了一种特殊的疑难案件类型,即规则语言明确,但简单适用却导致目的背反的情形。

(2)福斯特法官:自然法学

福斯特法官无疑是富勒本人的化身,但在理论上却又显得比富勒本人要更纯粹,他甚至直接使用"自然状态"、"自然法"这样的概念来进行司法论证。而富勒所讲的自然法不同于古典的或神学的自然法,他关注的是尘世的、处理人类特种事务的自然法。在司法活动中,这种自然法理念就很自然地转化为法律目的或价值来加以阐释。人的活动存在目的,制度亦然。富勒说:"我们假定人类的行为或明或暗地追求着某些东西,即使是在仅仅维持传统方式的时候也是这样。"❸在他看来,目的不是某种特定的目标或者可以精确界定的结果状态,而代表了一种宗旨或者理想,即一种"使社会制度保持生命力和运行良好的理想"。❹它带有一定的抽象性,以宽泛的方式来引导人类活动,依据特殊情境被重新解释、修改,来获得具体的含义,这赋予司法活动动态和创造的特性。与哈特将法律的目的解释限定为词语含义出现"暗区地带"的情形不同,富勒认为目的解释

---

❶ [英]哈特:《法律的概念》,张文显、郑成良、杜景义、宋金娜译,中国大百科全书出版社1996年版,第134页。

❷ [英]H. L. A. 哈特:《实证主义和法律与道德的分离》,翟小波译,《环球法律评论》2001年夏季号。

❸ Lon L. Fuller, Freedom—A Suggested Analysis, 68 Harv. L. Rev. 1305, 1955, p. 1308.

❹ Lon L. Fuller, The Forms and Limits of Adjudication, 92 Harv. L. Rev. 353, 1978, p. 356.

在司法过程中几乎是无处不在,不仅适用于疑难案件,也可能适用于简单案件,特别是在判断何者为疑难案件、何者为简单案件时,法律的目的分析显得尤为重要。富勒举例说:在讨论"禁止车辆进入公园"这一规则的适用时,人们通常关注的是诸如"玩具车"、"电瓶车"之类的边缘情形是否具有与语义核心相同的法律效果,但是,难道处于语义核心的情形真的就那么确定吗? 如果某些爱国人士想在公园里放置一辆二战时卡车作为纪念,那么,作为典型"车辆"的卡车是否可以适用前述规则呢? 这个案件是属于简单案件还是疑难案件呢? 在此,富勒想质疑的是:"对法律的目的一无所知而去解释法规中的一个词语,这真的可能吗?"❶说到底,哈特还是执迷于法律"实然"与"应然"的划分,即在考虑词语的标准情形时,法官只是适用"如其所是"的法律,而不必考虑应然的观念;但是,富勒主张:即便是法官在决定规则"是"什么的时候,也要根据他为了解释规则的目的而形成的"它应当是"什么的观念来进行。❷ 这正是两人或两个学派之间的一个重要分歧点。

(3)塔廷法官:现实主义法学中的怀疑论

塔廷法官在判决时十分迟疑,看起来缺乏决断的勇气,但实际上,他是一个真诚而深刻的怀疑论者。首先,他洞察到了法律规则的局限性,这种洞察起因于他关于自我情感纠葛的直觉反应;当他愿意循着这种直觉反应展开进一步的反思时,在方法论上他已经走出了分析实证主义的领地,进入了现实主义法学的阵营,因为正是现实主义法学才开始积极地探讨情绪、直觉、预感、偏见等非理性因素对司法活动的影响。同时,这种洞察也立基于关于判决后果的、常识性的利害得失权衡:救援人员曾经以牺牲了十名队员的代价才救出这四名被告人,而现在判其死刑,不是很荒谬吗? 规则语言清晰明确,逻辑推理简便易行,但这是我们所要的结果吗? 关于后果的衡量使他的思维方式带有了些许实用主义法学的意味。上述两点显示了塔廷法官与基恩法官(分析实证主义)之间的区别。其次,塔廷法官对福斯特法官的自然法推理提出了质疑。自然法学家往往赋予自然法以完美的形态与最高的效力,如布莱克斯通就声称,自然法超越实定法,"效力

---

❶ Lon L. Fuller, Positivism and Fidelity to Law——A Reply to Professor Hart, 71 Harv. L. Rev. 630, 1958, p. 664.

❷ Lon L. Fuller, Positivism and Fidelity to Law——A Reply to Professor Hart, 71 Harv. L. Rev. 630, 1958, p. 662.

及于全球各国,延续千秋万载"。❶ 但问题是,自然法比实定法规则还要不确定,又如何能用来消除实定法的不确定性呢?塔廷法官对自然法推理的所有质疑可以用霍姆斯的一个比喻来概括:自然法好比骑士的情人,"如果你不承认她是上帝已经塑造或将要塑造的最美女子,那么,你得决斗"。❷ 同理,目的解释也不能克服法律规则的局限性问题,因为目的本身是多元的、宽泛的、含糊的,只能带来更多的不确定性。总之,无论是对分析实证主义法学的质疑,还是对自然法学的批判,最终都导向了不确定性困境。于是,塔廷法官的思路陷入了僵局。我们无需责难塔廷法官,因为他坦诚地描述了法官在司法过程中的一种真实感受,而且,他也不是没有知音的。卡多佐法官就曾经描述过他自己曾经有过的一颗"迟疑不决的心灵"——"我发现在我起航远行的大海上没有任何航迹,为此我一直很烦恼,因为我寻找的是确定性。当我发现这种追求徒劳无益的时候,我感到压抑和沮丧。……所有的怀疑和担忧,希望和畏惧都是心灵努力的组成部分,是死亡的折磨和诞生的煎熬的组成部分。"❸但是,塔廷法官没有像卡多佐法官那样选择去创造法律,因此,我们只能将其归入现实主义法学中的怀疑论者。

(4)汉迪法官:现实主义法学中的建构论与实用主义法学

汉迪法官欣赏塔廷法官对分析实证主义法学和自然法学的质疑与批判,并将其不确定性理论作为立论的基础,这使我们想起现实主义法学的建构论与其怀疑论之间的渊源联系。的确,从汉迪法官身上,我们看到了现实主义法学代表人物弗兰克的影子,汉迪法官的观点在弗兰克那里被称为"建设性的怀疑主义"。❹ 其要点包括:首先,法律的不确定性对于法官司法具有重要的积极意义。弗兰克指出:"法律的许多不确定性并不是一个什么不幸的偶然事件。它具有巨大的社会价值。"❺法律的确定性只是一种"基本法律神话",现代的成熟心智所需要认识和面对的却是不确定性;而且,这种不确定性的积极意义还表现在:只有流动的、弹性的,或有限程度确定性的法律制度,才能适应人类社会的持续

---

❶ Sir WM. Blackstone, Commentaries on the Law of England, Book I, Portland: Thomas B. Wait, & Co., 1807, p 40.

❷ O. W. Holmes, Jr, Natural Law, 32 Harv. L. Rev. 40, 1918, p. 40.

❸ [美]本杰明·卡多佐:《司法过程的性质》,苏力译,商务印书馆2000年版,第104~105页。

❹ [美]弗兰克:《初审法院:美国司法中的神话与现实》,赵承寿译,中国政法大学出版社2007年版,第2页。

❺ Jerome Frank, Law and the Modern Mind, Peter Smith, 1970, p. 7.

发展,也才能充分发挥法官在完善司法过程和推动社会进步方面的能动作用,促使法律顺应现代文明的需要。其次,司法是一种实践智慧,应当聆听公众的声音以寻找判决的灵感。在本案中,汉迪法官找到了破解司法困境的钥匙——常识。他说:其他法官所讨论的议题诸如实证法与自然法、法律的语言与目的、司法职能与行政职能、司法性立法与立法性立法等等,不仅不能帮助解决案件,反而带来了更多的困惑。而当他转向"常识"来寻求灵感时,一切都豁然开朗。"这是一个如何在特定的语境中使用实践智慧的问题,它所说的不是抽象的理论,而是人类的现实。"❶于是,他关注了主流媒体所做的民意调查意见,主张将其作为判决的结论。诚然,很少有法官直接依据民意调查来确定最终的判决结论,即便弗兰克法官也是如此(这种过于直率的做法显然应归因为富勒的虚拟),但是,弗兰克的确主张使用社会调查证据来帮助法官理解一些特定的社会事实。❷ 第三,司法过程的结论导向与司法方法的工具性选用。当汉迪法官从常识、公众意见出发来考虑判决结果的妥当性时,他改变了传统司法推理的基本顺序,即由法律到判决的演绎,并反其道而行之。弗兰克亦持此论,他说:"在大多数情况下,司法判决和其他判断一样是从暂时形成的结论回过头来作出的。"❸在先行确定了结论之后,法律推理只是一种事后的合法性论证;但这种论证只是一种工具而已,它完全服从目的与后果的需要。这种观点带有很强的实用主义色彩。在富勒之后,波斯纳揭示了实证主义与实用主义之间最关键的区别:实证主义关注的是如何保障现在的判决与过去的制定法或判例之间的一致性;而实用主义法官只有在这样的一致性恰巧有助于获得面向未来的最佳结果时,才会去关注它。❹换言之,实用主义司法也是以结果为导向的。❺

(5)首席大法官特鲁佩尼:法律过程理论的先声

首席大法官特鲁佩尼是案情的陈述者,他虽然也提出了对案件的处理意见,但并没有展开论证。尽管如此,其意见中的丰富内涵仍不可小觑,因为它预示着

---

❶　Lon L. Fuller,The Case of the Speluncean Explorers,62 Harv. L. Rev. 616,1949,p. 1868.

❷　具体案例可参见本书第十五章第三部分的内容。

❸　Jerome Frank,Law and the Modern Mind,Peter Smith,1970,p. 108.

❹　Richard A. Posner,Pragmatic Adjudication,18 Cardozo L. Rev. 1,1996,p. 4.

❺　其实,现实主义法学与实用主义之间存在着诸多理论上的渊源及观点类似,至少弗兰克本人是公开宣称要承认实用主义的。Jerome Frank,Law and the Modern Mind,Peter Smith,1970,p. 268.

美国法哲学理论在二战以后的一种新的发展趋向——法律过程理论(Legal
Process Theory)。❶ 代表现实主义法学的汉迪法官是最后一个发言者,没有人针
对他的观点进行回应,但不能就此认为,现实主义法学就是"最后的声音"。其
实,在富勒所处的年代,西方法学界正在结合二战的惨痛经历对现实主义法学进
行反思。现实主义法学的贡献在于还原了法律与司法过程的真相,揭示并破除
了传统法学理论中的"神话"成分——自然法学的"超验神话"与形式主义法学
的"逻辑神话",法律走下了人造的"神坛",成为人类社会追求自我发展的工具。
但它仍然留下了许多悬而未决的问题,一些观点甚至产生了负面效应,如认识论
上的价值相对主义、法官能动主义带来的司法职能错位、司法个别主义带来的法
治信任危机等,最核心的则是因其法律工具主义立场所导致的合法性危机。人
们还记得,德国纳粹主义所奉行的也是一种法律工具主义路线,那么,在这一点
上,现实主义法学与纳粹主义有何本质区别? 同时,既然法律与道德是分离的,
而道德又是相对的,那么,如何将美国式的民主制度与德国的纳粹主义区分开
来? 为什么说前者在其道德性上要优于后者?❷ 这些问题表明现实主义法学已
不能解决法律和司法的合法性问题,新的理论应运而生,法律过程理论正是其中
之一。这一理论由哈佛大学的哈特和萨克斯两位教授系统阐述,从 20 世纪 50
年代至 70 年代之间在美国公法领域成为占据主导地位的学说,深刻地影响了当
时的司法风格。在本案中,特鲁佩尼法官主张,法官依法裁判,由行政长官行使
特赦权来获得多数人认同的妥当结果。他认为,法律是一种整体性的制度实践,
不同的国家机关应在其职能分工行事。这种观点之中隐含着法律过程理论的一
个核心原则:制度解决(institutional settlement),它要求,在政府体制中按照一种
合理的决策结构来设计和分配决策的权力,法律机构之间能够分工负责,相互礼
让,各自在自己的管辖范围内具有资格,也尊重对方在其管辖范围内的相应专
长。正如哈特和萨克斯所说:"如果某一决定是正当设立的程序的正当结果,那

---

❶ William N. Eskridge, Jr., The Case of the Speluncean Explorers: Twentieth-Century Statutory Interpretation in
a Nutshell, 61 Geo. Wash. L. Rev. 1731, 1993, pp. 1748–1749.

❷ 参见[美]斯蒂芬·M. 菲尔德曼:《从前现代主义到后现代主义的美国法律思想——一次思想航行》,
李国庆译,中国政法大学出版社 2005 年版,第 212 页。

么,无论是对还是错,都应当被接受,至少暂时应该是这样。"❶尽管说特鲁佩尼法官的简短意见之中不可能涵盖法律过程理论的全部内容,但是,其中似乎包含着富勒对于现实主义法学缺陷的一种建构性反思,也正因为如此,有人将富勒看成是法律过程理论的先驱人物之一。❷

总之,"洞穴探险案"典型地描述了不同的法学流派观点对于法官司法过程的决定性影响。在该案中,法官面对的是同样的案情,考虑的是同一个法条的适用问题,在内心深处甚至同样不愿意判处被告人死刑,但是,由于所属法学流派不同,所持法学观点不同,他们作出的判决迥异其趣。"洞穴探险案"是一个虚构的案件,那么,在现实世界中,司法方法的选择、运用与法学流派理论是否存在关联呢? 美国学者凯尔索研究发现,美国联邦最高法院的宪法解释在不同历史时期显示出不同的司法风格,亦体现为不同的主导性推理模式:1789 至 1872 年间是自然法学方法;1872 到 1937 年间是形式主义;1937 至 1954 年间是霍姆斯主义;1954 至 1986 年间是工具主义。❸ 看来,"洞穴探险案"虽为虚拟,但法官哲学观点对司法过程的影响却非虚拟,而是一个客观存在,值得深入探讨。

(三)司法方法与司法方法论之区分

法官对法律的理解发生了分歧,并产生了不同的判决结论,这看起来是不同司法方法的运用所致,但实质上则是根植于他们各自的法哲学立场,孤立地看待司法方法的运用,就不能真正理解其发生作用的内在机理。在司法方法的运用背后,隐藏了法官对法律本质、司法本质等问题的基本观点,对于后者,我们将其归摄于司法方法论的范畴,为此需要在司法方法与司法方法论这两个概念之间作出必要的划分,并对各自的内涵与特性作出界定。

如前所述,司法方法是指法官在司法活动中根据案件事实适用法律并形成判决的一种法律方法,是法官处理案件纠纷的实用性操作技术。它具备以下特性:(1)法律性。鉴于依法裁判是法官的基本职责,所以司法方法需要围绕法律

❶　H. Hart & A. Sacks, The Legal Process: Basic Problems in the Making and Application of Law (Tentative edition,1958) ,p.119.

❷　William N. Eskridge, Jr. , The Case of the Speluncean Explorers: Twentieth-Century Statutory Interpretation in a Nutshell,61 Geo. Wash. L. Rev. 1731,1993 ,p.1732.

❸　See, R. Randall Kelso, Styles of Constitutional Interpretation and the Four Main Approaches to Constitutional Interpretation in the American Legal History,29 Val. U. L. Rev. 121 ,1994.

的操作展开,以法律规范为作用对象,以法律适用为中心问题。(2)实践性。由于司法是法官适用法律解决具体纠纷的行为,因此,法官运用司法方法的着眼点是针对实际问题并解决实际问题。(3)具体性。尽管法律是普遍性的,但是司法方法的适用往往是法律规范联结具体案件事实的过程,判决的形成也需要针对案件的特定问题。(4)操作性。在一定意义上,司法方法是一种指导法官进行实际操作的规程,不同的人根据相同的规程可以得出大致相同的结论。(5)一定的依循性。尽管司法方法的运用并非绝对机械,不同的司法方法在能动性程度上也存在区别,但是,一种成熟的司法方法在具体运作上往往表现出很强的稳定性,需要法官循此而行,它使法官的司法活动成为一种"可重复的推理过程",保证了法院判决的前后一致,彰显了"看得见的正义"。❶ 这些特性使司法方法成为一种实用性的技能,它可以使法官成为一名合格的"法匠";而如果缺失了这些特性,司法方法将会失去其最基本的实际价值。

但是,仅从具体方法的层面来研究司法方法问题是不够的。正如胡玉鸿所说的:"'方法'并不能自身说明自己,它无法确定在何种情形下应当使用哪种方法,也不能预示在某项具体研究中,这种方法的采用是否适当。"❷因此有必要从方法论的层面来研究司法方法。这是因为司法方法的运用不仅是一种实用技术的操作,其中也包含着某种一般性思维。诚如陈兴良所说:"方法其实是一种思维方式,法律方法也就是法律思维方式。在某种意义上说,法律方法问题也就是一个法哲学问题。"❸这种一般性思维进入了方法论的范畴。一般意义上的方法论是指那些能够系统解释和说明人们如何使用方法来认识世界、改造世界的理论与学说。司法方法论则是与司法过程相联系的一种特殊方法论,它是能够系统解释和说明司法人员如何使用各种司法方法来适用法律、解决纠纷的理论与学说,是司法哲学的重要组成部分。

相对于司法方法,司法方法论具有以下特性:(1)学理性。这是指司法方法论主要关注司法方法运用背后的各种理论问题,通过理性思辨来展开分析的路径,以超越实践的姿态获得评价和批判司法实践的客观立场,并试图将司法方法

---

❶ [美]迈尔文·艾隆·艾森伯格:《普通法的本质》,张曙光等译,法律出版社2004年版,第15~16页。
❷ 胡玉鸿:《法学方法论导论》,山东人民出版社2002年版,第89页。
❸ 陈兴良主编:《刑法方法论研究》,清华大学出版社2006年版,第3页。

的运用问题置于一定的思想观念体系之中。(2)抽象性。这是指司法方法论是对司法方法性质及其运用基本规律的概括与总结,是某种法哲学思想对司法方法运用过程指导意义的揭示,它不直接解决具体案件,而是在普遍的意义上确立解决具体案件的基本视角与路径,并构成其理论基础。(3)导向性。方法论是一种应用哲学,方法论研究如何以客观现实之道,还制客观现实之身;司法方法论来自于对司法方法适用实践的总结与反思,同时它又对司法方法的运用发挥整体性的导向功能,从而对判决结果产生很大影响直到决定作用。正如庞德所说:"在法律解释时,理想的成分是有决定意义的。"❶边沁也将"没有思想的判决"与"机械性的司法"相提并论。❷ (4)反思性。方法论是反思性的,是站在较高的层次上对各种具体方法的运用进行评判,决定了具体方法的选择与取舍。在这一点上,司法方法论亦然。拉伦茨指出:"法学方法论是以诠释学的眼光对法学作自我反省",它需要探究,"特定方法可以提供的贡献为何,其不能贡献者为何,如何才是方法上正确的做法,何种做法实际上不能获得无可指摘的结论,因此可认为其有方法上的错误。"❸司法方法论可以帮助法律家的思维成为一种批判性思维。(5)监督性。有人认为,立场决定方法,而立场却很难明言,但是,有了司法方法论理论的参照系,立场就可以有迹可循;司法方法论可以帮助我们深入判决形成的深层思维,发挥一定的监督作用。正如德国学者魏德士所说:"如果在解释'方法'的问题上达成基本一致,那么这种一致很明显将使'检验'、监督以及关于法律适用结果的讨论更加容易。"❹总之,司法方法论具有与司法方法不同的问题领域和特性,它具有自身独立的功能。司法方法论的存在,可以避免司法方法的运用沦落为一种纯技术的操作,这一点甚至对法治社会的健康发展也是不可或缺的。魏德士在总结了 20 世纪德国司法实践的经验教训后指出:"纯粹的法律技术对法律和社会是危险的。只有那些对法的基础和作用方式以及对可能引起法适用的原因和适用方法后果有所了解并对其思考的人,才

---

❶　[美]庞德:《通过法律的社会控制·法律的任务》,沈宗灵译,商务印书馆 1984 年版,第 23 页。
❷　参见[美]弗兰克:《初审法院:美国司法中的神话与现实》,赵承寿译,中国政法大学出版社 2007 年版,第 58 页。
❸　[德]卡尔·拉伦茨:《法学方法论》,陈爱娥译,商务印书馆 2003 年版,第 121~122 页。
❹　[德]伯恩·魏德士:《法理学》,丁小春、吴越译,法律出版社 2003 年版,第 314 页。

能在法律职业的领域内尽到职责的要求。"❶

如此,我们将司法方法界定为适用法律解决纠纷的技术,将司法方法论界定为与这种技术的运用相关联的哲学观点与理论。只是我们有时又将司法方法(技术)与司法方法论(哲学)用司法方法论一词来统括。语言不是数理符号,因此很难实现绝对的严格界定,因此只要在概念明确、易于理解的基础上达到相对的精确即可。因此,我们可以采取区分广、狭义的方法来处理这些称谓之间的关系,具体图示如下(图导-3):

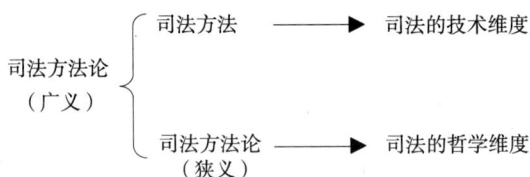

图导-3 司法方法论概念

四、"裁判工具库":司法方法体系分析

在技术维度上,各种具体的司法方法构成了法官的"裁判工具库"。作为法官处理实际法律问题的工具,这些司法方法应当具有清晰的和可操作性的形态,为此,我们应当细致分析各种具体司法方法的类别与范围,以确定司法方法的外延与体系。

基于不同的标准,学者们对司法方法的具体类别往往会作出不同的划分,产生差异极大的观点。略举数例即可见一斑。如杨仁寿认为,法律方法包括狭义的法律解释、价值补充以及法律漏洞补充三种,它们在功能上各有不同,"法律规定不明确,系属法律解释的范围;而法律欠缺规定,则系补充问题"。❷ 陈金钊认为,司法过程的具体法律方法包括:法律发现、法律推理、法律解释、价值衡量、漏洞补充以及法律论证方法。❸ 胡玉鸿将法律技术分为"文本分析技术"、"事

---

❶ [德]伯恩·魏德士:《法理学》,丁小春译,法律出版社2003年版,德文版前言第1页。

❷ 杨仁寿:《法学方法论》,中国政法大学出版社1999年版,第98页。

❸ 参见陈金钊:《司法过程中的法律方法论》,《法制与社会发展》2002年第4期。

实发现技术"及"法律适用技术"三个层面,其中"法律适用技术"又包括:法律渊源识别技术、判例识别技术、法律解释技术、利益衡量技术、法律推理技术、法律漏洞补充技术、判决说理技术等。❶ 我国实务界人士对此也有自己的思考,如郝明金认为,司法方法至少包括了以下几种方法:当事人本位法、衡平法、博弈法、调解法。❷ 孙海龙、高伟认为,裁判方法涉及案件事实认定的方法、法律适用的方法、调解的方法和裁判文书的制作方法。❸ 且不说这当中有一些只是办案的策略或辅助技术,并不属于处理法律问题的司法方法的范畴,单就这林林总总、各不相同的称谓而言,已让人眼花缭乱,更何况这些划分出的子类别之间抑或相互重叠交叉,抑或彼此缺乏共同划分标准,难以产生清晰的认知。

可见,在具体司法方法的类别与范围方面,尚缺乏完全统一的认识,导致司法方法的外延与体系处在"剪不断、理还乱"的状态。当然,在这些分歧之中也存在着一些共识,至少,在司法方法的一些基本类别方面如此。这些公认的类别包括:法律解释方法、法律推理方法、法律论证方法、法律漏洞补充方法和法律发现方法,而且,学者们普遍认为,就这些方法而言,本身又不是单一的,而是构成了一个方法体系。以下分别简述:

1. 法律解释方法。法律解释是人类最古老的司法方法,无论在东方还是西方,也无论是大陆法系还是英美法系,法律解释方法的运用都有着悠久的历史。古希腊时期,亚里士多德已开始探讨法律解释问题;在古罗马,法律解释更是成了一种面对司法实践的专门学问。11 世纪末罗马法复兴之时,注释法学家对罗马法的解释和注释,则使各种法律解释技术渐趋成熟。英美法系的法源虽以判例法为主,但随着议会立法、行政立法的增多,制定法在司法实践中的作用日显重要。早在 1584 年,英国的海登案就已确立了对制定法进行目的解释的四项准则,❹至今仍被援引。18 世纪英国著名法学家布莱克斯通(William Blackstone,1723～1780)则以平义规则(Plain Language Rule)为基础,确立了一套系统的成文法解释理论。时至今日,学界对法律解释方法的分类体系已有较为明确的看法,根据梁慧星的归纳,法律解释方法包括:(1)文义解释方法;(2)体系解释方

---

❶　参见胡玉鸿:《法律技术的内涵及其范围》,《现代法学》2006 年第 5 期。

❷　参见郝明金:《司法的目的与方法》,《山东审判》2005 年第 5 期。

❸　参见孙海龙、高伟:《裁判方法论要》,载康宝奇主编:《裁判方法论》,人民法院出版社 2006 年版。

❹　Heydon's Case,76 Eng. Rep. 637(K. B. 1584).

法;(3)法意解释方法;(4)扩张解释方法;(5)限缩解释方法;(6)当然解释方法;(7)目的解释方法;(8)合宪性解释方法;(9)比较法解释方法;(10)社会学解释方法。❶ 其他学者的概括或有不同,❷但基本的类别是确定的。

2. 法律推理方法。法律推理(legal reasoning)本是英美法系的概念,这是因为判例法的适用主要是一种推理而不是解释。波斯纳说,普通法和制定法"最根本的区别就在于一个是概念系统,而另一个是文本系统"。❸ 制定法的适用主要是文本的解释,而判例法的适用则是概念的推理。后来的发展是,文本与解释的概念都被泛化,无所不包,判例法自然也可以看成一种文本,其适用也是解释。而法律推理的概念虽没有像法律解释的概念那样被泛化,但是,人们也发现,在以制定法为主要法律渊源的大陆法系,法律推理也是存在的,尤其是演绎推理与类比推理还是常用的法律适用方法。推理本是一个逻辑概念,一开始人们也是将法律推理当做单纯的逻辑方法,但是,随着司法认识的深化,人们发现,逻辑推导不能涵盖司法过程的全部,于是,学者从形式与实质的角度将法律推理划分出两种类型:形式性法律推理与实质性法律推理,当然,在不同的学者那里称谓有所不同,如分析推理与辩证推理(博登海默)、机械推理与道德推理(伯尔曼)、演绎推理和结果推理(麦考密克)以及形式主义法律推理与目的性或政策导向的法律推理(昂格尔)等,但其基本思路是一致的。形式性法律推理是指法官在适用法律时运用逻辑形式进行的法律推理,一般包括演绎推理、归纳推理和类比推理三种形式;实质性法律推理则是法官基于实践理性,从关于法律实质内容的评价出发进行的法律推理,通常是在法律之中出现冲突、模糊和缺失的情况下,借助于各种实质性理由为法律适用提供正当依据的过程,这些实质性理由包括法律目的、政策、伦理、正义观念等等。尽管说对实质性法律推理是否属于"推理"这种逻辑思维并非没有争议,但是,目前的通说认为形式性法律推理与实质性法律推理都是法律推理方法体系的必要组成部分。

3. 法律论证方法。法律论证理论的历史并不久远,它是在 20 世纪 70 年代

---

❶ 参见梁慧星:《民法解释学》,中国政法大学出版社 1995 年版,第 214 页以下。

❷ 如杨仁寿将法律解释方法区分为三大类:(1)文义解释;(2)体系解释;(3)社会学解释,其中,体系解释又包括:扩张解释、限缩解释、反对解释、当然解释、法意解释、比较解释、目的解释、合宪解释。参见杨仁寿:《法学方法论》,中国政法大学出版社 1999 年版,第 101 页以下。

❸ [美]波斯纳:《法理学问题》,苏力译,中国政法大学出版社 1994 年版,第 313 页。

之后出现的一个新的法学研究领域。法律论证研究独立化的标志是 1971 年"国际法哲学—社会哲学协会"（IVR）在比利时首都布鲁塞尔召开的第五届世界大会上将"法律论证"作为大会的议题，以及一些重要的法学家就此议题出版了一系列专题性的代表性成果。❶ 法律论证理论建立在现代逻辑、语言哲学、语用学和对话理论的基础上，着力于关注法官裁判的正当性与可接受性问题。法律论证方法是指如何选择和依据一定的合理的论证规则推导出法律论证的优先规则，进而保证法律决定的正确性的方法和手段。❷ 关于法律论证方法的类型，在不同的学者那里有不同的表述。如荷兰法学家普拉肯提出了法律论证的四个层次理论，即逻辑的、对话的、程序的和策略的层次；德国法学家纽曼（Neumann）区分了法律论证理论的逻辑分析方法、论题学—修辞学方法以及涉及对话（商谈）理论的方法；荷兰法学家弗特瑞斯将法律论证的方法（进路）分为三种：逻辑学方法、修辞学方法和对话的方法。根据哈贝马斯的商谈（程序）理论，论辩不仅要满足"理想言谈情形"的形式要求，也要满足特定的、实质性的道义要求。他区分了三个层次的交往理性：作为结果（product）的逻辑论证层次、作为程序（procedure）的对话论证层次和作为过程（process）的修辞论证层次。❸ 尽管表述不同，但似乎都认同从逻辑、修辞和对话（论辩）三种角度来研讨法律论证问题。

4.法律发现方法。在最初的意义上，法律发现的含义就是找法（find the law），即法官为本案事实寻找法律大前提或者为判决寻找裁判依据。其后法律发现又演变成为一种与法律本体相关的理论立场，即法律是不可单凭人为的理性设计来产生，而只是从某种早已客观存在的实体（如自然法或历史的民族精神）中来发现。无论是法官还是立法者都只能是法律的宣示者而非创制者。吊诡的是，在法律方法论的层面，不同的学者竟然给法律发现概念赋予了完全相反的含义。如主张严格依法裁判的学者认为，法律只能由立法者创立，应严格禁止法官造法，法官的职能仅在于发现法律并加以适用。而主张法官能动性的学者

---

❶ 如 J.拉兹的《实践理性与规范》（1975 年）、《实践推理》（1978 年）和 N.麦考密克的《法律推理与法律理论》（1978 年）、《制度法论》（1986 年，与魏因伯格合著）等，参见舒国滢：《走出"明希豪森困境"》，载［德］罗伯特·阿列克西：《法律论证理论——作为法律证立理论的理性论辩理论》，舒国滢译，中国法制出版社 2002 年版，代译序第 1 页。
❷ 参见葛洪义：《试论法律论证的概念、意义与方法》，《浙江社会科学》2004 年第 2 期。
❸ 参见焦宝乾：《法律论证导论》，山东人民出版社 2006 年版，第 299~300 页。

认为,立法是有局限性的,因此需要法官在法律出现模糊或漏洞时,主动地以法律目的、政策、伦理、正义观念等为基础,发现实质的、应然的法,当然,这些法不是法官的主观创造,而是人类生活的客观实在,所以仍然属于法律发现的范畴。这两种对立的观点其实也代表法律发现的两种理论立场。法律发现之所以成为独立的研究领域,是因为学者把司法过程分解为"发现的脉络"(context of discovery)与"证立的脉络"(context of justification)两个方面,前者涉及发现正确裁决的过程,后者关涉判断的证立以及在评价判断中所使用的评价标准。❶ 就常规的法律发现而言,其方法与法律推理、法律论证并无实质区别,但在法律发现过程中,一些非理性因素如直觉、无意识也会发生作用,在这个意义上,法律发现方法的范围要大于法律推理方法或法律论证方法。

5.填补法律漏洞的方法。法律漏洞是一种法律"违反计划的不圆满性",❷基本上属于法律局限性的一种表现形式。但问题是,人类似乎无法完全消除这一局限性。"任何法律皆有漏洞,系今日判例学说共认之事实。"❸由此产生了在司法过程中填补法律漏洞的必要。一般而言,填补法律漏洞的方法都是形式推理或常义解释以外的、以考虑各种法律实质性因素为特点的方法。梁慧星将法律漏洞的填补方法划分为依习惯补充、类推适用、目的性扩张、目的性限缩、反对解释、比较法、直接适用诚实信用原则、法官直接创设法律规则。❹ 黄茂荣将其划分为类推适用、目的性的限缩、目的性的扩张、创制性的补充。❺ 这些方法多具有较强的能动性与弹性。由于法律漏洞是指在法律之中出现无法可依的缺失状态,因此,法律漏洞的填补也带有一定的造法性,换言之,法官在司法过程中也存在着一定的立法行为。多数学者认为这种立法是有限的,只能是"间隙立法"❻、"空白立法"❼或者"法的续造"❽。但是,由于各个部门法的性质有所不

---

❶ 在大陆法系,这一区分由赖登巴赫提出,拉伦茨、考夫曼、阿列克西亦持此观点;在英美法系,哈特、麦考密克、萨默斯、戈尔丁、波斯纳等也赞同这一区分。参见[荷]伊芙琳·T.菲特丽丝:《法律论证原理——司法裁决之证立理论概览》,张其山等译,商务印书馆2005年版,第6页。
❷ [德]卡尔·拉伦茨:《法学方法论》,陈爱娥译,商务印书馆2003年版,第251页。
❸ 王泽鉴:《民法学说与判例研究》第一册,中国政法大学出版社2005年版,第268页。
❹ 参见梁慧星:《裁判的方法》,法律出版社2003年版,第153页以下。
❺ 参见黄茂荣:《法学方法与现代民法》,中国政法大学出版社2001年版,第392页以下。
❻ Oliver Wendell Holmes,Jr.,Law in Science and Science in Law,12 Harv. L. Rev. 443,1899,p.239.
❼ [美]本杰明·卡多佐:《司法过程的性质》,苏力译,商务印书馆2000年版,第70页。
❽ [德]卡尔·拉伦茨:《法学方法论》,陈爱娥译,商务印书馆2003年版,第246页。

同,法律漏洞填补的范围与方式也有所不同。在民事审判中,法官可以采取适用诚实信用原则甚至直接创设法律规则的方法来解决法律漏洞问题,但是,在刑事审判中,直接适用原则和创设规则的方式不被许可,而且,由于受到罪刑法定原则的制约,法官也不能采用法律漏洞补充这样的法律方法,对法律解释而言,则要求采用严格解释,禁止类推解释。

近年来,我国法学界对司法方法的研究主要是沿着上述五个方面展开,因此我们也很自然地将它们看成是司法方法的基本类别,并以此为基础构建司法方法的外延体系。一些法律方法论教材或著作也大多将这些司法方法简单罗列在一起,并分别加以研究,却很少谈及它们之间的区别及逻辑关系。❶ 确实,如果针对这五种方法分别探讨,对概念尚可作相对清晰的认知,但是,当我们从宏观的角度对这五种方法进行综合性研究时,概念的清晰认知就消失了。我们观察到,这五种方法之间其实很难严格界分,在理论上,它们之间的确各有侧重不同,如法律解释关注的是对法律文本的理解以及法律概念的定性;法律推理强调的是法律命题的前提与结论之间的推导关系;法律论证则侧重于对判决结论正当性的证明;法律发现所说的是裁判依据的生成过程;法律漏洞填补只是在法律出现漏洞时才会发生。但其实,这样的区分并没有什么实际意义。因为,这每一种方法看似都是一个独立的话语体系,但却又往往需要借助于其他方法来诠释或说明自己。换言之,这五种方法相互之间并不独立,而是彼此包容,你中有我,我中有你,交叉重叠之处甚多,难以形成层次分明的司法方法体系。

从词义来看,解释是指"分析阐明"、"说明含义、原因、理由等";❷推理是指"从一个或几个已知的判断(前提)推出新判断(结论)的过程";❸论证是指"论述并证明",❹都包含了为特定的结论提供理由的含义。在司法的语境中,法律解释、法律推理、法律论证都是关于法律规范的认知方式,反映了判决理由的形成过程;如果分析它们之中所包含的具体方法,就会发现,解释之中有推理、推理之中有论证,论证之中又有解释与推理,相互融合,很难界分。菲特丽丝说,法律

---

❶ 参见葛洪义:《法律方法讲义》,中国人民大学出版社 2009 年版;赵玉增、郑金虎、侯学勇:《法律方法:基础理论研究》,山东人民出版社 2010 年版。
❷ 中国社会科学院语言研究所词典编辑室:《现代汉语词典》,商务印书馆 2007 年版,第 701 页。
❸ 中国社会科学院语言研究所词典编辑室编:《现代汉语词典》,商务印书馆 2007 年版,第 1385 页。
❹ 中国社会科学院语言研究所词典编辑室编:《现代汉语词典》,商务印书馆 2007 年版,第 899 页。

论证之所以产生,是因为法官为了使最终裁决能被接受而不得不阐明其解释:即必须证立那种关涉到法律规则解释的判决。❶ 这种观点不恰当地将法律解释"压缩"成一种纯粹的心理过程,因而才需要通过法律论证来展示其论证过程,这样的原因解析多少有点勉强。反过来想,其实这种观点恰恰表明了解释与论证之间的联系,即法律论证无非是对法律解释的一种阐明,它们具有共通的内核。同样的道理也适用于法律论证与法律推理之间的关系。在笔者看来,相对于法律解释与法律推理,法律论证范畴之所以有独特价值,主要有两个原因:其一,法律论证是一种综合性的过程,包含着各种解释方法或推理方法的运用,例如,所谓的法律论证模型正是这种综合性过程的描述与反映。其二,法律论证强调结果的可验证性,这一方面促使了解释与推理过程的外显展示,另一方面也促使人们开始关注法律论证在法律程序中的外显形式——法律论辩,相应地,一些与法律论辩有关的方法如修辞学方法、对话方法等也成为法律论证方法家族的一员。只是新成员的加入并未实质性地动摇基本解释方法与基本推理方法的核心地位。法律论证范畴的提出尽管有其意义,但这并不意味着法律论证是与法律解释、法律推理完全独立的一种新法律方法。

再说法律发现和法律漏洞填补。将法律发现与法律论证区分开来有助于人们全面地理解法官司法的实际过程,以及探索一些非理性因素如直觉、无意识等在司法活动中的作用及其方法论意义,但是,这并不意味着法律发现在方法论上可以完全独立,实际上,在多数情况下,法律发现仍然是通过解释、推理、论证的方法来完成的。而对于法律漏洞填补而言,似乎也不存在独立的方法,只是将解释、推理、论证方法运用于法律漏洞的特定场合而已。重叠交叉过多,概念意义必然混杂。虽然说司法方法问题本就十分复杂,甚至难说可以精确划分,但无论如何,明显的概念混杂状态影响了我们对司法方法问题的认识,也减损了司法方法论的实际功用。

如此看来,法律解释、法律推理、法律论证、法律发现与法律漏洞填补这五种司法方法,尽管本身构成独立的问题领域,但是,它们之间的综合却难以自动生成逻辑清晰的司法方法体系。我们需要尝试其他进路。

---

❶ 参见[荷]伊芙琳·T.菲特丽丝:《法律论证原理——司法裁决之证立理论概览》,张其山等译,商务印书馆2005年版,第6页。

于此,卡多佐法官的思路颇具启发意义,他区分了司法的不同路线及其所使用的方法:"一个原则的指导力量也许可以沿着逻辑发展的路线起作用,我将其称为类推的规则或哲学的方法;这种力量也可以沿着历史发展的路线起作用,我将称其为进化的方法;它还可以沿着社区习惯的路线起作用,我将称其为传统的方法;最后,它还可以沿着正义、道德和社会福利、当时的社会风气的路线起作用,我将称其为社会学的方法。"❶这一分类有两个特点:一是它立基于判决形成的决定因素,直接切入了司法过程的深层基础;二是它体现了司法方法论的整体观念,即借助于司法过程的这些决定因素,将个案的具体判决与不同流派的法学理论联结起来。这种分类具有相当的合理性,可以在此基础上加以扩展与深化,来谋求司法方法体系的构建路径。

笔者将卡多佐法官所说的"路线"称为司法的"基准",并进而倡导以"基准分析"的方法来梳理司法方法的类别与体系。能够构成司法基准者,一方面应能直接影响法官的判决思维过程,另一方面又可代表各种法学理论关于法律本质、司法过程性质的基本观点与看法;它是一种独立的理论范畴,凝结着各种法哲学观点的精髓要旨,并且,它构成了法律判决思维的基本出发点。这些司法基准包括语义、逻辑、历史、政策、价值、利益、原则和后果等。如果再辅以形式与实质的二分法,前述语义、逻辑属于司法的形式基准,来自于法律本身或内部较为确定的结构载体;而历史、政策、价值、利益、原则和后果等属于司法的实质基准,来自于"法律外部的世界",❷基于经济、政治、伦理、宗教等社会因素的考虑而产生。立足于这些司法基准的分析,我们可以将司法方法划分为形式基准的分析方法和实质基准的分析方法,前者包括语义分析方法和逻辑推理方法,后者包括历史分析方法、政策分析方法、价值衡量方法、利益衡量方法、原则裁判方法和后果评估方法等(参见图导-4)。

立论之初,我们首先要考量这种分类模式的可能局限。必须承认,这种分类存在两点局限:其一,在某些司法基准之间存在着一定的重叠交叉之处,例如,原则裁判之中包容着价值判断的成分;政策分析之中存在着利益衡量的要素;后果评估也需要政策引导,等等,但是,由于它们各自都有着深厚的理论背景,因此本

---

❶　[美]本杰明·卡多佐:《司法过程的性质》,苏力译,商务印书馆2000年版,第16页。
❷　[美]波斯纳:《法理学问题》,苏力译,中国政法大学出版社1994年版,第51页。

```
                                         ┌ 语义分析方法
                    ┌ 形式基准的分析方法 ┤
                    │                    └ 逻辑推理方法
                    │
                    │                    ┌ 历史分析方法
                    │                    │ 政策分析方法
   司法方法 ┤                    │ 价值衡量方法
                    └ 实质基准的司法方法 ┤ 利益衡量方法
                                         │ 原则裁判方法
                                         │ 后果评估方法
                                         └ ……
```

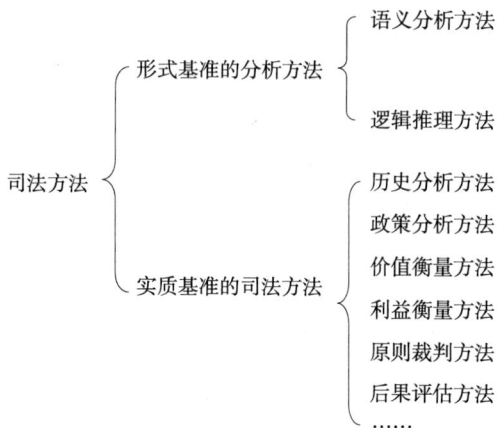

图导-4 司法方法体系

身都是独立的话语系统,不依赖于其他的因素即可自圆其说。这样看来,它们之间的重叠交叉只是边缘性的,不影响其核心要旨的独自展开。其二,这种分类不属于完全性分类,或者说,我们很难完全列举所有的司法基准,但是,这并不是说司法基准的形成是随意的,而只是因为随着社会需求与法学理论的发展,在理论与实践的充分积淀之后,新的司法基准会得以产生,旧的司法基准可能会弃置不用,因此笔者将这种分类看成是一个开放性的体系,换言之,前文所列举的几种司法方法并未穷尽所有的分类。但我们毋宁将司法方法看成是动态发展的体系,在一些新的司法方法逐渐成熟、定型之后,我们可以根据判决形成决定因素的标准,依据"家庭相似性"❶的脉络将其纳入这种分类之中。

可见,从认识论的角度,上述两点局限虽无法彻底解决,但却可以得到合理解释;如果我们不去追求绝对的完备性,而是承认相对的合理性,那么,这些局限不会影响我们对司法方法的理解与运用。相反,以基准分析的方法来构建司法方法的分类体系具有诸多优势,简要归纳为四点:

---

❶ "家庭相似性"是英国著名哲学家维特根斯坦的概念,他认为,人们总倾向于认为一些事物之所以归在一个一般语词之下是因为它们具有某种共同的特征,事实上,这些事物(他用"游戏"来作隐喻)并没有一种共同的特征,而是形成了一个家族,这个家族的成员具有某些家族相似之处。"一个家族的有些成员有一样的鼻子,另一些有一样的眉毛,还有一些有一样的步态,这些相似之处重叠交叉。" Wittgenstein:The Blue and Brown Books,Basil Blackwell,p.17. 参见陈嘉映:《语言哲学》,北京大学出版社2003年版,第191页。

首先,它有助于明晰司法过程中法律解释、法律推理、法律论证、法律发现、法律漏洞补充的出发点。事实上,对法律的解释、推理、论证、发现、漏洞补充不是一个简单的技术性操作,它们反映了法官关于法律的基本认识:如何理解法律根植于法官对于法律本质的看法,而如何适用法律根植于法官对其司法职能性质的看法。这些认识和看法正是各种司法基准的基本内涵,它们构成了法官判决思维的出发点,如果我们不能把握这个出发点,那就不能理解判决形成的内在机理。

其次,它有助于彰显司法方法运用与法学理论之间的深刻关联,展示不同法学流派运用司法方法解决案件的风格与倾向。各种司法基准是司法方法运用与法学理论之间的联结点,在其之上凝聚和概括了各种法学流派理论关于法律本质、司法过程性质认识的根本立场和趋向。我们不难理解传统自然法学对价值衡量方法的崇尚、新自然法学对原则裁判方法的重视、现实主义法学与实用主义法学对政策分析方法的强调,等等,一定的司法风格背后其实隐藏着深厚的理论背景。可见,通过基准分析来构建司法方法体系的明显优势正在于它揭示了司法方法背后更深层次的决定性力量,从而更好地理解司法方法适用的内在机理。

再次,借助于各种司法基准的性质分析,可以促进司法方法的规范化与体系化。每一种司法基准都经过了理论熔炉的浇铸和实践砥台的打磨,其本身都包含一套独立自足的话语系统与方法论脉络,这将有助于每一种具体司法方法的规范与完善。我们通常将司法中的语义分析当成一种单一的司法方法,但其实它可以成为复合的方法论体系。所以,对文本的语义分析与文本主义是有重大区别的,前者所指只是特定的分析技术,而后者却是自洽的理论体系,能够应对规则语言明确、模糊、歧义乃至不合理的各种情况,对简单案件与疑难案件分别备有相应的处理方案,换言之,对于法律适用,它是可以"自圆其说"的。这无疑增强了司法方法的实用性,而只有在这些司法方法具有足够的实用性之后,我们才能真正将运用过程规范起来,使之成为每个法律人都必须掌握的技术规程。

复次,借助于各种司法基准之间的协同或互补效应,可以构建兼具原则性与灵活性的司法方法体系。每一种司法基准的形成及地位的提升都与特定的法学流派理论有关,但是,不同司法基准之间的关系并非截然对立,它们之间也可能存在着师承、同源、借鉴、融合等关系,因此各种司法方法之间存在着特定的辅助与互补关系也就不足为怪了。我们注意到，一些著名的法官往往都十分注重不同司法方法的组合与配置关系，例如，霍姆斯法官认为，对于法官来讲，法理分析方法、历史分析方法和政策分析方法是必须掌握的三种基本司法方法，它们之间相互补充，但无法取代；基于其基本的理论立场，霍姆斯法官认为这三种司法方法之间还存在着主次之分，即政策分析方法具有最终的决定作用。❶ 这样所构建的司法方法体系可以兼具原则性与灵活性的特点，有效应对案件的复杂多样与社会需求的发展变化。

五、"驭术之道"：司法方法论哲学的基本框架

司法方法论是司法哲学的重要组成部分，相对于一般的法哲学，它着重关注与司法人员运用各种司法方法来适用法律、解决纠纷相关联的理论与学说，在研究范围和重心上有其特色。它不仅具有与司法方法不同的问题领域，而且，它是划定各种司法方法运用及其限度的"驭术之道"。具体而言，司法方法论的问题领域包括：

（一）司法活动的本质

司法活动的本原或者性质是什么？它是一种科学认识，还是纠纷的解决？是社会工程的塑造，还是司法技艺的发挥？是关于文本的理解，还是一种艺术创作，或者是人际的沟通？这些问题的回答决定了关于法官的角色认知和行为倾向：他是法律科学家？还是纠纷解决者？还是社会工程师？还是法律的"工匠"？还是文本的解释者？还是法律的"艺术家"？还是社会关系的协调者？尽管说有人试图采取一种兼容并包的态度将上述内容中的几个甚至全部都纳入司法活动的本质之中，但是，事实上，特定的流派观点往往只会选择其中之一作为司法活动的终极决定因素。这是因为，尽管这些本质形式之间确实存在着重叠与相容之处，但是，它们之间（尤其是在其纯粹形态上）是存在冲突的。例如形式主义法学与现实主义法学之间的分歧就是一个典型的例子。关于司法过程本质的认识决定了司法方法论的基本倾向以及对其他问题的看法，而且，它亦可能

---

❶ 较细致的分析参见秦策：《霍姆斯法官"经验"概念的方法论解读》，《法律适用》2006 年第 11 期。

决定了具体司法方法优先次序的排列与选用。❶

（二）司法过程的内在矛盾与消解

司法是将抽象的、一般的法律规则或原则适用于具体的案件情境,在这一过程中,法官需要面临哪些内在矛盾? 又将如何处理这些矛盾? 这些矛盾可以包括:规范抽象性与案件具体性之间的矛盾;法律稳定性与社会发展性之间的矛盾;条文明确性与语言模糊性之间的矛盾;法源多样性与结果唯一性之间的矛盾;多元法律价值之间的矛盾;审判公开性与法官推理思维的私人性之间的矛盾;法律的形式性质与实体性质之间的矛盾。❷ 这些矛盾的存在昭示了司法活动的复杂性,更为重要的是,我们需要追问和探知,在出现这些矛盾时,法官应当如何处置? 这些是司法方法论哲学关注的重要问题。

（三）判决形成的决定性因素

法官如何判案? 是否依循固定的程式? 决定或影响司法决定形成的因素有哪些? 当然,这里可以区分实然与应然两个层面:法官实际如何判案? 法官应当如何判案? 决定或影响司法决定形成的因素实际有哪些? 其中,决定判决结果的最根本因素是什么? 法官的司法行为都是理性的吗? 非理性因素诸如直觉、情感对司法过程会有什么样的影响? 确实,不同的学者、法官以及法学理论对判决形成的各种影响性因素有不同的看法,并赋予其不同的权重。兰德尔(形式主义法学)、哈特(分析实证主义)会将法律规则作为决定判决形成的根本因素;霍姆斯(实用主义法学、现实主义法学先驱)认为是"经验";卡多佐(实用主义法学)崇尚"社会需要";弗兰克(现实主义法学)看重"法官的个性";而富勒、德沃金(新自然法学)则会将道德价值奉为圭臬。

（四）法律的完备性与不完备性

在经典形式主义法学遭受批判之后,当下的法学理论流派极少坚持认为法

---

❶　参见卡多佐法官对社会学方法决定作用的论述。［美］本杰明・卡多佐:《司法过程的性质》,苏力译,商务印书馆 2000 年版,第 39 页。
❷　参见秦策:《司法推理的基本矛盾分析》,《政治与法律》2001 年第 2 期。

律具有绝对的完备性,但是,不同的理论对于法律应当和实际具有何种程度的完备性却存在观点上的差异。差异来源于它们对下述问题的不同回答:其一,法律是否具有程序上的包容性?如果一个法律体系为发生其司法辖区内的每一个案件都能找到独特的解决途径,那么,该法律体系就具有完全的包容性。其二,法律是否具有实体上的周全性?如果针对任何可归属于法律管辖的案件,在法律体系之中都能找到合适的实体法规范,而且能够提供正确的结论,那么,这个法律体系就是周全的。法律能否通过立法技术的完善而达到天衣无缝和不存在任何争议的程度?一套形式合理的法律体系是否可能?如何可能?具体地说,法律体系能否获得概念上的有序性?法律能否、在多大程度上以及以何种方式成为自足、完备的体系,使其无须借助于法律之外的因素来解决司法问题?其三,如何看待法律漏洞问题?正如格雷所言,法律漏洞问题是法律完备性的阿喀琉斯之踵,对这个问题的认识可以成为区分不同法学理论的一块试金石。❶ 对这一问题又可以进行细分:(1)法律漏洞在法律体系中占有何种地位或比例?人们的观点并不相同。有人说法律是百密而无一漏;有人说法网恢恢,疏而不漏;有人说法网之中,存在疏漏;有人说法律之中到处都是漏洞。这些立场之间还是有所区别的。(2)这些法律漏洞是如何产生的?其产生机理又是什么?(3)在出现法律漏洞时,法官应如何处理?在法律没有明确规定时,法官又该如何办案?其四,法律规范是否具有可确定性?这又涉及几种立场。有人认为法律是绝对可确定的;有人认为法律是绝对不可确定的;有人认为法律之中存在着不确定的因素,但不确定只是一种边缘状态,等。关于不确定因素的来源,又可以细分一些问题,如:(1)法律概念是否具有明确性?如何将事实归于一定的法律概念之内?法律概念与客观世界所发生的事实是否存在着一一对应的关系?不同的法律概念之间是否可作清晰界分?法律概念之间是否可以存在严格的推理关系?(2)法律语言能否做到明晰?法律共同体内部、法律职业与普通人之间对法律语言能否达成理解上的一致性?法律语言的"核心含义"有多大?"空缺结构"又有多大?在司法活动中如何克服语言的局限性?(3)如果看待法律规范的不确定性因素?这些不确定性因素会对司法过程产生何种影响?积极影响还是消极影响?在司法过程中,法官应当如何应对法律规范的不确定性问题?如

❶ Thomas C. Grey,Langdell's Orthodoxy,45 U. Pitt. L. Rev. 1,1983,pp.7-8.

果不能完全消除法律中的不确定性因素,如何保障司法的客观性与正当性? 其五,是否存在唯一正确的裁判结果? 在什么情况下,法官敢于说他的判决是唯一的和正确的? 如何做到相同案件相同处理? 为什么会出现"同案不同判"现象? 法官将相同的法律适用于相同的案件事实,却得出不同乃至相反的结论,这种现象是否只能归咎为法官的恣意妄为或者素质低下? 如果说存在着唯一正确的裁判结果,那么,对于法律上的错案应当如何界定? 这些是司法方法论应当回答的问题。

(五)作为审判依据的法律渊源

　　法官据以判案的法律来自何处? 依法裁判中的"法"是否仅限于由制定法或判例法所确立的正式的法律形式? 正式法之外有无法源? 如果将法律渊源界定为法官在司法过程中实际加以援引并对司法判决产生决定性作用的规范,那么,它的外延又有多大? 构成法官裁判规则的法源具体包括哪些种类? 如果将法律渊源划分为正式渊源和非正式渊源,❶那么,法官对于非正式渊源的使用会不会使司法过程偏离法治的轨道,沦为一种道德司法、政治司法甚至任意司法? 如果将法律渊源划分为形式渊源与实质渊源,那么,法官对于实质渊源的考量会不会使之僭居立法者的位置,成为一种事实上的立法者? 对于立法者所确立的正式法律形式,法官又将如何来对待? 法律渊源与法律之间是否存在区别? 法律渊源是法律的素材,还是法律本身?❷ 各种法律形式(如制定法、判例等)系指规则本身,还是属于规则的"来源"(source of law)? 在多元化的法律渊源之间,法官如何抉择? 是否存在据以抉择的某种"元法则"? 法官能否依据法律之外的因素,如道德、社会政策等来裁决案件? 尤其是在规则的适用与道德、社会政策等外部因素发生冲突时应当如何处理?

---

❶　参见[美]E. 博登海默:《法理学—法哲学及其方法》,邓正来、姬敬武译,华夏出版社 1987 年版,第395～396 页。

❷　美国法学家格雷将法律渊源与法律予以区别,认为法律渊源"应当从法官们在制定构成法律的规则时所通常诉诸的某些法律资料与非法律资料中去寻找"。[美]E. 博登海默:《法理学—法哲学及其方法》,邓正来、姬敬武译,华夏出版社 1987 年版,第394 页。

（六）法律要素及其操作

在司法实践中，法官援引得最多的是法律规则，法律规则是法律的最基本"细胞"，但是，仅凭这种最基本"细胞"是否能够解决司法中的所有问题？换言之，法律是不是以规则为核心的单一要素体系？法律之中是否存在着其他的要素形态？具体是什么？不同的法律要素形态各自具备哪些特性？它们在法官司法过程中分别起到何种作用？对法官的司法适用会产生什么影响？法官如何选用这些法律要素来解决问题？在司法中会表现出哪些优缺点？如果将法律要素划分为规则、标准、原则，那么，基于规则的裁判、基于标准的裁判与基于原则的裁判又有什么不同？与此同时，我们可以主观地假定或希望法律的诸要素处于一种相互协调、相互配合的关系结构之中，这种关系结构在纸面的立法中比较容易实现，在面对千姿百态的事实情境时，在将立法的抽象正义运送到具体案件时，这种要素是否还能各安所处、和谐融洽？而我们又如何面对和处置规则之间的冲突、原则之间的冲突以及规则与原则之间的冲突？

（七）案件的性质及其对司法的影响

法官每天处理的案件成千上万，这些案件是否具有相同的性质或难易程度？换言之，是否需要在性质上对简单案件（又称简易案件、常规案件、平常案件）与疑难案件进行区分？这一区分有何意义？区分标准是什么？在司法实践中，疑难案件占有多大比例？伊斯特布鲁克法官认为："人们通常不会带着明确的案件去法院打官司，谁会无谓地浪费时间和金钱？"[1]其实法院受理的案件通常都带有或多或少的不明确之处，疑难案件不在少数。而卡多佐法官则认为，在法官处理的所有案件中，简单案件占有很大的比例。他说："我们必须区分那些仅仅是静态的先例和那些流变的先例。因为前者在数量上要超过后者好几倍，一张几乎仅仅关心创造性因素或流变因素的司法过程的草图有可能给人留下法律不确定和法官自由裁量的错误印象，留下一张色彩太重的图画。"[2]但是，无论哪种观点，都认为法官在处理简单案件与疑难案件时使用不同的司法方法，这些方法

---

[1] Frank H. Easterbrook, Text, History, and Structure in Statutory Interpretation, 17 Harv. J. L. Pub. Pol'y 61, p. 61.

[2] ［美］本杰明·卡多佐：《司法过程的性质》，苏力译，商务印书馆 2000 年版，第 103 页。

各自具有什么特点？对案件的结果有何实质性影响？

（八）司法的职能

法官在司法过程承担何种职能？在制度层面上，这一问题与国家权力分工的宪政框架相关联。个案的裁判是否应体现立法至上？如何体现？对于行政立法，法官应持何种立场？立法权与司法权之间究竟应当是什么关系？在司法活动中，谁是真正的立法者？一般认为，法官在司法活动中只是适用法律，没有立法权，奉行绝对的立法至上原则。但是也有人认为，法官其实拥有绝对的立法权；❶多数人则认为，法官在司法过程中虽然存在着一定的立法行为，但它是有限的，只能是"间隙立法"❷、"空白立法"❸或者"法的续造"❹。哪一种理论更为切合实际的司法过程？法官的所谓"造法"与立法机关的立法活动有什么不同？法官如何避免僭越立法机关的职权范围？除了制度职能之外，司法还可能会产生社会职能问题。作为国家公权力的行使，法官的司法会对社会生活产生微观具体而又广泛深远的影响，那么，在实施法律的同时，法官要不要承担一定的社会职能？法官该如何行使社会职能？社会职能的行使有无限度？法官的司法职责与社会责任之间有无可能发生冲突？如果存在这种冲突，又将如何解决？

（九）法官的自由裁量权

即使是在法治框架之下，法官的自由裁量权也是难以回避的，但问题是，它在多大程度上是必需的？在具体案件中，法官面对的是千姿百态的生活世界，是比法律规则、制度复杂得多的社会现实。当事人的行为永远不会照着法律的"假定"那样中规中矩地发生。在出现了法律没有"假定"的情形时，法官是应当削足适履，还是应当因地制宜？相应地，在何种情况下，法官可以偏离法律规则的规定？法官应如何追求法律的一致性和法律适用的统一性？其限度何在？法

---

❶ 按照本杰明·侯德里主教的看法，"无论是谁，只要他有绝对的权威解释任何写在纸上或说出来的法，那么就是他而非先写先说的人，才是真正表达所有意图和目的的立法者"。转引自刘星：《法律是什么》，中国政法大学出版社 1998 年版，第 56 页。

❷ Oliver Wendell Holmes, Jr., Law in Science and Science in Law, 12 Harv. L. Rev. 443, 1899, p.239.

❸ ［美］本杰明·卡多佐：《司法过程的性质》，苏力译，商务印书馆 2000 年版，第 70 页。

❹ ［德］卡尔·拉伦茨：《法学方法论》，陈爱娥译，商务印书馆 2003 年版，第 246 页。

律能够给法官的司法提供多大范围和程度的约束？在法官主观之外，是否存在着客观的、不依法官主观意志为转移的法律本体？法官的主观心理在司法过程中的作用（积极或消极）怎样？法官的司法裁量又当如何进行？如何避免其沦为法官个人意志的产物？

（十）判决效果的评价

如何评价司法判决结果的好坏优劣？为什么一些法官自认为正确的裁判结果却不能为社会所认同？社会效果能否成为评价裁判结果的标尺？与法官依法判案的职业角度或内部观点不同，普通百姓对法律往往并不熟知，他们会从常识、情理、情感、正义感、风俗等角度来评价裁判结果，政治家则会从推行政党或政府的政策、维护政治利益的角度来评价裁判结果。这里涉及的问题是，能否引入法外的标准来评价法官的裁判行为？它们是否应当成为法官判案的考虑因素？应当在多大程度上考虑这些因素？在法律效果与社会效果之间发生不一致时应该怎么办？

（十一）司法方法体系的构建与协调

在性质上，司法方法是否具有独特性？在结构上，司法方法体系由哪些具体司法方法组成？换言之，"裁判工具库"里有哪些工具？"法律车间"里有哪些装备？就单一的司法方法而言，我们关注的是它如何将抽象的规则与具体的案件联结起来的作用机制，但在司法方法的体系之中，我们着重要考察不同司法方法之间的关系与结构，这包括对以下问题的思考与追问：

首先，在逻辑起点上，法官司法所运用的方法究竟是单一的，还是多元的？随着社会的发展，法律所调整的领域越来越广泛，其体系也越来越细密和精致，我们能否有一种简便易行的司法方法可资法官轻易地获得一个确定的判决结果？在实践中人们发现，法官通过援引现行的法律规则和严谨的法律论证似乎并不能应对所有的案件，法律体系在丰富多彩和迅速发展的社会现实面前总是显得不够周严，甚至有些捉襟见肘。这种情况的存在对于司法活动无疑会产生重大的影响，它决定了法官对于司法方法的采用不可能是单一的和机械的。纽曼法官认为，在司法过程中，法官至少会采用两类方法进行判决：一种是以确定原则为基础的理性推理方法；另一种是依靠个人偏好或者政治、经济、社会价值的司法方法。❶ 这说明司法方法的运用存在着两个极点:严格的逻辑推理方法与完全听任个人偏好的方法。前者可谓机械司法,后者则是任意司法。其实,大多数司法方法是处在这两个极点之间的类型。

　　其次,在相互关系上,各种具体司法方法具有何种地位与作用? 例如,逻辑方法的地位与作用究竟如何? 在传统上,逻辑方法曾在英美法系被视为唯一合法性的司法方法,但这种方法在受到现实主义法学、社会法学的批判之后,似乎沦落为机械司法的代名词,但逻辑方法真的就是一无是处吗? 逻辑方法之外,是否存在着更重要的方法? 这些方法又是如何运作的? 其地位与作用又当如何? 确定这种地位与作用的标准又是什么?

　　再次,在多元司法方法体系中,何种司法方法是具有"合法性"的司法方法? 如果法官运用多元的司法方法来解决案件,那么,不同的司法方法之间的关系是随机并列的,听由法官的随意使用,还是表现为一种先后次序的组合体系? 司法方法的选用有无某种终极标准? 符合何种标准才具有可接受性、正当性或合法性? 在出现多元标准的矛盾与冲突时如何选择? 有没有支配司法方法选用的"元规则"? 关于这种元规则,卡多佐法官说:"(决定司法结论的)这些因素并非偶然地汇聚在一起,而是有那么一些原则——无论它们是怎样未加宣告、难以表述和下意识——调整了输入的成分。"❷遗憾的是,这些原则常常显得模糊不清,"它也许并非某一时刻所有法官都接受的同一个原则,也并非某个法官在所有时刻都接受的同一个原则"。❸ 这里有一个选择的过程,而正是这种选择,能够帮助我们辨别不同流派理论的特色。

---

❶ See Jon O. Newman, Between Legal Realism and Neutral Principles: The Legitimacy of Institutional Values, 72 Calif. L. Rev. 200(1984). 作者系美国第二巡回上诉法院的法官。
❷ [美]本杰明·卡多佐:《司法过程的性质》,苏力译,商务印书馆 2000 年版,第 2 页。
❸ [美]本杰明·卡多佐:《司法过程的性质》,苏力译,商务印书馆 2000 年版,第 2 页。

上编　司法方法论的流派观点

第一章　法律形式主义的司法方法论

流 派 简 述

法律形式主义（legal formalism）也被称为形式主义法学。在理论上，人们常常将它与分析实证主义、概念主义等同起来。但实际上，这些概念之间是存在区别的。分析实证主义是关于法律本体的理论，而法律形式主义是一种关于审判的理论，它关注的是法官实际上如何裁决案件，以及他们应当如何来裁决案件。❶ 这就不难理解一个法律形式主义者既可以来自分析法学的阵营，也可以来自自然法学阵营。❷ 而概念主义所强调的是在特定法律体系中少数几个基本原则和概念的核心作用，而不论从中所展开的推理究竟是形式的，还是非形式的。法律形式主义强调司法决定形成过程中推理方式的理性化与确定性，至于是从具体规则还是从抽象原则进行推导则在所不同。因此我们也可以理解霍姆斯法官是一名坚定的反形式主义者，却表现出概念主义的倾向。在其本质性上，法律形式主义主张法官在司法过程中严格区分法律与政治、伦理，排除主观价值（或实质价值）的判断，把法律当成自治的和完善的规范体系，依靠严密的逻辑推理达致个案的具体判决。

法律形式主义不仅是一种理论学说，作为一种司法方法论哲学，它明显

---

❶ Brian Leiter, Positivism, Formalism, Realism, Columbia Law Review, 1999, p. 1144.
❷ 如波斯纳认为，布莱克斯通既是一个自然法学家，又是一个法律形式主义者。他说，布莱克斯通展现了英国普通法精妙原则和制度中的人为理性。他努力赋予普通法以某种超越性，认为普通法根植于撒克逊习惯法，而这种习惯法本身就是自然法。与此同时，他有意降低了法官的创造性作用，称他们为法律的"宣示者"（the oracles），而律师则为外行的人翻译这种宣示者的对话。参见［美］波斯纳：《法理学问题》，苏力译，中国政法大学出版社1994年版，第14～15页。

影响了法官的立场。在美国司法史上，法律形式主义甚至代表了一个时代，这个时代以 1886 年圣克拉拉县诉南太平洋铁路公司案❶的判决为起点，以 1937 年美国联邦最高法院改组之争为终结，历时半个多世纪。其中，以 1905 年的洛克纳诉纽约州一案❷最负盛名，因此，这一时期也被称为"洛克纳时代"(1886～1937)，这一时期的法律形式主义则被称为"洛克纳主义"(Lochnerism)。这一时期在美国，无论是联邦层次，还是州层次，法官们都对改变既有法律持消极态度。法官不得制法，只能遵从先例及已存在的公开的法律。把法律在逻辑上的完整性和稳定性奉为法学最高价值的思想成为时代精神，统治着这个时代的实务家。❸ 由于法律形式主义所代表的司法认识论及政治哲学，乃是因应美国社会走向工业化、现代化的需求而产生，并且成为后世各种法学流派思想批判的对象和生长的基点，因而也被称为"传统法律思想"。

一、法律形式主义的理论性质

(一)法律形式主义的理论内涵

现代西方法律思想发展史上有一个有趣的现象，大凡有新法学流派兴起，都会拿法律形式主义当做批判的对象，而且，它们对于什么是法律形式主义的认识也不相同。西谚云：有一千个读者就有一千个哈姆雷特。我们虽然不能说有几个法学流派就有几种版本的法律形式主义，但是，不同的法学流派总是喜欢根据自己批判的需要来理解和诠释法律形式主义，因此关于法律形式主义的界定也是五花八门的。

美国杜克大学教授马丁·斯通收集了七种关于法律形式主义的看法，包括：(1)维护所有人在私法权益上的平等性；(2)关注法律的形式而不是实质；(3)法官依据法律规则而不是社会政策来裁决案件；(4)法律规则通过无解释的方式加以适用；(5)法律能够做到明晰而周全，解决所有的纠纷或案件；(6)法律效

---

❶ Santa Clara County v. Southern Pacific Railroad, 118 U. S. 394(1886).

❷ Lochner v. New York, 198 U. S. 45(1905).

❸ 参见[日]望月礼二郎：《英美法》，郭建、王仲涛译，商务印书馆 2005 年版，第48页。

力与其内容无关,无须诉诸道德与政治的论证;(7)反工具主义,即法律不是推行某种社会政策的工具。他认为,这并不是完整的列表。❶ 其实,这些看法从不同侧面揭示了法律形式主义的部分内涵,只是由于论者的不同需要而进行了剪裁,因而出现了表述上的差异。但加在一起,我们可以获得相对全面的认识。

的确,对于一个内涵和外延都不甚明晰的概念而言,尝试从多种不同的角度来加以剖析不失为一条好的进路。结合斯通的列表以及其他学者的著述,笔者认为,对法律形式主义可以从若干递进的层次上来加以把握:

第一,它指代的是法律推理的逻辑方法。纽博恩说:"纯粹的形式主义将司法系统看作是一种巨大的三段论机器,由确定的、源于外部指令的法律规则提供大前提,客观真实的、已经存在的事实提供小前提。法官的工作类同于技术熟练的机械工人,他肩负着鉴别正确的外部规则的重要职责,却对于规则的选取不享有合法的自由裁量权。陪审员的工作就是竭尽所能地发现真正的事实,并将它们填入这台机器。结论在逻辑上可以自我生成。"❷逻辑方法是法律形式主义唯一认可的法律适用方法。尽管逻辑方法并不限于纽博恩所说的三段论,但演绎推理的确是形式主义法律推理的核心,任何一种与判决结果相关的裁判行为都可以按演绎推理的形式表达出来,法律适用体现了逻辑上的必然性。

第二,它指代了一种法律推理模式。在这种模式之中,法律以客观的和无差别的方式加以适用。正如伯顿所说,法律形式主义是这样一种主张,即"法律推理应该仅仅依据客观事实、明确的规则以及逻辑去决定一切为法律所要求的具体行为"。按照形式主义的法律推理模式,"无论谁做裁决,法律推理都会导向同样的裁决。审判就不会因为人的个性的怪异而变化。法律和法律推理足以使律师有信心地去预测政府官员的行为。法官就可以无需判断力而裁决案件。评论者也可以有信心地说,司法判决是依法作出的"。❸

第三,它是一种法律解释理论。埃斯克里奇在《新文本主义》一文中从法律

---

❶ See Matin Stone, Formalism, Jules Coleman & Scott Shariro, The Oxford Handbook of Jurisprudence and Philosophy of Law, Oxford University Press, 2002, pp. 170–171.

❷ Burt Neuborne, of Sausage Factories and Syllogism Machines: Formalism, Realism, and Exclusionary Selection Techniques, 67 N. Y. U. L. Rev. 419, 1992, p. 421.

❸ [美]史蒂文·J. 伯顿:《法律和法律推理导论》,张志铭、解兴权译,中国政法大学出版社 1999 年版,第 3 页。

解释的角度认为,形式主义意味着"司法的解释者能够也必须受到一项法律可予客观确定的含义的制约"。❶ 这种解释理论的倡导者是美国联邦最高法院大法官斯凯利亚。针对有人将其文本主义解释方法归类为形式主义的评论,斯凯利亚毫不犹豫地回答:"当然它是形式主义的! 法治的要旨就是形式。"❷按照这种解释理论,尽管每一项立法的制定与颁布都与国会议员的实际意图、主观意图有关,但是,法官在理解法律时不必去关注这种具体的实际意图、主观意图,他所应寻找的是体现在法律形式之中的"客观化了的意图"(objectified intent),具体说来是一个熟悉相关社会习俗与语言惯例的理性人从制定法词语中所体察出来的意图。❸ 这种客观意图,为立法机关与法官、行政官员、社会公众进行有意义的交流提供了基本的框架。

第四,它指代了一种法律思维方式。法律形式主义认为,司法就是将包含着可严格界分的法律概念的一般原则以客观的、科学的演绎过程适用于具体案件而得到结论。良好的制度是由先验存在、永恒不变的规则以理性的方式联结起来的,法官的任务就是发现这些规则。在这一点上,法律形式主义与现实主义法学恰成对照,前者所谓的永恒规则在后者那里不过是对未来案件结果的一种预测,是一种总是要经受修订的一种假定。在批评者看来,作为一种法律思维方式,法律形式主义的典型特征是以静止、封闭、绝对的方式来看待法律及其运作。

第五,它是一种关于法官司法职能的理论。法律形式主义的理论体系之中,政策和公平性的考量在司法过程中是没有位置的,法官的司法职能只是发现业已存在的法律并将其忠实地适用于案件事实。只有立法者才有权根据政策以及实质的公平正义观念来制定新的法律。这一理论与民主政治、宪政分权体制存在密切联系。在它看来,民主并非纯粹的民意表达,它存在于以代议制为核心的宪政权力分工的架构之中。在现代宪政体系中,立法至上是一项普遍原则。按照代议制民主的基本要求,主要的政策性决定应当由国会来作出,而由未经选举的法官所作的政策性选择应当越少越好。正如埃斯克里奇所说:"如果未经选举的法官在这些案件中行使许多自由裁量权,民主的治理将会受到威胁。"❹

❶ William N. Eskridge, Jr., The New Textualism, 37 UCLA L. Rew. 621, 1990, p. 646.
❷ Antonin Scalia, A Matter of Interpretation: Federal Courts and the Law(Amy Gutmann ed., 1997), p. 25.
❸ John F. Manning, Textualism and Legislative Intent, 91 Va. L. Rev. 419, 2005, p. 434.
❹ William N. Eskridge, Jr., The New Textualism, 37 UCLA L. Rew. 621, 1990, p. 646.

第六,它代表了一种关于法律或法治的信念。在一定意义上,法律形式主义所描述的是关于法律与司法的理想图景:法律体系呈现为简单、明确的逻辑结构,它在程序上是周全的,在实体上是完备的;概念的排列井然有序,语言的表述确定无疑;整个法律体系又具有可分析性,即规则本身可以从原则之中合乎逻辑地分析出来,而个案的判决又可以从规则之中合乎逻辑地分析出来,完美的法律堪与几何学体系相媲美。这种关于法律与司法的理想图景其实是与法治的信念联系在一起的。昂格尔说,法律形式主义代表了"对一种法律论证方法可能性的承诺乃至信念,这种法律论证方法与关乎社会生活基本关系以及被人们称为意识形态、哲学或虚构的、可作无限解释的争议恰成鲜明对照"❶。对于法律形式主义所表述出来的理想,有人持积极追求的态度,如斯凯利亚大法官就坚信:"形式主义应当永存,正是形式主义使社会的治理成为法治而不是人治。"❷也有人认为,尽管这种理想图景不易实现,但值得追求,如罗尔斯说:"我们应当向一种有几何学全部严密性的道德几何学努力。不幸的是,我将做的推理离此还差得很远,因为它从头至尾都是高度直觉的,但在心里抱有这样一个欲达到的理想还是重要的。"❸所以,人们不应放弃在道德和政治领域以几何学来建构理论的理想。或许正是由于它所内含的法治理想,法律形式主义才得以在理论批判的疾风暴雨之中,仍然屹立不倒。这其中,不乏试图置法律形式主义于死地的法学流派。但是,相对于法律形式主义存在的缺陷,现代社会的人们似乎更担心在形式法治轰然倒地之后,人治的潘多拉之盒是否就此打开。在这个意义上,无论其他法学流派提出多么精致、抢眼的理论,只要法治的理想还在,它就充其量只是法律形式主义的改良版本而已。

(二)法律形式主义的司法风格

以上内涵表明,对法律形式主义不可作简单化的理解,不能用一句"机械法学"就打发了它。严格执行规则仅仅是法律形式主义的一个要素,而不是全部。在任何一个法律体系之中,都会存在严格执行规则的某种要求。法律形式主义

❶ Mangaberia Unger,The Critical Legal Studies Movement,Harvard University Press,1986,p.564.
❷ Antonin Scalia,A Matter of Interpretation:Federal Courts and the Law(Amy Gutmann ed. ,1997),p.25.
❸ [美]约翰·罗尔斯:《正义论》,何怀宏、何包纲、廖申白译,中国社会科学出版社1988年版,第116页。

意味着更多的内涵:在西方法治国家,法律形式主义是一种贯穿司法实践与法律理论的司法哲学,它的产生与发展有着深刻的经济、政治、思想和传统基础。在经济上,它产生于资本主义自由市场经济对于形式理性运行机制的现实需求;在政治上,它迎合了自由主义哲学关于政府角色的基本要求,即遵循既定游戏规则、限制公权行为与价值中立;在思想上,它代表了自启蒙哲学以来的理性主义思维方式在法律领域的贯彻;在传统上,它延续了自然法观念关于法律超越性、普遍性和一致性的基本认知。惟其如此,这种司法哲学才得以在19世纪下半叶的美国蓬勃生长,演化为一种独特的司法风格。

要剖析这种司法风格,我们不能不提到洛克纳诉纽约州案。19世纪,美国纽约州面包坊工人的工作环境很差,工作时间最长可达每周100小时,恶劣的工作条件和长时间与面粉打交道,给工人的健康带来了很大的损害。1897年,纽约州通过了一个《面包店法》(Bakeshop Act),对面包制作业的工作环境和工作时间进行了规制,它规定:任何一名面包店里的员工,"每周工作不得超过60小时,每天工作不得超过10小时。"此项法律旨在保障工人健康和帮助工人寻求公平待遇。但自由经济的鼓吹者反对这项法律,认为这是政府对市场经济的不正当干预。受此法打击最沉重的是小面包坊主,洛克纳正是其中之一,他因允许工人每周工作60小时以上而被州政府罚款50美元。洛克纳的案件首先在州法院审理,败诉后一路上诉,直到美国联邦最高法院。洛克纳认为,纽约州的面包店法不经正当程序就剥夺了他的财产权,违反了第十四条宪法修正案。最高法院对此案分歧很大,最后以5∶4的微弱多数形成判决意见,撤销了这项旨在限制烤面包师最长工作时间的法律,洛克纳胜诉。由于其判决只从逻辑推理出发、无视社会现实,该案被称为法律形式主义的经典判例。

多数意见由佩卡姆(Rufus Peckham)大法官主笔。他认为,常规的面粉作业不是一项对身体有害的行业,不能与煤矿环境中的工人健康同日而语;而面包店员工的工时更是与公共卫生无关。他援引了早年民主党人大法官菲尔德在1873年屠宰场案和1887年芒恩案中建立的"实质性正当程序权利"理论。"正当程序"(due process)是指保证法律必须按正确的司法程序执行,但"实质性正当程序权利"指的是,每个美国公民享有的特权中,包含一项为了谋生而追求合法工作机会的权利,而且,在对这项权利进行法律程序的规范和限制时,除非对所有的人都一样,这项权利将不受到任何限制。纽约州的面包店法剥夺了工人

"挣一些额外收入"的机会,更重要的是,它侵犯了面包坊主洛克纳和他的雇工之间的签约自由。劳资双方订立劳动契约的自由,是美国宪法第十四条宪法修正案保护的"自由的一部分",未经"法律的正当程序",任何州均不得剥夺之。

四名少数派大法官中,霍姆斯的反对意见最为有力和著名。他指出:多数意见看似中立,但其实来源于特定的经济理论,所谓的签约自由正是自由竞争经济思想的产物。❶ 霍姆斯一针见血地指出了洛克纳时代主流司法风格背后的经济理论基础,它与亚当·斯密的经济自由主义思想有着极深的渊源联系。在亚当·斯密经济自由主义的标准图景中,自由市场是一个自生自发、自我调节的系统,这个系统充分尊重个人的自由选择,反对政府的干预与控制。按其所设立的理想模式,政府在宗教、阶级和利益群体之间的冲突面前应当具有中立性,不得采取某种立场。在司法活动中,法官应当追求法律的"中立"原则。这通过两种基本的司法方法来实现:一是试图通过严格的科学方法(逻辑推理)来发现和适用不带政治和伦理色彩的私法原则;二是从宪法上的抽象权利概念出发对国会调节经济活动的立法作狭义解释。在1887年至1937年间,美国联邦最高法院频繁援用经济实体正当程序的宪法原则来撤销一些改革性的立法,以禁止政府对财产权的"不合理"干预,洛克纳诉纽约州案正是其中的一个典型。而且,美国联邦最高法院使用"间接效应"(Indirect Effect)的概念对一些经济性的法律条款进行了限缩解释,认为工厂、矿山和农场中的工资、工作时间、工作条件等问题对于州际商业贸易只具有"间接影响",不在国会立法调节的范围之内。

在这一历史时期,法律形式主义在美国联邦最高法院成为一种主导性的司法哲学,法官们在保障宪法原则(如合同自由)的说辞之下,使用概念推理的方法撤销了数以百计的、强调政府干预的调整性立法。他们没有意识到社会经济状况已经发生了深刻的变化,传统的自由竞争市场经济已经转型,资本主义正在进入垄断时期。他们主观地认为自己很中立,没有任何政治倾向,但是实际上他们的司法理论恰好迎合并延续了自由竞争的政治经济哲学。而当这种政治经济模式陷于危机之后,立于其上的司法方法论哲学自然会面临质疑,正因为如此,

---

❶　Lochner v. New York, 198 U. S. 45, 76 (1905).

美国进步主义运动和新政的支持者将它视为一种保守的意识形态。

(三)法律形式主义的若干形态

在理论形态上,形式主义可以区分为经典形式主义和复杂形式主义。经典形式主义以兰德尔的法学思想为代表,它包含三个基本要素:严格依循法律的确定性、推理的机械性和司法的自治性。复杂形式主义是对克服经典形式主义的修订与完善,一方面认同经典形式主义的基本立场,另一方面又试图克服经典形式主义的过于僵化的缺陷。有人将德沃金的理论看成是一种复杂的形式主义,原因是他关于法律推理的观点在实质上并不偏离经典形式主义的三个要素:他同样主张法律在理性上是可以确定的,否认法官拥有自由裁量权(因为受到权威的法律原则或标准的约束),主张司法是自治的(因为确定当事人权利和义务的道德考虑其实本身就已经是法律的一部分,并不在法律之外),❶只不过更加发达和完善而已。

限于篇幅以及为了便于集中讨论,本章将不涉及各种复杂形态的法律形式主义,而只讨论经典法律形式主义。在以下三节,笔者将着重介绍其代表人物兰德尔的司法方法论。

二、"法律是一门科学"

法律人不应该忘记兰德尔。一百多年以前,兰德尔在担任哈佛大学法学院院长期间通过各种改革,定鼎了现代法学院和法学教育的基本模式。在法学教育方面,他的确开启了一个时代。在美国法律教育发展史上,他算得上是最具影响力的一个人物。不可忽视的是,在法学思想方面,兰德尔同样代表了一个时代。在这个时代里,美国的法学家和实务家都强调法律的"科学"性质,以及法律推理的演绎性质。基于兰德尔法学思想的特点,后世的学者赋予他一些特殊的称谓。霍姆斯法官称他为"法律神学家";❷弗兰克法官称他为"才华横溢的

---

❶ Brian Leiter, Positivism, Formalism, Realism, Columbia Law Review, 1999, p. 1146.
❷ Oliver Wendell Holmes, Book Notices, 14 Am. U. L. Rev. 233, 1880, p. 234.

神经病患者"(Brilliant neurotic)❶;波斯纳法官则将其称为"柏拉图主义者"。❷
这些称谓之中也透露出后世学者对兰德尔法学思想所持的批评立场。以今人的
目光视之,这些称谓固然可以揭示某些侧面,但是却概括不了兰德尔法学思想丰
富而矛盾的历史作用。

的确,在美国法学发展史上,兰德尔的地位显得特别而有趣,甚至有些尴尬。
他试图以科学理性来改造法律,却被霍姆斯法官指责为法律思想中的"神学"与
"黑暗力量";对纯理论思辨没有兴趣,只关注于规范的分析工作,其法学思想却
始终是后继法学流派的理论参照,后世相当一部分的法学流派是从批判兰德尔
法学思想"起家"的。这一点看来又是可以理解的,因为标识兰德尔法学思想的
乃是一个似是而非的词语——法律形式主义。自现实主义法学的兴起到批判法
学或其他后现代法学流派,法律形式主义总是矛头所指,因此,善于把握学术前
沿的人于是会将代表形式主义的兰德尔视为无足轻重、可以直接扫入历史垃圾
堆的过时人物。然而,回溯美国法学思想的百年历程,我们会发现,兰德尔是美
国法学走入现代主义的第一个标志性人物,在美国法律制度、司法制度由前现代
走向现代的历史进程中,他的法律思想与实践是不可缺失的一个重要环节。

我们不妨从他的一个基本观点开始。

1871 年,兰德尔出版了著作《合同法判例选编》,在序言中他写道:

"作为一门科学,法律由特定的原则或规范组成。精通这些原则或者规范,
能够以恒常的熟练度与确定性将它们适用于纷繁复杂的人类事务,正是真正法
律家的特质之所在。"❸

将法学或法律看成一门科学,在今人眼中似可视为当然,但在 19 世纪中后
期的美国却尚属标新立异,它代表了关于法学学科与法律职业性质的一种新认
识。在 19 世纪中叶以前的美国,法律技能的获得和职业准入采取的是学徒制方
式,学生在律师行或法庭上直接向法律从业人员学习具体的诉辩技巧和法庭程
序,这与其他手工艺行业的培训颇为近似。19 世纪 60 年代,大学里已开始教授
法律课程,但相对于物理学、化学这些相对成熟的"科学"学科而言,法学专业只

---

❶ Jerome Frank, A Plea for Lawyer-Schools, 56 Yale L. J. 1303, 1947, p. 1303.

❷ Richard Posner, The Decline of Law as an Autonomous Discipline, 100 Harv. L. Rev. 761, 1987, p. 762.

❸ Christopher Columbus Langdell, A Selection of Cases on the Law of Contracts, Preface to the First Edition, 1871, at v.

是大学里的边缘角色。❶ 甚至大学文科学院的一些精英人物也竭力反对将法学列为大学的正规课程,因为它是"职业性的",是"非科学的"。❷ 作为哈佛的第一任法学院院长,兰德尔要在现代大学教育体系中为法学教育觅得一席之地,并有所扩展,就必须能使法律之学具有与其他"科学"学科相提并论的特质,于是,揭示法律的科学性质,并引入科学方法论对法律学科进行改造和构建就成为他就任后的首要任务。在英美法上,将法律作为科学的观点并非肇始于兰德尔,早在 1758 年布莱克斯通在一次演讲中就有所涉及。❸ 兰德尔的独特之处在于把这个观点作为一种理想加以追求,并使之得以系统化。

立足于法律的科学隐喻,兰德尔对法律的性质及其运作进行了理论构建。他认为,作为一门科学,法律其实与物理学和生理学并无二致;而法律家与其说是行业性的职业人士,毋宁说是从事科学研究的科学家。

第一,法律与科学一样有着自身的经验性研究对象:法律科学的原始材料或数据就是普通法上无数的司法判例,它们包含在公开出版的判例汇编之中。❹ 1870 年之前,哈佛法学院和其他法学院一样,都是采用教师讲授与阅读教授著作相结合的方式来开展教学。而兰德尔则认为,法学院学生应当从第一手材料即各种司法判例入手,去直接发现其中隐含的法律原则或规则,正如科学家借助经验性数据辨别自然规律一样。

第二,法律家与科学家一样有着自己的"实验室"。在兰德尔看来,法律家的"实验室"就是存放各种判例汇编的图书馆;法律人之于图书馆,恰如"化学家和物理学家之拥有大学实验室,动物学家之拥有自然历史博物馆,植物学家之拥有植物园"。❺

第三,法律家有着与科学家相近的研究目的。法律家的研究目的就在于发

---

❶ 兰德尔就任院长的法学院仅是哈佛大学附属法学院中的一所,属于本科性质的二类技术学院,其入学要求甚至都不需要高中毕业。参见[美]罗伯特·斯蒂文斯:《法学院:19 世纪 50 年代到 20 世纪 80 年代的美国法学教育》,阎亚林、李新成、付欣译,中国政法大学出版社 2003 年版,第 45~47 页。1870 年哈佛大学法学院第一任院长兰德尔上任之初,全院连他本人在内总共才三名正式的教职人员。See, Marcia Speziale, Langdell's Concept of Law as Science: The Beginning of Anti-Formalism in American Legal Theory, 5 Vt. L. Rev. 1, 1980, p. 10.

❷ W. Burlette Carter, Reconstructing Langdell, 32 Ga. L. Rev. 1, 1997, p. 3.

❸ See, Thomas C. Grey, Langdell's Orthodoxy, 45 U. Pitt. L. Rev. 1, 1983, p. 5, note 16.

❹ C. Langdell, Teaching Law as Science, 21 Am. L. Rev. 123, 1887.

❺ C. Langdell, Teaching Law as Science, 21 Am. L. Rev. 124, 1887.

现隐藏在这些判例之中的真正的法律原则和规则,这些原则和规则是普适的,正如科学规律一样,而且,真正的法律是相互协调一致,能够以逻辑的方式推导出来的。所以,尽管普通法的判例卷帙浩繁、数量庞大,但其实是一个有序的概念系统。正是在这个意义上,他说:"基本法律规范的数量比通常假设的要少很多……如果对这些规范可以加以分类和排列,能够为它们中的每一个都找到合适的位置,而不是在其他的地方,那它们在数量上就不再是那么可怕了。"❶

第四,法律家可以使用科学研究方法来寻找和发现真正的法律。在他看来,依靠科学方法,法律人可以从若干根本性的原则和概念之中,推导出正确的法律规则或结论。而这也正是像他这样的法律科学家所应从事的工作。❷

在此基础上,兰德尔得出了他的推论,法律不是一种手艺,它可以归入科学的门类;手艺可以通过学徒制的方式来学习和培训,而法律必须列入正规的大学课程,由专职的、经过特殊训练的法学教授来传授。这些法学教授未必要有丰富的实践经验,重要的是能够通晓法律,尤其是掌握发现真正法律的科学方法,即兰德尔所倡导的判例分析法。

在法律教育方面,兰德尔无疑是成功的。作为哈佛大学法学院的教授,他以"科学"的理念为指导,将案例分析法引入课堂教学,这是法律教学方式上的一次革命,对其后美国法律教育产生了深远而持久的影响。作为哈佛法学院院长,他通过改革法学课程的设置和严格法学院教育的准入条件,提高了法学教育在大学教育体系中的地位,完成了美国法律教育由学徒制到大学教育的根本转型。这些改革不仅使哈佛大学法学院成为美国最著名的法学院,而且定鼎了现代法学教育的基本模式。毫不夸张地说,兰德尔的教育改革,标志着现代法学院的开端,开启了法学教育的新时代。

强调法律与科学的可类比性,以提高法律学科在现代大学教育体系中的地位,这是兰德尔作为法学院院长的一点"私心"。但是,这场革命并不局限于法学教育领域,其影响一直波及司法实践和法学研究的各个领域。因为它所带来的乃是法学方法论上的更新,即试图将严格的科学方法引入法律的运用与研究,

---

❶ Christopher Columbus Langdell, A Selection of Cases on the Law of Contracts, 1871, Preface to the First Edition.

❷ Thomas C. Grey, Langdell's Orthodoxy, 45 U. Pitt. L. Rev. 1, 1983, p. 5.

因此我们不能忽视的是在其法律教育改革背后的法律思想及其方法论上的重要转折。

由法律是科学的法律观，可以得出两个推论：其一，既然法律真理是科学真理的一个门类，那么，依靠科学方法所发现的真正的法律规范是永恒不变的。其二，法学家的任务是建构法律的一元化理论，即针对为数众多的法律规则，通过高度抽象化的原则加以综合，最终将其还原为极少数的基本命题，以建立一种协调一致的法律体系。❶ 既然科学家不能制定规律，而只能发现和服从规律，那么，法官也从不制定法律，而只是宣告法律。司法的职能不在于根据变化了的环境对法律规则作出调适，而在于发现真正的法律规则；这些规则就像柏拉图理想一样，不仅早就存在，而且永恒不变；法官通过探究真正的法律规则，可以揭示过去的错误并加以纠正。当然，法官要完成这一任务，需要有方法论上的支撑，即依靠兰德尔所说的"科学方法"，即所谓的"案例分析法"。

三、"案例分析法"与法律的发现

与"法律是一门科学"的命题相一致，兰德尔主张法律应当用"科学方法"来加以学习、研究和运用。这不能不提到著名的"案例分析法"（case method）。这种方法一开始是针对教学的情境提出来的，因此通常又被称为案例教学法，其核心是要求学生通过细致地分析上诉法院的各种判例来理解法律，以掌握法律推理和司法运作的技能，并切身体会这种"科学方法"在司法过程中的运用。正如肯纳所指出的，通过案例分析法，"学生必须把法律视为一门从判决案例中寻找各种法律原则的科学"。❷ 为了配合案例教学法的展开，兰德尔要求同时采取"苏格拉底对话法"来进行教学。

其实，兰德尔的"案例分析法"与其说是一种教学法，不如说是一种判例分析技术，或者是通过分析判例来发现法律的方法。实际上，在司法实践中，法官适用法律，律师展开辩论，都需要用到这种方法。故而有人认为，案例分析法运

---

❶ 参见［日］望月礼二郎：《英美法》，郭建、王仲涛译，商务印书馆 2005 年版，第 46 页。
❷ ［美］罗伯特·斯蒂文斯：《法学院：19 世纪 50 年代到 20 世纪 80 年代的美国法学教育》，阎亚林、李新成、付欣译，中国政法大学出版社 2003 年版，第 73 页。

用于教学活动,其实质就是"学生在老师的指导下做着未来律师在无人指导下所需要做的事情"❶。可见,兰德尔的案例分析法实际上是对一种法律推理模式的典型概括。如果粗略地将司法过程划分为法律发现与法律应用两个阶段,那么,兰德尔理论的重心显然是在法律发现阶段,其间又可分述为法律原则的发现与裁判规则的发现。无论哪个阶段,兰德尔都试图将其建立在严谨的逻辑推理的基础之上,以彰显司法与法律的科学品质。

（一）法律原则或一般性规则的发现

在兰德尔看来,完备的法律犹如一个金字塔,位列最上端的是为数不多的基本原则或基本范畴,由此出发或以渐次推导出其他的法律原则或规则,直至可以直接适用于具体案件的裁判规范。在理想的法律体系之中,所有的规则直至整个法律系统都可以统摄于若干核心原则之内。比如,合同法的当事人意思自治原则;侵权法的过错责任原则等,这些核心原则本身是经历史积淀、从无数的判例中概括出来的。同时,这种逻辑推导关系是明晰可见的。所谓真正的法律正是这种逻辑推导关系上的某一个节点,它必定会在这个金字塔体系中找到自己的应有位置。

这些法律原则或一般性规则尽管在抽象性程度上有所不同,但是都经历了漫长的历史发展过程。他说:"这些规范中的每一个都是通过缓慢的发展才达到当前的状态,换言之,它是一种生长过程,历经岁月,在诸多的判例中得到扩展。这种生长过程大体上可以借助一系列判例来加以回溯。"❷法律的一项重要分析技术就是从判例中归纳和抽取原则,并将它们按照一定的逻辑方式组织起来,形成一个一致的、连贯的体系;穿透卷帙浩繁的判例,发现真正的法律原则。

（二）裁判规则的发现与检验

所谓裁判规则就是能被法官直接适用于当前案件的具体规则,它是法律体系中的最下位规则,也是与案件事实联系最为紧密的规则,是可以视为连接法律

---

❶ [美]罗伯特·斯蒂文斯:《法学院:19 世纪 50 年代到 20 世纪 80 年代的美国法学教育》,阎亚林、李新成、付欣译,中国政法大学出版社 2003 年版,第 73 页。

❷ C. Langdell, A Selection of Cases on the Law of Contracts, 1871, at v.

体系与案件事实的"桥梁"。如果说法律原则的发现所使用的归纳推理方法,那么,裁判规则的发现及其正确性的检验所依靠的则是演绎推理方法。这一推理过程可以用兰德尔对"邮箱规则"(Mailbox Rule)的评价来作出具体的说明。

依照合同法的一般理论,承诺人接受要约后,合同成立。但是,合同生效的具体时间应当如何确定?是在邮寄时即为生效,还是须在要约人收到时方才生效?在兰德尔所处的时代,这个问题尚未得到解决。英国的法庭和纽约州的法庭采纳邮箱规则,而马萨诸塞州的法庭则没有采纳这一规则。

邮箱规则要求,要约的接受在接受信寄出(放入了邮箱)当即生效。其支持者主要从实践便利和交易安定的角度来论证其必要性和有效性。但是在兰德尔看来,检验邮箱规则有效性的标准不应当是实践便利的考量,而应当是英美合同法的基本原则——对价原则的演绎推导。在英美合同法上,缺乏对价的允诺不具有效力,允诺的对价就是发自对方的允诺。而允诺只有在传达之后才是一个完整的允诺;而只有在接受人收到并阅读了允诺的表示之后,传达才是一个完整的传达。因此,如果接受人尚未收到允诺(即使发送人已经交邮),这个允诺则没有传达;如果允诺没有传达,对价即不存在。如果对价不存在,合同即不成立。由于适用于特定案件的裁判规则应当是基本原则的必然推理结论,因此,邮箱规则不属于"真正的法律",相反,"到达主义"更为可取。如果被要约人的承诺在邮寄的过程丢失了,那么,法官就不能赋予这份合同以法律效力,即使合同无效的结果实际违背了当事人的意图或者个案的公平,法官也不能作出相反的判决。❶ 在这里,我们注意的不是"邮箱规则"与"到达主义"孰优孰劣的问题,而是兰德尔解决这一问题的途径及其所禀持的司法方法论立场。显然,在兰德尔看来,法律问题不能诉诸实践的需要或正义的观念来解决,决定裁判规则正确性的乃是基本原则的逻辑演绎。

(三)裁判规则的适用

规则适用就是将规则与事实联结起来,将特定的案件事实归摄于一定的法

---

❶ Catharine Pierce Wells, Symposium: Oliver Wendell Holmes, Jr.: The Judging Years: Holmes on Legal Method: The Predictive Theory of Law as an Instance of Scientific Method, 18 S. Ill. U. L. J. 329, 1994, pp. 330-331.

律概念之内,因此,一个基本的问题是,法律概念与客观世界所发生的事实是否存在着一一对应的关系？在以兰德尔为代表的古典形式主义者看来,法律概念尽管抽象,但却是清晰可分的,不同概念之间的界限既严格且明确,非此即彼,不存在任何的灰色地带,从中可以很容易地导出具体的结论。某项行为合理抑或不合理,诉诸法律规则中的概念即可区分。霍维茨说:"19世纪法律思想中占据主导地位的是一种绝对的思维方式,它所使用的是关于法律现象的清晰的、确切的、界限分明的范畴分类。"❶以这种绝对的思维方式为基础,法律形式主义认为,司法过程就是将包含着可严格界分的法律概念的一般原则以一种合乎逻辑的、客观的、科学的演绎过程适用于具体案件得到结论。任何一个案件的判决也都可以通过逻辑推导关系得到验证,符合要求的就是一个好判决,反之则是一个不好的判决。就特定的案件而言,可予适用的法律规范是确定的,所得到的结论亦是唯一的。

以逻辑推理为基础,兰德尔概括和总结了普通法司法推理方法的"标准化操作规程",具体包括三个推理步骤:一是从以往若干判例中抽象出一般原则或规则,使用的是从特殊到一般的归纳推理方法;二是从一般原则或规则出发,推导出适用于当前案件的具体裁判规则,使用的是从一般到特殊的演绎推理方法;有时,裁判规则的获得也会使用到类比推理,但是对这一裁判规则正确性和妥当性的检验仍然要借助于从一般原则或规则出发的演绎推理;三是以推导出的裁判规则为大前提,以案件事实为小前提,获得个案的判决,这正是演绎推理中的三段论式。值得注意的是,人们一般将前述第三个步骤当做法律形式主义的典型特征,但笔者认为,真正体现其特色的是前述第二个步骤,因为,正是这个步骤体现了法律体系所可能具有的完美的形式理性。这一操作规程的"标准性"可以解释为什么后世学者在对兰德尔的法律形式主义理论批评甚至鄙夷的同时,却又不得不从这一理论"起步",展开自己其后的理论阐述。

同时,兰德尔司法理论也继承了普通法上"法律宣告说"的传统,强调法官司法职能的被动性。就法官在司法过程中的职能问题,普通法系长期以来存在着两种对立的理论——"法律宣告说"和"法律创造说"。前者认为法官只能发现或宣告法律,他不是立法者,因此不能创造法律;后者认为法官不仅有适用法律的权力,而且在对先例进行扩大或限制适用,或干脆推翻先例时是在创造或制

---

❶　Morton J. Horwitz, The Transformation of American Law 1870–1950, 1994, p. 17.

定法律。法律宣告说的主要代表人物是17至19世纪英国法官科克、黑尔、培根和布莱克斯通以及美国法官斯托里等人。他们主张,法官在遵从和适用前例时,并未创造法律,而是通过先例来发现和宣告法律。先例本身只是对法律存在的证明。如果法官推翻了某一先例,那是因为这一先例是对法律作了错误的解释与适用,因而必须作出新的判例来宣示真正的法律。❶ 在这里,兰德尔延续和发展了传统的法律宣告说,司法的职能不在于根据变化了的环境对法律规则作出调适,而在于发现和宣告真正的法律规则;法官司法的创造性不是表现在通过推翻先例来制定法律,而是像科学家一样通过艰辛的探索,透过判例的现象,求得对法律的真正理解,揭示过去的错误并加以纠正。

四、经典形式主义司法方法论哲学之要点

兰德尔本人只是一个规范分析家,并未对其理论作系统的阐发。他的工作只是提供了逻辑起点、基本框架和阐释方法,他对于合同法判例的分析或许也可以视为其理论的示例,但尚有隐含的前提、必然的推论,为后世学者留下了进一步研究的空间。不过,有趣的是,对形式主义法学思想的清晰和系统表述往往不是来自于其支持者,而是来自于其反对者。这是可以理解的,因为,既然要以法律形式主义为靶子,那么,就不能不先对这个靶子明确定位,而要想准确地瞄准靶子,击中要害,就必须使这个靶子变得完整而清晰。在理论性质上,与作为一种法律理论的实证主义有所不同,形式主义是一种关于审判的理论,它关注的是法官实际上在如何裁决案件,以及他们应当如何来裁决案件。❷ 笔者将结合兰德尔本人的著述,及其支持者或反对者的表述,对其司法方法论进行梳理和推导。具体而言,应包含以下相互联系的几个方面:

(一)在性质上,司法过程是一种科学认识活动,即法官使用司法的"科学方法"来发现真正的法律并将其适用于当前案件的活动

既然法律是一门科学,那么,司法活动在本质上就是一种科学认识过程。每

---

❶ 参见沈宗灵:《比较法总论》,北京大学出版社1987年版,第260页。
❷ Brian Leiter, Positivism, Formalism, Realism, Columbia Law Review, 1999, p. 1144.

一次司法决定过程都可以视为一次法律的实验,而由此产生的司法意见则是对这个法律实验的记录。法官的任务就是寻找可适用于当前案件的真正的法律。先前的判例本身并不是法律,而是发现法律的原材料。因此,运用判例分析方法的过程不是被动的接受,而是主动的探究,与科学认识活动无异。真正的法律堪与科学规律相媲美,一旦被发现,通常是永恒不变的。

应该说,这里面隐含着一种关于法律的先验理论,即认为法律规则是先天存在的,它们的存在是一种客观事实,不受偶然的历史事件的影响;法律规则的存在以及案件的正确答案在法官去寻找之前就已经存在,法官的任务只不过是发现它,并把它宣告出来,这就是所谓的"法律发现或宣告理论"。

在这里,司法的"科学方法"就显得特别重要。在法律形式主义的司法工具库里,唯一的"科学方法"就是逻辑的分析与推理,即从基本原则出发以合乎逻辑的方式依照一定的步骤,推导出正确结论。法律的推理和判断具有一定的机械性,法官在针对特定的纠纷达成结论时没有多少司法裁量权。

（二）在角色认知上,法官不是纠纷解决者或社会工程师,而是法律的科学家,因此,应当保证司法行为的中立性与非人格化

作为法律的科学家,法官的法律实践与科学家的科学实践并无本质区别。科学家的职责是发现自然规律,而法官则应该成为法律的"宣谕者";正如科学家不能创设规律一样,他也不能制定法律;由于法律上的真理与科学规律一样属于一种永恒的存在,因此,法官在行使其司法职能时不能根据变化了的环境对法律规则作出任何的调适;但是法官可以根据真正的法律规则,来纠正过去的错误,推翻那些因为误读法律意旨而导致的先例。法官的司法尽管客观上解决了具体的纠纷,但是,这只是一个附带的结果,因为法官的主要任务仍然是宣示真正的法律,而不能成为一个纯粹的纠纷解决者。

既然法官的适用法律类似于科学家的科学认识活动,那么,他就应当像科学家一样以中立、超然、价值无涉的态度来对待司法实践;他所追求的是法律的"中立"原则,即通过适用严格的科学方法来发现在政治上居于中立地位的私法原则,同时,司法活动在宗教、阶级和利益群体之间不得采取某种立场或偏向某一方。同时,正如科学家不能凭自己的喜好来改变科学规律,法官同样不能将自己的情感、个性、个人正义感融入司法过程,从而使司法活动表现出非人格化的特征。

（三）在运作方式上，由于法律体系是完备的，法律漏洞是虚拟的，法律概念是特定的，法律语言是明晰的，因此，司法过程是一个封闭而自足的系统，无须假诸法律之外的因素

兰德尔形式主义司法理论的基本假设是法律制度具有完备性。首先，法律制度的完备性建立在普遍形式性的基础之上，在法律的金字塔体系中，各种法律规则与原则也并不是杂乱无绪的一堆，而是呈现出一定的次序和组织。它们是从普通法中抽取出来的，与其他的基本原则处在协调一致的状态之中。逻辑联系则是将它们联结起来的纽带。下位规则可以从上位的基本范畴和原则之中推导出来，个案的判决可以通过这种逻辑联系得到验证。如果法官司法没有遵循有关的普遍规则，或者规则与事实没有逻辑联系，所产生的判决将会被作为错案而撤销。兰德尔也承认法律体系之中会出现"漏洞"，比如出现了新案件，找不到可供直接适用的裁判规范，但是，这并不意味着法官拥有了造法的权力。他唯一可做的是对案件情况进行类型化推理，再从基本的范畴或原则中渐次推导出一个可供适用的规范。兰德尔确信，如果这个规范属于真正的法律，那么它是必定存在的。在这个意义上，所谓的"漏洞"不过是一个虚拟的说法，因为规范早就隐含在那里，等待着法官的发现。"漏洞"之所以存在，完全是因为此前尚未出现类似的案件，未将这个规范实际地表达出来而已。❶

其次，法律的普遍形式性通过揭示法律概念之间的逻辑关系来获得。法律概念与客观事物之间存在着一一对应的关系，概念与概念之间的界限是明确的，中间没有灰色地带。不仅"有管辖权"与"没有管辖权"这样的精确概念之间可以找到明确的界限，甚至在"合理"与"不合理"这样的模糊概念之间的界限也是明确的。❷ 总之，法律概念尽管抽象，但却是具有操作性的，从其中可以很容易地导出具体的结论。

再次，司法活动是封闭而自足的，仅凭法律体系之内的理由已足以产生唯一的结论，法律的推理、解释与社会的、政治的、道德的考虑无涉，法律以外的因素对判决的形成不发生直接影响。司法过程的自治性是以法律的自治性为基础的。在实践的层面上，法律是与道德或社会科学完全分离的自足的社会实践；在

---

❶ Thomas C. Grey, Langdell's Orthodoxy, 45 U. Pitt. L. Rev. 1, 1983, p. 11.

❷ Joseph William Singer, Legal Realism Now, 76 Calif. L. Rev. 465, 1988, p. 497.

理论的层面上,法律的理论与道德的学说、社会科学理念相分离。司法过程的自治性要求法官将法律原则严格地适用于具体案件,而不必去考虑其背后的政策基础及其对特定案件的效果。

当然,兰德尔也注意到,法律体系的完备性只是一种理想状态,现实与理想之间总会存在某些差距,比如:法官在裁决案件时并不能精确地分析和表述规则;某些基本原则的表述并不精确,其排列也不尽合理;而法律系统则是由一系列随机排列的案件组成的集合。不过,这不能说明法律体系的非完备性和司法过程的非自足性,这恰恰是法律科学家之价值所在。

(四)在案件性质上,每一个案件都是"平常案件"(plain case),因此,法官在裁判案件时不需要裁量乃至造法,所产生的判决结果是唯一的

后世学者将案件划分为平常案件(也称简单案件、典型案件、常规案件等)和疑难案件,来探讨不同案件中事实认定与法律适用的情况。在平常案件之中,法律规则清晰明确,不会产生歧义;能够直接应用演绎逻辑方法或者严格的逻辑论证方法即可得出结论;结论本身具有不容置疑的有效性;立法机构对于法律所要达到的目标成竹在胸,并将这一目标清晰地包含在法律规则之中,法律条文的语言也极其明确和易于理解。而在疑难案件中,无论是法律职业人士还是普通公民对于一定时期、一定范围的法律适用难以达成普遍一致的意见。疑难案件产生的原因很多,如人类语言本身的含义不清,法律价值之间或者法律价值与社会价值之间的冲突以及立法者的疏漏等。法律形式主义没有作出这样的区分,根据其基本理论可以推断出,几乎所有的案件都是简单案件,而没有立法者所没有预见、需要法官进行造法的疑难案件。如果方法得当,每一个案件都存在唯一正确的结论。

在后世学者的著述中,平常案件与疑难案件的划分关乎法官自由裁量权的行使问题。如哈特认为,简单案件存在着明确而正确的判决结果,而疑难案件则不存在唯一正确的判决结果,法官于是获得了自由裁量权。由于经典形式主义对法律体系的完备性充满信心,并不认为存在着所谓的疑难案件,因此,法官司法行为不应当具有裁量性。具体到司法过程中,就是要求法官机械地套用概念和适用规则,而不得作轻重或利弊的权衡。经典形式主义的概念分析方法也体现了一种绝对的思维方式,其对于法律适用的意义在于,只有在规则具有明确含

义的前提下,法律才能够干预个人生活。只有在法官没有忽视这些规则的裁量权时,才能维护对于这些规则的信赖感。庞德之所以将经典形式主义称为"机械法学",正是因为按照其司法理念,应当将法律原则严格地适用于具体案件,而不必去考虑其背后的政策基础及其对特定案件的效果。司法方法是科学的、非政治的、受到严格制约的、客观的、逻辑的和理性的。法律的论证及其结论是确定的。

(五)在判决效果上,强调法律适用的抽象正确性,而不是纠纷解决的具体妥当性;在法律效果与社会效果之间,强调的是法律效果

法律形式主义者将抽象的法律规则作为理性的规律来看待,因此强调对它的严格适用。在适用法律时,他们通常更偏爱客观标准的演绎,因而会忽略当事人的实际意图、具体特征、特殊需求,以及事件或交易发生的社会情境。在侵权法中,过失是使用理性人标准来界定的,与被告及其行为的特殊性无关。在合同法上,合意是用同意的明确意思表示来界定的,没有必要去确定当事人的实际意图。❶ 法律形式主义所强调的是法律规则与原则本身的"法律"性,而不主张将其随意降解为政治的、道德的、政策的考虑和衡量。这使得形式主义无视具体、个别案件的社会背景。这样,法律形式主义通过强调法律的内在理性,框定了司法过程中法律因素与外部因素之间的边界。

那么,司法判决是否应当具有一定的社会效果? 司法过程中是否可以适用正义观念或政策性考虑? 在兰德尔的著述中,也不乏"法律应当实现正义"这样的表述,但是,在他看来,要判断一项规则究竟是不是真正法律,其检验的标准不是建立在正义观念的基础上,政策或便利的考虑也是不相干的,他所关注的是是否存在一个上位的"原则",以及根据该原则能否作出一个有效的推导。例如,A 向 B 提出口头要约,允诺只要 B 爬上旗杆并触摸到旗杆的顶部,就付给他 100 美元。于是 B 费力地爬上了旗杆,正当他快要触摸到旗杆的顶部时,A 喊道:"我撤回要约!"兰德尔认为,在这个例子中,A 不需要承担任何合同上的义务。适用于这个例子的规则应当按照对价原则加以推导。在 B 的履行行为实施完

---

❶　Joseph William Singer, Legal Realism Now, 76 Calif. L. Rev. 465, 1988, p. 499.

毕之前,对价并不存在,因此合同也就没有形成。❶ 兰德尔承认,在这个个案中,严格遵循由对价原则的推导"可能会导致困难和实践中的不公正",因此,有人提出建议,作为对价的履行行为一旦开始,该要约即为不可撤回。但是在兰德尔看来,这样的建议固然出于善意,但却不能接受,因为,它缺乏可以作为推导依据的原则。❷ 这个例子体现了兰德尔的典型立场,正义、政策或便利性的考虑只有体现在法律原则之中时才可能对法律的适用发生影响;而由这种外部因素来直接确定具体的裁判规范的做法是不可接受的,因为它违背了法律体系的概念有序性。应当指出,兰德尔并非无视法律规则所应追求的目的或者政策,他们主张的是要将这些目的或政策体现到原则之中,然后,再将原则一层一层地贯彻到规则之中。而如果使用目的或政策来直接决定具体案件或者最底层的裁判规则都是不可接受的,因为这会打破普遍形式性和体系完备性赖以建立的概念逻辑秩序。可见,对于个案判决而言,他所强调的是它与法律的符合程度,即判决的法律效果,而不是该判决在个案情境中的特殊妥当性,即判决的社会效果。

---

❶ 普通法对于要约人以允诺履行要约的条件来接受要约的"双务合同",和要约人要求以实际履行要约的条件来接受要约的单务合同有所区别。身为要约主人之要约人,可以规定要约被接受的方式。在要约人明确要求以履行要约的条件来接受要约的单务合同里,被要约人只能以完全履行要约的条件来接受要约。参见[美]William Brunham:《英美法导论》,林利芝译,中国政法大学出版社 2003 年版,第 203 页。

❷ Thomas C. Grey, Langdell's Orthodoxy, 45 U. Pitt. L. Rev. 1, 1983, p. 15.

第二章　现实主义法学的司法方法论

流 派 简 述

美国现实主义法学（Legal Realism）兴起于 19 世纪末 20 世纪初，其鼎盛期是在 20 世纪二三十年代。现实主义法学对传统法学，尤其是以兰德尔为代表的经典形式主义采取批判态度，反对将法律归之于抽象的原则或概念，主张区分"书本上的法律"与"行动中的法律"，强调从人的行为，特别是司法官员的行为中探寻现实的法律规则。由于该流派的某些基本观点与社会法学不谋而合，因此，有人将它看成是社会法学的一个激进之翼。也有人认为现实主义法学并未形成统一的学派，其代表人物卡尔·卢埃林就认为，所谓的现实主义法学"流派"其实并不存在，人们所见的不过是尚有左右翼之分的诸多观点的杂乱集合。因此我们毋宁将现实主义法学看成是凭借共同理论立场建立起来的一个团体，这一立场的重心在于对传统自由主义的法律思想进行深刻反思，并提出质疑。一般认为，美国法律现实主义思潮的先驱包括霍姆斯、卡多佐与格雷，而主要代表人物则包括卢埃林、弗兰克、奥利芬特、科克、穆尔等人，但以卢埃林与弗兰克最为知名。现实主义法学对传统法学进行了成功的批判，在美国法律思想界、法律实务界和法学教育界都产生了深远的影响。北欧国家于 20 世纪初也曾流行现实主义法学，一般称为斯堪的纳维亚法律现实主义。它与美国法律现实主义有所差别，在西方法理学中，现实主义法学通常指美国的法律现实主义思潮。

一、逻辑与规则的局限

法官如何判案？影响判决形成的因素有哪些？其中，哪一种是决定性的？

传统的形式主义法学理论认为,规范性的法律规则以及一套三段论推理机制是决定特定判决结论的根本因素。在案件事实给定的情况下,判决结果由两个因素决定:规则和逻辑。除此之外,法官无须考虑其他因素。现实主义法学对传统观点的批判正是从揭示这两个因素的局限性开始的。

(一)逻辑的局限

1.逻辑推理不能准确描述司法过程

传统的法律形式主义认为,司法实践就是撰写司法意见,因此,要了解法官的司法过程,可以去阅读法官所撰写的司法意见。司法意见不仅论证了判决结果的合法性与正当性,而且还展示了判决得以形成的实际过程。司法意见书常常是以严谨的逻辑写就,正如波斯纳所指出的,由于三段论推理在论证时显得非常有力,因此"渴求自己的活动看上去尽量客观的律师和法官都花费了很大力气使法律推理看上去尽可能像是三段论"。❶ 这给人一种印象,好像判决是按照三段论推理模式从作为大前提的法律规则中推导出来的必然结果;而严谨的逻辑推理就成了对司法过程的最好描述。

现实主义法学则认为,这种观点是错误的、误导人的,因为它不符合心理规律。判决就是要作出一个判断,要了解法官怎样判决,就需要了解普通人在处理日常事务时作出判断的心理过程。心理学家告诉我们,判断过程很少由导出结论的前提开始,相反,它始于一个以多少有点模糊的方式而形成的结论,然后从这样一个结论出发,再试图找到将证明这一结论的前提。如果他找不到将其结论和他认为可以接受的前提联结起来的满意的前提,那么,只要他不是一个武断或愚蠢的人,他就会放弃这一结论而寻找其他结论。❷

司法推理固然具有自身的特点,但是,由于法官是人,因此他并不会因为披上法袍就会获得一种非自然的推理方法,而关于法官中立的假定也不足以抑制法官作为人的天性趋向。既然在通常情况下正常人的思维过程并不会表现为一种三段论的推理形式,即凡事从前提出发,然后得出结论,那么,法官也不会成为这样的异类。在这里,现实主义法学所要揭示的是,司法意见不是关于实际的司

---

❶　[美]波斯纳:《法理学问题》,苏力译,中国政法大学出版社 1994 年版,第 50 页。

❷　See,Jerome Frank,Law and the Modern Mind,Peter Smith,1970,p.108.

法过程的客观反映,毋宁说只是法官为了增强其最终判决结果的可接受性而作出的事后论证。尽管法官每天在判决中力图说明作为他的结论根据的所谓判决理由,但是如果人们想从这些理由中发现说明判决实际过程的东西,却是徒劳无功的,因为它无法对法官在司法活动中的心理过程作出精确的描述。

那么,实际的司法推理过程是什么样的? 在现实主义者看来,法官的实际判决形成过程,与正常人的思维过程是很类似的,即先确定案件的结论,然后才会去判断这一结论是否存在法律依据。换言之,法官在面对案件事实的时候,并不是首先分析判例或制定法,而是先行确定他所想作出的判决,而在确定了这一判决结论之后,他才会从现行的判例或制定法中寻找法律依据。只有在很特殊的情况下,法官找不到这样的法律依据,他才会改变其他业已形成的判决结论使之获得相应的依据。现实主义法学的代表人物之一弗兰克法官指出:"毫无疑问,在大多数情况下,司法判决和其他判断一样是从暂时形成的结论回过头来作出的。"[1]而被奉为"现实主义法学之父"的霍姆斯法官甚至将这种推理方式与普通法的司法风格联系起来:"先对案件作出判决,然后确定适用的原则,这正是普通法的一项优点。"[2]

2. 逻辑推理不能自足地决定判决结果

传统的法律形式主义认为,逻辑不仅使司法推理过程变得精确和科学,而且能够自足地决定判决结果,法律在本质上是一种逻辑的科学。现实主义法学首先需要祛除的就是这种对于逻辑的盲信。对逻辑局限性的揭示,以霍姆斯法官最为有力。在《普通法》一书中,他指出:"证明体系的逻辑一致性要求某些特定的结论是一回事,但这并不是全部。法律的生命不是逻辑,而是经验。"[3]霍姆斯承认,从法律的运作来看,逻辑的作用更是不可或缺,如类比、区分和演绎则是法律推理的重要组成部分,司法判决的语言也主要表述为一种逻辑的语言。但是,逻辑既不是在法律发展中唯一起作用的力量,也不是最重要的一个因素。对法律而言,逻辑确实是不可或缺的,但是,真理离谬误往往只有一步之遥,如果我们

---

[1] Jerome Frank, Law and the Modern Mind, Peter Smith, 1970, p. 108.

[2] Oliver Wendell Holmes, Codes, and the Arrangement of the Law, 5 AM. L. Rev. 1, reprinted in 44 Harv. L. Rev. 725(1931).

[3] [美]小奥利弗·温德尔·霍姆斯:《普通法》,冉昊、姚中秋译,中国政法大学出版社 2006 年版,第 1 页。

据此认为某种制度"能够像数学那样从行为的普遍公理中推演出来",那就大错特错了。

在现实主义法学看来,司法过程中的逻辑推理无论看起来多么精密、有效,也无法掩盖其内在的局限性,即它无法充分保证司法推理的真实有效性(soundness)。逻辑推理的有效性和真实有效性是两个不同的概念。真实有效性的取得除了取决于推理形式的有效性外,还取决于前提的真实性。如果司法推理的两大前提——法律与事实缺乏真实性,那么,逻辑再精密也是无济于事的。因此,逻辑不可能自足地决定判决结果。至于逻辑推理在司法过程中的实际作用,现实主义法学的基本观点是,具体案件的处理结果并不是通过三段论推理而获得的,而是来自其他的考虑和方法;三段论推理仅仅是对已经取得的处理结果,进行一种书面上的、正式的论证而已。这种事后论证的形式的存在之所以是必要的,原因之一在于,人们在很大程度上还依赖于书面的、正式的文件对于某一结果进行确认的方式。但是无论如何,对逻辑的盲信只能遮蔽法官自由裁量的事实,使司法活动呈现出虚假的确定性和可预测性。逻辑在法律领域只是一种工具性的存在,它不能决定法律的本质与成长,因而不是"法律的生命"。❶法律的生命只能从逻辑形式的背后,从历史与社会的深厚土壤中去探求。

(二)规则的局限
1. 规则的不确定性

传统的观点认为,司法中的法律推理是法律规则(来自制定法或判例法)的三段论式适用,法律规则的含义是明确的,因而司法判决也是确定的。这一点与逻辑学的基本原理是一致的,即"要推导出任何结论,都需要一个单一而坚实的基本前提"。❷那么,法律规则能不能提供这样的前提呢? 现实主义者秉持规则怀疑主义的立场,对这个问题给了了否定的回答。卢埃林指出:"在大多数思想者看来,规则是法律的核心,法律学者的任务就是将规则安排在协调一致的体系里;而根据规则进行论证,从规则中推导出能够适用于手头案件的精确的解决方

---

❶ 参见[美]奥利弗·温德尔·霍姆斯:《法律的道路》,张千帆、杨春福、黄斌译,《南京大学法律评论》2000 年秋季号。

❷ [美]卡尔·N. 卢埃林:《普通法传统》,陈绪刚、史大晓、仝宗锦译,中国政法大学出版社 2002 年版,第 9 页。

案,则是法官和律师的职责。可悲的是,在我看来,所有这一切都是误导性的。"❶法律规则为什么不能为司法判决提供"单一而坚实"的前提呢?法律规则本身为什么不能决定判决结果?现实主义法学认为,这主要是由于法律规则的不确定性所致。

其一,法律语言具有不精确性。

法律规则通常是模糊的,因此易于引发歧义的。卢埃林说:"运用一个规则或原则进行推理之前,必须划定它清晰而严格的适用边界。而在这个规则尚未形成确定的文字形式的范围内,一旦法庭将这种非文字的规则转变为文字形式的判决意见,则这一转变方式将使正在受理的案件变得全然不同。"❷规则是以书面的形式存在的、由词语所构成的一种抽象的表达。这种情况的出现就是因为法律语言的不精确性。与此同时,在法律规则中常常会包含诸如合理、强迫之类的抽象的含义不定的概念,人们对它们的理解难以取得一致性,而法官也不可能以机械的方式来适用它们。❸ 现实主义的另一代表人物费利克斯·科恩(Felix Cohen)甚至认为:"对两个不同的人来讲,一个句子从来不可能精确地意指相同的事物。……甚至,我怀疑,对我来讲,任何一个句子在我第一次听到它时,与我第十次或第一百次听到它时,是否能够精确地意指相同的事物。"❶

其二,法律概念的分类与案件中的事实不能精确地加以对应。

在现实主义者看来,即使表述法律的语言是确定的,法律概念也难以精确界定甚至缺乏实质含义。卢埃林指出:"即便这种文字形式的规则本身是确定的,依然面临着将案件中的事实问题进行分类的问题,而倘若案件中蕴涵着真正新的法律问题,那么此一分类过程则变成了一种创造性工作,而且只有在分类之后,进行真正的法律推理才成为可能。"❺可见,现实主义对于规则确定性的怀疑是与他们对形式主义法律范畴论的质疑息息相关的。形式主义认为,法律之中

---

❶ Karl Llewellyn,The Bramble Bush:on Our Law and its Study,New York,Oceana Publication,1930,p.13.
❷ [美]卡尔·N.卢埃林:《普通法传统》,陈绪刚、史大晓、仝宗锦译,中国政法大学出版社2002年版,第10页。
❸ Felix Cohen,Transcendental Nonsense and the Functional Approach,35 Colum. L. Rev. 809(1935),pp. 838-842.
❶ Felix Cohen,Field Theory and Judicial Logic,59 Yale L. J. 238(1950),pp. 240-241.
❺ [美]卡尔·N.卢埃林:《普通法传统》,陈绪刚、史大晓、仝宗锦译,中国政法大学出版社2002年版,第10页。

存在着与事实情境相对应的明确的、肯定的范畴,每一个范畴又可以导致特定的法律后果。这样,将某一事实情境归摄于特定的范畴就决定了适用于这种事实情境的权利和义务。而以 20 世纪科学上的最新发展为基础,现实主义不再相信世界上的现象都可以归摄于自然范畴之中。他们认为,对事实情境的准确描述不是非此即彼的范畴,而是一种连续体,比如强迫和自由意志这两个法律概念并不是互不包容的范畴,而只是一个连续状态的两极,某一特定的事实状况只是处在这两极之间的某一点而已。如此看来,能够精确表述客观事实状况的不是范畴,而是连续体。据此,法律推理不是将可以严格区分的事实现象归入某一范畴的过程,而是要在本质上无法区分的事实现象之间人为地画出加以区分的界线的过程,这样司法过程显然不能用形式主义所想象的那种机械的方式来加以描述,其间必然会涉及法官的自由裁量行为。❶

在本体论上,现实主义法学的崛起则代表了由唯实论向唯名论的转变。在现实主义者看来,法律概念不过是主体赋予事物的一种空洞的、没有实际意义的标签。比如,"财产"这一法律概念并不具有实质的内涵。将某一种法律上的利益称为财产并不能揭示出这种法律利益的特殊性,人们并不能从将该利益命名为财产这一行为中演绎出特定的结论。❷ 就公司这一法律概念,费利克斯·科恩提出一个疑问:"公司"在哪里? 他指出,公司只是一个概念,而不是事物,在现实世界中其实并不存在公司这种东西。在司法实践中,法庭出于某种政策上的考虑会使用公司这一概念,好像它在某一特定地点的确具有实体上的存在,但是,法庭这么做与其说是实际存在公司这种东西,不如说在某一司法领域将公司视为存在符合社会政策的要求。❸

其三,法律规则之间存在着内在的不协调性。

卢埃林指出:在法律体系中,"可供选择的基本假定之间却存在着大量彼此

---

❶ See, Kenneth J. Vandevelde, Thinking Like a Lawyer: An Introduction to Legal Reasoning, Westview Press, 1996, p. 123.

❷ See, Kenneth J. Vandevelde, Thinking Like a Lawyer: An Introduction to Legal Reasoning, Westview Press, 1996, p. 123.

❸ See, Felix Cohen, Transcendental Nonsense and the Functional Approach, 35 Colum. L. Rev. 809, 1935, p. 821.

矛盾之处:'相互竞争的'规则,'相互竞争的'原则,'相互竞争的'类推"。❶ 就某个案件而言,总是可以找到不同的甚至是对立的规则来进行适用。费利克斯·科恩甚至认为:"每一个判决都在不同规则之间所作的选择,这些规则一方面在逻辑上都可以符合过去的判例,另一方面在当前的案件中又可以合乎逻辑地推导出相互冲突的结果。"❷由此来看,判决结果不仅难以达到唯一性的要求,甚至完全可以成为法官主观选择的产物。

2. 纸面规则的实际作用

传统观点从规范的形式结构的角度来描述法律,对司法过程中的实然(法官实际如何司法)与应然(法官应当如何司法)并不作区分。现实主义认为,这种研究立场容易使人们的认识出现偏差,因为"应然画面的侵入将会使得实然状况的考察变得非常困难"❸;而要认清司法过程的实际状况,这一观察立场需要改变。卢埃林说:为了研究的目的,应当将法律的实然(Is)与应然(Ought)加以"暂时"的分离,即"在研究'现实'本身时,对有关事物关系的观察、说明和确立应尽可能不受观察者的意愿、期待或者伦理观念的感染。具体而言,在研究法院如何工作的时候尽力忽略他们应当如何工作的问题"。❹ 当然,这种分离只是一种方法论上的临时策略,卢埃林说:这样的分离并不是永久的,永久的分离是不可能的,但这样的分离却是有意义的,"只有尽可能客观了解某一部分的法律是如何运作的以后,我们才有可能明智地做出那部分法律应该如何运作的判断"。❺ 可见,现实主义并不反对评价,而是主张"评价必须基于可靠信息而非脱离实际的猜测",❻从而获得一个客观的实然基础。

如果我们以实然与应然相分离的视角来观察法官司法所依据的规则,就会发现,"规则"一词实际上是含糊不清的。规则可以是规范性的,表述为"这是应

---

❶ [美]卡尔·N. 卢埃林:《普通法传统》,陈绪刚、史大晓、仝宗锦译,中国政法大学出版社 2002 年版,第 10 页。

❷ Felix Cohen,The Ethical Basis of Legal Criticism,41 Yale L. J. 201,1931,p. 216.

❸ Llewellyn,Some Realism About Realism-Responding to Dean Pound,44 Harv. L. Rev. 1222,1931,pp. 1236-1237.

❹ Llewellyn,Some Realism About Realism-Responding to Dean Pound,44 Harv. L. Rev. 1222,1931,p. 1236.

❺ Llewellyn,Some Realism About Realism-Responding to Dean Pound,44 Harv. L. Rev. 1222,1931,pp. 1236-1237.

❻ Llewellyn,Some Realism About Realism-Responding to Dean Pound,44 Harv. L. Rev. 1222,1931,pp. 1236-1237.

当做的,在这类案件中法官应当依此行事";也可以是描述性的,表述为:"这就是实际情况,法官在这类案件中实际所做的";还可以兼具规范性和描述性,表述为"这是他们实际所做的,也是他们应当做的"。而当人们讨论规则时,对规则的这些含义并不作区分,常常从这种含义不作任何说明地就转到另一种含义,在使用时含义也是游移不定。❶ 正是由于这个原因,"我们常常假定法官的实践行为符合了书本上已被接受的应然规则,而应然规则的言词表述精确地描述了实践的实际情况"。❷ 即书面规则所包含的内容与法庭实际的司法行为是一致的。

卢埃林认为,为了充分理解包括司法活动在内的法律实践,必须区分"实在规则"(real rule)与"纸面规则"(paper rule)区分开来。"纸面规则"就是我们传统上所说的法律规则,或者书本上的规则;"实在规则"是指实际的司法行为相符合的规则,它们是描述性的,用霍姆斯的话说就是法庭在特定案件中实际所要做的,因此,法律科学家们将"实在规则"或真正的规则称为"法庭的实践行为",其实它们"根本不是所谓的'规则'"。❸ "纸面规则"固然可以转化为"实在规则",但是,有一部分法律规则始终只能存在于"纸面"上,在实际的社会生活中没有相对应的行为,不可能发挥实际效力。

对于法律规则的规定,官员们在其实际的行为中,并不是在某些情况下都会做到严格的遵守,完全地不予理睬或者只是部分地听取的情况也是普遍地、现实地存在的。传统意义上的规则对于法官的司法行为和判决结果而言,不能起到决定作用,而只能起到有限的预测作用。即使从判例中难以抽象出基本原则,从这些基本原则中亦难以推导出具体的规则。传统的规则观不能反映司法过程的真实状况。

在规范性规则与描述性规则、纸面规则与现实规则之间进行区分,可以看到它们在预测法官行为方面所发挥的不同作用。卢埃林指出:"就其核心和本质而言,法律必须要包含官员的行为,并且规则只有在它们帮助某人预测了官员将要做某种行为,或者促使官员做某种行为的时候,它们在生活中具有意义。"❹规

---

❶　Karl Llewellyn, A Realistic Jurisprudence: The Next Step, 30 Colum. L. Rev. 438, 1930, p. 439.
❷　Karl Llewellyn, A Realistic Jurisprudence: The Next Step, 30 Colum. L. Rev. 438, 1930, p. 443.
❸　Karl Llewellyn, A Realistic Jurisprudence: The Next Step, 30 Colum. L. Rev. 438, 1930, p. 448.
❹　Karl Llewellyn, The Bramble Bush: on Our Law and its Study, New York, Oceana Publication, 1930, p. 75.

则的价值在于它为预测所能够提供的帮助。由于规范性规则、纸面规则所预示的仅仅是一种适用上的可能性,但是它毕竟只能对具体的司法行为提供方向性的指引。在判决形成过程中,规则不可能发挥决定性或控制性的作用,它也不是唯一对于判决结果具有影响的因素。因此,纸面规则不能对判决结果进行充分的预测,因此不能带来法律上的确定性。弗兰克法官对纸面规则的实际作用则采取更加轻蔑的态度,他认为,法律规则方面的知识在预测某个特定法官所作的判决时几乎不能提供什么帮助。"在作出一个特定的判决以前,没有人会知道在审理有关案件或有关特定情形、交易或事件时所适用的法律。"❶而由于描述性规则、真实规则由于立足于对法官实际行为的观察,必将为预测和估量其在未来的其他类似案件中的行为提供更加可靠的依据。大部分纸面规则仅在有限范围内适用,真正起作用的是官员的行为。

二、司法过程的决定因素

如此说来,被传统观点奉为圭臬的法律规则在现实主义法学看来不过是预测作用有限的纸面规则,那么真正决定司法判决形成的因素又是什么?这需要一种新的关于法的本体与概念的理论,来解决到哪里去寻找真正法律的问题。

(一)真正的法律

在现实主义看来,法律规则虽可引导官员的行为,但仅仅是法律的渊源。对于什么是真正的法律,现实主义法学将视线转向具体实施法律的官员行为。卢埃林认为,各种官员(包括法官、治安官、书记官、狱吏、律师)为了解决社会纠纷所做的事,就是法律本身。❷ 弗兰克指出:"规则不过是一些词句,并且这些词句只能通过判决才能发生作用;正是判决任一案件的法庭宣布了这些规则的含义,不管这些规则是包含在制定法之中,还是在某些其他法庭的意见之中。"❸"规则,不管是由法官还是由其他人宣示出来的,不管是来自制定法、司法意见或者

---

❶ Jerome Frank, Are Judges Human? 80 U. Pa. L. Rev. 17, 1931, p. 41.

❷ Karl Llewellyn, The Bramble Bush: on Our Law and its Study, New York, Oceana Publication, 1930, p. 12.

❸ Jerome Frank, Law and the Modern Mind, Peter Smith, 1970, p. 125.

学者的著作,都不是法律,而只是法官用来为当前案件制定法律的众多渊源之一。……法律是由判决组成的,而不是由规则组成的。如果是这样,那么,法官只要对案件作出判决,他就是在制定法律。"❶正是法官和官员的实际行为,而不是判例或成文法对他们应当如何行为的要求,也不是他们宣称自己在做什么,才是真正的法律。这才是现实主义法学所应研究的对象。科克认为,法律是由关于官员或法官行为的描述性的一般法则组成的体系,他说:"法官过去的行为可以用特定的一般性法则表述出来,我们称之为规则或法律原则。"❷奥利芬特(Oliphant)将法律称为一种社会科学,摩尔(Moore)则将"法律制度"(legal institution)称为"一群人……以特定的方式行事",而将"法律表述"(statement of law)称为来自于法律方法的一种预测。❸ 可见,现实主义法学将法律视为一种可以使用科学方法来加以研究的事实性描述。这一涉及法律本体的立论使它与传统法学有了本质上的区别,以此为起点,方可以找到司法判决的真实基础。

（二）司法判决的真实基础

在法律概念的问题上,现实主义者已经有所立论,但是,他们仍然需要解决进一步疑问,诸如:既然法律的含义不是由立法得来表述的,而是由法官来宣示的,那么,是什么导致了法官对法律作这样的宣示,而不是作那样的宣示? 既然真正的法律正是官员的行为本身,那么,是什么导致了官员这样行为,而不是那样行为? 既然法律是由判决组成的,那么,是什么决定了法官作出这样的判决,而不是作出那样的判决? 一句话,什么是司法过程的决定因素? 回答这些问题,需要对司法活动的实际过程作出一定的描述。由于美国现实主义法学并不是一个统一的学派,因此,对司法过程的描述也并不完全一致。梳理一下,可以看出存在着两条不同角度:

1. 外部旁观者的角度

外部旁观者的角度是指通过外部的实证观察,来确定实际影响司法判决形成的诸种因素,以及其中的最根本因素。现实主义法学的研究对象是他们所谓

---

❶　Jerome Frank,Law and the Modern Mind,Peter Smith,1970,p.46.

❷　Cook,Scientific Method and the Law,13 A. B. A. J. 303,1927,p.308.

❸　See,Ralph J. Savarese,American Legal Realism,3 Hous. L. Rev. 180,1965,p.189.

的真正的法律,也就是法官和官员的实际行为,以及决定这种行为的各种因素,试图发现判决行为的某种规律性(regularity)。据此,他们采用了司法行为主义的研究进路,对影响判决形成的各种因素尤其是法外因素进行实证研究。这种司法行为主义"试图建构一种关于人类行为的系统理论,运用来自所有行为科学的理论和方法,根据它们与当下特定研究的关联性,对有关法官和判决形成过程的数据进行分析"。❶ 司法行为主义研究在承认法官是公共政策制定者的基础上,关注法官的个体行为和司法的实际过程,而不仅仅是关注司法过程所产生的结果,即司法判决。这一研究旨在对司法行为作精确的定量描述和科学解释,对以后的司法行为作出精确的定量预测。他们所研究的因素是多种多样的,包括法官的出身、背景,法庭内外的影响策略,法院与其他政策制定部门关系,司法环境等,只要可能对司法判决产生某种影响,都可以成为司法行为主义的研究对象。

依据这种研究路径,产生了不少研究报告。如 1922 年,海恩斯(Charles Groves Haines)试图在"自动售货机"式的司法模式与"自由法律判决"的司法模式中寻求一种中间道路,研究考察了法官特定的背景特征与他们判决模式之间的关系。这些背景特征包括法官的家庭状况、教育经历、个人关系、所属党派和个性气质。其结论是:"司法判决既受到了法官关于公共政策的观点的影响,也受到了作出判决的法官的个性的影响。"❷ 换言之,外部的社会、政治和文化观念以及法官个人的性格特征和人生经验共同铸成了一种倾向性,它决定了特定的法官将会作出特定的判决。海恩斯特别指出了最能影响司法判决的因素包括:(1)直接影响因素,包括:a.法律与从政的经历,b.政治派别与言论,c.智力与气质特质;(2)间接影响因素,包括:a.法律教育以及一般教育状况,b.家庭背景与个人关系(包括财产状况与社会地位)。海恩斯发现,法律原则与先例也是影响司法过程的关键因素,但形式逻辑规则却不是。

弗兰克法官在《法律与现代心智》一书中提到了对纽约市治安法院几名法官所作的调查,这几名法官在 1914~1916 年审理了几千个轻微刑事案件。统计

---

❶ R. H. Clark, Karl Llewellyn on Legal Method: A Social Science Reconsideration, 14 Tulsa L. J. 491, 1979, p. 499.

❷ Charles Groves Haines, General Observations of the Effects of Personal, Political and Economic Influences in the Decision of Judges, 17 Ill. L. R. 96, 1922, p. 102.

数据表明,针对同类案件,不同的治安法官在处理时的差别达到惊人的程度。在交由某法官处理的 546 个被控酗酒的人中,仅有一人被释放,约 97% 的人被判定有罪;而在由另一名法官审理的 673 个同类案件中,531 人(约占 79%)被判决无罪。在扰乱秩序行为案件中,一个法官只释放了 18% 的人,另一法官则释放了 54% 的人。这也就是说,在前一个法官手中,受审人只有 2/10 的获释机会,而在后一个法官手中,会有 1/2 以上的获释机会。而在流浪罪的审理中,无罪释放的比率从 4.5% 到 79% 不等。在量刑时,同样的差异也是存在的:在作出有罪判决之后,一名法官对 84% 的被告人课以罚款,对 7% 的人宣告缓刑;而他的另一名同事相应的比例是 34% 和 59%。调查报告的结论是,这些数字表明,审判是因人而定的,它反映了治安法官的脾气、个性、教育、处境和个人特点。弗兰克法官于是认为,"司法(或正义),是一种个人性的事务。"❶

2.法官本人内省式描述的角度

如果将司法看成一种个人性的事务,那就意味着判决形成的实际过程或许只有作出该判决的法官才最了解,在此意义上,或许是法官所作的内省式描述更能反映判决形成的真实过程。只是对何为判决形成的决定性因素,现实主义法官的内省式描述并不完全一致。尽管他们都承认法律规则也可作为决定判决形成的因素之一,但通常并不把它看成最重要的一种。究竟有哪些是根本性的因素,各有不同的表述。

(1)经验

霍姆斯说:"法律的生命不是逻辑,而是经验。一个时代为人们所感受到的需求、主流道德和政治理论、对公共政策的直觉——无论是公开宣布的还是下意识的,甚至是法官与其同胞们共有的偏见,在决定赖以治理人们的规则方面的作用都比三段论推理大得多。"❷在霍姆斯看来,法律并不是规则的体系,而是导致在对立的政策选择之间进行权衡的社会事实。在司法活动中,法官所依据的其实是案件背后所隐藏的政策选择,规则不过是用来为这一政策选择提供事后"法律理由"的工具而已。法律的生命和历史不可能用逻辑来构造,而应该到法

---

❶ Jerome Frank,Law and the Modern Mind,Peter Smith,1970,p.121.

❷ [美]小奥利弗·温德尔·霍姆斯:《普通法》,冉昊、姚中秋译,中国政法大学出版社 2006 年版,第 1 页。

官特定时代中法官有意识或无意识所作的政策选择中去寻找。霍姆斯的洞见是富于启发意义的,但我们也应该注意到,他所说的"经验"并不是一个可以精确界定的标准或概念。

(2)社会需要

卡多佐把司法判决看成在法院的锅炉里酿制的一种化合物,这种化合物里包含了多种的成分或因素,如先例、有关逻辑上的前后一致,法律结构的对称的考虑、习惯、社会福利、正义和道德的标准等。卡多佐这样描述法官的司法工作:"日复一日,以不同的比例,所有这些成分被投入法院的锅炉中,酿造成这种奇怪的化合物。"❶"他必须将他所拥有的成分,他的哲学、他的逻辑、他的类比、他的历史、他的习惯、他的权利感以及所有其他成分加以平衡,再这里加一点,在那里减一点,他必须尽可能明智地决定哪种因素将起决定作用。"❷"当社会的需要要求这种解决办法而非另一种的时候,这时,这种追求其他更大的目的,我们就必须扭曲对称,忽略历史和牺牲习惯。"❸

(3)直觉

在1905年洛克纳诉纽约州案中,霍姆斯指出:"一般命题不能决定具体案件,结果更多地取决于判断力和敏锐的直觉而不是清晰的大前提。"❹哈奇森法官说:"实际上,法官作出判决所依据的是感觉而不是判断力,是预感而不是推理,这种推理只不过出现在司法意见之中而已。"❺弗兰克对此深表赞同,他认为,哈奇森法官对司法直觉的描述是"对所有法官如何思想的大体正确的说明"。❻ 他还提到,一百年前,美国的肯特大法官在一封私人信件中解释他作出判决时所使用的方法:在掌握和确定事实之后,"我看到了正义的所在之处,有一半的时间是道德感决定了法庭的判决;然后,我才坐下来寻找权威性依据……我有时可能会被一些技术规则所困扰,但是,我又几乎总是能够适合我关于案件

---

❶ [美]本杰明·卡多佐:《司法过程的性质》,苏力译,商务印书馆2000年版,第2页。

❷ [美]本杰明·卡多佐:《司法过程的性质》,苏力译,商务印书馆2000年版,第101～102页。

❸ [美]本杰明·卡多佐:《司法过程的性质》,苏力译,商务印书馆2000年版,第39页。

❹ Lochner v. New York,198 U. S. 45,76(1905).

❺ Joseph C. Hutcheson,Jr. ,The Judgment Intuitive:The Function of the "Hunch" in Judicial Decision,14 Cornell. Q. 274,1929,p. 285.

❻ Jerome Frank,Law and the Modern Mind,Peter Smith,1970,p. 112.

的观点的原则……"❶这种直觉感悟实际上就是"在特定案件中关于是非对错的
一种预感";❷是各种外部刺激在遭遇法官或陪审员偏见、成见、先入之见等内心
因素之后产生的"组合反应"。❸ 正是这种"组合反应"触发了法官心中的情绪
冲动,也决定了他对案件的判断。由于法官的直觉感悟往往发生在特定的案件
情境之中,这就顺理成章地导致了同案不同判的情况。现实主义者都承认司法
直觉在判决形成过程中的核心作用,但是对于这种司法直觉的构成要素并各有
不同的观点。

(4)法官的个性

弗兰克法官说:"一个诚实的法官在决定如何判决'有争议的案件'
(contested case)时,法律规则毫无疑问是具有某种影响的。许多法律规则是如
此的难以确定,以至于它们对于法官思维的影响也是模糊不清的。更重要的是,
这些法律规则无论如何精确,也只是法官在作出结论时影响他的诸多因子之一
而已。法官对规则的理解,加上他对于矛盾证词的反应,加上他的正义感,加上
他的经济和社会观念的背景,加上他的被宽泛地称为'个性'的复杂结合体,形
成了一种难以衡量的混合物,我们称之为判决的法庭命令即来源于此。"❹

弗兰克受到弗洛伊德精神分析理论的影响,认为,法官个体心理结构上的差
异决定了其所使用的不同司法方法以及相应的判决结果。在这一点上,法官的
判断过程同普通人一样,其中包含有各种各样的暗藏的因素。这些错综复杂的
因素,根据每个人的特点而定,它们是比政治、经济或道德偏见更重要的判断原
因。由于这种因素的影响,法官对案件中的证人、律师、当事人可能会产生同情
和反感;由于法官自己过去的经历,他对妇女、金发女郎、有胡须的男子、南方人、
意大利人、水管工、神父、大学毕业生或民主党人都可能造成正面或反面的反应。
某一鼻音、咳嗽声或姿势都可以激起大体上痛苦的或愉快的回忆。这种回忆可
能影响法官对讲话的听取或事后的回顾,或影响法官对讲话所赋予的分量或可
靠程度。❺ 弗兰克的结论是:要知道法官创造法律的、制造预感的东西,我们就

---

❶ Jerome Frank, Law and the Modern Mind, Peter Smith, 1970, p. 112, note 3.

❷ Jerome Frank, Law and the Modern Mind, Peter Smith, 1970.

❸ Jerome Frank, What Courts Do In Fact, 26 Ill. L. Rev. 645, 1932, p. 656.

❹ Jerome Frank, Are Judges Human? 80 U. Pa. L. Rev. 17, 1931, p. 47.

❺ Jerome Frank, Law and the Modern Mind, Peter Smith, 1970, p. 115.

一定要充分理解我们泛称为法官个性的这一堆错综复杂的东西。"如果法官的个性是司法中的关键因素,那么,法律就要依碰巧审理某一具体案件的法官的个性而定。"❶据此,弗兰克将传统观点对判决形成过程的描述与现实的情况概括为两个不同的公式。

传统观点的公式是:R(Rule,法律规则)×F(Fact,事实)= D(Decision,判决)

现实主义的公式是:S(Stimulus,围绕法官和案件的刺激)×P(Personality,个性)= D(判决)

使用法官本人的内省式描述来寻求判决形成的决定性因素,这多少有一点心理决定主义的意味,但不能简单地将其等同于主观唯心主义。实际上,现实主义法学是将法官的内省认识作为司法活动与社会需求之间的"连接点",因为,无论是直觉还是个性,都来自法官关于社会生活的经验,是对各种社会需求的感知与体悟,因而具有相对客观的来源。而且,现实主义学者也同样意识到了心理决定主义的主观性,并试图引入实证的方法来纠偏,只是囿于当时研究方法的局限性,这一问题并未得到很好的解决。对此,弗兰克不无遗憾地说:"由于法官使用的案例报告方法和语言策略隐藏了司法上的不和谐,因此,这种(由法官个性差异所导致的判决上的)不一致究竟有多大,从目前来看,尚不可知。在这个领域,我们并没有掌握多少统计资料。"❷

三、司法工具主义与法官的能动性

无论是外部观察的角度,还是法官内省的角度,都是对司法过程的实然描述,以此为基点,现实主义法学走出了法律规则的封闭体系,试图在法律之外来寻找司法的真谛。于是,现实主义司法理论呈现出鲜明的法律工具主义色彩,它对司法过程本质的认识与形式主义法学是大相径庭的。

(一)司法过程的本质
司法过程的本质与法律事务的内容看似两个不相干的问题,但二者之间其

❶ Jerome Frank,Law and the Modern Mind,Peter Smith,1970,p.120.

❷ Jerome Frank,Law and the Modern Mind,Peter Smith,1970,p.120.

实有着十分密切的联系;从法律事务的内容出发,则可以推导出司法过程的本质。卢埃林认为,社会上充满了纠纷:现实或潜在的纠纷,待解决的和应预防的纠纷,它们都要诉诸法律,也都成为法律的事务。不过,在法律事务中,最先应关注现实存在的纠纷,因为它们需要平息下来,以实现当事人之间的和平,免去其他人的烦扰。而平息纠纷就意味着要达成一个当事人能够接受、旁观者能够容忍的解决方案。总之,理性地处理各种社会纠纷就是法律的事务。既然法律事务以解决社会纠纷为旨向,那么,"那些负责这种事务的人,无论是法官、治安官、书记官、监管人员或律师,都是官员。这些官员关于纠纷所做的事,在我看来,就是法律本身。"❶卢埃林还认为,如果人们愿意从更广阔的视野来思考法律问题,将人类社会最原始的法律形式包括进来,那么,"活法的核心与本质就是纠纷事实上是如何解决的,并且规则只有能够体现这一点,才会在生活中具有意义"。❷ 因而,司法过程在本质上并不像兰德尔所主张的那样,是一种科学认识,而是社会纠纷的实际解决。既然要解决社会纠纷,法官就不可能完全像科学家一样以中立、超然、价值无涉的态度来对待司法实践,而应当更加能动一些,寻求某种社会目的或社会标准的指引。

(二)社会目的的导向性与司法的工具性

相较于传统观点,现实主义法学观察法律及司法过程的视点发生了根本性的改变。形式主义法学将法律看成一种自足的体系,主张从法律规则、原则本身或其相互关系的角度来理解法律;现实主义打破了法律自治的壁垒,从功能主义或工具主义的立场来把握法律。卢埃林说:"法律是达到社会目的的一种手段,但非目的本身,因此,对法律的任何部分都应当不断地从目的、效果的角度来加以研究,并依据目的、效果以及二者相互关系来加以评判。"❸"贯穿于程序技术性始终的,是条条的目的之线。如果你们没有将这些目的之线,作为穿起那些单

---

❶ Karl Llewellyn,The Bramble Bush:on Our Law and its Study,New York,Oceana Publication,1930,p. 12.

❷ Karl Llewellyn,The Bramble Bush:on Our Law and its Study,New York,Oceana Publication,1930,pp. 75-76.

❸ Karl Llewellyn,Some Realism About Realism-Responding to Dean Pound,44 Harv. L. Rev. 1222,1931,p. 1236.

个的珠子的丝线的话,我发现很难想象,你们会理解并掌握这些技术。"❶可见,现实主义法学十分关注社会现象对于法律规则的内容、目的和适用的影响。在这一点上,它与社会学法学是一致的。卡多佐也说:"主要的问题并不是法律的起源,而是法律的目标。如果根本不知道道路会导向何方,我们就不可能智慧地选择路径。对于自己的职能,法官在心目中一定要总是保持这种目的论的理解。"❷这里显示出现实主义法学与实用主义之间的血缘关系,实用主义也是与目的论联系在一起的。因此,法律应当作为人类需要、社会福利的仆人,它始终应当是向前看的。

由于这种司法工具主义的立场,现实主义法官将法律和司法活动看成是实现特定社会公共政策和政治哲学理论、推进社会进步的手段,其必然结果是加大了对社会生活的干预。在这一点上,现实主义所批判的其实不只是形式主义的司法技术,更是向形式主义所主张的政治观点提出挑战。当时美国的现实主义者其实都是罗斯福新政的支持者。他们所倡导的法律制度更倾向于主动干预商业活动,以保障社会弱势群体的利益不受强势群体的侵犯。传统理论主张,市场是一种自我调节的系统,免于政府的干预与控制;公共领域与私人领域是严格分离的。现实主义法学认为,国家与市民社会之间无论在逻辑上还是在经验上都不可能完全地、严格地分离。例如,现实主义法学认为,合同法不是像传统理论所说的那样完全是一种私人的自主选择,在很多情形下,它都是具有公共性的:合同需要由法院来强制执行;在解释合同条款时,司法判决必然融入一般性的习俗;出于对公共价值的尊重,法院可能会拒绝执行特定类型的合同。❸ 总之,社会是发展着的,法律则是促进社会进步的工具。

(三)裁判的社会效果取向

如果将法律事务界定为社会纠纷的解决,那么,法官就不应当只关注规则本身,或者将司法的法律效果与社会效果等同起来,而是既要考察判决的法律效果,也要考察判决的社会效果。卢埃林的观点是:"对规则与结果都必须加以注

---

❶ Karl Llewellyn, The Bramble Bush: on Our Law and its Study, New York, Oceana Publication, 1930.

❷ [美]本杰明·卡多佐:《司法过程的性质》,苏力译,商务印书馆 2000 年版,第 63 页。

❸ Joseph William Singer, Legal Realism Now, 76 Calif. L. Rev. 465(1988), pp. 482-485.

意",且二者之间不能加以混淆。❶ 根据卢埃林的描述,现实主义法学的共同观点是:"坚持对法律的任何部分都用效果来进行评价,同时坚持为查明这些效果而进行的努力是有价值的。"❷他说:"没有效果的'法律'在其意义上接近于零。忽视它的效果就是忽视它的意义。而在不研究作为它的作用对象的情况下,要知道它的效果,这是不可能的。……要了解法律,要了解对于判断或评价法律而言所必需的任何的东西,我们就必须要进入那些在传统上而言(除了在历史法学派之外)被认为是非法律性质的领域。"❸

形式主义法学在判决效果上只强调法律适用的抽象正确性,而不是纠纷解决的具体妥当性。这必然会成为现实主义法学批判的目标。后者认为,由于社会生活中实际存在着的不平等,因而法律以同样的方式对待每一个人的做法其实只会有利于强势群体。例如,如果简单地将工人与雇主之间签订劳动合同的过程视为一种平等主体之间的自由协商,则会无视工人实际上缺乏讨价还价能力的事实。因而,现实主义者主张按照实际的社会效果来评价司法判决的好坏,而不是按照它与先例或抽象规则的契合程度。❹ 对司法判决社会效果的关注合乎逻辑地得出了两个结论:其一,法律应当为社会服务,应当对市场失范行为进行必要的干预,应当为社会上实际存在的弱势群体提供必要的衡平保护,而在司法活动中则应当支持并适用这样的法律,这一立场为当时罗斯福新政通过制定法所推动的经济和社会改革铺平了道路,提供了法律上的支持。其二,既然只有通过分析和评估法律规则的社会后果来理解法律规则本身,那么就必须提供能够客观分析与评估这种社会后果的方法论,因此,借鉴社会科学的研究成果成为其方法论之一。

(四)案件的"情境类型"

由于需要评估判决的社会效果,现实主义法学更愿意撇开规则的高度抽象性,而去关注具体案件的"情境类型"对法官的影响。现实主义学者奥利芬特认

---

❶　Karl Llewellyn, The Bramble Bush: on Our Law and its Study, New York, Oceana Publication, 1930, p. 76.

❷　Karl N. Llewellyn, Some Realism About Realism-Responding to Dean Pound, 44 Harv. L. Rev. 1222, 1931, p. 1237.

❸　Karl N. Llewellyn, Some Realism About Realism-Responding to Dean Pound, 44 Harv. L. Rev. 1222, 1931.

❹　Kenneth J. Vandevelde, Thinking Like a Lawyer: An Introduction to Legal Reasoning, Westview Press, 1996, p. 114.

为,能够引起法庭作出的反应的刺激"是具体案件中的事实,而不是司法意见和学术著作中过于一般的抽象概念"。❶ 这一结论来源于他对具体案件的观察,他发现,同样是在合同中承诺不予竞争的情况,但联邦法院却作出了一系列相互冲突的判例,而且这种冲突不能以合同法的现有规则来加以解释。为什么在这些判例中法庭确认了承诺的效力,而在其他的判例中却又否认了它的效力? 奥利芬特在案件背后的"情境类型"中找到了答案:如果是商业交易的卖方承诺不与买方进行竞争,法庭就会确认其效力;如果是雇佣关系中的雇员承诺不与其雇主竞争,法庭则倾向于否认其效力。实际上,在这里起到决定作用的是得到普遍认可的但又是非正式的"商业规范"。但是,法庭不会明确表明他们实际所依据的是法律之外的商业规范,相反却会声称他们遵循的是合同法的一般规则,而这些规则对解释实际的判决来讲毫无作用。因此,现实主义法学认为,法庭判决实际上是针对特定的情境类型适用在社会占主导地位的、未上升为法律的社会规范。在他们看来,并不存在自足的侵权法,所存在的是针对不同的事实情境类型而设立的一系列法则。例如在现实主义学者所编写的侵权法教科书中,提纲挈领的不是传统的理论范畴,如过失、故意侵权等,而是"情境类型",如外科手术、动物饲养、交通运输等。相应的法律救济并不是通过关于法律救济的一般规则去理解,而是按照这些救济得以产生的损害情境的类型来加以解决。❷ 现实主义法学并不按照法律概念而是按照某种情境来组织判例,而是突破了传统观点中抽象的规则和概念体系,将法律的运作与生活世界紧密相连。总之,在现实主义法学看来,法律规则不是永恒不变的,不能让事实情境的丰富性削足适履以适应僵化的规则,而是增加规则的弹性来容纳事实情境的特殊性,从而使司法能够应对社会的需求。

(五)法官的"立法"权

一旦从工具主义的角度来理解法律和司法活动,就意味着法律不可能成为一成不变的规律。正如波斯纳所作的评论:"法律规则应当从工具主义意义上

---

❶ Herman Oliphant, A Return to Stare Decisis, 14 A. B. A. J. 71, 75 (1928). See, Brian Leiter, Rethinking Legal Realism: Toward a Naturalized Jurisprudence, Texas Law Review, December, 1997, p. 276.

❷ Brian Leiter, Positivism, Formalism, Realism, Columbia Law Review, May, 1999, pp. 1148–1149.

来理解,这意味着可争议性、可修改性和可变化性。"❶卢埃林诠释了法律的变化性:"法律规则不是在其固步自封的封闭空间中发生作用,而是像一个枝条滋长的树干;简而言之,它是一个指导性的准则,而不是一个起始的前提;它不是限制甚至禁止生长的僵硬铁甲,而是一种框架,为生长提供支持和条件,甚至是推进这种生长,在某些特定的细节方面解放这种生长。"❷

　　如果说法律是可修正的,那么谁是修正法律的合法主体呢？一般认为,法律规则的变动只能通过立法上的制定、修改、废止才能进行,与法官的司法活动无关。但是,立法者并不是全能全知的,因此,法律之中会始终存在空白之处,"会有需要填补的空白,也会有需要澄清的疑问和含混,还会有需要淡化——如果不是回避的话——的难点和错误"。❸ 在某些情况下,法官可以借助于立法意图来解决法律解释与适用上的疑难。但是,完全有可能立法机关对某一问题根本没有意图。正如格雷在《法律的性质和渊源》中所说:"之所以出现所谓的解释困难,是在立法机关对之完全没有概念的时候——当时的立法机关从未想到今天会对该制定法提出这个问题;这时,法官必须做的并不是确定当年立法机关心中对某个问题究竟是如何想的,而是要猜测对这个立法机关当年不曾想到的要点——如果曾想到的话——立法机关可能会有什么意图。"❹这就需要更深入地挖掘实在法的深层含义,以填补那或多或少见之于每一个实在法中的空白。

　　因此,司法活动不是简单地机械地适用规则,而是创造性地发展这些规则。用卡多佐的话说:"如果你愿意,也可以称这一过程为立法。"❺如果要承认法律实现社会目的的手段,那么就必须通过司法实践来对法律实现社会目的能否有效地促进社会发展进行评估和校正,法律规则就有可能在法官的限缩解释或扩展解释之中减少或增加含义,甚至可能被赋予新的含义。而当法官为追求社会目的来解释法律规则时,他就必须了解什么时候一种社会利益已超过了另一种社会利益,而这时,他就"必须像立法者那样从经验、研究和反思中获取他的知

---

❶　[美]波斯纳:《法理学问题》,苏力译,中国政法大学出版社 1994 年版,第 38 页。

❷　Karl N. Llewellyn,The Case Law System in America,Edited with an Introduction by Paul Gewirtz,Translated from the German by Michael Ansaldi,Book Excerpt,88 Colum. L. Rev. 989,1988,p.1011.

❸　[美]本杰明·卡多佐:《司法过程的性质》,苏力译,商务印书馆 2000 年版,第 4 页。

❹　参见[美]本杰明·卡多佐:《司法过程的性质》,苏力译,商务印书馆 2000 年版,第 5 页。

❺　[美]本杰明·卡多佐:《司法过程的性质》,苏力译,商务印书馆 2000 年版,第 5 页。

识;简言之,就是从生活本身获取。事实上,这就是立法者的工作和法官的工作相接的触点。方法的选择,价值的评估,最终都必须以类似的、用以支持不同方法和价值的考虑因素作为指南"。❶

不过,法官的这种"立法"是有限度的。卡多佐认为:"实际上,每个法官都在他的能力限度内进行立法。无疑,对法官来说,这些限度都比较局促。他只是在空白处立法,他填补着法律中的空缺地带。"❷这里包含两层含义:首先,法官的创新是"在普通法的空隙界限之内"进行的;其次,这种创新又是具有立法性的:"在这些确定了的界限之内,在选择的活动范围之内,最后的选择原则对法官与对立法者是一样的,这就是适合目的的原则。"❸霍姆斯法官持同样的观点,即法律规则能够在大多数案件中决定判断的结果,但是在少数案件中,法律规则之中存在缝隙,需要法官担当"缝隙立法"(interstitial legislation)的工作。这时,他必定会偏离法律宣告者或法律发现者的传统职责要求,需要像立法者那样进行政策性的考量。为了清晰地说明法官的这一角色,霍姆斯法官在司法意见书中用了一个形象的比喻:"法官确实而且必须要造法,但是他们只能在法律的空隙中进行;他们的行为被限定为一种分子的运动而不是一种摩尔的(molar)运动。"❹立法者的立法是全面性的、整体性的,而司法过程中的法官造法则是空隙性的、部分性的。弗兰克法官处于现实主义法学的激进之翼,他以更为开放的态度来看待法官造法的问题,他认为,法官的个性同样可以为法律适用增加生命力,也能够更好地传达立法者的意图;只有借助个性的力量,法官才能"具有超越字面意义的洞察力",从而更好地理解成文法的精神。❺ 但是,弗兰克法官似乎并不像想象的那样偏激,他同时认为:"法官的创造性应当始终有所约束,但是在合适的约束之内,它是福音而非弊病。"❻

---

❶ [美]本杰明·卡多佐:《司法过程的性质》,苏力译,商务印书馆2000年版,第70页。

❷ [美]本杰明·卡多佐:《司法过程的性质》,苏力译,商务印书馆2000年版,第70页。

❸ [美]本杰明·卡多佐:《司法过程的性质》,苏力译,商务印书馆2000年版,第63页。

❹ Southern Pacific v. Jensen,244 U. S. 205,221(1917)(Holmes,J.,dissenting).

❺ Jerome Frank:Words and Music:Some Remarks on Statutory Interpretation,47 Colum. L. Rev. 1259,1947, p. 1264.

❻ Jerome Frank:Words and Music:Some Remarks on Statutory Interpretation,47 Colum. L. Rev. 1259,1947, p. 1264.

四、司法方法的具体选用

现实主义法学对经典形式主义法学的批判是致命的,因为后者的所有理论都建立在规则能够被机械适用这一前提之上。现实主义法学从根本上动摇了形式主义法学赖以存在的理论基础,这是其破坏性的一面。但是,它也有建设性的一面,即通过对司法过程进行全面和深入的认识,试图为来自社会实践的疑难法律问题提供了较为合理的解决方法。现实主义似乎未能系统地提出一套全新的司法方法论哲学来取代传统理论观点,但是这并不妨碍它在具体司法方法方面进行可圈可点的构建。当然,由于现实主义法学不是一个统一学派,即便是在其阵营内部,观点也并不完全一致。在此,这里我们选取现实主义法学先驱霍姆斯的观点来进行解读。

(一)"经验"概念的方法论展开

在《普通法》一书中,霍姆斯开宗明义地宣称:"法律的生命从来不是逻辑,而是经验。"那么,什么是他所说的"经验"呢? 他解释道:"对时代必然性的感知,流行的道德和政治理论,对公共政策的直觉,甚至法官和他的同行所共有的偏见,这些因素,无论是已被公开宣称出来,还是尚未被人们意识到,它们对人们决定应当如何遵守规则所起的作用都远远大于三段论。"❶在《法律的道路》一文中,他又把经验暗指为一种"未经表述的无意识判断"。❷ 在这里,霍姆斯所谓的经验似乎并不具有十分精确的内涵和外延,显得极为庞杂,甚至有些令人难以捉摸。❸

---

❶ [美]小奥利弗·温德尔·霍姆斯:《普通法》,冉昊、姚中秋译,中国政法大学出版社 2006 年版,第 1 页。

❷ [美]奥利弗·温德尔·霍姆斯:《法律的道路》,张千帆、杨春福、黄斌译,《南京大学法律评论》2000 年秋季号。

❸ 在这一点上,与波斯纳所谓的"实践理性"颇有共通之处,从中也显示出霍姆斯实用主义的理论倾向。在《法理学问题》一书中,波斯纳对实践理性的描述是:"不是一种单一的分析方法,甚至也不是一组有联系的方法。它是一个杂货袋,其中包括轶事、内省、想象、常识、移情、非难动机、说话者的权威性、隐喻、类比、前例、惯例、记忆、'经验'、直觉以及归纳……"见[美]波斯纳:《法理学问题》,苏力译,中国政法大学出版社 1994 年版,第 93 页。

但仔细地揣摩之下,我们可以发现这一霍姆斯经验概念的两个维度:其一是时间维度。法官所必须感知的所谓"时代的必然性",其实是社会历史发展到特定阶段的产物;而法官作为判决依据的所谓"直觉"和"偏见",也不过从历史和传统承继下来的一种特殊的思维模式,在这里,所谓经验表述的是历史发展进程中影响法律目标和价值的各种因素。其二是工具维度。法律既不是玄妙神秘的正义理念,也不是高不可攀的社会理想,而是一种现实的社会事业,是维护、实现或者阻碍某种社会利益的工具;在这个意义上,法律不应当将自己局限于自足的逻辑体系中,而应当关注"道德和政治理论"以及"公共政策",来把握自己的使命所在。在这里,所谓经验表述的则是指向未来的一种公共政策的考量。霍姆斯在另一篇文章中说得更加直接:法律是"对一面是传统,另一面是变化中的社会愿望和需求的一种反应"。❶ 因此,有生命的法律应当能够与时俱进,承继传统,开拓未来。如果我们再把霍姆斯的经验概念放到 19 世纪末 20 世纪初的社会变革以及法学理论发展这一大的背景之下,或许我们还可以体会,它并不是要向人们提供某种可以简单套用的方法,而是要试图带来司法方法论或思维方式上的深刻变革,其目的是要使司法过程由逻辑推理转向社会政策的考量;由机械适用法律教条转向灵活应对社会问题;由法律内部因素的"画地为牢"转向外部社会因素的"统筹兼顾",由追求完美理性的形式正义转向追求实际效用的实践正义。

然而,霍姆斯的经验概念终究不是象牙塔内的玄妙理论,它是一种能够帮助法官妥当处理各种疑难案件的司法理念;在这个意义上,它是具有可操作性的,即能够转化为实践的司法方法。这种方法不同于形式主义法学的逻辑推理,但对于法官理解与适用法律而言却是不可或缺的。概而言之,这种经验的概念可以展开为两种司法方法的运用:

其一是历史的方法。在霍姆斯看来,法律的理性研究很大程度上仍然是历史研究,因为历史可以引导我们对某个法律规则进行深思熟虑,通过对它产生和发展历程的分析发现隐藏在其背后的目标和政策背景,进而考察它对于当下实践的适用性。这一研究乃是对法律规则精确范围的摸索,是对历史经验的回溯与感知。值得注意的是,历史方法的运用是辅助性的,其功能只是怀疑。换用霍

---

❶ Thomas C. Grey, Holmes and Legal Pragmatism, 41 Stanford Law Review 787, 1989, p. 807.

姆斯的隐喻,就是"引龙出洞",即将法律规则背后的目标与政策考量这条"恶龙"引到"光天化日"之下,来判断它的力量尚存几何,进而决定是杀死它,还是驯服它来为我所用。因此,历史研究只是司法推理的第一步,而不能决定判决的结果,更不能导致盲止地服从。霍姆斯说,一项法律规则除了它是在亨利四世时代制定的以外,没有更好的理由,这是令人难以接受的;而如果制定这项规则的理由早已消失,而规则的继续存在只是来自于对过去的盲目模仿,那就更加难以接受了。必须记住的是,对于过去的唯一兴趣是它照耀现代的光芒。❶

其二是目标或政策分析的方法。霍姆斯多次强调,法律应当符合公共福利或者占主导地位的社会需要,在这一点,逻辑不具有决定作用。因此,在司法过程中,法官所关注的重点应当是存在于逻辑形式背后的"一种关于相互冲突着的立法理由的相对价值及重要性的判断",这种判断常常不为人们所意识,但"却是整个过程的根源和神经"。❷ 从本质上说,这种判断的核心是一种关于社会目标与政策的分析。当法官通过历史的方法揭示出法律规则原有的目标和政策基础之后,更重要的工作是要把它与当下的社会需求进行比较和权衡。这是因为社会不是永恒不变的,而在渐进的历史发展过程中,社会目标会模糊不清甚至发生改变,相应地,法律规则也应当进行调适。在这个意义上,社会目标与政策的分析首先表现为传统因素与现实因素的权衡。而另一方面,在现实的语境中,法官又会面临另外一种权衡,即通过司法判决的实际效果,来对适用法律规则所可能赢得的利益和遭受的损失进行比较和权衡。至于比较与权衡的尺度,对作为社会达尔文主义者的霍姆斯来讲并不是个太大的难事,因为"社会领域竞争中生活利益的经验都教会了我们比较利害得失的价值观念";❸与此同时,政治经济学理论也可以提供对立法进行手段—成本分析的重要依据。

由此可见,霍姆斯的经验概念虽然以法官的个人经验为载体,但却不是这种

---

❶ 参见[美]奥利弗·温德尔·霍姆斯:《法律的道路》,张千帆、杨春福、黄斌译,《南京大学法律评论》2000 年秋季号。

❷ [美]奥利弗·温德尔·霍姆斯:《法律的道路》,张千帆、杨春福、黄斌译,《南京大学法律评论》2000年秋季号。

❸ [美]斯蒂文·J.伯顿主编:《法律的道路及其影响——小奥利弗·温德尔·霍姆斯的遗产》,张芝梅、陈绪刚译,北京大学出版社 2005 年版,第 186 页。

个人经验本身。这种经验首先指的是法律的历史经验,因为在霍姆斯看来,法律其实是"对经历诸多世纪以来民族发展历程的一种具体化"。❶ 因此,司法过程历史分析方法的运用,实质乃是法官对这种历史经验的回溯性反思;而霍姆斯所说的法官直觉与偏见所指也绝非任性或恣意,而是法官对历史传统的一种无意识领悟与表达。在历史经验之外,更重要地,霍姆斯经验概念指的是社会现实经验,即法官对于当下的社会发展状况、利益格局和政策导向有一个清晰而深入的省察。正是在这个意义上,霍姆斯经验概念提供了兰德尔法律形式主义所不能包含的关于司法方法论的新视角。其启迪意义在于,法官在司法过程中关注社会现实。法律冲突往往是社会矛盾激化的表现,司法活动对法律冲突的排解不仅要涉及双方当事人的切身利益,而且会对一定的社会秩序和价值观念产生影响。因此,法官在裁判过程中应当将事理、情理、法理有机地结合起来,将其对社会常识、人情世故、事物性质、文化价值的理解融入司法推理过程中,从而产生以实际效果为旨向的判决结果。德国法谚云:"不知鸡蛋市价者,不得为法官",或许可以看做是对霍姆斯经验命题的另一种诠释。

(二)霍姆斯的司法方法组合

随着社会的发展,法律所调整的领域越来越广泛,其体系也越来越细密和精致,但是,法律能不能为所有的案件提供一个确定的判决结果?在实践中人们发现,法官通过援引现行的法律规则和严谨的法律论证似乎并不能应对所有的案件,法律体系在丰富多彩和迅速发展的社会现实面前总是显得不够周严,甚至有些捉襟见肘。这种情况的存在对于司法活动无疑会产生重大的影响,它决定了法官对于司法方法的采用不可能是单一的和机械的。在司法方法的运用上,存在两种极端的倾向:一种是完全严格的逻辑推理方法;另一种是完全依靠个人情绪与偏好的方法。前者可谓机械司法,正是霍姆斯所批判的法律形式主义的典型特征;后者则是任意司法,已然走到法治精神的反面。两者都是应当予以摒弃的。

恰当的司法方法论应当做到:一方面,使法律成为一种值得依赖的预测;另

---

❶ [美]小奥利弗·温德尔·霍姆斯:《普通法》,冉昊、姚中秋译,中国政法大学出版社2006年版,第1页。

一方面,又能够发挥法官的自主性、创造性来拓展法律应对现实需要的弹性空间,通过法官的司法行为来实现法律的治理。霍姆斯以其经验概念为基础,主张采用多元的司法方法组合来达到这一点,他写道:

"对你的主题获得一个开明观点的方法,并不是去阅读别的什么,而是要钻到这个主题本身的最底层。这么做的手段首先是通过法理学的帮助沿着现行的规则体系一直到达最高程度的概括;其次,从历史中发现它如何变成现在这样;最后,尽你所能去考虑这几条规则所寻求实现的目标,这些目标值得期待的理由,为实现这些理由必须放弃什么,以及它们与所付出的代价相比是否值得。"❶

可见,在霍姆斯看来,在司法的工具库里,法官可运用的司法方法不是单一的,而多元的;而且,这种多元的司法方法因其不同的功能还存在着一定的先后次序。1905 年,霍姆斯参与了联邦最高法院对于洛克纳诉纽约州案❷的审理。他在反对意见中所进行的法律推理可以视为这种以经验概念为基础的司法方法论的典型展开。

在反对意见中,霍姆斯没有像多数派意见那样对合同自由或者宪法条款进行概念或逻辑上的推演,而是循着规则的法理脉络,直指多数派意见支持的契约自由背后的自由竞争经济理论。显然,将逻辑推理暂且搁置一边,直接探究规则背后的有意识或无意识的政治、经济或道德的理论,这就是霍姆斯所说的一个"引龙出洞"的过程;而其后的工作就是要判断这条"龙"在当下尚存几分力量,并以此来决定它的命运,而这种力量上的评估与判断必然会涉及在历史分析基础上所进行的反思以及对于现实利益和政策上的权衡。因此,在反对意见中,霍姆斯接着指出,自由竞争理论不过是若干经济理论或原则中的一种,多数意见把由某个特殊经济理论中衍生出来的权利变成了美国公民的一种宪法权利,实际上包含着法官的某种思想或偏见。然而,返观社会现实,如果将合同自由绝对化,就等于把雇主在劳力市场中的不合理竞争优势变成了受联邦宪法保护的权利,把特定经济理论所衍生出来的经济特权普遍化,由于这种经济特权在当时的美国社会并非人人享有,而被少数人所垄断,因此,多数意见会损害到大多数人

---

❶ [美]奥利弗·温德尔·霍姆斯:《法律的道路》,张千帆、杨春福、黄斌译,《南京大学法律评论》2000年秋季号。

❷ Lochner v. New York,198 U. S. 45(1905).具体案情可参见本书第一章相关内容。

的权利。霍姆斯的结论是："本案判决建立在美国社会总体上不可能接受的经济理论的基础之上。"❶在本案中的反对意见被认为是霍姆斯法律思想的典型体现,而其核心正是对于法律目标及其政策基础的关注、权衡与选择。而为了使权衡或判断更加精确,霍姆斯进而倡导法官去了解和掌握政治经济学、统计学等经验科学中的方法,因为经验科学的方法能够帮助我们"考虑和估量立法的目标,实现它们的手段及其成本。我们因而学会了必须放弃其余才能得到所有,也学会了在赢得利益与失去利益之间进行权衡,并且在我们作出选择时知道在做些什么"❷。

在本质上,司法方法是一种技术理性,它的有效运作离不开具有特定素质的司法主体。在这个意义上,霍姆斯关于司法方法论的思想合乎逻辑地包含了他对于司法主体素质能力要求的看法。17世纪的英国法官柯克认为,司法判决的作出所依赖的不是纯粹的自然理性,而是"经过长期的学习和实践才能获得"的"人为理性"。❸ 在这一点上,霍姆斯遵循了前人的思路,即将司法方法论看成是有别于普通人观念的、需要长期职业培训才能获得的专门思维和技能;但同时他又对这种"人为理性"作出了自己的诠释,即适格的法官至少应当具备三种能力:其一,法理分析能力。霍姆斯举例说,一名因为立法中没有直接规定搅乳器就不会处理涉及搅乳器的案件的法官决不是一名合格的法官,真正的法律人应当能够看到"最广泛规则的运用"。❹ 法官只有具备了一定法理分析能力,才能透视规则和概念的表象,发现深层的原理或原则,识别法律预测的真正基础。"理论是法律规范的最重要组成部分,正如建筑师是参与建造房屋的最重要的人一样。"❺其二是历史分析能力。对霍姆斯来说,法律每时每刻都在随着历史而变化,法官只有依靠历史分析能力,才能沿着先例和立法变迁的轨迹,发现在

---

❶ Lochner v. New York, 198 U. S. 45, 75–76(1905).

❷ [美]奥利弗·温德尔·霍姆斯:《法律的道路》,张千帆、杨春福、黄斌译,《南京大学法律评论》2000年秋季号。

❸ [美]考文:《美国宪法的"高级法"背景》,强世功译,生活·读书·新知三联书店1996年版,第35页。

❹ [美]奥利弗·温德尔·霍姆斯:《法律的道路》,张千帆、杨春福、黄斌译,《南京大学法律评论》2000年秋季号。

❺ [美]奥利弗·温德尔·霍姆斯:《法律的道路》,张千帆、杨春福、黄斌译,《南京大学法律评论》2000年秋季号。

其背后所隐藏的冲突与矛盾。同时,由于在渐进的历史发展过程中,社会目标会发生改变,历史分析能力也能够帮助法官提高对社会目标的意识程度,进而对法律规则的适用范围作出必要的调适。其三,政策分析能力。政策分析能力能够帮助法官将立法或判例之中的社会目标和政策预期发掘和表述出来,并准确地把握不同利益要求之间的平衡点,进而找到司法判决的适当基础。不过,对于这种政策分析能力的获得与运用,霍姆斯有着自己的界定。首先,政策分析能力不是要使法官成为某个政党或利益集团的直接代言人,而要将司法判决建立在实证科学的客观基础之上,正是在这个意义上,霍姆斯说:"对于法律的理性研究,懂得法条的人可能掌握着现在,但是掌握未来的人是熟练掌握统计学和经济学的人。"❶其次,政策分析能力在某种程度上意味着法官站在立法者的角度上考虑问题,虽然这属于一种较高层级的司法技能,但是,基于司法的固有职能,对于运用这种能力来推翻既有规则的做法却应当作出必要的限定,在大多数案件中,法官应当寻找合适的规则来演绎地加以适用,换言之,法官最多只能成为"空隙立法者"。❷ 值得指出的是,在政策分析能力方面,霍姆斯也暴露了其局限性,即他未能具体而切实地为政策分析过程建构出客观依据或操作规程。这一点也为后世法学理论的发展存留了空间。如现实主义法学关于将社会科学方法引入司法过程的主张、经济分析法学关于以经济效率概念来引导政策分析的观点,显然都是立足于霍姆斯理论的进一步发展。

　　总之,司法方法的多元配置因应了法律与社会之间恒久不断的矛盾与互动,同时也对司法主体的素质构建提出了较高的要求。禀具这一素质,法官不仅可以娴熟的技巧妥当地解决案件,而且能够透析法的精髓,阐释法的真意。

---

❶ [美]奥利弗·温德尔·霍姆斯:《法律的道路》,张千帆、杨春福、黄斌译,《南京大学法律评论》2000年秋季号。

❷ Southern Pacific Co. v. Jensen,244 U. S. 205,221(1917).

第三章　法律过程理论的司法方法论

流 派 简 述

法律过程理论(Legal Process Theory)兴起于20世纪40年代,自第二次世界大战以后至20世纪60年代后期在美国法学界占据主导地位。一些学者认为法律过程理论基本上不能算是一个独立的流派,毋宁说只是关于法律的一种态度;而它的倡导者们似乎也无意于进行流派的构建,但是,这一理论对于司法过程的认识提供了一种颇为独特的视角。其主要的先驱人物有曾任哈佛大学法学院院长的詹姆斯·兰第斯、美国联邦最高法院大法官菲利克斯·法兰克福特等,其主要代表人物是哈佛法学院的两位学者亨利·哈特和阿尔伯特·萨克斯,他们在题为《法律过程:制定和适用法律的基本问题》的书稿中对法律过程理论进行了系统的阐述,使之从20世纪50年代至70年代之间在公法领域成为一种占据主导地位的学说,深刻地影响了美国法官司法判决的风格与过程。由于它对美国司法理论的重要影响,本章将其单列出来加以探讨。

一、走出“法律神话”之后的困境

在美国司法哲学的发展历程中,现实主义法学的重要贡献在于还原了法律与司法过程的真相,揭示并破除了传统法学理论中的“神话”成分,法律走下了人造的“神坛”,成为人类社会追求自我发展的工具。对于现实主义法学来说,传统法学留下的“法律神话”主要包括两个方面:

(一)自然法学的“超验神话”

在英国普通法上,布莱克斯通的自然法理论占据过主导地位,美国独立革命时期,自然法学是一种主流的法学理论。它对美国的司法实践产生过深远的影响。基于这种理论,人们相信,正义感与生俱来,对错是非的判断是人类知性的必然组成部分,于是,人们也就拥有了一种关于自然权利的感觉、理解和信仰。正如汉密尔顿所说的:"神圣的人类权利无需从古老的羊皮纸和尘封的历史记录中去搜寻。它们经由神性本体之手,借助太阳的光辉,在人性的卷册上写就;世间的权力永远不能抹去和遮掩它们。"❶美国的国父们信奉的是洛克的自然法学理论。布莱克斯通声称,人定法应当符合自然法,自然法来源于上帝的律令,"效力及于全球各国,延续千秋万载;凡人类法律若与之相背,辄失去任何效力"。❷ 在这种理论之中,真正的法律被看成是十全十美、普世适用、永恒不变的绝对信条。法官只能发现和适用法律,而不是制定法律。司法权威来自于神的权威,建立在对法律严格适用的基础之上。法官没有改变这种法律的权力,而只能作为一名忠实的适用者。法官的角色就是一名"绝对命令的宣谕者",无丝毫能动性可言。

对现实主义者而言,布莱克斯通的理论不过是一种"超验废话"(Transcendental Nonsense)。❸ 他们认为,法律不是一种来自天国的理想实体,而是一种人造物。法律也不是永恒不变和没有缺陷的完美体系。司法活动完全有可能对相同法律问题进行了不同的处理,这正说明了完美法律体系的虚妄性。现实主义的目的就是要祛除传统观点笼罩在法律身上的神性光环,还原其本来面目。将法官作为神的宣谕者,不仅不符合实证研究与常识,也不能解释司法活动中出现的一些现象。

(二)形式主义法学的"逻辑神话"

以兰德尔为代表的形式主义法学虽然不再将法律看成来自神性血统的绝对命令,但是,他们将法律看成自然规律,而将法官适用法律的活动看成一种绝对客观的科学认识活动。正如吉尔摩所指出的,兰德尔主义(Langdellianism)是建

---

❶ See, Wilson Huhn, The Use and Limits of Syllogistic Reasoning in Briefing cases, 42 *Santa Clara L. Rev.* 813, 2002, p. 820.

❷ Sir WM. Blackstone, Commentaries on the Law of England, Book I, Portland: Thomas B. Wait, & Co., 1807, p. 41.

❸ Felix Cohen, Transcendental Nonsense and the Functional Approach, 35 Colum. L. Rev 809, 1935, p. 811.

立在以下假设基础上的理论体系：法律是封闭的、逻辑的系统；法官从不制定法律，他们只是宣告法律；司法的职能不在于根据变化了的环境对法律规则作出调适，而在于发现真正的法律规则；这些规则就像柏拉图理想一样，不仅早就存在，而且永恒不变；法官通过探究真正的法律规则，可以揭示过去的错误并加以纠正；但是法律的真理一旦获得，就成为一种永恒的存在。❶ 作为法律的科学家，法官的法律实践与科学家的科学实践并无本质区别。科学家的职责是发现自然规律，而法官则应该成为法律的"宣谕者"；正如科学家不能创设规律一样，他也不能制定法律；由于法律上的真理与科学规律一样属于一种永恒的存在，因此，法官在行使其司法职能时不能根据变化了的环境对法律规则作出任何的调适；但是法官可以根据真正的法律规则，来纠正过去的错误，推翻那些因为误读法律意旨而导致的先例。

无论是自然法学的"超验神话"还是形式主义法学的"逻辑神话"，其所欲展示的是法律与司法的确定性。在现实主义看来，法律的确定性被称为一种"基本法律神话"。为了彻底破除这一神话，现实主义的代表人物弗兰克法官立足于心理学分析认为，产生这一神话的原因乃是儿童恋父情结的残余，儿童通过对父亲的信任与依赖来满足对安宁、舒适的渴望；而当儿童长大成人以后，则用法律来作为"父亲"的代用品来摆脱现实的不确定性和混乱，来获得一种秩序感。由此形成了这样一种基本的法律神话。❷ 这正是现实主义所要破除的。

在打破了这种法律神话之后，现实主义法学进行了理论上的建构。他们继承了兰德尔关于"法律是一门科学"的观点，但是，他们并不像兰德尔那样认为，法律是一种与自然科学相类似的学科，而是将其定位于一种政策科学。就其本质而言，法律是特定社会政策的衍生物与诠释者，是推行特定社会政策的工具。由此确立了法律工具主义与司法工具主义的立场。依此立场，法官不是绝对命令与科学规律的消极发现者与代言人，而是社会生活及其发展的积极参与者和推动者，他们不可能超越于芸芸众生的百姓生活，而是置身其间，成为解决社会纠纷、维护社会福利、分配社会利益的"社会工程师"，他们是社会蓝图的设计

---

❶ G. Gilmore, The Age of American Law 62 (1977). See, Marcia Speziale, Langdell's Concept of Law as Science: The Beginning of Anti-Formalism in American Theory, 5 Vt. L. Rev. 1, 1980, p. 1.

❷ Jerome Frank, Law and the Modern Mind, Peter Smith, 1970.

者,是社会政策的决定者。

尽管说现实主义法学成功地打破了传统法学所欲树立的"法律神话",在理论建构上也并非一事无成。只是遗憾的是,现实主义法学本身也带来了许多悬而未决的问题,随着时间的推移,这些问题在新的社会背景之下变得更加尖锐,也更加迫切地需要解决。这些问题包括:

第一,价值相对主义带来的认识论危机现实主义对传统观点的批判表明,价值也不存在于某种预先存在的自然秩序之中,也不能出自抽象推理。但是,它必须回答的问题是:关于价值的知识来自何方? 有没有客观的基础? 现实主义以经验主义哲学为基础,将经验研究方法看成是获得基础性知识的唯一途径。这对于物理世界的知识而言没有问题,但却难以适用于道德价值。因为,"伦理价值显然不能从经验证据中发现,也不能被清楚地基于经验证据。"因此"很难证明一套道德价值或文化信条要优于其他的道德价值或文化信条"。[1] 由此看来,价值问题只是相对的。现实主义打破了价值确定性的神话,但不可避免地也带来了认识上的迷惑。

第二,法官能动主义带来的机构职能错位现实主义认为,司法活动不是简单地机械地适用规则,而是创造性地发展这些规则,即根据法律对于社会目的的促进程度来修正规则的含义。法律是一门政策科学,法官是社会政策的制定者。然而,这不可避免地带来了新的问题:在国家权力体系中,哪一个机构是选择和制定社会政策的最合适主体? 在社会政策的制定、实施和执行过程中,立法、司法、行政这三大机构应当具有什么样的专业分工? 其行使职能的界限何在? 对于法官在司法过程中有多大的"立法权",现实主义法学家之间的看法并不统一。激进派认为,法官是真正意义上的立法者;温和派认为,法官的"立法权"是有限度的,但是,却很少有人能够明确地指出这种限度何在。其结果必然导致国家权力机构的职能不清,进而损害了司法机关与立法机关之间的传统结构关系,即立法机关按照民意将特定的社会政策上升为法律,法官则以法律为依据解决具体案件。

第三,法律工具主义带来的合法性危机现实主义法学将法律和司法看成是

---

[1]　[美]斯蒂芬·M.菲尔德曼:《从前现代主义到后现代主义的美国法律思想——一次思想航行》,李国庆译,中国政法大学出版社2005年版,第212页。

推行特定社会政策的工具,而且,作为实证主义的一种表现形式,它主张在法学理论中严格区分法律与道德,但这些在当时的政治现实中遇到了挑战。20世纪30年代,德国纳粹主义颇为猖獗,而它所奉行的也是一种纯粹的法律工具主义路线。由此产生的问题是:美国式的法律工具主义与德国纳粹式的法律工具主义有何本质区别? 同时,既然法律与道德是分离的,而道德又是相对的,那么,如何将美国式的民主制度与德国的纳粹主义区分开来? 为什么说前者在其道德性上要优于后者?❶ 这些问题预示着,单凭法律工具主义不能解决法律和司法的合法性问题。

第四,司法个别主义带来的法治信任危机现实主义法学试图还原司法过程的真实状况,他们认为,法官不像形式主义法学所描述的那样是一个无情无欲的法律宣谕者,而是一个有血有肉的、有自己独特个性的人。❷ 对具体案件而言,无论是事实还是法律,都不是固定不变的,它需要法官的解释才能对当前案件发挥作用。因此,在实际的司法过程中,必然会存在不同的法官审理相同的案件出现不同的判决结果这样的情况。这种描述在一定程度上反映了司法活动中的实际状况,但是,这种司法哲学不恰当地将法官提高到了“哲学王”的高度,相信他们能够明智地解决管辖范围内的所有问题。这种关于法官能力和角色的观念其实同样是不切实际的。与此同时,现实主义存在着一种倾向,即过分强调法官的主观性、能动性,夸大法官个人价值的作用,这容易沦为法律虚无主义。如果将一项不具备社会基础的个人价值强加给社会,这显然是一种专制主义的方式。卢埃林在成书于1960年的《普通法传统》中也体察到人们的这种担心,即“真正对案件起决定作用的是法律本身还是法庭或是法官?”“政府是法治的政府还是人治之政府?”❸这些问题的提出代表了人们对于法治的一种信任危机,也是任何一种法治理论都必须认真对待的挑战。

综上,正如菲尔德曼所观察到的:在第二次世界大战以后,“法律基础主义显得濒临灭绝了:法治以及司法判决的客观性都受到了智识的围攻。现实主义

---

❶ 参见[美]斯蒂芬·M.菲尔德曼:《从前现代主义到后现代主义的美国法律思想——一次思想航行》,李国庆译,中国政法大学出版社2005年版,第212页。

❷ Jerome Frank, Are Judges Human? 80 U. Pa. L. Rev. 17, (1931), p. 47.

❸ [美]卡尔·N.卢埃林:《普通法传统》,陈绪刚、史大晓、仝宗锦译,中国政法大学出版社2002年版,第10页。

者已经不可救药地质疑了兰德尔主义的抽象理性主义,而现在现实主义者自身的经验主义也受到了类似的贬损"。而且,这导致法律界产生一种"智识危机"和"迫在眉睫的绝望"。❶ 可见,在走出"法律神话"之后,人们发现法律思想的发展陷于新的困境,需要一种法学理论来作出切实的回应。

二、社会政策的"推理阐释"

在第二次世界大战以后,美国法学界不得不面临的问题是:如何在传统法学观点被颠覆之后重新树立起关于法律和法治的信念? 如何建构起更具解释性和包容性的法学理论,以应对政治现实出现的新情况? 只有回答了这些问题,才能引领法律走出困境。有不少法律家和学者致力于这一工作,也取得了相应的成就,产生了一些重要的法学流派或学派。其中,法律过程理论是佼佼者。

法律过程理论兴起之时,传统的法律形式主义在现实主义法学的猛攻之下已日渐式微。在批判法律形式主义及其司法方法论方面,法律过程理论与现实主义法学可谓志同道合;二者对于法律的基本看法也多有相似之处。比如,它们都主张法律不是永恒不变的、僵化的教条,而是动态发展的、体现社会目标的制度;都提倡以社会政策为基点来解决实体法律问题,推进社会福利。但是,法律过程理论与现实主义法学又存在着明显的区别,那就是:当现实主义法学把法律完全归结为政治,并欲以彻底摧毁法律的中立性与合法性时,法律过程理论却独辟蹊径,试图从法律所赖以存在的过程和制度之中为法律的合法性与客观性找寻一个稳固的庇护所。

(一)法律的目的性与法律的新要素

哈特和萨克斯论证的出发点是社会生活中"人与人之间相互依赖的事实以及由此而产生的社会共同利益"。在这一认知基础上,"人们为了保护和推进其共同利益而组织起来"。❷ 为了行使其职能,国家有义务"建立、维持和完善社会

---

❶ [美]斯蒂芬·M.菲尔德曼:《从前现代主义到后现代主义的美国法律思想——一次思想航行》,李国庆译,中国政法大学出版社 2005 年版,第 226 页。

❷ Henry M. Hart, Jr. & Albert M. Sacks, The Legal Process: Basic Problems in the Making and Application of Law(tentative ed. 1958), p. 2.

生活的必要条件"。❶ 国家正是一种保障这种共同利益的"有目的"的组织。在此基础上,法律过程理论进而认为,法律与社会共同目标是紧密地联系在一起的。法律是"一种有目的的活动,一种为了解决社会生存基本问题所作的持续努力"。❷ 换言之,法律就是对公共政策的阐释与执行。因此,在哈特和萨克斯看来,法律的合法性基础并不是抽象的社会契约原则,而是它的目的性,因此,"每一项制定法都必须毫不怀疑地认定为一个有目的的法律,那种认为制定法不具有可理解的目的的观念与法律的观念水火不容,也是不可接受的。"❸

强调法律和司法的目的性,这是法律过程理论对现实主义法学和社会法学的一种继承。不同的是,哈特和萨克斯以更加旗帜鲜明的态度将法律目的本身纳入法律体系之内,从而推动了法律要素理论的发展。英美法上最早提出系统法律要素理论的是 19 世纪英国学者奥斯丁,用"主权者命令"来解析法律。形式主义法学则主要将规则视为法律的基本要素。在法律过程理论之前,律师、法官与学者也经常会使用"原则"(principle)一词,但其含义并不清晰,经常很随意地与"规则"混用,几乎可以用来指代任何一种规范性的法律命题。因此,传统的法律要素理论是单一的、笼统的,不能为描述司法过程提供清晰的指导。

在哈特和萨克斯看来,法律是一种一般性指令的组合(general directive arrangements)。这种一般性指令组合并不是由单一的规则来构成,而是可以划分为两个层次的四种要素:规则、标准、政策、原则。在哈特和萨克斯看来,法律是一个整体性的体系,各种要素在其中各展其能,各得其所。规则、标准与原则、政策本是处在不同层次上的要素。"在第一个规则与标准的背后……至少会存在着一项政策,在大多数情况下也会有一个原则。在解决规则或标准含义的不确定性方面,原则或政策总是会有助于引导判断。"❹

在这里,与法律目的直接产生关联的是他们所谓的政策和原则要素。政策

---

❶ Henry M. Hart, Jr. & Albert M. Sacks, The Legal Process: Basic Problems in the Making and Application of Law(tentative ed. 1958), p. 110.

❷ Henry M. Hart, Jr. & Albert M. Sacks, The Legal Process: Basic Problems in the Making and Application of Law(tentative ed. 1958), p. 166.

❸ H. Hart & A. Sacks, The Legal Process: Basic Problems in the Making and Application of Law(Tentative edition,1958), p. 1156.

❹ H. Hart & A. Sacks, The Legal Process: Basic Problems in the Making and Application of Law(Tentative edition,1958), pp. 166-167.

是关于目标的直接陈述。法律中政策要素的例子包括：充分就业、保护自然资源等。原则与政策既有共同点，也有不同点。哈特和萨克斯说："原则往往也被描述为想要达到的结果，但是，它的区别点在于它主张结果应当得到实现，而且这一结果之中包含了——不管是明确地表达出来还是作为参照——已被充分理解了的思想体系，为什么这种结果应当达到的一种理由陈述。"❶原则的例子如协议应当信守，任何人不得从不法行为中获益等。

可见，原则与政策之中包含着使法律规则与标准得以正当化的各种目的与价值，它们构成了理解规则或标准的基本背景。如果说一项规则或标准能够很好地服务于特定法律领域内的相关原则或政策，并且不至于损害其他的价值，那么，这项规则或标准就是正当的，法庭就应当适用它。❷相反，如果在特定的案件中，规则或标准的适用可能损害了它所要保障的价值，那么，法庭就应当区分这种规则，限制它的适用，在特殊的条件下，废止这项规则。因此，对于法律工作者而言，不仅需要关于规则与标准方面的知识与技能，而且需要了解和把握这些规则或标准背后的原则和政策，从而使规则的运用更能体现法律的真义，也使法律制度的运作变得更加协调。

（二）"推理阐释"原则

在哈特和萨克斯看来，法庭的基本职能是尽其所能地依法办事。由于原则与政策也是法律的基本要素，因此"依法办事"的含义中也包括了依据有关的原则和政策来作出有效的判决。依据原则或政策所作出的判决同样是有效的。法律的要素并不是孤立的，它们彼此联系，构成法律体系之整体。无论何种法律要素，都必须将其放在整体的法律体系中，才能对其含义作出合理的解读。尽管任何一个具体案件所使用的仅仅是特定的裁判规范，但是，其背后均牵扯到同种法律要素之间、不同法律要素之间复杂的关系。这显然不是一个机械的法律适用过程。因此，哈特和萨克斯认为，法官在司法活动中的判断行为必然是创造性的，也是一种需要智慧和特殊技能的过程。仅仅靠遵从立法机关的决定是无法

---

❶ H. Hart & A. Sacks, The Legal Process: Basic Problems in the Making and Application of Law(Tentative edition,1958), p. 159.

❷ See, H. Hart & A. Sacks, The Legal Process: Basic Problems in the Making and Application of Law(Tentative edition,1958), p. 166.

使其司法职能得到充分发挥的。❶

由此,哈特和萨克斯通过政策与原则这两个法律要素将法律目的直接带到司法过程之中。他们主张,法律要实现其目的,仅靠立法活动是不够的,还需要法官在法律目的的指导之下的法律适用活动。在这一点上,法律过程理论与现实主义法学存在着共通之处。但是,现实主义法学的法律目的理论过于宽泛,故而很难有效约束法官司法的主观随意性,因此,法律过程理论则试图以更加精致的理论建构来克服现实主义法学的缺陷。为了约束法官的司法裁量行为,法律过程理论提出了"推理阐释"(Reasoned Elaboration,直译为"理由充分的详细阐述")原则。

"推理阐释"原则在法官适用一般规则,解释判决理由时发挥作用。在某些特殊情形下,规则并不能清晰地指引官员或公民的行为,但这绝不意味着法官可以按照自己的政治价值观来解释含糊不清的规则语言。相反,法官对某种制度安排的解释不仅应当与已经作出的其他对该制度安排的适用相一致,而且应当与它所表达的原则或政策相一致。根据哈特和萨克斯的描述,理性的法律适用过程应当是:首先应确认成文法或普通法规则的目的,以及它所体现的政策或原则,然后推理出与这些政策或原则最相契合的结论。如果规则背后的政策不够明确,则法官应当"按照与法律最基本的原则和政策达到最佳协调的方式来解释它"。❷ 简言之,推理阐释原则要求法官必须对包括法律规则背后的公共政策在内的判决依据加以充分解释,这种解释必须为当前判决提供足够的论证。诉诸公共政策来进行司法使法律过程理论与强调只能从既有规则进行演绎的法律形式主义区别开来。但是,另一方面,法律过程理论也强调了法律规则与司法意见的重要性,要求司法判决能够与先例或者制定法中的其他法律规则相协调,做到"类似案件类似处理"。同时,理性的推演与阐释也可以极大地限制法官的自由裁量权,通过推理来展示司法决定过程的合法性,这又使法律过程理论与现实主义法学区别开来。值得指出的是,法律过程理论所提出的"推理阐释"原则必须建立在合意主义或共识主义的哲学基础之上,因为只有在整个社会的价值取向上具有共通性,法庭才能获得较为清晰的指引。

---

❶ See, Vincent A. Wellman, Dworkin and the Legal Process Tradition: The Legacy of Hart & Sacks, 29 Ariz. L. Rev. 413, 1987, p. 430.

❷ H. Hart & A. Sacks, The Legal Process: Basic Problems in the Making and Application of Law (Tentative edition, 1958), p. 165.

不过,将法律界定为一种目的性的行为并不意味着许可法官随意解释法律的目的,也没有赋予法官制定政策或目的的权力。虽然法律过程理论在一定范围内许可法官拥有一定的推翻先例的权力,但是,先例的推翻必须建立在既有的制度安排和社会价值的基础上,这意味着,法律过程理论所认同的是对既有政策的发现和现行政策的确认,而不是完全意义上的政策制定。

(三)成文法的目的解释

"推理阐释"原则所强调的是从理性的角度来理解司法过程,这一点极大地影响了法律过程理论关于成文法解释的观点。法律过程理论是围绕成文法的目的来建构其解释方法的。

在英美法上,法律的目的解释可溯源至1584年英国海登案所确立的"弊端规则"(Mischief Rule)。根据弊端规则,法院在解释成文法时,应首先了解相关规定制定之前的法律状况及其弊端,明白这一规定所针对的弊端和问题,而对成文法的解释则需要着眼于这些弊端的消除和相关问题的解决。在海登案中,英国最高法院的大法官们指出,对所有法案的解释,应考虑以下四个问题:"第一,在制定该法案以前的普通法是什么? 第二,普通法所不曾规定的弊端和缺点是什么? 第三,国会已决定并命令以什么措施来消弭此种弊端? 第四,这种措施的真正理由。据此,法官作出有助于消除该弊端的解释。"而现实主义法学也大都以目的解释作为成文法解释的主要方法。

法律过程理论继承了英国法上的弊端规则及现实主义法学的观点,进一步完善和发展了成文法的目的解释方法,试图兼顾依法办事与适当衡平,使法律的解释既能富于活力,以适应社会的变化与需要,又能具有合法性,不违法治的宗旨。目的解释方法的功能之一就在于增加了司法的灵活性,也使司法活动更加有效地应对司法实践中出现的一些特殊案件。在哈特和萨克斯看来,尽管立法、司法、行政机构各自拥有特定的分工权限,但是它们追求共同的目的,都必须推进社会公德。一项成文规则产生了荒谬的结果,是因为立法活动出现了缺陷,而这时法官有责任也有资格以社会的名义撤销这项规则,法官在此情况下跨入了立法领域,诉诸公共善德来解决案件。哈特和萨克斯以里格斯诉帕尔玛案❶为

---

❶ Riggs v. Palmer,115 N. Y. 506,22 N. E. 188(1889).

例来进行说明。在该案中,法庭没有严格遵照成文规则的明确意义,而是依据社会公德撤销了遗嘱,如果不这么做,将会鼓励有意或无意剥夺他人生命情况的发生。这个案件的判决依据的是社会公众广泛认同的价值。

可见,哈特和萨克斯不是以消极、机械的眼光来看待法官的角色,而是主张赋予其一定的能动性。但是,他们并不赞同某些现实主义法学家(如弗兰克)将司法判决归因为法官个性的观点,而是试图在司法过程中确立一种客观的制约机制。对于成文法解释而言,目的解释带来了灵活性,但是如何赋予其客观性呢? 这是法律过程理论的一个重要问题,涉及成文法目的的确定。哈特和萨克斯说:"对于成文法中正式颁布出来的关于目的的陈述,如果它看起来是旨在用作解释的指导,与成文法的词语和上下文一致,并且与争论中的问题具有相关性,那么,法庭就应当接受它。"❶在他们看来,所谓成文法目的,就是在作出司法判决时,与相关法律规则相一致的,并能够赋予特定成文法规定的最好论证。这样的目的应当符合三个方面的要求:

一是成文法目的的语言性。既然立法机关是使用语言来制定法律,那么,成文法的目的应当体现于法律文本之中,是文本语言所能够负载的目的。❷ 如果法庭所确定的某种目的超出了法律语言所能承载的限度,那么,这一目的就是不合适的。对于在成文法中明确表述出来的目的,法官则更应当加以尊重。在这里,法律文本语言对法官司法构成了制约,关于目的的判断不致成为法官的个人价值判断。

二是成文法目的的协调性。成文法目的是整体法律的一部分,因此,法官在进行目的解释时应尽可能使该目的与法律的其他规定相互协调。哈特和萨克斯特别提到,有时在成文法中会有一个序言,其中所表述的目的可能不为某些法官所重视,但是其实它也是法律的必要组成部分,在对成文法进行解释时应当加以考虑。不过,这种目的并不是决定性的,因为随着时间的推移,立法机关的原初目可能会过时。同时,确定成文法目的的还应当考虑在作出司法判决时构成法律规则基础的原则与政策,仅仅从个人价值出发是不符合要求的。

---

❶ H. Hart & A. Sacks, The Legal Process: Basic Problems in the Making and Application of Law (Tentative edition, 1958), p. 253.

❷ See, H. Hart & A. Sacks, The Legal Process: Basic Problems in the Making and Application of Law (Tentative edition, 1958), p. 1412.

三是成文法目的的客观性。成文法的目的不是一个心理学概念,应当将它与立法意图区分开来。法律过程理论的先驱人物法兰克福特法官就主张法官在解释成文规则时应当避免使用立法意图,因为立法意图是"主观的"。他说:"我们无法探知立法者或起草人或立法委员会成员的思想。"❶与法兰克福特不同的是,哈特和萨克斯认为法官解释法律时可以去探知立法意图,但是,立法意图必须接受"目的性行为指令"(purposive action directive)的检验。哈特和萨克斯认为,成文法目的虽然体现于成文法的语言之中,但却不是在司法判决之前就预先存在的东西,它由法官来确定,是立足于当前语境的推论,而不是某种探本究源的考古学发现。

关于成文法目的的理性化特征。成文法尽管是由某个具体的立法机关制定的,立法会议及其参与者对该法律的制定或颁行会有一些实际的意图,但是,在法律过程理论看来,成文法目的并不取决于某个具体立法会议的实际意图,而是来源于一种"理性立法者"的基本假设(reasonable legislature hypothesis)。哈特和萨克斯说:"成文法应当总是被推定为以理性的方式追求理性目的的理性人的作品。"❷因此,法官在确定成文法目的时,应当把自己放在这种假定的立法机关的位置,问一问自己:作为一个理性的立法者,在遇到当前的问题时,会如何来理解法律? 在这里,法律过程理论试图通过赋予成文法目的以更多的理性化特征,以消除法律解释中的主观成分,从而使成文法解释建立在一定的客观基础之上。

霍姆斯法官和卡多佐法官将司法判决视为间隙性立法(interstitial legislation);而哈奇森法官和弗兰克法官将司法过程的依据看成是法官从司法实践和习俗中潜移默化获得的一种解决纠纷的直觉。法律过程理论则强调,司法判决与政治决定是可以被区别开来的。把两者区分开来的是这样一个过程,即由经过司法技能训练的、能够抵制政治性派别偏见的法官对法律体系中多样而灵活的规范进行清晰的推理阐释。❸ 这一司法决定的过程尽管在性质上并不具有纯粹的逻辑性,它以清晰的法律论证为基础,因此能够对法官提供足够的约

---

❶ Felix Frankfurter, Some Reflections on the Reading of Statutes, 47 Columbia L Rew 527, 1947, p. 539.

❷ H. Hart & A. Sacks, The Legal Process: Basic Problems in the Making and Application of Law (Tentative edition, 1958), p. 1157.

❸ See, Thomas C. Grey, Modern American Legal Thought, 106 Yale L. J. 493, 1996, p. 503.

束,也使这个司法决定能够经受住各种以理性为基础的批评。

三、"制度解决"与司法职能的定位

法律过程理论接受了现实主义法学关于法律是一门政策科学的观点,同时也有限度地承认法官是社会政策的制定者,不过,它考虑得更多的却是如何对法官制定政策的行为进行限制的问题。仅有"推理阐释"原则的约束是远远不够的,只有将法官司法行为放在国家权力的整体结构来加以考察,厘清立法、司法、行政这三大机构之间职能分工及相互关系,才能为司法活动提供有效的约束。

(一)司法是一种制度行为

法官司法不是一种孤立的纠纷解决,它同时也是一种制度行为,它牵涉到司法机关在整个国家权力体系中的定位,以及司法职能与立法职能、行政职能之间的界分与关联。在制定和实施社会政策的过程中,立法、司法、行政这三大机构是行使完全相同的职能,还是各有分工? 换言之,法官在司法过程中究竟应当赋予多大的"立法权"? 他对于立法机关、行政机关制定的成文法规应当采取什么态度? 由于在英美法国家,司法机关一般被作为公民私人权利的守望者,因此,理解它的职能所在,就不能不把它放在市民社会与政治国家之间相互作用的宏大背景之下。换言之,司法职能的定位其实是与"私法"、"公法"领域的划分有着很大的关联。

法律形式主义主张,"私有"领域高于"公有"领域,"私人"财产权是他们构建法律体系的出发点,合同、遗嘱、婚约、租约,这些通过合意而形成的制度安排则是财产关系发生改变的方式。只要"私有"领域的当事人没有实施某些不负责任的行为(如过失、违约、犯罪等),法律就不会主动介入其中。法律形式主义之所以强调"私有"领域的优先性,其基本理由在于私人之间的相互作用和行为乃是配置资源的最佳方式;其目的在于维护自由市场机制的纯洁性。因而司法权的作用仅在于为各种合意性制度安排提供最后的执行机制,同时杜绝各种社会组织如工会、托拉斯、政府等对合意性制度安排的干涉。作为自由市场的产物,法律是一种中立而客观的规则体系,正因为如此,法律形式主义反对隶属于

公法领域的行政法规主动地对市场中出现的问题进行干预。❶

　　在这种理念的指导之下,法院既表现出消极主义的一面,也表现出积极主义的一面。前者是指它往往对公民的私法权利采取固守的态度,强调对这些权利进行严格而机械的适用,于是,逻辑推导就是最重要的因素;后者则是指它对于立法机关与行政机关所制定的成文法规采取严格审查的态度,即使是加以适用,也会以"不得贬损普通法"为由而对改革性立法作狭义的解释,而在许多情况下,法院甚至会以对私人权利加以不当干预为由而撤销国会立法或行政法规。这正是新政时期美国国会与联邦法院之间冲突的根源。这一时期的法官不得不同时面对两套在价值取向上存在明显差异的法律,一套是传统的普通法,以保障自由市场和个人权利为旨向,以维护现状为特色;另一套是改革性的国会立法和行政法规,以强化政府干预和社会公共利益为旨向,以推动变革为特色。因此,如果不能认识到法官司法是一种制度行为,不能将法官司法行为放在整个国家权力体系来加以考察,就无法摆正司法职能的位置,来应对社会发展的需求。

　　在《法律过程》一书中,哈特和萨克斯指出,审判只是法律过程中制度行为之一种形式,对于社会冲突而言,有时立法机关、行政机关、仲裁者甚至普通公民都有可能处于更加有利和合适的地位,因此,法院在解决纠纷时,应当问一问:"在避免将来类似纠纷再度发生方面,哪一种制度性安排能够做得更好?"❷法律过程理论所要回答的正是这样一个问题。

(二)制度解决(Institutional Settlement)原则

　　早在20世纪初期,霍姆斯法官和布兰代斯法官就指出,与法庭相比,立法机关在进行社会政策的选择与制定方面是更合适的机构。❸ 然而在现实主义法学中,司法职能与立法职能在很大程度上被混淆了。针对这一问题,法律过程理论的先驱人物法兰克福特提出了机构权限(Institutional Competence)的概念。他认

---

❶ Roy L. Brooks, Structures of Judicial Decision-making from Legal Formalism to Critical Theory, Carolina Academic Press, 2002.

❷ H. Hart & A. Sacks, The Legal Process: Basic Problems in the Making and Application of Law(Tentative edition, 1958), p. 16.

❸ See, International News Serv. v. Associated Press, 248 U. S. 215, 262-63(1918)(Brandeis, J., dissenting); Lochner v. New York, 198 U. S. 45, 75-76(1905)(Holmes, J., dissenting).

为,政府在追求公共利益的过程中,它的每个分支都具有自身独特的能力或专长;一个好的政府并不只在于制定出好的政策,同时也要确定何种机构有权作出何种决定,以及不同的机构之间如何进行有效的分工与合作。❶ 政府的不同分支只有忠实于各自的职能与角色,权力才能得到恰当的行使。

在《法律过程》一书中,哈特和萨克斯详细阐述了制度解决原则的内涵。他们指出:"制度解决原则是法律的中心概念。"❷这种原则要求,在政府体制中按照一种合理的决策结构来设计和分配决策的权力,法律机构之间能够分工负责,相互礼让,各自在自己的管辖范围内具有资格,也尊重对方在其管辖范围内的相应专长。如国会议员制定法律和公共政策,政府官员制定和实施行政法规,法官则按照法定程序作出司法判决。而且,这个原则还要求,"如果某一决定是正当设立的程序的正当结果,那么,无论是对还是错,都应当被接受,至少暂时应该是这样"。❸ 对于司法判决而言,如果它是按照已经确立的正式程序而得出的正式结论,那么它们就应当被认可,对整个社会都有约束力,直到它们被正式地改变。而对于成文法规而言,如果它是立法机关和行政机关按照正当程序制定出来的,那么,法庭也应当予以尊重,而不能轻言撤销和推翻。当法官超越法律目的的要求来制定政策时,他违背了民主政治体制对其制度性角色的要求;而如果法官以政治家面目出现,司法客观性将会丧失殆尽。这都是制度解决原则所不允许的。

在法律过程理论看来,制度解决原则存在的基础在于不同的法律机构拥有不同的活动范围,面对不同的问题情境,因此也获得了不同的经验与专长。哈特和萨克斯在《法律过程》一书中指出:"就本材料所涉及的每一个具体问题而言,作这样的提问是恰当的:为解决这个问题,能够产生效用的知识的性质是什么?如何保障获取更有效用的知识。"❹可见,在他们看来,解决不同的问题需要不同性质的知识。而正是不同的知识、经验、技能构成不同法律机构的专长所在。因

---

❶ See Felix Frankfurter & Henry M. Hart, Jr. , The Business of the Supreme Court at October Term 1934, 49 Harv. L. Rev. 68(1935), pp. 94-96.

❷ H. Hart & A. Sacks, The Legal Process: Basic Problems in the Making and Application of Law(Tentative edition, 1958), p. 4.

❸ H. Hart & A. Sacks, The Legal Process: Basic Problems in the Making and Application of Law(Tentative edition, 1958), p. 119.

❹ H. Hart & A. Sacks, The Legal Process: Basic Problems in the Making and Application of Law(Tentative edition, 1958), p. 120.

此,对于特定社会问题的解决,人们应当时时问一问,是采用司法解决的方式?还是立法解决的方式?还是行政解决的方式?甚至是私人解决的方式?❶ 而法律家的能力就在于尽快地鉴别出对于法律制度的高效运行以及促进法律体系的合理化程度而言,哪一种解决方式是必要的。

从这个前提出发,司法机关应当对行政机关的决定——行政法规给予足够的尊重。这一点在法律过程理论的先驱人物兰第斯的著述中论述得较为充分。兰第斯在20世纪30年代时曾出任哈佛大学法学院的院长,他的思想代表了法律过程理论的早期发展和成就。针对法律形式主义所主张的"私有"领域高于"公有"领域的观点,他提出,司法过程应当认知罗斯福新政所设立的行政法规体系。作为行政法规的制定者和执行者,行政机关与立法、司法机关相比,对于它们所管理的社会活动领域更有经验和发言权。比如农业部的官员对农业问题要比法官和国会议员更加了解。这些官员往往是在特定领域内从事技术或管理工作多年的专家。因此,法官应当对他们所制定的行政法规以及相关的执法活动给予应有的尊重。同时,由于法律形式主义司法技术的严格性和司法程序的严谨性,司法活动往往不能灵活地应对纷繁复杂、千变万化的专业事项;同时,就某一专业领域而言,司法的调节又显得零散,不成体系。相反,行政执法活动则要灵活得多,同时也可以实现对某一专业领域的系统调整。兰第斯认为,美国于20世纪30年代所形成的行政管理结构恰恰起源于对司法活动有效处理各种工业性问题能力上的不信任。❷ 虽然司法活动在处理某些社会管理问题方面不如行政法规那么有效,但它仍然是一种具有自身独特价值和特征的法律活动。兰第斯主张,审判活动应将政策制定排除在外,应当使司法权的行使有所约束,从而保证审判过程的纯洁性。❸

同样,司法机关应当对立法机关的决定——制定法以及二者之间的职能划分给予足够的尊重。在《法律过程》一书中,哈特和萨克斯讨论得较多的一个问题就是,对某一个法律问题是应当在普通法的框架内解决,还是在制定法的框架

---

❶ H. Hart & A. Sacks, The Legal Process: Basic Problems in the Making and Application of Law (Tentative edition, 1958), p. iii.

❷ See, James M. Landis, The Administrative Process, Yale University Press, 1938, pp. 6-46.

❸ Roy L. Brooks, Structures of Judicial Decision-making from Legal Formalism to Critical Theory, Carolina Academic Press, 2002.

内解决? 哈特和萨克斯主张,无论是立法机关还是司法机关,都应当避免去行使它们不具备资格和权限的职能。相对于司法机关,立法机关具有自身的优势。哈特和萨克斯说:好的立法活动"应当是一种以广泛信息为基础的过程,这意味着在没有获得相关信息之前,不会做出关键性的决定。它应当是一个充分协商的过程,这意味着在参与决策的人之间展开了充分的观点和论证的交换之前,也不会做出关键性的决定。它还应当是一个有效率的过程,这意味着所有的立法议案能够在可能的时间内得到处理,较重要的议案能够合比例地获得较多的时间"。❶ 显然,法官在司法过程中不可能获得立法活动那么广泛的信息,那么充分的协商,以及相应的时间分配,因此,他不可能获得立法机关那样的知识与专长,其结论是,法官应当充分尊重立法机关制定的成文法。

制度解决原则发展了现实主义者对于放任自由宪法观的批评。在现实主义者看来,洛克纳案的法院超越了其司法职能,而侵犯了立法机关的制度功能。既然社会创造和指定了不同的法律制度来解决不同种类的社会问题,既然法院同立法机关各自有各自的活动范围与专长,那么,二者之间就应当清晰界分彼此的职能,换言之,法官不能像立法者那样自由地立法,其适用法律的活动不得超出他在法律制度内的资格范围。而对法院从事的活动或履行的功能,立法机关也不应当侵犯。如此看来,在罗斯福新政时期,立法机关推行得到公众强烈支持的公共政策,并且制定不少改革性立法,即使这些政策和立法对传统的私人财产权、合同权作了修改,其行为也是合法与恰当的。法院不应以"不得贬损普通法"为由而对改革性立法作限缩解释,甚至进行撤销,相反,它应当根据立法者提出的合理的公益目的对相关规定进行扩展解释。

(三)司法职能理论与成文法解释

法律过程理论认为,法官在进行法律解释时尽管面临一些选择,但他们不是没有任何约束的。他们必须受制于司法职能的性质与范围。民主政体之下的司法职能理论对他们构成了制约。因此,在解释成文法时,司法职能的表现之一就是分辨立法机关所使用的词语的含义,探知立法机关的目的与意图。民主政体

---

❶ H. Hart & A. Sacks, The Legal Process: Basic Problems in the Making and Application of Law (Tentative edition, 1958), pp. 715-716.

将立法权授予经选举产生的立法机关,法官超越立法实质上是对立法权的僭越和篡夺。法兰克福特法官指出:"法官不应改写成文法规,也不应扩展或限缩它。无论制定政策的政治才能会以明智的方式提示出什么样的诱惑,解释必须避免篡改和歪曲。在成文法之内,他不通过创造的方式来进行解释;而如果不是为了避免明确的荒谬之处或内在的矛盾,他的解释不能超出成文法之外。"❶"可以推测的是,立法语言是具有意义的,因此我们必须试图去发现它。"❷法兰克福特主张,法官应当约束自己,在司法活动中,他不仅要展示出本人的中立性,而且要展示出自己的在智识上的非相关性(Intellectual Disinterestedness)。❸ 他必须执行已经制定出来的政策,而不能根据个人的政策观念任意地进行选择。❹ 法兰克福特也将成文法解释称为一门艺术。他将成文法解释与外语翻译的艺术相类比。❺ 在司法过程中,法官负有约束自己的义务,并且把自己仅仅看成是他人命令的传译者。这种义务的遵守依赖于有意识的自律。❻

四、司法过程的程序控制

经历过第二次世界大战的人都被德国纳粹主义倒行逆施的反人道行为所震惊,但同时人们在纳粹主义的法律观中也看到了实证主义与法律工具主义的成分,现实主义法学显然不能回答这样的问题:美国的民主制度与德国的纳粹主义孰优孰劣? 现实主义法学的法律工具主义与纳粹主义的法律工具主义有何本质区别? 二战之后,这是摆在美国法学界面前的重要问题。人们的回答或许很简单:美国的民主制度优于德国的纳粹主义,原因是它是民主的。然而,纳粹式的极权主义也会辩称它是民主的或有民意基础的,因此,进一步的也是关键的问题是,什么是民主的必要条件?

学者们从著名哲学家约翰·杜威的著述中寻找灵感。早在1939年,杜威就

❶ Felix Frankfurter, Some Reflections on the Reading of Statutes, 47 Colum. L. Rev. 527, 1947, p. 533.
❷ Felix Frankfurter, Some Reflections on the Reading of Statutes, 47 Colum. L. Rev. 527, 1947, p. 534.
❸ Felix Frankfurter, Some Reflections on the Reading of Statutes, 47 Colum. L. Rev. 527, 1947, p. 529.
❹ Felix Frankfurter, Some Reflections on the Reading of Statutes, 47 Colum. L. Rev. 527, 1947, p. 532.
❺ Felix Frankfurter, Some Reflections on the Reading of Statutes, 47 Colum. L. Rev. 527, 1947, p. 533.
❻ Felix Frankfurter, Some Reflections on the Reading of Statutes, 47 Colum. L. Rev. 527, 1947, p. 534.

指出,民主在美国的繁荣是因为其文化产生了"一个基础的一致意见和信念的社区"——也就是对民主的忠诚。但是,杜威提出问题说,我们怎样才能保证民主不会蜕化为极权主义,就像某些国家或地区已经发生的那样?他的结论是,应当将民主政治的方法或程序(如咨询、说服、谈判和交流)扩展至文化领域,使之深入人心,而后通过这种文化来促进政治民主。对于杜威,民主的关键在于民主的程序:"民主的目标要有民主的方法才能实现。"❶这一理论大致回答了由价值相对主义带来的认识论危机。按照相对主义的民主理论,一个社会必须不断地选择自己所追求的实质价值与目标。然而,价值是相对的,因此在不同的价值之间进行选择必须依靠具有合法性的方式,这就是民主的程序或过程。在极权主义国家,政府专制地选择和支持特定的价值和目标。而在民主制度下,人们可以将各自的价值和目标带到政治的竞技场,然后,通过民主过程,社会作出它的选择。❷

这种民主的过程对于价值多元主义的社会而言显得尤为重要。在多元论者看来,政治过程是相互竞争的利益团体之间的斗争与妥协,这些利益团体为了满足自身需求和追求自身的价值,组成联盟,相互妥协,或者以其他方式获取政治支持,从而达到影响或控制立法者的目的。利益团体的价值在很大程度上是非理性的,不考虑社区利益或共同善益的。因此,人们认为政治斗争是一场无原则的斗争。所以,在这个意义上,政治斗争的结果不如过程本身重要,是过程使结果获得了合法性。❸ 在价值相对主义、多元主义的现代社会,民主过程的强调或许是民主得以延续的必要条件。

民主与法治是相辅相成的。如果说司法过程仅仅是法官个人价值的显现,或者是法官个性的张扬,那么,司法判决很可能成为一种恣意的产物,而法治也将会沦为彻底破产的空想,相应地,民主制度也就会因为缺乏坚实的基础而坍塌。因此,人们在回答了"民主的必要条件是什么"这一问题之后,又面临同样

---

❶ [美]斯蒂芬·M. 菲尔德曼:《从前现代主义到后现代主义的美国法律思想——一次思想航行》,李国庆译,中国政法大学出版社 2005 年版,第 215～216 页。

❷ 参见[美]斯蒂芬·M. 菲尔德曼:《从前现代主义到后现代主义的美国法律思想——一次思想航行》,李国庆译,中国政法大学出版社 2005 年版,第 216 页。

❸ 参见[美]斯蒂芬·M. 菲尔德曼:《从前现代主义到后现代主义的美国法律思想——一次思想航行》,李国庆译,中国政法大学出版社 2005 年版,第 217 页。

重要的问题:"法治的必要条件是什么?"❶为了坚持法治的理念,司法应当建立在什么样的客观基础之上? 人们将目光转向程序或者过程。

英美法系素有"程序至上"的传统,人们相信"程序先于权利"(Process before Rights)。❷ 它要求:"正义不仅要得到实现,而且要以人们看得见的方式得到实现。"所谓"看得见的方式"即是指法律运作的程序。古老的"自然正义"观念有两项基本要求:(1)任何人不得做自己案件的法官;(2)应当听取双方当事人的意见。根据第一项要求,法官在审判中不得存有任何偏私,应当具有中立性。根据第二项要求,法官须给予所有与案件结果有直接利害关系的人有充分陈述自己意见的机会,并且对各方的意见予以平等对待。第一项要求可称为"无偏私原则";第二项要求可称为"两造听证"原则。1215 年的《大宪章》第 39 条规定:"任何自由民,非经其同阶层人民之合法裁判,并经依当地法律的判决,不得予以逮捕、监禁、没收其财产、放逐、伤害,或不予法律保护。"这一规定只是涉及刑事审判中被告人的权利,但是其基本思想却渗透至各种法律过程,无论哪一个政府机构,在作出可能影响公民个人利益的决定时,都应当受到程序的制约。于是,法律程序成为制约政府权力的重要工具,程序正义也就成为法治理念的核心概念。

同样是应对二战之后法学思想出现的危机,富勒❸独创性地划分了法律的外在道德与内在道德。所谓外在道德也叫做"实体自然法"(Substantive Natural Law),指的是法律要达到的正义、公平、自由等实体目标和理想;而内在道德则又称为"程序自然法"(Procedural Natural Law),是指法律在制定、适用、解释等程序方面的原则,是使法律这一以规则治理人类行为的事业成为可能的基本要求。法律的内在道德是中性的,可以为不同的实体目的服务。在这里,富勒将关注的焦点由法律的实体目的转向法律的程序因素。而法律与道德的必然联系恰恰在于法律的内在道德。由于客观的社会环境和主观的意识水平的不同,人们对法的实体正义尚不能达成共识。但经过几千年的司法实践,已经对法的运作

---

❶ [美]斯蒂芬·M.菲尔德曼:《从前现代主义到后现代主义的美国法律思想——一次思想航行》,李国庆译,中国政法大学出版社 2005 年版,第 219~220 页。

❷ 转引自[法]勒内·达维德:《当代主要法律体系》,上海译文出版社 1983 年版,第 337 页。

❸ 作为美国新自然法学的掌门人之一,富勒也被人视为法律过程理论的先驱人物。William N. Eskridge, Jr., The Case of the Speluncean Explorers: Twentieth-Century Statutory Interpretation in a Nutshell, 61 Geo. Wash. L. Rev. 1731, 1993, p. 1732.

形式有了深刻的了解并基本达成共识。法律的内容以及实体道德往往难以确定,并且经常会随着社会环境的发展而变化,只有法律的形式和程序才是相对稳定而基础的东西。法律的本质和存在条件在于程序上的道德性,而这些程序上的道德性,恰可成为区分极权与民主、人治与法治的重要标准。为此,富勒提出了法律制度的八项程序自然法法则:法律的普遍性原则;法律的公开性原则;法律的可预期性(不溯及以往);法律的明确性;法律的不矛盾性;法律的可行性;法律的稳定性;官方行为与法律规定的一致性。❶ 在富勒看来,法治实际上更多地取决于形式上正当的法律程序或过程。

法律过程理论汲取了富勒关于程序自然法的思想,并对程序在法律实践尤其是司法实践中的作用作了进一步的阐发,这也正是法律过程理论得其名的原因。在司法过程的程序与结果之间,哈特和萨克斯主张程序优于结果。其理由主要有:

第一,程序是获得好的司法结论的有效方式。程序与实体之间存在着密切的联系,程序优劣能够决定实体的优劣。哈特和萨克斯指出:"经验之中充满着关于程序与实体之间重要联系的证明。一项与所行使的权力类型完好适应的程序会有助于产生信息全面的、明智的结论。一项不合理的程序则会导致信息欠缺、不明智的结论。"❷就一项立法而言,如果立法程序能够充分地透明和公开,所有利益相关主体都能参与进来并提出自己的意见,而且这些意见能够得到充分的讨论,那么,这项立法就是一项好的立法。因此,程序可以作为判断一项立法在实体上是否完善的最好标准。❸

第二,程序是保障相互联系的制度体系有效协同运作的重要手段。程序不仅界定了不同机构之间的相对角色与义务,同时也为制度的系统性的自我校正提供了一种机制,而这恰恰是民主政治的重要旨意。程序本是一种角色与职能的安排方式,通过程序,可以使各个程序主体相互间的活动范围与权限得到明确界定,在它们之间确立一种既相互配合又相互牵制的关系,促进其各司其职,避

---

❶ L. Fuller, The Morality of Law, New Haven and London, Yale University Press, 1964, pp. 46–49.

❷ H. Hart & A. Sacks, The Legal Process: Basic Problems in the Making and Application of Law (Tentative edition, 1958), p. 173.

❸ H. Hart & A. Sacks, The Legal Process: Basic Problems in the Making and Application of Law (Tentative edition, 1958), p. 173.

免互相倾轧与越俎代庖。根据制度行为的不同性质,可以将法律程序划分为立法程序、行政程序和司法程序,不同的程序对不同的制度行为提出自己的要求。对于行政行为而言,应当充分保障相对人的知情权、参与权、意见被听取的权利,同时,还应当对行政决定提供必要的论证,而行政行为的各种形式上的要求也应当被遵守。❶ 对于立法程序而言,要求则需要严格遵循两院制的运作方式,保证选举程序的公正性以及对于立法的最终控制作用。❷ 对司法行为而言,要求程序公开、主体参与、权利告知、兼听则明、中立裁判等,其中包含了许多程序性的权利,通过对这些程序权利的保障,达到结论的正确性与合理性。

在法律过程理论看来,"程序主义"与前述的制度解决原则关联甚大。在对程序问题进行理论化和系统化的过程中,程序与机构、制度权限问题密切相关。在此基础上,法律过程理论明确了其中的一些重要概念,比如,行政法是指行政程序和对行政行为的司法审查;联邦管辖权是指联邦法院与其他政府机构之间的关系。在法律过程理论看来,这些问题不能仅仅被看做是法律体系的技术性的、常规的方面,相反,它们需要系统的理论研究,还涉及对调整立法、行政和司法机构相互关系、联邦政府和州政府相互关系的结构性原则的清晰表述与适用。❸

第三,程序能为司法结论的合法性提供根本性的支持,从而也避免了现实主义法学所遭遇的将法律与政治混为一谈的合法性问题。法律过程理论认为,如果仅从实体结果的角度来看待司法结论,那么,人们就会对实体判决的正确与否、能否被社会接受等问题产生很多的争议,但是如果从程序的角度来观之,一项通过法定的、合理的程序产生的司法结论本身就具备了合法性。因为,"所有的人都可能会同意程序是一个有关联性的衡量依据,对于合理程序的要素人们的争议也相对较少"。❹ "决定的实体内容不能以规则与标准的形式进行预先的

---

❶ H. Hart & A. Sacks, The Legal Process: Basic Problems in the Making and Application of Law (Tentative edition, 1958), p. 173.

❷ H. Hart & A. Sacks, The Legal Process: Basic Problems in the Making and Application of Law (Tentative edition, 1958), pp. 178–179.

❸ Thomas C. Grey, Modern American Legal Thought, 106 Yale L. J. 493, 1996, p. 504.

❹ H. Hart & A. Sacks, The Legal Process: Basic Problems in the Making and Application of Law (Tentative edition, 1958), p. 173.

计划",但是,"决定的程序却可以做到这一点"。❶

第四,运行良好的程序性措施能够约束法官的自由裁量权。法律过程理论揭示了理性程序的独特作用和价值,即只要在制度性的决策(包括立法、司法、行政)过程中遵循了合适的程序,制度内的分工与礼让秩序运作良好,那么,所产生的结果就不太会受到质疑与推翻。简言之,程序有助于制度性决策结果的合法化。程序还有助于我们克服人性上的不确定性,如果决策者们拥有我们所希望的那些品质如理性、诚实、关注公共利益等,他们自然会遵循程序的要求。而如果是处在类似于霍布斯所描述的自然状态的情形下,我们将会希望通过程序来克服决策的任性或恣意,因为这时程序可能成为保证公平与正义的唯一方式。❷ 这对在司法过程中约束法官的自由裁量权而言显得尤为重要。

---

❶ H. Hart & A. Sacks, The Legal Process: Basic Problems in the Making and Application of Law (Tentative edition, 1958), p. 715.

❷ Roy L. Brooks, Structures of Judicial Decision-making from Legal Formalism to Critical Theory, Carolina Academic Press, 2002.

第四章　自然法学的司法方法论

流 派 简 述

　　自然法学是西方法学历史最为悠久的一种法律思想。从历史演变来看,大致可分为四个历史类型:(1)古希腊、古罗马时期的自然法学;(2)中世纪时期的自然法学;(3)近代古典自然法学;(4)现代复兴自然法学。不同历史时期的自然法学在理论内涵上并非完全一致,但在某些基本方面仍然可以概括出一些共同特征:其一,自然法与实证法相对,它不是由人类所直接创设的;其二,自然法可以超越时空和文化差异,适用于所有的人和事;其三,自然法建立在客观实在的本体结构的基础之上,它是被发现的,而不是被创设的;其四,自然法是凭自然理性来把握的道德规范;其五,自然法是人类追求善良美德的理性途径。近代古典自然法理论是近现代政治、国家理论的基本要素,尤其是自然权利理论推演出来的天赋人权说、有限政府论等是近代资产阶级制度的理论基础,它对法国大革命、美国宪法的制定等政治实践都产生了直接的影响。19 世纪中期到 20 世纪初,自然法理论及社会契约论遭到诘难而处于低潮,它在法律思想中的主导地位为法律实证主义、功利主义法学等法学理论所取代。第二次世界大战之后,出于对法西斯罪恶的反省,自然法理论在修订和发展之后得到复兴。尽管自然法学理论因其理念的先验性质而受到怀疑和批评,但是,由于它代表了人们关于法律正义乃至社会正义的理想形态,成为实在法进行批判的有力武器,因而为许多学者所推崇。其发展虽几经曲折,却终是绵延流长,经久不衰。

一、自然法学的基本法律观

自然法学是法学流派中产生较早的一个流派,历经时间也最长。自然法学之"自然"的意义与这一流派的历史紧密相关。从西方法律思想的发展进程而言,自然法学最初产生于古希腊,构成自然法学派法律世界观的核心就是古希腊时代希腊人的宇宙观。希腊人用它们的宇宙观反观于城邦的政治生活,认为城邦的政治生活应当符合自然界的普遍运行规律,自然律应当成为城邦政治生活的最高原则。法律作为城邦政治治理不可缺少的规则体系,希腊人早就认识到它的重要性,因此,依据城邦政治生活应当符合自然律约束的理念,城邦法律也应当符合自然律。从希腊法律思想的基本内容来看,自然律是宇宙正义的体现,它体现在城邦法律中就成为城邦法律合法性的基础,也就是城邦法律是否符合正义的判准。这一判准在古希腊古典思想中称之为"理性"。毫无疑问,古希腊的理性概念是一种自然理性,也是符合自然规律的一种理想状态。

正是从这一基本法律观出发,古希腊人对于城邦公民的基本生活状态作出了勾画,那就是:城邦的公民是城邦政治生活的参与者,城邦法律是城邦公民的基本行为准则,城邦公民的行为评价按照法律的程序进行判断。所以,古希腊时期的城邦是公民人人有资格参与城邦政治治理的一种早期民主状态,并且发展出了独特的陪审团制度。关于这一问题,最著名的事件就是古希腊哲学家苏格拉底之死。关于苏格拉底的死亡,至今仍然是政治哲学和法理学界讨论和争议的话题。围绕这一话题的内容不仅展现了古希腊城邦基本的法律制度架构,还涉及自然法学中一个极其重要的问题——作为制度的法律是否必然应当得到毫无保留地遵守?

当年,苏格拉底经过城邦大陪审团的审判,被认定有罪,从而被判处饮毒自尽的刑罚。苏格拉底本人坦然接受,但是他的学生却不愿意看着老师的死去,于是夜里挖通监狱的墙壁打算营救老师,但是苏格拉底坚持服从刑罚,不愿意越狱。最后,他饮毒自尽。在这一案例中,苏格拉底坚持认为遵守司法判决是作为公民的城邦人的基本行为规则,一旦违反判决就丧失了作为一个合格的城邦公民的资格,是败坏城邦政治生活的行为。因此,他坚决不愿意这样做。换句话说,在苏格拉底那里,城邦的法律就是法律,就是符合理性的行为规则,城邦公民不能对这些规则进行评价,甚至违反。因为,理性是公民生活的最高原则和最后的判准。从这一点来看,苏格拉底倒有点类似后来的分析法学的样子,对于已经成为法律的规则表现为无条件地服从。但是,仔细分析苏格拉底和其学生的对话可以发现,苏格拉底坚持的正是古希腊自然法学的基本法律观。

　　从对话中我们没有看出苏格拉底对于使他受到处罚的法律究竟如何评价，我们看到的是苏格拉底对于大陪审团作出的判决的服从。而当时希腊城邦的大陪审团的人数是非常多的，因此，大陪审团的判决可以看成是城邦公民民意的反映。这种司法程序和古希腊早期的陶片放逐法比较类似，都是能够体现古希腊民主的一种方法。因此，作为公民，首先维护希腊的民主政治生活，这是苏格拉底服从判决的基本前提。而只有服从判决，才有对城邦法律的尊重。古希腊时代，人们认为城邦的存在就是自然理性在人的生活中的直接体现，城邦的政治生活本身就是人的理性生活。因此，城邦的法律能够体现自然的理性精神，当然就应当得到城邦公民的普遍遵守。依此逻辑，遵守法律并不是一个需要事先进行评价的问题，而是一个自然的问题，不遵守城邦的法律就是理性的丧失，不符合城邦公民的基本义务。所以说，苏格拉底坚持服从大陪审团的判决是一个自然而然的事情，尤其对于这样一个以自然理性为世界观的哲学家来说，其行为更是顺理成章。正是从这一意义上，我们将苏格拉底服从判决而死的行为看成是一个自然法学的事件，是苏格拉底自然法学观的直接结果。

　　在另一个案例中，我们似乎看到古希腊更加强烈的自然法倾向，并且这种倾向与苏格拉底不同之处在于，运用自然理性的观念直接挑战作为制度的规则。这一案例反映在古希腊伟大剧作家索福克勒斯的著名悲剧《安提戈涅》中。

　　这一事件的故事情节大概是这样的：底比斯王俄狄浦斯得知自己弑父娶母，罪孽深重，因此去位，并客死他乡，留下二子二女。二子为争夺王位，刀兵相见。一子波吕涅刻斯率岳父城邦的军队攻打底比斯，另一子厄特俄科勒斯率底比斯军抵抗，两人都战死沙场。克瑞翁，俄狄浦斯王之母/妻的弟弟，继任底比斯城邦的王位。为惩罚叛徒，克瑞翁下令（一个实在法）不许安葬波吕涅刻斯，违者处死。俄狄浦斯之女安提戈涅挑战克瑞翁的政令，认为哥哥即使是叛徒，也应当得到安葬，因为人死了入土为安是天神制定的永恒不变的不成文法。克瑞翁判安提戈涅死刑——将安氏关进墓室，让其自然死亡。安提戈涅的未婚夫、克瑞翁之子海蒙为了爱情而自杀，并导致其母即克瑞翁的妻子自杀。克瑞翁陷于极度的痛苦。❶

　　按照朱苏力的说法，对这一案例的解释有三种进路，分别体现在美国法学家

---

❶　参见罗念生：《罗念生全集》（第 2 卷），上海人民出版社 2004 年版。

博登海默、德国古典哲学家黑格尔以及当代女权主义者的理论中。❶ 索福克勒斯是古希腊最著名的悲剧作家之一,这一悲剧不论是否属于历史事实,其反映的思想毫无疑问是属于古希腊的。并且作为古希腊非常受欢迎的戏剧家,索福克勒斯戏剧中反映的思想状况显然与当时希腊人普遍的法律意识是契合的。就像中国古代的包公戏之所以广受欢迎,正是因为它符合古代中国人普遍的法律意识。因此,从这一戏剧看来,古希腊人的法律意识中存在着一种超验的成分,这一成分是由神——而不是城邦或者王令——安排的,并且神的安排是永恒的。正是这种神的安排规范着城邦的法律,也规范着王令。那么,古希腊人心中的神所制定的永恒法是不是自然法呢?对于这一问题的回答应当从古希腊人的神的信仰出发进行讨论。古代希腊与其他古代早期文明一样,其信仰模式都属于自然崇拜的阶段,因此,古希腊人的神都是自然神,并且是多神的崇拜。所以,宇宙对于古希腊人来说就是神的世界,城邦对于古希腊人来说就是人的世界,所以,神的安排实际上就是自然的安排,就是自然界的规律性的表现,也就是古希腊人心目中崇高的正义的由来。

从上述两个案例来看,古希腊自然法思想的形成实际上与古希腊人对于宇宙和自然的认识有密切的关联,其最初的理性观念也出自于希腊人最初的信仰。古希腊中期以后,自然法思想得到了进一步的发展,并体现于亚里士多德的法律观中。亚里士多德提出了法治的两个基本要素,其中之一就是得到城邦公民普遍遵守的城邦法律应当是良法。这是非常值得注意的一个转向,这一转向既是古希腊早期自然法观念的延伸,又是古希腊自然法观念走向成熟的标志。因为,在亚里士多德的理论中,作为一种城邦制度的法律形成了一种理论上的判准。在亚里士多德那里,良法与否不是由神来决定的,而是由城邦政治生活是否符合正义来决定的。而正是在正义问题上所作出的贡献,亚里士多德成为古希腊哲学家中影响最为深远的人物。其法律观表明,法律并不总是法律,并不总是应当被公民无条件遵守,因为法律并不总是良法——这是对古希腊实际政治生活的反思,也是对古希腊政治实践历史的反思。

从亚里士多德的理论出发,再去反观苏格拉底之死,可能就会有不同的解

---

❶ 参见朱苏力:"自然法、家庭伦理和女权主义——《安提戈涅》重新解读及其方法论意义",http://article. chinalawinfo. com/article/user/article_display. asp? ArticleID=32586。

释。我们可以对当时大陪审团的判决依据进行考量,这一考量本身也就是对古希腊早期自然法观念的考量。当时的城邦法律是否符合正义?大陪审团的判决是否符合正义?如果符合亚里士多德所说的正义,则苏格拉底的做法是对的,值得提倡的,换句话说——苏格拉底应当受死。如果不符合亚里士多德的正义,则苏格拉底的判决就有问题,而苏格拉底仍然坚持遵守不正义的法律,其做法就是有问题的——他应当违反这一非正义的城邦法律。违反一个"恶法"的行为不是违法行为。后世对于苏格拉底之死的广泛争议基本上是从这两个角度展开的。而对于这一案例的争论实际上也反映在司法观上,那就是司法行为究竟是按照普遍的正义观得出判决,还是按照法律本身得出判决?这是司法观中分歧最为严重的一个侧面。按照自然法学的基本法律观,既然在法律制度之上还存在超验的判准,那么,司法活动所依据的法律就不应当是作为制度的法律,而应当是符合正义的法律。当作为制度的法律契合于符合正义的法律时,司法活动的依据就是法律本身,而当作为制度的法律不契合于符合正义的法律时,法官的任务就是要按照符合正义的法律——而不是依照作为制度的法律——进行判决。否则,司法活动就失去了正义的基础,从而失去了理性的本质。

依照这一观念,对安提戈涅不应当判处死刑,而应当宣告无罪。因为她的行为符合自然正义,而克瑞翁的王令恰恰违反了自然的正义,因此不是理性的命令,不应当获得遵守。

古希腊之后,罗马人在思想上没有大的建树。在不断扩张的形势中,罗马人需要应对的社会问题不再是城邦内部的政治治理,而是不断升级的本族人和外族人的交往关系,以及不断发展的商品经济对交易行为的规范化需求。因此,罗马人的法律观主要体现在对法律制度的建构和完善,对司法活动的重视与发展上。所以,从罗马的法律体系来看,制度的建构、法律程序的完善似乎构成了这段历史的主流。不过,这些现象并不说明罗马人没有法律思想,也并不表明罗马人形成了新的法律思想。从古罗马思想家和古罗马的法律原则以及法学家对法律的解释来看,罗马人确实没有发展出自己的独特的法律思想体系,而是却继承了古希腊的自然理性观和自然法观念。从西塞罗、奥勒留等古罗马思想家流传下来的著述中可以看到,理性依然是作为制度的法律的上位判准。在他们的著述中,对于法律应当符合理性的论断是肯定的,并且,没有证据表明古罗马人的理性概念已经超越了古希腊人的自然理性概念。他们依然将理性作为法律的超验依据。古罗马法学家普遍将法律分成自然法、市民法和万民法三种。市民法调整罗马人之间的法律关系,万民法调整罗马人和外族人之间的法律关系,由于自然法处于最高的判准等级,因此,市民法应当以自然法为基准,自然法就是法律的正义所在。❶

在司法观方面,古罗马没有司法案例流传下来,这给判断古罗马的司法观是否与上述自然理性观保持一致造成了极大的困难。但是,如果从西塞罗和奥勒留两位古罗马不同时代的国家政治生活的领袖人物的著述中去看的话,可以这样认为,至少古罗马上层对于自然理性的观念是坚持的。因此可以推断,他们的这种观念对当时古罗马的司法活动应当能够产生较大的影响,从而可以认为古罗马的司法活动中与古希腊中后期的司法观有较大的一致性。

自然法的法律观在公元 5 世纪以后有了比较大的转变,这种转变与日耳曼人将基督教定为国教并且逐步形成政教合一的中世纪帝国是有密切关联的。反映在法律观上,中世纪整个一千多年的时间中,多神教为一神教所取代,偶像崇拜变成了非偶像崇拜,世俗政权与教会权力相互融合,自然理性为上帝理性所取代。因此,自然法的法律观在中世纪有两个值得注意的方面:第一,作为制度的法律的超验判准依然存在,这是对早期自然法观念的继承;第二,基于早期宇宙观的自然理性为基于一神教的上帝理性所取代,空间不再是自然神的世界与人的世界的二分,而是上帝、自然界、人界的三分。作为制度的法律也不再是自然理性对人的政治生活的控制,而是上帝基于其无限理性通过自然界对人的政治生活的控制。阿奎那指出:"自然法是理性动物对永恒法的参与。"❷永恒法并不存在于人间,它只是上帝之法的称谓。所以,作为制度的人的世界的行为规则受到双重的判准:一个是至高无上的上帝理性的判准,一个是通过自然而展现的上帝理性的判准。由于中世纪是政权与教权合二为一的世界,司法活动体现为上帝对俗世的审判,这一点体现在教会审判方面是非常明确的。而在俗世方面,司法活动主要依据的不是成文的制定法,而是法兰克帝国的日耳曼习惯法。从司法观来说,任何司法审判都要求符合超验判准的检验,这一点是毫无疑问的,因为从公元 9 世纪以后,教会基本上掌控了国家的政治权力,教皇实际上成为最高

---

❶ 参见吕世伦:《法理的积淀与变迁》,法律出版社 2001 年版,第 313～314 页。

❷ 转引自吕世伦:《法理的积淀与变迁》,法律出版社 2001 年版,第 315 页。

的司法官,而教皇对于司法活动的准则就是上帝理性——不再是日耳曼习惯法这样的俗世规则。

在中世纪的法律思想和实践的梳理中,需要注意的是,英格兰在中世纪时期发展出了自身独具特色的司法模式,也就是衡平法。英格兰最初依据日耳曼习惯法形成的大量判例构成英格兰普通法的主干,后来,为了弥补普通法纷繁复杂的多变情况,英格兰逐步发展出了衡平法,并且与普通法并行构成英格兰判例法的主要内容。而衡平法法庭在审理案件的过程中所依据的并不是日耳曼习惯法,也不是其他的制定法,而是法官的"良知",实际上就是衡平法庭法官内心的正义观,并且通过这样一种依据审理的案件构成衡平法判例,对后来的案件审理具有决定性的意义。可以认为,所谓衡平法的法官良知也就是日耳曼习惯法之上的超验判准。从这个角度来说,自然法的司法观在英格兰司法模式的发展中仍然是具有重要意义的。

进入 11 世纪以后,欧洲逐步开始酝酿社会变迁运动,其中最引人注目的就是11～15 世纪的文艺复兴运动,伴随这一运动的还有罗马法的复兴。自从罗马法在欧洲被重新发现以后,饱受日耳曼习惯法不确定性和多样性之苦的欧洲人似乎看到了变革的希望,以意大利为中心逐步开始了蓬勃的罗马法研究活动,这一运动本身并没有进一步支持中世纪自然法的发展,相反,从中发展起来的注释法学传统似乎预示着另一场动摇自然法根基的运动,并且这一运动后来的发展确实成为古典自然法学思想的掘墓人。不过那已经是一个世纪以后的事情了。

15 世纪以后的欧洲,伴随资产阶级力量的逐步兴起,为社会变革提供合法性支撑的法学理论也得到了充分的发展。这种发展依然是古典自然法内部的革命,其核心是在法学理论中摒除上帝的影响,在实践中提升世俗社会的力量。首先,自然法的核心理念没有被抛弃,理性依然构成当时欧洲自然法理论的核心概念。但是,正如中世纪自然法与古希腊自然法之间的关系一样,理性的概念依然存在,概念的内涵却已经发生了革命。由于这一革命,后人将这一时期的自然法学称为近代自然法学,以有别于中世纪以及古典自然法学。理性概念的革命内容是在理论中排除了古典自然法的早期自然观,否定了基于早期信仰和早期宇宙观而生成的自然理性观念。同时也排除了中世纪自然法的上帝理性观,在理论中否定了上帝存在的基本意义。通过这两个方面的否定,近代自然法学将理性的概念内涵明确地定为在人的理性这一革命性观念上,从而实现了自然法思想内部的革命性变迁。

对于近代自然法来说，人的理性概念一旦确立，随之而来需要解决的问题就是人的理性作为一个抽象概念如何能够超越于人自身所确立的作为一种制度的法律规则之上，成为法律是否正义的判准？近代自然法理论为了论证这一问题，建立了一个理论模型。首先，近代自然法学家普遍假设人类的原始状态，这一假设的根基在于承认每个人在人类社会的原初状态都是单个的个体，从而人与人之间的关系被设想成几种不同的类型。从不同的交往类型出发，近代自然法学家形成了不同的理论。这些理论虽然各不相同，但是所具有的共同特征无不表达了近代自然法思想的基本内容，例如天赋人权的观念，提倡每个人作为人而言生来就具有某些权利，这些权利是人作为一个人的存在所必需的基本性质；又如法治观念，近代自然法学家普遍提倡运用法律来进行社会秩序的治理，反对封建王权时代以人的命令的秩序治理方式，同时，提倡制定法的统治（英格兰是一个例外），因为制定法具有确定性和稳定性，不容易受到人的因素的干扰。

近代自然法思想对于司法的影响无疑是巨大的，这种影响的存在主要是通过建立凌驾于国家法律之上的超验因素，来决定国家法律是否正当，也就是说，这种超验因素的存在是国家法律正当性的一个标准。从这一点来看，近代自然法和其以前的自然法具有相当的一致性。而正是从社会变迁引发的法权革命的角度来看，没有这样一种标准的存在，很难解释法律为什么会从社会内部发生革命性的变化。从近代自然法学发端到二战以后新自然法学的崛起，司法过程中受到近代自然法影响的因素主要是以人权为基本判准衡量法律的合法性问题。通过这一判准的确立和实践，发展出了一系列的司法原则和对司法判决依据的研究。

二、自然法学的新发展

现在所称的新自然法学主要是指二战结束以后，自然法学重新兴起而形成的一系列与原来的自然法理论密切相关的自然法理论。该理论与二战以前流行的法学理论相比，有一个重要的区别，就是对近代自然法所提倡的人的基本权利保护的复归，并且提倡将人的基本权利保护作为衡量法律制度是否正当，是否具备合法性的尺度。由此，希望通过为制度提供一种合法性的判准来颠覆二战以前广为流行的以形式正义为中心的法学理论。因此,新自然法学也被称为复兴自然法学。其基本法律观是坚持作为制度的法律应当是可评价的,应当具有价值的评价特征,在这种评价的基础上,一个法律制度可能是好的,也可能是不好的。不符合社会价值观的法律就失去了其正义性,不应当被当做法律来遵守,也就是说,在这种情况下,该法律就是"不法"的。

从历史发展来看,第二次世界大战以后在德国纽伦堡进行的对纳粹德国法西斯的审判和东京远东国际军事法庭对日本法西斯的审判是促成新自然法学形成的重要契机。正是对纳粹德国法西斯的审判,推动了对纳粹德国法律制度是否能够看成"法律"的问题的反思。因为在二战以前的欧洲,主宰欧洲的法律思想主要是分析法学理论,该理论主张作为制度的法律就是法律,不能再有其他的能够凌驾于法律之上的评价标准。尤其是凯尔森的纯粹法学主张在法学理论中摒除价值判断因素,将法律规则的效力规定为更高一级的规则的效力授予,从而排除了非法律的标准评价法律制度的可能性。但是,在纽伦堡审判和东京远东国际军事法庭审判的过程中,许多被告的辩护律师提出,被告的行为只是遵守纳粹德国当时的法律而已,属于守法的行为,不应当被指控。如果遵守法律的行为被指控,那么是否表明指控方赞同一个人违反其所在国家的法律制度呢? 对于这种辩护意见,指控方主要是以国际法上的行为合法性理论、《国际联盟规约》以及《波茨坦宣言》等国际法文件的规定来进行指控。虽然最后纽伦堡国际军事法庭和东京远东国际军事法庭的审判以指控方的胜利而告终,然而,两次审判,尤其是纽伦堡审判对于欧洲法学界的影响是非常深远的。

首先是对纳粹德国的法律是不是法律的问题的反思。按照形式理性的标准,以及分析法学的法律概念推演,纳粹德国的法律毫无疑问应当被称为法律。但是,既然纳粹德国的法律是法律,人们的守法行为为何要受到审判? 为什么有那么多的人觉得遵守纳粹德国法律的行为是如此丧失人性,而从内心坚决地持有否定的态度?

为了对这些问题进行回答,欧洲法学界率先从法理学的层面对"法律是什么?"这一最基础性的问题进行重新思考。实际上就是为了论证纳粹德国时期的法律不是"法律",因而遵守这一法律的行为不是具备合法律性的行为,是非正义性的行为。这种思考的一个结果实际上就是给既定的法律设置一种判准,以此判别一种制定法是否就是一种"法律"。但是这种思考的结果似乎并不具有新意,要想重新恢复人们对自然法的信心就必须建立一种新型的理论。正是从这一时期开始,欧洲的法律思想逐步转变了二战前分析法学一统天下的局面,努力论证法律正当性的问题,并且逐步使得欧洲法学思想发生了转向。以德国法学家拉德布鲁赫为代表的法学家群体开始提出,在作为一种制度的法律之上应当存在更高的、法律之外的正义和良知标准,以检验法律是否具有正义的性质,不法的法是没有正义性质的法律,这种法律不是说它们不应当被遵守,而是说它们根本就不是法律。这样一来,法学的基本观念就发生了变化。

其次,在二战以后新自然法学的阵营中,比较重要的代表人物有德国法学家拉德布鲁赫,美国法学家罗纳德·德沃金、富勒,他们三人在新自然法学的兴起过程中都曾经提出过独特的法学思想,尤其是德沃金和富勒,他们两人的新自然法学观点对于现代西方法学方法论以及司法方法都有重大的影响。

德沃金建立其法律理论是从与新分析法学的代表人物哈特的辩论开始的,他主张法律理论并不能仅仅从作为制度的法律规则出发,而应当从更加高级的基础出发,"规范理论将植根于更为一般的政治与道德哲学之中,这一政治与道德哲学反过来又有赖于关于人性或道德目标的哲学理论"。❶ 德沃金在其论述中试图区分使用"规则"、"原则"以及"政策"这三种有相似性的社会规范,并且更加重视在司法实践中原则的重要性。他以著名的帕尔默案为例,指出:"一个纽约的法院必须判决,在祖父的遗嘱中指定的继承人——即使他为这项继承把他的祖父杀了——是否还能根据该遗嘱继承。"❷ 按照通常的解决办法,如果有成文法上的规定,就应当严格适用成文法的规定。但是,审理此案的法官发现,"如果拘泥于字义进行解释,并且,如果这些成文法的效力和效果在任何情况下都不能够予以控制或者修改时,应该把财产给予凶手"。❸ 显然这是法官不愿意、社会良知也不能接受的一种结果。对于作出如此行为的一个人,应当依据何种规范进行处理,法官提出,"一切法律以及一切合同在执行及其效果上都可以由普通法的普遍的基本的原则支配。任何人都不得依靠自己的诈骗行为获利,亦不得利用他自己的错误行为,或者根据自己的不义行为主张任何权利"。❹ 因

---

❶ [美]德沃金:《认真对待权利》,信春鹰、吴玉章译,中国大百科全书出版社 1998 年版,第 3 页。
❷ [美]德沃金:《认真对待权利》,信春鹰、吴玉章译,中国大百科全书出版社 1998 年版,第 41 页。
❸ [美]德沃金:《认真对待权利》,信春鹰、吴玉章译,中国大百科全书出版社 1998 年版,第 41 页。
❹ [美]德沃金:《认真对待权利》,信春鹰、吴玉章译,中国大百科全书出版社 1998 年版,第 41~42 页。

此,该凶手不能接受遗产。德沃金想通过这个案例说明,法官在此案中适用了普通法上的原则——而不是成文法上的规则,原则在司法过程中是非常重要的,因为,"当我们说某一条原则是我们法律制度的原则时,它的全部含义是:在相关的情况下,官员们在考虑决定一种方向或另一种方向时,必须考虑这一原则"。❶从这一点来看,德沃金并不认为在上述案件中法官在行使自由裁量权,因为法官在这里并没有建立新的规则(法官立法),而是在适用一个原则。法官所做的只是选择一个原则以适用于这一特定的案件,不存在建立新规则的问题。德沃金将自由裁量权分为两类——弱的自由裁量权和强的自由裁量权,并且认为法官在任何时候都可能具有弱的自由裁量权,如果认为原则是法律的一部分,那么所谓强的自由裁量权——也就是法官通过适用原则就创造了新的规则的观点是没有意义的,因为这不符合司法过程的实际状况。基于对法律包括规则、原则和政策这一观点的坚持,德沃金明确指出,原则和政策都是超法律的准则,在行使自由裁量权的过程中,法官可以根据自己的权力去选择,"这种说法是错误的"。❷在批判哈特承认规则理论的时候,德沃金认为承认规则本身并不能解决新分析主义法学的困境,因为如果承认原则是法律的一部分,那么承认规则对于原则而言就是难以理解的一个问题,也就是说原则的存在是基于哪一种承认规则而具有了约束力的。这样,新分析法学只有否认原则作为法律一部分的前提,其承认规则的理论才能成立,但是这显然有悖于(德沃金所建构的)法律理论和司法实践的具体情况。

富勒的理论主要倾向于研究现代法治的道德基础问题,这一问题实际上并不是唯一由法学家所感兴趣的话题。在西方现代学术中,经济学界、政治学界以及社会学界都在关注现代社会的道德根基问题。他提出了法治失败的八种情况:第一,完全未能确立任何规则;第二,未能将规则公之于众,或者至少令受影响的当事人知道他们所应当遵循的规则;第三,滥用溯及既往性立法,这种立法不仅自身不能引导行动,而且还会有效破坏前瞻性立法的诚信;第四,不能用便于理解的方式来表述规则;第五,制定相互矛盾的规则;第六,颁布要求相关当事人做超出他们能力的事情的规则;第七,频繁地修改规则,以至于人们无法根据

❶　[美]德沃金:《认真对待权利》,信春鹰、吴玉章译,中国大百科全书出版社 1998 年版,第 45 页。
❷　[美]德沃金:《认真对待权利》,信春鹰、吴玉章译,中国大百科全书出版社 1998 年版,第 61 页。

这些规则来调适自己的行动;第八,无法使得公布的规则与它们的实际执行情况相互吻合。值得注意的是,仅仅根据富勒提出的这八种失败状况还不能说明富勒法学思想的倾向,他认为:"这八个方向中任何一个方向上的全面失败都不仅仅会导致一套糟糕的法律体系;它所导致的是一种不能被恰当地称为一套法律体系的东西。"❶并且一旦出现这种状况,那么这套不能称之为"法律体系"的东西对于当事人而言就不足以获得被遵守的理据。所以,"可以肯定的是,我们找不到任何理性的根据来主张一个人负有道德义务去遵守一项不存在的法律规则,或者一项对他保密的规则,或者一项在他已经行动完之后才颁布的规则,或者一项难以理解的规则,或者一项被同一体系中的其他规则相抵触的规则,或者一项要求不可能之事的规则,或者一项每分钟都在改变的规则"。❷

　　富勒的这一观点实际上是对"法律是什么?"这一法理学的元问题所作的道德倾向的设定,在他的理论中,存在不同的规则——都是由权威者颁布的:一种是权威者颁布的能够被称为"法律"的规则,可以获得或者应该获得公民的遵守;另一种是权威者颁布的不能被称为"法律"的规则,这种规则不能够或不应当被公民所遵守。在此,富勒的理论与新分析法学的实证主义道路产生了截然的分殊。从司法的角度而言,富勒主张司法活动应当满足合法性的基准。不过,富勒的八项主张都是从技术性的层面作出的,正如他自己所说的,八项主张实际上都属于"程序道德"的范畴,并不属于一般性的社会道德范畴。因此,如果仔细分析富勒所指出的八项失败的原因,很容易发现,富勒实际上并没有说明法律之上是否存在超越法律的普适性标准。也就是说,富勒认为满足了技术性标准的法律就是"道德的",同时也是具有合法性的法律。

　　实际上,在富勒提出上述理论的时候,新分析法学就对其理论提出了批评,认为富勒的理论中的所谓"程序道德"实际上并不对立于新分析法学理论,只是角度不同而已,因为分析法学注重的也是既存法律规则的判断问题,并且这种判断也是去道德化的(至少尽可能地去道德化的)。富勒的技术性标准实际上也是一种相对纯粹的标准,具有去道德化的意思。所以,富勒对分析法学的批评是没有依据的。不过,作为富勒而言,从法治的角度出发回答"法律是什么"的

❶ ［美］富勒:《法律的道德性》,郑戈译,商务印书馆 2005 年版,第 46～47 页。
❷ ［美］富勒:《法律的道德性》,郑戈译,商务印书馆 2005 年版,第 47 页。

问题,的确很自然地从西方法治的最基本理念——程序正义理念出发进行论证。在西方,尤其在英美国家的历史上,程序正义几乎构成英美法治的最核心和最古老的原则。所以,西方法学界对于程序正义构成现代法治的主要精神的问题是十分看重的。从这个逻辑出发,富勒将法律的道德性定位在技术性标准的实现上也是情有可原的。不过,如果考虑新分析法学对富勒的评说,可以看出新自然法学将法律的评价标准定位在超法律的道德基准上的做法在富勒的理论中是不容易发现的。换句话说,满足富勒标准的法律是否就一定是能被社会道德认可的正义之法是不容易说清楚的。也许正是在这一点上,新分析法学认为富勒的理论实际上并不是真正的自然法理论,反而更像新分析法学理论的一种改进。

三、新自然法学的方法论价值

从二战以后的自然法复兴到当代新自然法学的发展基本上都是围绕这样一个主题,即什么样的法律才是真正值得公民遵守的法律?在这个问题下,开放出来的问题涉及司法领域就演变为这样一个问题,即在具体案件的审理过程中,法官是否应当唯法律是从?正是在这个问题下,才有了新自然法学与其他法学流派的争议。解决这一争议有这样几种思路:第一种思路是将法律的外延扩大,使得法官审理案件的推理前提都设定为法律的一部分。德沃金就是遵循的这样一种思路,将规则、原则和政策都纳入法律的范畴,这样即使不存在成文规则或者法官不依成文法规则推理,只要推理前提符合原则和政策的特点,审判活动就是法律框架内的,审判结果就具有合法性。第二种思路是通过对立法活动设定技术性标准以区别合法的法律和非法的法律,从而界定法官审理案件的推理前提是否具有合法性,进而判断司法过程的合法性。这是富勒的思路。第三种思路是分析法学的思路(后文将会进一步论述),将法律的外延局限在规则的范围内,法官在司法过程中可以适用规则,前提是规则的存在。如果法官适用推理的前提是规则以外的前提,那么无论是原则还是政策,抑或其他,法官都不是在适用法律,而是通过适用其他的前提创设了新的规则。按照英美法传统,法官创设的新规则在后续案件中具有约束力,这是遵循先例原则的体现和要求。

正是在思路问题上,新自然法学和新分析法学产生了理论上的对立。但是,我们应当看到,从解决问题的角度出发,新自然法学和新分析法学都是在解决同样的问题,是通过解答"法律是什么",为司法过程提供合法性支撑。它们的交锋并不是表面上显现出来的所谓法律与道德之争,而是何为司法过程的合法性基础之争。原因有这样几个:

第一,英美法理学最终是奠基于对司法过程的分析的。从英美法理学的理论目标看,无论是什么学派的理论都是从司法过程入手展开理论的论证,大量的案例被用来作为研究对象或者论证依据,这显然与英美国家的判例法传统以及判例在法律生活中的核心地位有密切的关联。尤其是美国法理学中的实证主义倾向的研究成果,几乎都贴近于司法过程,围绕司法判例进行研究和论证。像当年的霍姆斯、弗兰克,以及庞德、兰德斯等人,当代新分析法学新一代代表人物比克斯和科尔曼,社会—法律运动的主要人物塔马纳哈等等,都是从判例出发进行研究的。因而,新自然法学在与其他学派的论争中也要围绕判例进行论证和辩驳,否则其理论说服力就会受到影响。前述纽伦堡审判、帕尔默案等等都是如此。富勒在《法律的道德性》一书中也设计了假想案例来进行分析论证。从法的角度而言,司法过程是解决实际社会纠纷的过程,也是主体权利救济的最后一道屏障。在判例法的前提下,法官如何解决实际案例尤其是疑难案件关乎主体权利能否最终获得确立和救济。因此,英美法理学关注司法过程,运用理论研究的成果影响甚至指导法官判决的做法由来已久,这既反映了近代以来英美法理学对基本权利保障的重视,也体现了英美法理学的基本价值出发点。值得注意的是,这种研究路径对于英美国家的司法实践影响甚大,因为它针对现实问题,而不是纯粹的逻辑问题,这就给法理学研究带来清新的时代感和显著的实践感。

第二,新自然法学重视道德对于法律合法性标准的意义。新分析法学同样不否认法律的道德基础问题,只不过双方在司法过程中究竟是否应当直接引入道德判准这个问题上产生了分歧。新分析法学坚持法律和道德的分离,坚持法律规则的价值中立,新自然法学则反对将法律与道德截然分开。不过我们认为并不能就此认为新分析法学否认道德对法律的作用,无论法律研究者持有何种学派观点,法律与道德的历史和现实关系都是实际存在的,因而不可能被否认。所以,即便是最强硬的要把道德从法学理论中排除出去的纯粹法学的代表人物凯尔森都不否认道德对法律的作用,只不过他认为这种影响已经超越了作为一门科学的法理学的研究视域,不能作为法理学的研究对象了。正是因为这个原因,哈特在回应德沃金的批判时,对法律与道德的关系持有一种保守的态度,认为应当存在"最低限度的自然法",这被认为是新分析法学向新自然法学所作的一个妥协。不过我们认为,哈特"最低限度的自然法"的提出并不表明其从理论上愿意有限地向自然法靠拢,恰恰相反,这一命题的提出正是哈特进一步表达了新分析法学的基本观点,也就是道德与法律是应当分离的。但是新分析法学已经脱离了凯尔森纯粹法学的绝对性,避免了其理论中的决断论的缺陷,但是分析法学的最基本的前提——法律是否能够被称为"法律"的标准只能存在于法律本身,而非法律之外——没有被抛弃。因此,"最低限度的自然法"的提出并不表明哈特已经妥协或者屈服,相反,哈特试图更加详细地说明新分析法学并不是不承认法律与道德的关联,只是表明法律合法性的标准应当从法律规则本身而不是从道德基准来设定。从这个角度来看,新分析法学与新自然法学之争并不是以新自然法学的胜利而告终,不如说新自然法学经过几十年的批判,最终还是没有颠覆新分析法学的理论根基。这一点从哈特《法律的概念》一书的第二版的附录可以很清晰地认识到。

　　第三,由于对法律究竟应当如何表达这一问题持有对立的观点,新自然法学和新分析法学的争论在很大层面上是自说自话,通过争论的形式不断丰富自身的理论框架和理论逻辑的证明力。从哈特的《法律的概念》问世开始,德沃金和哈特之争就拉开了序幕,演变为新分析法学和新自然法学的理论争论,长达几十年之久。现在说谁胜谁负还为时尚早,只能说谁也没有最终颠覆对方的理论根基。这几十年的理论争议究竟对法理学提供了哪些资源?或者说这几十年争论对于一个在这一争论之外的旁观者而言究竟有什么收获?我们认为,新自然法学和新分析法学的争论最主要的不是观点的争议,而是方法的交锋,这对于旁观者而言尤其值得重视。正是由于方法的不同,所以两个学派对于法律的观察视角也是不一样的。一方观点不能够为对方接受并不因为这个观点在对方的逻辑中有问题,恰恰相反,而是因为一个学派的观点并不出于另一学派的逻辑之中,所以他们之间无法理解(或者根本拒绝理解)对方的观点。从这个角度来看,两个学派的观点对于对方而言实际上都是在自说自话。新自然法学所说的"法律"是 A(规则、原则与政策),而新分析法学所说的"法律"是 B(就是规则),其实 A 和 B 不存在对错的问题,只存在角度的不同,所以,批驳对方将"法律"看成

A 或者 B 的观点是错误的观点本身就是罔顾对方的理论视角。所以,关注两个学派的观点之争实际上并不能给我们带来更多的理论收获,反而是两个学派观察法律的方法是非常值得注意的。

例如,德沃金将规则、原则和政策纳入法律,从方法上来说是扩大法律的外延,从实践方法上来说,法官自由裁量行为的合法律性标准大大降低了。在具体案件中,法官在规则缺失的情况下,可以直接适用原则甚至政策进行司法审判活动。并且,如果法官在审理具体案件的过程中发现成文法的规则不能使案件得到最合理的解决时,也可以从法律的精神出发引申出法律原则加以适用,甚至运用政策进行补充适用以解决实际案情。在德沃金的理论中,法官的这一行为都不属于自由裁量,而是属于依法裁判,法官并没有创设新的法律,而只是选择适用了法律而已。我们认为,这一观点一方面对提高疑难案件的处理质量比较有利,另一方面对法律规则不足的情况下解决疑难纠纷非常有利,从而对当代中国的司法过程可能具有比较重要的方法论意义。

重新检视新自然法学的理论,我们发现,这一学派所要解决的问题与新分析法学是一致的,不同的是对同一行为的看法有所不同,并由此引申出理论上的问题。就适用原则而言,德沃金认为法官适用原则的时候并不是创设一个新的法律,而是在适用法律,因为原则本来就在那里,不是发明出来的。而哈特认为适用原则——而不是适用规则——本身就是在规则之外创设了一种新的规则,这种规则经由先例原则可以对后续案件产生作用,因此法官适用原则实际上就是在行使自由裁量权的过程中创设了新的法律。从这里我们发现,就司法过程中对原则的适用问题而言,两个学派都认为需要对原则进行适用,分歧在于适用行为如何定性。如果我们对新自然法学,尤其是德沃金的理论进行充分的理解的话,司法过程实际上就是一个解决社会纠纷、救济主体权利的一个过程。这样,该过程就不仅仅是必须符合法律规则的规定的问题,而是应当首先契合于时代的法律精神的问题。因为从目的上来说,司法过程本身不是仅仅为了满足国家政权的统治,而最核心的是通过这样一个过程救济主体受到侵害的权利,而实现救济的手段是对因为权利受到侵害而生成的社会纠纷予以解决。从这个角度而言,如果一个司法程序进行完毕以后不仅没有解决纠纷,反而生成新的纠纷,那么这个司法过程显然是缺乏合理性的,并且由于新的纠纷的生成或者原来的纠纷没有获得解决,主体受到侵害的权利依然没有获得救济或者受到了新的侵害。

这样的司法过程是很难让人觉得具有公信力和权威性的,其判决也就很难具有良好的执行力。因此,我们认为,适度借鉴德沃金的新自然法学观点,扩大司法过程中对原则和政策的合理适用,对于当代中国司法权威性的提升以及判决公信力的加强无疑是有积极意义的。

第五章　分析法学的司法方法论

流　派　简　述

　　分析法学是近现代以来的一个重要的法理学和法哲学流派,它强调对法律规则、制度以及其中的法律概念进行分析,由于注重法律语言、概念的明确性与逻辑性,因此对于法学研究、法律制度的建构具有重要的意义。分析法学与法律实证主义联系紧密。法律实证主义反对所有诸如自然法学之类的"形而上学"学派,主张以实证材料为根据来构造法律科学。它认为法律是现存的人定制度即国家制定的实定法,而不是应然的理想规范即自然法,法律和道德之间,不存在内在、必然的联系。自然法只是一种虚幻的观念,在事实上并不存在,它既没有资格作为法而存在,也没有必要成为法学研究的对象。分析法学或分析实证主义法学由 19 世纪英国的边沁和奥斯丁创立。20 世纪,该流派的主要代表人物是纯粹法学的创立者凯尔森和新分析法学的创立者哈特。他们的学说继承了古典分析法学思想并有所发展。尤其是哈特的学说由于吸收了现代西方哲学中逻辑实证主义的概念和方法,并容纳了自然法学的部分观点,对分析法学理论进行了更具弹性的构建,因此得到了较为广泛的认可。

一、分析实证主义方法与分析法学:传统理论概述

　　分析法学作为实证主义法律思想的一个重要流派,思想渊源可以追溯到培根、休谟、洛克和霍布斯的法律理论。"分析哲学家把笛卡尔、洛克、休谟、康德这些注重分析知识的概念和语言的手段和基础的哲学家看成是自己的直接先驱。"❶

---

❶　［苏联］列克托尔斯基等编:《现代西方哲学辞典》,贾泽林等译,东方出版社 1995 年版,第 112 页。

按照现代哲学对分析哲学的规定性要求,分析哲学具有这样几个非常共同的特征:第一,分析哲学试图将哲学问题转化为语言问题进行研究,并在分析语言手段和语言表述的基础上解决哲学问题;第二,将语言分析的重点放在语义分析上,而不是语言的文字描述上;第三,把分析方法与其他方法严格区分,以此达到分析方法的纯粹性和自足性;第四,对哲学问题仅仅针对问题本身进行分析和研究,拒绝对哲学史意义上的分析;第五,消除哲学问题与部门科学问题之间的严格界限,打通逻辑的、语言的、方法的等问题之间的关系。❶

　　真正将分析方法独立运用于对法律的理解上,目前学术界普遍认为是从边沁、奥斯丁开始的。奥斯丁将法理学(jurisprudence)作为一个独立的科学分离出原来的法律理论,因为原来的法律理论(奥斯丁认为直到奥斯丁之前)将政治、法律和伦理等因素混为一谈,混淆了法律作为一门科学应当具有的独立地位。奥斯丁提出的法理学作为一门独立科学的研究范围主要是"描述"法律是什么的问题,无需回答法律应当是什么的问题。以此为起点,奥斯丁逐步展开了一种纯粹以法律规则为对象的研究学科,这是分析法学的开始。我们认为,奥斯丁的分析法学具有古典主义的意义,它把概念分析以及法律及其相关概念的充分展开作为法理学研究的主要任务。"作为一种法哲学的研究进路,分析法学研究的重点在于概念分析。"❷在奥斯丁的理论中,其对法律理论的最基本问题进行了厘清,廓清了"法律是什么"和"法律应当是什么"这两个问题之间的区别,而他的廓清方法被认为是分析实证主义的。奥斯丁的理论贡献表现在他提出将法律作为一种"科学"进行研究,其本质就是通过纯粹的分析方法对法律进行研究,截断法律与其外的其他因素(例如价值等)的关联。尤其是,奥斯丁将实证主义态度和分析哲学的方法相结合。在他的理论中,一个东西是否是法律不取决于任何其他的因素,仅仅取决于人的行为本身,因此,法律是一个关乎经验的问题,主要是有关权力的问题,而不是有关道德的问题。由于法律是主权者的命令,因此,在奥斯丁的理论中,这一命令是否是道德的与这一命令是否是法律是两个问题。虽然"奥斯丁并不是说法律不应当是道德的,甚至他也从来没

---

❶　参见[苏联]列克托尔斯基等编:《现代西方哲学辞典》,贾泽林等译,东方出版社 1995 年版,第 112 页。

❷　[美]布莱恩·H. 比克斯:《牛津法律理论词典》,邱昭继等译,法律出版社 2007 年版,第 7 页。

有如此暗示过"。❶ 但是,奥斯丁的确认为一个不道德的主权者的命令仍然是法律,应当被遵守(也许连他自己都觉得这是一个很无奈的结论)。这一观点受到其他学派的严厉批评。

奥斯丁的命令说是法学理论中争议较多的一个观点。在奥斯丁看来,任何一个法律,如果我们将其看做一定的规则,那么它就是一种命令,严格意义上的法律或规则是命令的总和。命令的显著特征,并不在于它的表达方式,而在于表达希望的人所拥有的权力以及其实际意图,在命令表达的意思被违反或故意违背的情况下,命令者希望能够给违反者以一定的强制性的不利后果,这种后果将会以痛苦的方式进行表达。当一种命令具备了权力依据以及凭这种权力形成的惩罚手段时,这个命令就成为法律。因此,命令本身有三个方面的规定性:第一,一个拥有权力(可以发布命令)并且兼具理性的人有一个愿望,希望另一个也具有理性的人为或者不为某种行为;第二,如果后者拒绝为或者不为前者希望其为或者不为的行为,前者将对后者施加某种后者不愿承受的痛苦;第三,前者的愿望必须通过口头或者其他类似的方法公开表达出来。虽然以今天的眼光来看,奥斯丁的命令说显然难以令人信服,但是,正是从命令说出发,奥斯丁完成了最初的将分析方法运用于法律理论的工作。通过明确法律就是一种命令这一论题,奥斯丁将实然的法律与自然法学一向主张的应然法律相互区分,从而使得当时的法律研究获得了"净化"(这里所谓的净化是指奥斯丁将法律问题的研究从政治的、历史的、社会的以及伦理的研究中独立了出来,试图排除法律研究中上述学科的影响)。当然,奥斯丁的这一论断也直接导致他从逻辑上必然承认"恶法亦法",正是这一点使得自然法学难以接受,也直接导致二战以后分析法学在欧洲受到前所未有的理论挑战。

不过,我们认为,奥斯丁的法律命令说从逻辑上来说导致承认"恶法亦法"是一个不争的事实,但是承认"恶法亦法"并不表明奥斯丁就支持"恶法"的存在,也就是说,支持"恶法亦法"与支持"恶法"本身是两个不同的问题。为什么这样说呢?因为从奥斯丁的逻辑出发,如果需要回答"恶法"是不是一种"法律"的话,那么答案是肯定的——"恶法"也是法律。因为显然"恶法"本身表达为一种独断的命令,而且发布命令的人是主权者。如果这样的命令所表达的一般性

---

❶ [美]布莱恩·H. 比克斯:《牛津法律理论词典》,邱昭继等译,法律出版社 2007 年版,第 14 页。

规则不能够被称为法律的话,那么就会产生这样的后果:第一,需要给命令作进一步的分类,以便将这样一种命令排除在法律之外。按照奥斯丁的理论,命令只有两种,其中一种是表达为一般性规则的命令,这种命令就是法律;还有一种就是偶然性的命令,这种命令不是法律,而只是一种命令,有时表达为习惯。"恶法"显然属于一般性的规则,如果它不能被称为法律,那就意味着存在第三类命令,于是原有的命令分类方法就必须抛弃。第二,如果完成了对命令的重新分类,则意味着奥斯丁必须放弃其实然和应然的分殊,或者说放弃实证主义的核心——"是"和"应当"的分殊,必须将命令分为好的命令(善法)和坏的命令(恶法),而善恶之分是"应当"的问题,不再是"是"的问题了,所以,必须要做的是对实证主义核心的放弃,同时也就放弃了实证主义。上述结果在奥斯丁法律理论的逻辑中是不可能实现的目标。因此,承认"恶法亦法"是奥斯丁理论的逻辑结果。但是,我们必须强调,这不是奥斯丁本人的主观态度,至少在他本人的作品中没有这样的说法。他只是认为,对于法律的好坏,人们很难确定明确无误的标准;依赖于自己的好恶,人们可以认定一项法律是正义的或者非正义的,对于非正义的法律他就有理由拒绝遵守,这种做法不仅不利于法律本身的权威性,反而有可能导致无政府主义的泛滥。虽然奥斯丁承认专制独裁的暴君需要通过重建法权予以推翻,但是按照正义和非正义的道德标准衡量法律的做法同样对开明君主构成巨大威胁。

从这一理论进路,我们可以认识到奥斯丁理论在司法方法上所具有的意义。在奥斯丁看来,法官是主权者的代表,因此,法官适用法律审理案件是代表主权者行使职权。适用主权者的命令,也就是法律是法官的职责所在。直接适用法律是法官最直接地代表主权者行使权力,而如果法官在审理具体案件的过程中适用非主权者的命令(偶然的命令,如习惯),只要事后得到主权者的明示或者默示认可,依然可以视为适用主权者的命令,因此,法官的行为与主权者的权力之间是一致的,或者可以是通过认可得到一致的。在这里,我们认识到在司法过程中,法官的推理和解释方法实际上是以法律的存在为前提的,一方面,既存的法律构成司法推理和司法解释的前提;另一方面,在法律并非既存的情况下,只要法官的推理或解释行为得到主权者的认可,这种推理和解释的结果依然是有效的。因此,司法过程实际上都是主权者命令的实现过程。

二、纯粹法学的司法理论

奥斯丁之后最著名的分析法学代表人物是以创立纯粹法学而闻名于世的奥地利法学家凯尔森。凯尔森在奥斯丁的基础上进一步改造了分析的方法,将法学研究中的独立方法发挥到极致,试图发展出一种独立于社会学、历史学、政治学和伦理学的"纯粹"的研究方法。不过,凯尔森的方法更多地具有逻辑推演的色彩,有别于奥斯丁所主张的经验分析。比克斯认为,凯尔森的理论更多地似乎不是分析哲学的因素,相反应当是康德哲学的影响更多一些。"凯尔森试图在法律中找到类似于伊曼努尔·康德那样的'先验要素',因此最好把凯尔森的著作理解为寻找为什么人们有时把其他人(官员)的行为和语言当做是有效的规范。他的著作也可以被看做是探寻这种规范思想的逻辑。"❶ 为了避开奥斯丁理论所受到的质疑和批判,凯尔森摆脱了其命令说,但是仍然坚持法律与道德不是同一个层面的问题这一基本出发点,他将法律看成是对官员的(命令)的授权,使其在该命令未被遵守时由官员实施制裁。他坚持认为法律不应当回答正义的问题,"一个纯粹法理论———一门科学——不能回答这个问题,因为这个问题是根本不能科学地加以回答的。"❷

凯尔森最著名的理论成就之一就是他的静态法律理论和动态法律理论。两者都以法律规范为研究对象,静态的法律理论主要研究法律的定义以及法律理论中的一些最基础性的概念,动态的法律理论实际上研究通常所说的立法和司法理论,"凯尔森研究法律的创造和适用过程就是要从这一过程中发现法律体系的结构,即法律规范之间的动态联系"。❸ 从凯尔森的动态理论的主要目标而言,我们认为他试图解决的主要还是法律规则的效力问题。这一问题本身十分复杂,它所揭示出来的次级问题主要包括:法律规则的效力依据是什么? 法律规则的效力之间如果发生冲突应当如何解决? 以及不同效力的法律规则是如何体系化为统一的规则系统的?

---

❶ [美]布莱恩·H.比克斯:《牛津法律理论词典》,邱昭继等译,法律出版社 2007 年版,第 121 页。
❷ [奥]汉斯·凯尔森:《法与国家的一般理论》,沈宗灵译,中国大百科全书出版社 1996 年版,第 6 页。
❸ 李桂林、徐爱国:《分析实证主义法学》,武汉大学出版社 2000 年版,第 147 页。

　　首先,凯尔森的纯粹法学将法律和道德截然分离,从而导致其在考虑法律规则为什么具有效力这一问题时很自然地只是从法律内部去寻找依据。"一个规范的客观效力……并不来自事实行为,也就是不来自'是',而是来自给这个行为授权的规范,也就是来自'应当'。"❶按照这一思路,凯尔森不断将法律规则的效力依据上移,最终形成了独具特色的法律规则效力链理论,处于最高效力等级的基础规范的效力并不来源于任何规则的授权,相反,(同一个法律体系中)所有的规则的效力都将来自于该基础规范的授权。按照这一逻辑,没有效力的法律规则是因为这个规则没有被授权有效,而一个规则之所以能够被称为法律规则,是因为它被另一个规则授权为法律规则,所以,法律上的效力是一个规则成为法律规则的充要条件。这样,一个行为的法律强制力就与整个法律体系产生了关联,其效力最初是由一个特别规定的规则授予,而该特别规则又被一个一般性规则授权,这个一般性的规则又被该法律体系中的宪法授予效力,而宪法的效力又是由什么授权产生效力的呢? 凯尔森认识到宪法效力的授权在实在法体系内很难实现,于是他就设定了一个假设的规则——基础规范。基本规范的功能是将宪法创造事实的主观意义转化为客观的表达,将根据宪法而确立的效力授权确定为一种客观的授权结果。❷ 由此,凯尔森建立了一个具有严密逻辑关联的法律规则效力等级结构体系,每一个规则都是该结构中的一个节点,受到另一个节点的授权,以此类推而构成法律规则效力的等级链。这一理论的重要性在于凯尔森为法律规则的有效性设定了一个内部标准,而无需在法律之外再去寻找任何依据,从而在逻辑上实现了其建立纯粹法律科学的目标。

　　其次,由于法律规则的有效性标准来自于法律本身,而并非法律之外的任何(政治的、历史的、社会的或者伦理的)标准,因而,凯尔森的效力理论从逻辑上排除了道德进入法律体系的可能性。并且,这一理论还摆脱了对法律规则内容的关注,而将效力建立在对法律规则体系的结构形式的检验上。因为,一个规则是否成为法律规则与这一规则所规定的内容毫无关系,有关系的仅仅是给这个规则授予法律效力的那个规则的内容,而上级规则的内容与其是否有权授予下

---

❶　Hans Kelsen, Pure Theory of Law(Berkley & Los Angoles, University of California Press,1967) , pp. 8−9. 转引自李桂林、徐爱国:《分析实证主义法学》,武汉大学出版社 2000 年版,第 176 页。

❷　参见李桂林、徐爱国:《分析实证主义法学》,武汉大学出版社 2000 年版,第 178 页。

级规则以法律效力也是没有任何关系的,仅仅关乎更高一级的规则是否授权给了这个规则。因此,凯尔森将法律规则的效力完全建立在形式的基础上,规则的内容以及对内容的评价都不再对规则的效力产生影响,因此,凯尔森理论的纯粹性在这里得到了充分的表达。

将凯尔森的效力体系理论运用与法律的实践中,我们发现这一理论对于法律的创制和适用具有非常重要的意义。同样,在凯尔森理论的影响下,法律规则的创制和适用也是在法律体系内部得到解决的。

第一,法律创制的前提是宪法的存在,否则法律规则的创制就会产生合法性危机。没有宪法的授权,国内法的规则效力就会出现授权的危机,从宪法到一般性的规范再到特别规范,授权层级的基础就是最高等级的授权,整个过程是一个从高级到低级的逐级授权的过程,因此,在法律创制的过程中,宪法的存在是其他法律规则存在的前提,也是国内法律体系有效性的前提。在法律创制的过程中,权力机关创制的规则是否具有法律效力应当从该机关是否被授权立法来看,还要考察该机关所创制的法律是否符合已经获得了更高级的法律规则的授权,满足两个条件的立法活动才能创制出具有法律效力的规则。

第二,法律适用的过程是寻找有效法律规则的过程。由于法律规则的效力是以法律规则的存在为条件的,因此,只要一个法律规则明确无误地存在,这个法律规则就具有了效力,而无论该法律规则是否已经获得了遵守。这是司法过程中极其重要的问题,因为,法官在司法过程中必须适用具有效力的法律规则。同时,法官适用法律的行为本身也是一种被授权的行为,因此,司法过程的效力在于通过授权使得法官具有适用法律的合法性权力,正是这种授权才使得法官的行为获得了权威性。法官在司法过程中不能适用未被授权的规则或者已经丧失了实效的法律规则,但是对于相互冲突的法律规则,法官有权选择适用,这也是对法官行为的一种前提性授权的结果。在凯尔森看来,司法判决不是宣告性的,而是构成性的。司法机关必须决定要适用的一般性法律规则是否存在(如果存在,该法律规则的效力就是存在的),决定不法行为的事实。由于司法过程是构成性的,所以,司法过程并没有终结法律过程,相反,法律规则实效的完成——也就是司法过程的执行的完成——才能说是法律过程的终结。❶

---

❶ 参见李桂林、徐爱国:《分析实证主义法学》,武汉大学出版社 2000 年版,第 198 页。

　　第三,法律冲突在法律适用过程中显示为法律规则效力之间的冲突。法律规则的冲突是常见的法律现象,处理这一问题必然涉及法律规则的取舍,于是就出现了法律规则效力的比较和区分问题。这是凯尔森非常重视的现象。因为,如果法律规则的冲突问题得不到解决,那么社会主体的行为就会无所适从,不论适用哪一个规则都有可能给主体带来不利的法律后果,而主体又不能不按照法律规则行事,因此结果就会对主体产生义务上的不公。一旦这种情况出现又不能获得解决,那么法律体系在主体中的权威性就会受到重大创伤,这是非常不利的一种结果。因此,凯尔森认为,在立法机关没有就冲突的法律规则进行新的创制以前,必须通过司法的过程予以解决,以满足主体权利和义务的公平和合理的安排。

　　凯尔森指出,由于规则是规定行为的,因此,相互冲突的规则不是谁对谁错的问题,而是谁有效谁没有效的问题,这不是逻辑问题,而是效力问题。两个相互冲突的法律规则必然只能有一个是有效的,另一个将丧失效力。如何确定法律规则一个有效,一个无效? 凯尔森认为这需要通过司法过程中的解释过程才能实现。

　　首先,对于法律效力等级结构中同一个效力层次的相互冲突的规则,可以以时间先后作为其效力的判准,后法优于前法。这一方法适用于一般性规则,也就是通常所指的法律条文所表达的规则。凯尔森还提到另一种情况,即如果相互冲突的法律规则出现在同一个机关的同一部法律中,那么虽然它们之间的效力属于同一层级,但是它们之间并不存在先后问题,或者先后时间根本无法确定。在这种情况下,凯尔森认为可以由适用法律的司法机关予以选择适用。

　　其次,对于个别性的规则,如果是处于法律效力等级结构中同一层次的两个规则相互之间存在冲突,凯尔森认为应当通过由执行机关在两个规则中选择的方法加以解决。尤其是法院的判决发生冲突的情况下,更需要这样做。因为两个个别性的规则都具有效力,但是其本身又相互冲突,所以,静态的效力相同的情况下需要通过实效的比较才能确定哪一个规则是有效的。因为,任何一个法律规则的效力都是由静态的效力(以存在为前提)和动态的效力(也就是实效)所构成的。

　　最后,对于英美法传统中的法官造法问题,凯尔森并不认为法官创造了法律,因为在凯尔森的理论中司法过程本身就是一种创造的过程,将一般性的法律规则适用于具体案件,就是将一般性规则个别化的过程,也就是法律的适用过程,因此,这本身就是一种创造。至于当法律出现漏洞时,法官可以通过造法活动弥补漏洞的说法,凯尔森予以反对。他认为法律中不存在漏洞,"实在法律秩序总是能够被适用于一个具体案件中,即使在根据法院的观点法律秩序并不包含有积极地调整被告行为的一般法律规范的时候,也是如此"。❶

三、新分析法学的司法方法视角

第二次世界大战以后,欧洲法学家掀起了对纳粹德国法律制度的批判和反思,其中分析法学的法律思想被认为是有利于为纳粹德国法律辩护的一种法律理论,因为分析法学承认"恶法亦法",间接给纳粹德国的法律披上了合法性的外衣。由此,以奥斯丁和凯尔森为代表的分析法学和纯粹法学开始被抛弃,自然法学重新兴起。但是,从1961年哈特的《法律的概念》(第一版)出版以后,分析法学重新走上了西方法理学的前台,并且以其独特的分析方法(主要是语言哲学的转向),严密的逻辑结构逐步占据了西方法理学的重要地位。直到今天,从西方法理学的局面来看,分析法学依然是非常主流的理论派别,从这个派别中发展出了许多新的理论方向。我们不欲在此探讨分析法学的复兴和新自然法学后来的停滞不前,但是,我们始终认为,法学理论的发展始终是与时代的问题相关的,可以说,法学理论的发展主要是为了回答当时当代所提出的难题。二战以后是一个迫切需要重返普遍价值的时代,需要建立世界(主要是西方世界)的价值体系,因此,将价值判断因素重新引入法学理论中契合于时代的呼声。而20世纪60年代以后,西方世界普遍进入稳定发展的时期,已经确立的价值标准无需进一步强化,或者说,法学家们有了新的问题需要回答。那就是,在现有的法律体系中,如何通过理论的论证强化现有法律的权威性,以便更好地实现法律的统治(rule of law)?实际上这个问题也是分析法学在凯尔森时代就关注并试图回答的问题,这一问题可以转化为另一个问题,那就是"何种规则才是具有法律意义的规则?"由于新自然法学的道德标准实在无法在全社会获得统一,因而这一

---

❶ Hans Kelsen, Pure Theory of Law (Berkley & Los Angoles, University of California Press, 1967), pp. 245-246. 转引自李桂林、徐爱国:《分析实证主义法学》,武汉大学出版社2000年版,第199页。

标准具有普世化的难度基本上不是法学家可以解决的问题。建立一套实证的标准来帮助法律规则合法性的建立是 20 世纪 60 年代以来一个时代的命题,也是一个难题。语言哲学的分析方法是解决这个难题的重要方法之一,它的形成以哈特的名著的出版为标志。

(一)最低限度的自然法与分析法学的道德底线

为了回应新自然法学派对分析法学承认"恶法亦法"的批判,哈特提出了法律规则效力的最终极授权,这被其称之为"最低限度的自然法"。但是在最低限度自然法存在的理由方面,哈特认为它们并非来自于超越经验的标准,而是出自于人类社会的经验事实。首先,因为人本身具有客观的外在脆弱性,使其有可能被其他人所伤害,因此,必须存在禁止相互伤害的规则;其次,由于人类相互侵害的事实,使得平等规则的存在显得非常有必要,这些规则使得人们可以达到相互之间的"近乎平等";第三,人类是自私自利的,但是哈特认为人介乎魔鬼和天使之间,在魔鬼和天使身上,任何规则都是毫无意义的,因此,对于人类而言,存在规则可以限制人类的自利性对他人利益的侵害;第四,由于人类社会的资源有限,所以制定法律规则以限制资源的无限制争夺就显得很有必要;最后,人类的理解能力是有限的,意志力也是有限的,因此,合作对于人类社会的存续而言显得非常重要,而规则对于合作是极为重要的前提,没有规则就不会形成有效的秩序,就不可能达成成功的合作。哈特认为,这是人类社会"自然的必然性"。正是这种必然性造就了法律的道德底线。❶

哈特的最低限度的自然法不同于自然法学派所说的自然法,后者将自然法作为评价法律是否能够被称为法律的超法律标准,以此决定一项被称为法律的规则是否值得公民遵守,是"善"法与"恶"法之间的分界。按照自然法的观点,从司法的角度而言,如果一个法官具有自然法的思想传统,那么其在适用法律规则或者原则之前,运用自然法对该规则和原则进行判定,以决定该规则或者原则是否是一个真正的法律规则或者法律原则。经过判定,其将要适用的规则或者原则并不满足自然法的要求,那么这个法官就可以拒绝适用该规则或原则,因为法官的职责是适用"真正的法律",而不是适用"所谓的法律"。值得注意的是,

---

❶　参见[英]哈特:《法律的概念》(第二版),许家馨、李冠宜译,法律出版社 2006 年版,第 181~184 页。

在这里,一个自然法倾向的法官实际上担当着两种角色:一种角色是适用法律的裁判者,通过对法律的适用实现法律所体现的价值取向;另一种角色是法律本身的裁判者,他必须能够判断其所面对的法律是否只是一个被称为法律的规则(或原则),还是一个真正的、满足正义要求的法律规则(或原则)。

但是,最低限度的自然法在哈特的理论中并不构成对一个现行法律规则或者法律原则是否是真正法律的判准,而只是法律规则效力最终的依据。依照这一理论,如果一个法官具有新分析法学倾向,其并不会担当两种角色,因为其承认所要适用的法律规则或者原则就是真正的法律,其效力的依据在于上一级法律规则的授权。除非需要进行宪法规则的适用,否则法官不用追究其所适用的法律规则或原则是否满足最低限度的自然法这一要求。因此,从哈特的分析法学理论而言,其在司法过程中所具有的意义主要体现在司法解释的过程中,一如自然法理论同样也是司法解释的理据一样。

(二)初级和次级规则及其范围

哈特将法律规则分为两类,一类是基本规则或者称为初级规则,另一类是次级规则。对于基本规则而言,"不论他们愿意不愿意,人们都被要求去做或不做某些行为"。❶ 而对于次要规则而言,"它们规定了,人类可以通过做或说某些事,而引入新的、取消或修改旧的初级类型规则,或者以各式各样的方式确定它们的作用范围,或控制它们的运作"。❷ 因此,从二者所反映的社会关系而言,"第一种类型的规则科以义务;第二种类型的规则授予权力,包括公共的或私人的"。❸ 哈特进一步展开次级规则,因为在规则的分类的基础上可以发现,次级规则实际上占有比初级规则还要重要的法律地位,因为它们可以产生、改变和消灭初级规则。

哈特指出,人类社会的不同时期所具有的不同结构形态,决定了该社会对规则的选择,从这个角度而言,初级规则和次级规则的选择是具有客观基础的。他认为,在人类社会的早期,由于社会结构比较简单,因此,"在其中社会控制的唯

---

❶ [英]哈特:《法律的概念》(第二版),许家馨、李冠宜译,法律出版社2006年版,第77页。
❷ [英]哈特:《法律的概念》(第二版),许家馨、李冠宜译,法律出版社2006年版,第77页。
❸ [英]哈特:《法律的概念》(第二版),许家馨、李冠宜译,法律出版社2006年版,第77页。

一手段就是群体对其标准的行为默示的一般态度",❶社会规则主要是对主体行为的直接规范,这种社会结构实际上是一种"科予义务之初级规则的社会结构"。❷ 对于原初社会而言,初级规则已经能够满足社会对规则体系的需求了。但是对于一个复杂的社会而言,这种"科予义务之初级规则的社会结构"存在内在的缺陷,使得复杂社会对于社会规则的选择发生变化。这些缺陷包括:

第一,初级规则自身不能形成体系,因而缺乏复杂社会群体能够认同的共识性体制。哈特认为,这种规则实际上类似于我们现代社会的礼仪规则或者纯粹的伦理规范,社会个体之间对其标准会形成非常复杂的差异性认同,这种差异性的认同对哈特而言实际上就使得该规则效力的实现成为难题。

第二,初级规则治理的社会中,规则的成长是一种自然演化的发展模式,因为不存在次级规则,因此,没有人可以改变或者废除旧的规则,或者生成新的规则,规则的发生、变更和消灭完全是一种自然化的过程,因此,这种规则的变化模式对于社会关系的变化的反应常常是非常滞后的。哈特还注意到另外一个比较重要的现象,那就是在初级规则控制的社会中,对规则的违反现象在经历了长期的过程以后,开始变得能够获得越来越多的容忍,最终该规则会发生"反向的衰退过程"。❸

第三,以初级规则所控制的社会中,缺乏集中化的、统一的规则执行机构,实际上就是对初级规则的执行缺乏权威的、集中化的暴力支持。如果没有集中化的权力机构控制初级规则的执行,那么对于违反该规则的行为究竟应当如何处理就会有两种结果:要么对如何处理产生争议,并且该争议将无数次地进行,最终不了了之,没有任何人可以就处理问题说服别人,于是社会正义的实现在这种争论的过程中成为一句空话。每一次对同样的违反规则行为的处理会不一样,因为缺乏统一的标准、缺乏统一的机构,因此,社会对违反规则行为的处罚实际上成了以社会的名义动用私刑,社会正义的实现不是随着行为的不同而改变,而是随着时机的不同而改变,从而客观上否定了社会正义的存在。

因此,在一个复杂社会中,规则的控制需要对原初社会的规则结构进行变革,哈特认为,通过对次级规则内部体系的补充可以完成对复杂社会的规则控制

❶ [英]哈特:《法律的概念》(第二版),许家馨、李冠宜译,法律出版社2006年版,第86页。
❷ [英]哈特:《法律的概念》(第二版),许家馨、李冠宜译,法律出版社2006年版,第87页。
❸ [英]哈特:《法律的概念》(第二版),许家馨、李冠宜译,法律出版社2006年版,第88页。

结构的改造。哈特认为,次级规则可以针对上述三种初级规则的缺陷进行三个方面的补充,从而形成三种次级规则:第一种、第二种是变更规则,是指授权个人或者集团实行新的主要规则,以取代原有的主要规则的规则。第三种就是裁判规则,这种规则是指授权个人或者国家机关就一定情况下某一个主要规则是否已经被违反,以及违反该规则以后应当予以何种制裁而作出权威性的判断的规则。

哈特认为,"对初级规则体制的不确定性最简单的补救方式,就是引进我们称为'承认规则'的规则"。❶ 通过承认规则规定任何其他规则如果具备某些特征,就能称为这一社会集团的、由它所行使的社会压力作后盾的规则,也就是说,通过承认规则的承认,主要规则可以取得法律效力。这种规则的表现是多样化的,并且其形成的历史也非常早,人类社会在很早的时候就通过不同的方式对初级规则予以承认,从而实现对一个社会的规则控制,通过承认规则,违反初级规则行为的惩罚获得了集体认同,从而实现了规则的权威性和集体认同性。

对于初级规则控制的社会中,由于规则的发展变化是一种自然的过程,因而有可能形成反向衰退的现象,哈特在次级规则体系中提出增加变更规则。这种规则从根本上说,就是"授权给某个人或一些人,为整个群体的生活或其中某一阶层的人的生活引进新的初级行为规则,以及废止旧的规则"。❷ 从本质上来说,变更规则实际上就是立法规则。

对于初级规则控制的社会中,违反规则行为的处罚困境应当如何解决。哈特提出了第三种次级规则的补充,那就是裁判规则。裁判规则除了规定对主体行为规制的集中化强力机构以外,还应当包含裁判过程应当遵守的程序。裁判规则表面上看,是规定法官有义务对违反规则的行为予以认定,非常类似初级规则。但是从本质上而言,裁判规则只是授予法官以裁判权力,并给予法官以某种法定的特殊地位,以表明只有通过法官的裁判对违反规则行为的认定才具有合法性和权威性。

哈特对法律规则的分类理论是对奥斯丁的法律命令说的批判性改造。奥斯丁的法律命令说主要是强调法律规则的义务性特征,而忽略了法律规则本身与

---

❶ [英]哈特:《法律的概念》(第二版),许家馨、李冠宜译,法律出版社2006年版,第89页。

❷ [英]哈特:《法律的概念》(第二版),许家馨、李冠宜译,法律出版社2006年版,第90~91页。

权力之间的程序性关联。哈特看到了奥斯丁分析法学理论中的不足,在坚持分析法学基本方法,也就是实然和应然二分的基础上,对奥斯丁饱受批判的法律命令说进行了改造和发展,从而完善了分析法学的理论体系。

（三）承认规则问题

在哈特的理论中,承认规则被认为是原初社会和复杂社会相互区别的最重要标志,复杂社会的标志就是"属于次级规则的承认规则被人们接受,而且被用来辨识科予义务的初级规则"。❶ 承认规则正在成为一个辨别初级规则是否有效的权威性标准。这一规则可以通过多种方式表达出来,但是一般情况下可能并不明文规定出来。哈特认为,承认规则类似于体育比赛中的得分规则,决定哪些行为构成得分的一般规则很少被详细地表达出来,相反,这种未被详细表达出来的规则却往往就被裁判员或者球员直接使用,以判定哪个特定阶段能够分出胜负。球员和裁判员对于未被阐明的得分规则的直接使用实际上表明他们的一种内心状态,也就是自觉认可得分规则的存在和有效。因此,无论是法官还是法定的公共机构,对于承认规则的适用往往也是未被详细阐明的若干规则,这种适用也同样表明法官或者公共机构对于承认规则的态度。

实际上,新自然法学派与分析实证主义法学对于承认规则的理论争论所直接指向的是一个历久弥新的法理学论题——法律与道德究竟何者才是终极意义上的决定因素？伴随承认规则争论的不断深入,从哈特开始,经过拉兹、科勒曼到布莱恩·比克斯和布莱恩·莱特,20 世纪的西方法理学产生了一个显著的转向,那就是法哲学的政治哲学转向。如果说,在奥斯丁、凯尔森以及哈特的理论中,法律与道德的关系仍然固守于法理学自身的理论体系中的话,那么,从拉兹开始的分析法学越来越将这一论题的研究切入政治哲学的范畴之中,在分析法学中形成了新的发展取向,后来又进一步影响到新自然法学。我们认为,这种取向的出现是非常重要的。其重要性在于:

首先,分析法学开始在其理论体系中更多地考虑法律与其他影响司法过程的实际因素之间的关系的分析,进而在特别案件的处理中分离出法官行为的真实考量。英美法系的法官在行使司法权的过程中究竟是否能够脱离政治的因

---

❶ ［英］哈特:《法律的概念》(第二版),许家馨、李冠宜译,法律出版社 2006 年版,第 94 页。

素？这个问题实际上在历史上就已经得到了解决。无论是英国最初的衡平法官还是美国联邦最高法院的法官，他们的行为实际上都不是固守法律规则本身，而是对于法律规则的空白处进行仔细的考量和辩驳，从而通过判决在法律规则的空白处落笔生花。衡平法官的判决形成衡平法上的判例，本身就是对日耳曼习惯法的一种补正，而美国联邦最高法院的判决已经造就了联邦宪法的若干修正案的生成。正是这些政治上的考量赋予了法律以完善的意义，通过司法过程推动了法律的发展与变革。值得注意的是，分析法学对于政治因素在司法过程中的影响的关注也是遵循了分析法学一以贯之的理论方法，从实证主义的角度（而不是从伦理的角度）对司法过程中的终极依据进行剖析。

其次，分析法学对于政治因素的考虑在理论上是为了解决这样一个问题，既然政治因素是法官行为中的一个固有因素，那么对于政治伦理的考虑如果影响了法官的判断，这是否应当是一种自然法意义上的结果？按照哈特的观点，法官在对政治因素进行考量的时候实际上已经对原有的法律体系进行了完善，以弥补因为法律规则的不足或者缺陷而造成的漏洞，有力地回应着因为这些漏洞的存在而生成的社会冲突。因此，法官的行为显然具有某种意义上的创新性，是法官运用其司法权力在立法的基础上"生产"出了新的规则，并运用这一规则对特定的社会冲突予以解决。

再次，法哲学与政治哲学历史上就存在若干共同的论题，例如自由、平等、正义等价值的解读一直是二者共同关注的话题。分析法学从奥斯丁开始到哈特的发展过程中，法律与道德的二分是一个前设，也是分析法学的根基所在。这种二分观点往往使人容易误解为分析法学不承认法律与道德之间的关联，我们认为这是一种误解。众所周知，法律与道德作为社会上层建筑重要的组成部分，自古以来就是相互关联的，无论是哪一种理论流派或者学术观点，否认这一事实的存在不仅是毫无意义的，而且是十分荒唐的，哈特绝不可能站在这一角度建构其分析法学的理论体系。在哈特以及哈特的传人拉兹以及科勒曼而言，法律与道德的二分是指"法律的存在"与"法律是否是正义的"是两个不同的命题，不能（也不可能）混为一谈，前者是一个经验性判断，后者则是一个伦理性判断。法哲学理论指向的应当是经验性判断的研究，而伦理性判断则是政治哲学或者伦理学研究的范畴。

最后，即使如上所述，法哲学应当研究经验性的判断，但是法律与道德的二分不能仅仅局限于实证主义的视角,排斥道德对于法律的作用,因此,接下来的问题就是如何在实证主义的理论框架中建立法律与道德的联系。从拉兹开始所进行的研究就是对这一问题的回答的种种努力。哈特以后的分析法学对于这一论题的解决是从"道德如何能够有效地进入法律"这一路径渐次展开的。拉兹是通过对权威这一概念的分析哲学的展开提出排他性实证主义的理论体系的,而科勒曼则通过设置"道德安置命题"(暂时)完成了对哈特理论的修正和补充,从而建立了包容性实证主义的理论大厦。无论是拉兹还是科勒曼,都着力于解决道德究竟如何实际地进入法律,尤其是进入司法过程? 更加重要的是,道德进入司法过程需要何种机理才能达致其可欲性目标?

需要强调的是,当代英美法理学中所需要解决的道德问题中,许多都与政治哲学意义上的道德具有相当的一致性。例如同性恋的合法性问题、安乐死的问题、女性权利的保护问题、淫秽言论与出版自由的问题等等。对这些问题的解决迫切需要理论上的合法性论证,这些问题是当代西方社会的时代难题,也是法学理论需要直面的时代挑战。正是在这个意义上,分析法学与政治哲学产生了共同的兴趣点和论题,并直接导致分析法学的理论深入政治哲学的领域进行开拓性研究,于是产生了前述所谓的分析法学的政治哲学转向。

(四)自由裁量与司法过程的性质

由于哈特认为法律本身具有不确定性,因此,当具体案件中遇到法律不确定的问题时,法官实际上需要通过自由裁量才能解决案件。这种自由裁量有时需要超出法律规则本身的内涵,从而引起"法官造法"的现象。哈特指出:"在任何一个法体系中,一定存在着某些未受法律规范的案件,在这些案件中从法律无法导出特定的决定,也因此法律乃是部分地不确定或不完整的。"❶他认为,在这个问题上,他的观点类似于边沁的观点,也就是:"法官仍应做出决定,不应放弃审判权或把法律未规范的争议点丢给立法机构去决定,他就必须行使他的裁量或为案件造法,而非仅仅适用已存在的既定法律。因此,在这种法律所未规范的案件中,法官同时创造新法并适用既存的法律。"❷正是在这个方面,哈特的观点受

---

❶ [英]哈特:《法律的概念》(第二版),许家馨、李冠宜译,法律出版社 2006 年版,第 253 页。
❷ [英]哈特:《法律的概念》(第二版),许家馨、李冠宜译,法律出版社 2006 年版,第 253 页。

到德沃金的强烈阻击,此乃哈特—德沃金之争中著名的"自由裁量"命题。德沃金认为哈特所说的法官造法实际上是不存在的事情,法官造法仅仅是像哈特这样的实证主义法学家们构思出来的司法图景。

但是哈特认为德沃金的观点是对其理论的歪曲。一方面,哈特指出在他的自由裁量理论中,法官的造法地位并不等同于立法机关的造法地位。法官的造法行为必须首先受制于立法权的限制,因为从政治权力分配的角度来说,司法权和立法权是对等的,不能通过司法权超越立法权;另一方面,法官仅仅在处理特定的案件时裁涉及造法问题,因此,法官造法并不能够产生大规模的法律变革的效应。所以,"法官造法的权力一方面仅仅是用来填补空隙,一方面也受到许多实质的限制。"❶

从哈特和德沃金的争议可以发现,两人对于法官处理疑难案件时所采用的方法的理解采取了不同的概念规定性,从而形成截然分殊的结论。这并不奇怪,当论题所奠基的核心概念的规定性存在不同的时候,依据该概念进行扩展的理论体系也必将有所区别,从而该理论的逻辑必须从特定的规定性逐步展开,最终得出不同的结论。这种现象往往成为理论研究中一个必然存在的现象,同时也往往构成不同理论体系的一个先决条件。而将这种理论运用于司法过程时,法官在具体案件中所进行的推理行为就成为理论审视的对象,一般都对法官究竟推理时运用何种推理前提发生兴趣,因为这一前提的确定也是关乎法官的推理是否满足于法律自身的限定性的问题。

德沃金将法律这一核心概念的规定性扩大为包括通常的法律规则以及法律原则和政策在内的所有能够构成法官在审理特定案件时资以推理的前提。在这一规定性的统摄下,法官无论是依据法律规则进行推理,还是在法律规则不确定或者不完善的时候,对于疑难案件运用法律原则甚或政策进行推理的过程都是法官"依法审判"的过程。因此,在德沃金那里,所谓的法官造法概念是不存在的,只有法官在推理过程中究竟是选择法律规则,还是权衡法律原则的问题,二者都是在法律的框架内进行的。在这一规定性的基础上,德沃金指出哈特站在分析实证主义的立场上曲解了英美法系司法过程的客观现实性。但是,有趣的是,当事人之一的哈特却不这样看,他对于德沃金认为的法律本身就是一个完善

---

❶ [英]哈特:《法律的概念》(第二版),许家馨、李冠宜译,法律出版社2006年版,第254页。

的体系,可以包容一切案件——无论案件如何复杂的观点予以了详细的驳斥。

哈特认为,无论理论家如何坚持认为既存的法律可以解决任何疑难案件,实际情况是法律总是存在这样那样的漏洞。他说:"好比德高望重如美国的霍姆斯法官与卡多佐法官,英国的麦克米伦法官、赖德克里夫法官或里德法官,以及其他许多优秀的法律人,包括在学术界或实务界,都坚定地认为存在着法律未完整规范的案件,法官对之担负无可逃避但属填补性质的造法任务,在这些案件中法律无法告诉我们应该采取哪一种决定。"❶我们认为,哈特与德沃金在疑难案件的唯一正解问题上的争议更多地属于理论争议中的"平行理论之争"。哈特和德沃金是在两个层面上各自展开各自的理论,并进而从各自坚守的视角"炮击"对方的理论观点。若干年的哈特—德沃金之争,哈特主要是防守一方,但是作为攻击方的德沃金似乎并未从根基上瓦解分析实证主义法学,其最根本的原因就是德沃金批驳的总是哈特的观点——而不是哈特所构建的分析实证主义体系的理论前设。在拉兹以及科勒曼和比克斯的共同努力下,分析实证主义的内部体系变得更加完善,修补了更多的理论漏洞。正如布莱恩·莱特所说的那样,德沃金最终没有胜利,胜利属于哈特。❷

---

❶ [英]哈特:《法律的概念》(第二版),许家馨、李冠宜译,法律出版社2006年版,第255页。
❷ 参见布莱恩·莱特尔:《超越哈特—德沃金之争:法理学中的方法论问题》,陈锐译,法律思想网,2006年11月7日。

第六章　实用主义法学的司法方法论

流 派 简 述

20 世纪初,实用主义哲学理论曾经深刻地影响了美国的现实主义法学和社会法学,哲学家杜威也以实用主义视角来分析法律问题。作为一种法学流派的称谓,实用主义的概念并不十分清晰,实用主义法学阵营的界限似乎也是飘移不定的。较为公认的是,美国现实主义法学的先驱人物、联邦最高法院法官霍姆斯应可归属于实用主义法学阵营,经济分析法学的创始者之一波斯纳也自称为实用主义者,甚至有人将新自然法学的代表人物德沃金也归入其内。不过,关键不是实用主义法学这一称谓或"标签",而是它所代表的一种理论立场、观点和方法。在不同的实用主义法学家那里,观点其实并不完全相同。波斯纳甚至认为,实用主义的哲学观点与实用主义的司法理论并无太大关联。从实用主义哲学中无法推导出实用主义的司法理论,一个实用主义的司法者并不必然会接受实用主义哲学的价值和追求目标。❶ 但是,无论观点如何分歧,法学上的实用主义者至少应在以下两个方面应该是具有共识的:其一,主张法律制度或法学理论具有工具性,即它们是引导人们的行为取得良好效果的手段,衡量其好坏的标准是看它们是否能够有效地增进其适用对象的福利。其二,强制法律制度或法学理论具有实践性,即法律行为或司法活动是一种社会实践,不是抽象的自然法、正义观念或社会福利决定了法律的实践,相反,是法律实践决定了法律制度、法学理论和法律观念。在此基础上,我们可以思考实用主义的司法方法论问题。本章着重分析波斯纳的有关理论。

---

❶ Richard A. Posner, Pragmatic Adjudication, Cardozo Law Review, 1996, p. 2.

一、实证主义法理学的新取向

从学术流派而言,波斯纳法学思想的基本倾向在西方属于现代实证主义法律思想流派中的一个比较新的分支,其原因主要在于波斯纳对于法律,尤其是司法过程的理解是实证主义的,这一点在学术界已经形成了初步的共识。但是波斯纳的法律实证主义与传统的美国实证主义有所不同,而是一种新型的实证主义法律思想。他在其法律理论中,对于这种实证主义的新颖之处进行了比较详细的说明和论证。他从早期法律的生成开始,探讨现代法律生成的决定因素,随后,在认识论层面对于形式主义、实用主义以及新自然法学思想进行了分析或者批判,从而证明了其实证主义法律思想的时代性和新颖性。

(一)早期社会的纠纷解决与法律的早期渊源

众所周知,人类社会在国家尚未形成以前,纠纷解决就成为社会生活中常见的现象,只要存在利益,人类社会内部就必然会产生围绕该利益的冲突。关于早期人类社会的纠纷解决,法人类学家进行了长期而全面的研究,并形成了丰富的成果。但波斯纳则运用经济分析方法,对早期社会的纠纷解决机制进行了富有新意的剖析,形成了独特的理论特色。

波斯纳认为,在早期社会中,事实的认定是一个费用高昂的事情(即便在今天也是如此),而早期社会的社会条件使得事实认定只能通过与现代司法过程完全不同的形式完成。实际上,"高昂的信息费用反映在誓言、决斗以及初民社会案件审理中有时使用的其他含混的或非理性的事实确认方法"。❶ 而人类学家在考察早期社会的过程中,发现了迷信对于早期社会的深切影响,这是客观存在的事实。波斯纳发现,法人类学家的发现往往带有相当的偏见,这种偏见也许出自于法人类学家的西方中心主义情结。在波斯纳看来,人们很容易夸大初民社会发现事实中的迷信因素,其实"非洲部落社会就比中世纪欧洲人的案件审理更少依赖决斗(即双方进行战斗)以及其他类似的发现事实的奇怪方法"。❷

---

❶ [美]波斯纳:《正义/司法的经济学》,苏力译,中国政法大学出版社2002年版,第181页。
❷ [美]波斯纳:《正义/司法的经济学》,苏力译,中国政法大学出版社2002年版,第181页。

当然,即便如此,也无法否认早期社会运用某种超验的因素决定法律事实的客观现象,这种现象的出现与早期社会的法律技术能力有很大的关系,"初民审判庭发现事实的能力却有限,因为没有警察和其他调查机构和技术(诸如验尸),因为它们会用一些超自然的原因来说明自然的现象"。❶

在早期社会的纠纷解决中,波斯纳发现有几种因素逐步成为初民社会纠纷解决的指导性因素,其中一个就是先例。"法律的第三种渊源——用司法决定作为指导未来的先例——在初民社会中可以起作用。"❷在制度经济学的理论中,先例的运用实际上构成了纠纷解决成本的降低,同时也是构成纠纷解决结果形成公信力的重要因素。波斯纳注意到早期社会纠纷解决的另一个方面,那就是裁判者(他称之为法官)在纠纷解决过程中的地位和身份。早期社会的裁判者并不像现代社会中的法官一样属于社会公共机构的代表,其身份在早期社会仅仅是一个纠纷的裁判者,不属于任何公共领域,同时也并不具有公共权力。他认为,"典型的初民社会的法官,就像现代的仲裁者一样,都从争议者那儿获得报酬,而不是从整个社会那里寻求报酬,因为他是一个私人公民"。❸ 不过,波斯纳对于早期社会的裁判者的身份认识可能存在不恰当的地方,我们认为,即便是在早期社会的纠纷解决过程中,裁判者的身份也不是随意的,而应当是具有确定身份的人,否则其裁判的公信力就可能存在疑问,从而进一步影响其裁判结果的实效。但是,这并不能否定波斯纳的另一个认识的准确性,那就是早期社会并不存在纠纷解决的公共机构。按照法人类学的观点,早期社会中的纠纷解决机构一旦确立为一个专门机构,即意味着初民社会的法律就已经生成了,因为这样一个专门机构通过专门人员对违反规则的行为实施物质性制裁,而这与法律形成以后的社会的纠纷解决机制是一致的。

波斯纳发现的早期社会纠纷解决的另一个因素就是习惯的形成。我们无法准确确定究竟是先例在前,还是习惯在前,可以确定的是习惯的生成是早期社会秩序得到有效、稳定控制的最初的也是最基础性的社会规则体系。从法哲学角度而言,习惯是直接来源于人类物质生活的社会规则,是特定社会主体共同法权

---

❶ [美]波斯纳:《正义/司法的经济学》,苏力译,中国政法大学出版社2002年版,第182页。

❷ [美]波斯纳:《正义/司法的经济学》,苏力译,中国政法大学出版社2002年版,第182页。

❸ [美]波斯纳:《正义/司法的经济学》,苏力译,中国政法大学出版社2002年版,第182～183页。

的制度性表达。因此,习惯受到客观物质生活的影响是非常直接的,因而习惯的样式也是极其多样化的。按照波斯纳的观点,早期人类社会的逐步发展过程中,在法律规则真正形成以前最终"支配了初民法律的,就是习惯。……习惯(包括习惯法)就像语言一样,是一个复杂的、变化缓慢的、高度分散的精确的规则系统。这些精确的习惯规则是对法官通过创造先例而特定化的广泛标准体系的一个替代"。❶ 这样一种规则系统对于早期社会的秩序治理具有非常明确的贡献,与先例相比,其稳定性和准确性达到了一个空前的高度,从而使得社会秩序的稳定性得到了良好的保障。由于早期社会的生产力发展极其缓慢,所以,变化缓慢的习惯规则体系无需承担因社会急剧变化而带来的不断修正的压力。这就是波斯纳所指出的观点:"一个规则越是精确,它就越难顺应变化的环境。因此,我们也就可以预料,一个由精确规则构成的体系会提供某些方法来迅速修改规则。习惯法体系没有这样的方法,但是,在一个静止社会这并不构成一个严重的问题。在这样一个社会中,法律变化滞后于社会变化并造成一些时代错误……的危险很少。"❷

(二)现代法律的基础

波斯纳认为,从现代法律的发生和发展历史而言,哲学及其对法律的影响是不容忽视的,虽然这种忽视实际上常常存在于任何可能的法律实务工作者中。波斯纳认为,哲学因其本性而为法律实务工作者所排斥,"对从事实务的人们,包括法官和律师甚至许多法律教授来说,哲学是一个令人痛苦的题目。哲学家们似乎总是钻研一些只要有一点常识并且要挣钱糊口的人连一分钟也懒得去思考的问题"。❸ 不过,从法律现象本身而言,无视哲学对于现代法律的贡献是让人难以接受的。从这个角度来说,波斯纳认为法哲学(法律哲学)所关涉的问题构成了当代法律发展的基础性问题,而法哲学层面上对这些问题的解决和构想也构成当代法律发展的基础性动力。应当认识到,从法哲学层面来说,"尽管这些问题看起来不仅远离常识而且远离普通规律(以及任何其他规律),它们却能

---

❶　[美]波斯纳:《正义/司法的经济学》,苏力译,中国政法大学出版社2002年版,第183页。
❷　[美]波斯纳:《正义/司法的经济学》,苏力译,中国政法大学出版社2002年版,第183页。
❸　[美]波斯纳:《法理学问题》,苏力译,中国政法大学出版社1994年版,第4页。

够为长期依赖的法理学问题投下一些光亮"。❶ 波斯纳同意罗素对于哲学与人关系的理解,他引用了罗素的话:"一个没有一点哲学味的人的一生只是一个受制于各种偏见的囚徒,哲学偏见来自常识,来自他的年龄和民族的习惯信仰,来自在他大脑中生长起来的却没有得到他的思维理性合作或同意的内心确信。对这样的一个人来说,他的世界倾向于变得确定、有限和明显;普通的物体不能引起他发问,而他不熟悉的可能性又被轻易地否定了。"❷在法学层面上,波斯纳认为虽然哲学对于现实的法律现象无法直接得出解决的方案,但是哲学对于法律思维的影响超越了一般人所认为的哲学能够达到的功能,这一点从古典时代的客观自然法思想,到近代理性主义和经验主义哲学对于政治哲学和法律哲学的影响的事实可以窥见一斑。所以,从法学和法律实务的角度而言,波斯纳认为,"尽管哲学不能确定地告诉我们什么是对哲学说引出的怀疑的正确答案,却可以提出许多可能性,使我们的思想增长,并摆脱习惯这一暴虐的约束。因此,尽管它削弱了我们关于事物是什么的确定感,它却大大增加了我们关于这些事物也许是什么的知识;它将排除对未经自由怀疑的事物的某些自大教条,并且从不熟悉的方面展现出熟悉的事物,从而使我们的惊奇感保持生动"。❸ 正是对事物本质属性的反复考量,哲学才能够对人类社会产生重要的影响力,从古希腊开始,哲学已经渐次演变为一种生活方式,尤其在欧陆地区。在法律事务中,运用哲学的思维方式可以将思维带入清晰的结论中,从而避免受到任何前见意识的干扰。"哲学,如同柏拉图和亚里士多德所说的那样,起始于惊奇,就是能将每一事物想象得与其本来不同。它看熟悉的事物就像是陌生的,陌生的事物又似乎是熟悉的。它能够将事物拿起来又放下。其观念充满对每一物体反复思考。它将我们从天真教条的沉睡中唤醒,使我们冲出偏见的牢笼。"❹

现代法律总是以某种规范的形式表现的,因而现代法律往往很容易被理解为一系列的规则,从而将法律与规则之间的关系演变成法律就是规则这样一个命题。波斯纳认为,规范作为一种社会秩序的调整工具,其出现早在法律之前,这是因为社会纠纷解决的需要,因此"即使在最简单的社会,由于社会的需要,

---

❶ [美]波斯纳:《法理学问题》,苏力译,中国政法大学出版社 1994 年版,第 4 页。
❷ [美]波斯纳:《法理学问题》,苏力译,中国政法大学出版社 1994 年版,第 5 页。
❸ [美]波斯纳:《法理学问题》,苏力译,中国政法大学出版社 1994 年版,第 5 页。
❹ [美]波斯纳:《法理学问题》,苏力译,中国政法大学出版社 1994 年版,第 5 页。

在法官或其他官员出现之前,就衍化出默示的或明确的规范。毫无疑问,规范出现在正式法律之前,这一事实是确信有'自然法'的原因之一"。❶ 司法独立也被认为是现代法律的基础性要件,所谓司法独立在西方社会一般理解为法官不受任何外来的压力,独立进行审判工作,任何人以及任何组织也无权干涉法官对案件的审判和裁决。对此,波斯纳认为,司法独立如果不加以控制,那么司法机关或者法官在具体的案件审理中也许就会损害公众的实际利益而无需承担任何风险和责任,这是非常危险的一种状况。他明确指出:"司法独立问题是私人的问题也是社会的问题。法官希望独立就像学者希望得到确定的学术职位一样。法官不想成为权势者的仆人。但如果独立性仅仅意味着法官按照他们的意愿来决定案件而不受其他官员的压力,这样一个独立的司法机构并不显然会以公众利益为重;人民也许仅仅是换了一套暴政而已。"❷ 而司法过程中,法官究竟应当做到什么样的程度才是可以接受的? 对于这样一个问题,当代社会普遍的认识是法官应当依法裁判,应当对法律负责,也就是所谓的"对于法官来说,除了法律没有别的上帝"。对此,波斯纳也有独立的观点,他认为法官的裁决应当合乎情理。什么叫合乎情理呢? 波斯纳给出了这样的解释:"只有当我们满足于在第三种意义上(我有时将称之为'交谈性'意义上)的定义,即将'客观'界定为合乎情理的时候,我们才有可能在自然法学者的观点和法律虚无主义者的观点之间就各个法律疑难问题找到一个中间立场。而所谓合乎情理就是不任性、不个人化和不(狭义上的)政治化,就是既非完全不确定但也不是本体论意义上或科学意义上的确定。"❸ 波斯纳的这一观点非常值得回味。从波斯纳本人的学术成果来看,其所说的不任性应当是指不极端化,也就是说法官在处理具体纠纷的时候既不能固守于法律的条文或者先例之中,也不能无视法律和先例的存在,必须在法律或先例与社会效益的增长之间找到平衡,当然这一点并不是任何法官都可以立刻做到的。不个人化应当是指法官不应当受其本人性格特质的影响,法律为天下之公器,而法官是运作这一公器的人。所以,法官在审理具体案件的过程中应当尽可能抛弃个人的特质,而以公众利益为中心。不政治化的理解可

---

❶　[美]波斯纳:《法理学问题》,苏力译,中国政法大学出版社 1994 年版,第 6 页。
❷　[美]波斯纳:《法理学问题》,苏力译,中国政法大学出版社 1994 年版,第 8 页。
❸　[美]波斯纳:《法理学问题》,苏力译,中国政法大学出版社 1994 年版,第 9 页。

以解释为司法机关或者法官应当不受政治集团或者政治人物的外部影响,独立公正地审理和裁决具体案件。波斯纳所说的"狭义的"含义是非常明确的,广义的政治包含了社会的政治治理和政治秩序,甚至在某种意义上可以表达为一个社会的政治上层建筑。从这样一个角度来说,法律与政治是无法分割的,司法机关和法官无法回避广义的政治。狭义的政治是指来自于政治集团或个人所施加的政治影响,例如政治集团的压力、政治人物的干预等等。从波斯纳上述观点而言,我们认为其观点中的实证主义倾向是非常明确的。同时,也可以看出其观点中非常积极的方面,包括其提出的合乎情理的标准问题。

(三)实用主义法学

波斯纳认为其经济分析法学的哲学根基延续了边沁的实用主义哲学的基本精神,因而对边沁的哲学思想和法律思想格外重视,他认为边沁"一方面否决了以各种道德论(功利主义除外)作为法律的基础,另一方面它拒绝了各种仅仅依赖情感、传统、雄辩或(简而言之)缺乏反思和不系统的法律研究,它寻求将法律建立在科学的基础之上——使之成为获得各种确定的社会目标的人类实用工具。就这有限但重要的方面来看,边沁是本书所鼓吹的实用主义法律观的创始人"。[1] 而对于流行于美国的法律形式主义理论,波斯纳则持有批判的态度,认为法律形式主义是脱离了法律现实的法律观,因而也就是缺乏理论合理性的法律理论。他以哈佛大学法学院前院长兰德尔为例,证明以兰德尔为代表的法律形式主义者错误地将法学研究和法律教学定位于根本不存在的假设的基础上,结果造成了理论与法律现实严重脱离,从而也直接造就其理论的空洞性。他说:"法律形式主义者,其中最为今日所知的是哈佛法学院院长兰德尔。在一定层面上,这些形式主义者是柏拉图主义者,因为他们相信在已公布的成千上万司法决定中存在一些永恒不变、无可争议的法律原则,而法律推理的目的就是通过这些决定而获得这些法律原则。这就是兰德尔自己的著作的特色。"[2]

波斯纳非常推崇美国联邦最高法院前大法官霍姆斯的实用主义法律观,认为这种法学理论才是正确的,尤其是活生生的法律现实的反映。而霍姆斯本人

---

[1] [美]波斯纳:《法理学问题》,苏力译,中国政法大学出版社 1994 年版,第 18 页。
[2] [美]波斯纳:《法理学问题》,苏力译,中国政法大学出版社 1994 年版,第 19 页。

对于法律形式主义也是持有批判态度的。波斯纳指出："霍姆斯反对形式主义有三点。首先是反对它的概念主义和科学主义。……第二点与上一点紧密相连的是形式主义的僵化特点,……第三点,会同前面两点,就是法律与生活的分离。"❶霍姆斯在其《普通法》中指出法律的生命不在逻辑,而在于经验。这一观点不应当理解为要在法律中排斥所有的逻辑,恰恰相反,霍姆斯的意思应当表达为不是来自于经验的法律逻辑是没有意义的,也就是没有生命的,是一种教义化的法律逻辑,而不是生活中的法律逻辑。波斯纳认为,霍姆斯实用主义法律观的一个重要方面就是,法律并不取决于有多少概念被定义了,而应当是有多少法律真正在生活中获得了效力。他认为,在霍姆斯看来,"世界上并不存在概念实体;一个概念的意义不在于其定义、形式以及它与其他概念的关系,而在于它在真实世界中引起的后果"。❷ 基于这样一种理论,司法机构和法官在具体纠纷解决的过程中,实际上并不仅仅是(有时甚至就不是)研究和解构各种各样的法律概念和法律关系,而是对于该案件的社会影响的评判作出准确的估计,并依次作出合适的裁决。波斯纳的这一观点基本上映照其对于司法机构和法官在具体案件中作出的裁决应当"合乎情理"的要求,在霍姆斯那里,"最好的法官是那些使形成的法律最精密地符合、甚至预测到社会中占统治地位群体的愿望的法官,而所谓占统治地位的群体也就是那些赶上历史潮流的人们。"❸

从现代社会的现实状况而言,"赶上历史潮流"的人是什么人？当然是占统治地位的社会集团,并不仅仅是指某一个个人,因此,通过这样一种认识,霍姆斯将司法过程与权力相互连接,从而在权力的照应中取得司法过程的合法性基础。霍姆斯认为,一个社会的法律本身实际上是对这个社会权力资源的分配规则,如果法律不能按照这种分配原则的精神而不断跟随权力,反而背叛权力的话,结果只能是政治权力终将抛弃法律,建立新的权力分配规则——因为没有分配规则的社会是极其危险的。波斯纳认为,霍姆斯不但是这样说的,也是这样做的,他"对违宪条件原则的否定来自霍姆斯关于法律表达了政治权力平衡这样的确信,这种确信指导着霍姆斯总是寻求权力的源泉并使法律追随权力。对一个希

---

❶　[美]波斯纳:《法理学问题》,苏力译,中国政法大学出版社1994年版,第20页。

❷　[美]波斯纳:《法理学问题》,苏力译,中国政法大学出版社1994年版,第21页。

❸　[美]波斯纳:《法理学问题》,苏力译,中国政法大学出版社1994年版,第21页。

望为法律责任找到一个实在的、非道德的基础的人来说,权力这个概念是很有吸引力的——事实上,权力也总是与物质力量精密相联系的(在霍姆斯看来,权力意味着一个人调动力量支持他的欲望的能力)"。❶ 虽然从表面上看,霍姆斯的观点有些过分,甚至在某种程度上有将法律看做是政治的婢女的意思。但是不可否认的是,在任何一个社会中,制定法律的人是占统治地位的社会集团,同样,修改法律的人也是占统治地位的社会集团,如果将法律看成是政治权力以外的规则,可能是不符合社会的客观状况的。从这一点出发,波斯纳认为:"霍姆斯的方法都要求法律工作者在法律,至少是常规定义的'法律'自身的外部寻求对法律的规则和结果、法律的原则和制度的解释。这种追求将继续成为法律理论的重要组成部分。"❷波斯纳指出:"霍姆斯主张法律是对法官在遇到一系列事实时将如何行为的一种预测。……一句话,法官改变规则。说到底,法律就是法官对你的案件的所作所为。"❸

(四)批判新自然法学

20 世纪 60 年代开始,以德沃金为代表的新世俗自然法学派的崛起,使得实证主义阵营与自然法阵营的理论对抗拉开了序幕,这一世纪争论一直到今天仍然没有停息。波斯纳作为实用主义法学流派的一个重要人物,他对德沃金的法学理论,尤其是司法理论进行了细致的批判。

德沃金的新自然法理论中有几个比较重要的命题,波斯纳分别进行了批判。他首先批判了德沃金的司法裁量权理论,因为德沃金认为法官在进行司法裁量的时候依然没有脱离法律,是在适用法律,只不过不是适用法律的规则,而是适用了法律的原则,当将原则也纳入"法律"的概念的时候,法官在自由裁量的过程中就是在适用法律。波斯纳认为德沃金在其理论中将司法裁量看成是达成司法结果的一个方法,这是非常危险的,因为司法裁量本身的尺度非常难以把握;如果将它看成是一种方法,则法官在具体案件中就会无视"合乎情理"的目标而仅仅通过合法的司法裁量就取得了裁判,这对于该裁判的公信力和权威性是非

---

❶ [美]波斯纳:《法理学问题》,苏力译,中国政法大学出版社 1994 年版,第 24 页。
❷ [美]波斯纳:《法理学问题》,苏力译,中国政法大学出版社 1994 年版,第 24 页。
❸ [美]波斯纳:《法理学问题》,苏力译,中国政法大学出版社 1994 年版,第 27 页。

常危险的。波斯纳指出:"在德沃金看来,法官并不是用公共政策来改变和创立法律,而是通过对这些原则的解释来发现可以适用于手边案件的法律。这些原则具有正义的形式(Form)和上帝之法律的地位。"❶然而,事实并不是德沃金所预料的那样,而是恰恰相反,"司法裁量权是一块空地或一个黑箱,但规则用尽时,裁量并不是解决案件决定中出现的问题的办法,而只是这个问题的名字。无论把它说得如何天花乱坠,它都会让法律职业界不安"。❷

　　波斯纳接着批判了德沃金的另一个命题,即任何一个案件都会有一个正确的答案,不会存在没有正确答案的案件,这个命题的隐喻意思是没有一个案件不可以在(德沃金概念的)法律中寻找到正确的答案。德沃金的这个命题同样建立在他的法律的概念规定性的基础上,也就是说,不管什么样的法律问题,法官都可以在规则或者原则中找到一个正确的解决方法。波斯纳认为德沃金的这个命题基本上是没办法理解的。他指出:"德沃金认为对每一个法律问题都有一个正确的和一个错误的答案;这就是依据法律的答案和违反法律的答案。……如果对一个法律问题有两个正确的答案,法官就有运用裁量权的余地;也许事实上,法官不得不运用裁量权,而这样一来就是由一些超出法律的考虑因素所决定的。"❸于是,问题聚焦于哪些法律规则无法给出正确答案,需要通过原则的适用才能得到裁判的正确答案,在这里,波斯纳提出了原则内涵所具有的道德性因素以及不同区域道德性因素的内涵存在差异性的问题,当出现这种情况的时候,客观上法官对原则的适用只能具有形式上的一致性,内涵上的一致性实际上是不存在的。因而,不同法官按照同一个原则作出的裁判有可能是非常具有差异性的裁判。也就是说:"法律的界定包括了在'原则'标题下法官们用以决定多数疑难案件的道德规范和政治规范时,在一个道德不同质的社会,诸如我们美国社会,就难以区分、有时甚至无法区分依法定案和依照政治偏好定案"。❹

　　波斯纳认为,在德沃金的法律理论中,所谓的法律原则,"不过是德沃金牌号的政治自由主义说接受的政策而已。在这种情况下,所谓'原则'的灵活性和与之相联系的'权利',这些为法官普遍视为不循法律的活动,按照德沃金的观

❶ [美]波斯纳:《法理学问题》,苏力译,中国政法大学出版社 1994 年版,第 28 页。
❷ [美]波斯纳:《法理学问题》,苏力译,中国政法大学出版社 1994 年版,第 27 页。
❸ [美]波斯纳:《法理学问题》,苏力译,中国政法大学出版社 1994 年版,第 28～29 页。
❹ [美]波斯纳:《法理学问题》,苏力译,中国政法大学出版社 1994 年版,第 29 页。

点就成了最完美的合法——如果观察者与法官有共同的政治偏爱;而那些习惯上认为是遵守法律的法官们就成了不守法的典范,因为他们忽视了那些事实上是法律一部分的原则,而不论这些原则是何等政治化"。❶按照德沃金的法律理论,所谓的司法过程的正当性实际上根本无法完成,因为多变的原则内涵、多元的法律要素均构成了对德沃金本身理论目标的挑战,最终这种挑战会使德沃金的法律理论大厦无法承受其自身的重量而轰然倒塌。波斯纳指出:"德沃金理论的讽刺性在于法律被界定得越宽,'法治'就变得越不确定,而不是越确定。法律失去了其独特性——首先汇合了道德,然后,当承认社会是道德多元的时候,又溶进了各派政治,然后就无法律可言了。"❷

　　作为对新自然法学的总结,波斯纳认为:"德沃金的正确之处在于,当法官把道德和政治价值带进他们的决定过程时并非自动地变得不循法律了;但当德沃金认为可以确定地全部一个由价值支持的司法决定为对错时,德沃金就错了。如果没有社会、文化和政治上的同质,无论是在法律文化的内部或是引用道德规范或其他超越法律的规范——传统自然法的领域,法律制度都不可能对疑难法律问题获得一个正确的、甚至是职业上令人信服的答案。"❸波斯纳的这一观点突破了以往法律理论建立在假设的同质社会的基础上的缺陷,正视了社会的不同质的客观性。按照波斯纳的实用主义法律观,"法律是向前看的,这一点隐含于工具主义的法律观——则是实用主义的法律观,即视法律为人类需要的仆人"。❹在他看来,法律只是人类社会秩序治理的工具之一,所以没有必要将其看得多么神圣,应当关注的是法律的社会效果,而不是法律本身。他引用卡多佐的话说:"在我们的时代,只有很少的规则是非常确定的,不会有某一天要求证明他们作为适应一个目的之手段而存在的合理性。……潮起潮落,只有错误之沙器将瓦解。"❺从这个角度来说,波斯纳似乎已经超越了在他之前的实证主义传统,走向了更加务实的法律观。这种务实性以解决问题为要旨,按照他的说法,"我的观点是赞同对法律过程作一种功能性的、充满政策性的、非法治论的、

---

❶ [美]波斯纳:《法理学问题》,苏力译,中国政法大学出版社 1994 年版,第 29 页。
❷ [美]波斯纳:《法理学问题》,苏力译,中国政法大学出版社 1994 年版,第 29 页。
❸ [美]波斯纳:《法理学问题》,苏力译,中国政法大学出版社 1994 年版,第 31 页。
❹ [美]波斯纳:《法理学问题》,苏力译,中国政法大学出版社 1994 年版,第 39 页。
❺ [美]波斯纳:《法理学问题》,苏力译,中国政法大学出版社 1994 年版,第 39 页。

自然主义并且是怀疑主义的但决不是玩世不恭的理解;一言以蔽之(尽管我担心这很不充分),我赞同一种实用主义的法理学"。❶

二、司法方法论的核心问题

(一)法律的逻辑

法律的逻辑问题是理论法学和部门法学共同关心的基础性问题之一,司法的过程常常被理解为是一个逻辑推理的过程。在这样一种理解下,大陆法系的司法过程被理解为是演绎推理的过程,英美法系的司法过程被理解为演绎推理或者归纳推理加上演绎推理的过程,这种理解似乎已经成为一种常识性的认识了。但是,只有对法律的逻辑进行深入研究的人才会发现,演绎推理的过程往往得不出结果,或者没有办法得出唯一的结果来,这时,逻辑问题就成为司法过程的一个重要问题。波斯纳对此也十分感兴趣,因为他身为教授和法官,已经认识到"当法律推理无能为力时,法官不得不诉诸政策、偏好、价值、道德、舆论或任何其他必需的东西,并以一种令他本人和他的同事满意的方式来回答法律问题,这常常意味着这种回答是不确定的"。❷ 法律中有很多似是而非的方面,这些方面只有深入其中才能略知一二。从法律本身而言,一部法律究竟要达到什么样的标准才能算得上是一部真正意义上的法律,波斯纳认为是非常难以确定的,因为有很多时候我们发现这样的情况,即"法律可以是相当客观的、非个人化的,但却是完全不正义的"。❸ 也就是说,法律的形式是完全合法的,但是该法律的内容确是完全不合法的。这种形式与内容的分离现象就是法律形式主义者所忽视的现象,因为在法律形式主义看来,形式正义是决定法律正义的全部条件,只有形式上合法的法律才是合法的法律,波斯纳对此进行了严肃的批判。他说:"形式指法律内部的东西,实质是指法律外部的世界,就像形式正义和实质正义的对比中所使用的那样。"❹作为依赖于形式而进行判断的法律思想,"在自然法和各种法律实证主义者都会出现形式主义。成为一个形式主义者的唯一必要条

---

❶ [美]波斯纳:《法理学问题》,苏力译,中国政法大学出版社 1994 年版,第 35 页。
❷ [美]波斯纳:《法理学问题》,苏力译,中国政法大学出版社 1994 年版,第 47 页。
❸ [美]波斯纳:《法理学问题》,苏力译,中国政法大学出版社 1994 年版,第 48 页。
❶ [美]波斯纳:《法理学问题》,苏力译,中国政法大学出版社 1994 年版,第 51 页。

件是一个人对他的前提和他从前提引出结论的方法有最高的信任"。❶ 为什么
会出现正确的演绎推理却不能得到正确的结论的事情呢？波斯纳认为,演绎推
理的三段论中,大前提和小前提都是需要论证的,法律结果的"真实可靠性不仅
取决于个别的三段论的有效性,而且取决于前提的真实性"。❷ 而形式主义者对
于大前提的论证采取的是假设正确的做法,从而就有可能出现通过论证而为真
的小前提与假设为真(实际上为非真)的大前提进行比较,得出的结论只能符合
演绎推理的形式要件,但是结论是完全错误的。这还没有涉及小前提的论证本
身有时是极其困难甚至是难以论证的特殊情况,"在法治中,大小前提的真理性
常常是有争议的。首先,确定小前提——换言之——,发现事实——经常很困
难;因为发现事实并不是一个逻辑过程"。❸ 波斯纳指出:"过分使用三段论是霍
姆斯说批判的那种牌号的法律形式主义的最根本的特点。……作不贬义地使用
时,形式主义可以指一种强烈的确信——但也许证明这种强烈性是合理的:即可
以通过法律分析的常规手段来获得法律问题的正确答案,所谓常规手段主要是
细心阅读文本,发现其中的规则,然后从规则中演绎推导出具体案件的结果。或
者形式主义可以指仅仅运用逻辑从前提推出法律结论。"❹他认为这种错误的出
现与兰德尔当年推广案例教学法有很大的关系,因为在法律训练中,总是假设大
前提为真,主要的任务是论证小前提,因而使得学员失去了对大前提的怀疑能
力。"法律训练的很大部分,特别是在精英法学院里,就是研究法律的不确定
性;这种训练培养了一种远离普通人而且也远离许多律师的关于法律的基本观
念。普通人比律师更生动地感受到法律的确定性的另外一个原因是律师——有
时是问心有愧的——告诉这些外行们(我指一般的外行人而不是当事人)法律
是确定的。"❺

(二)法律的规则

法律规则一般被认为是法律的要素之一,对其的研究也构成了法学理论重

---

❶ [美]波斯纳:《法理学问题》,苏力译,中国政法大学出版社 1994 年版,第 52 页。
❷ [美]波斯纳:《法理学问题》,苏力译,中国政法大学出版社 1994 年版,第 53 页。
❸ [美]波斯纳:《法理学问题》,苏力译,中国政法大学出版社 1994 年版,第 56 页。
❹ [美]波斯纳:《法理学问题》,苏力译,中国政法大学出版社 1994 年版,第 51 页。
❺ [美]波斯纳:《法理学问题》,苏力译,中国政法大学出版社 1994 年版,第 53 页。

要的部分,而现代法学理论中对规则的研究主要集中于两个非常基础性的问题,一个是法律规则之间的冲突问题;另一个是法律规则的确定性问题。对此,波斯纳都给予充分的研究和分析。

波斯纳首先研究的是规则的功能究竟如何定位,他认为从社会纠纷解决的角度来说,规则显然是因为纠纷才生成的一种结果,但是一旦规则生成以后,它对于纠纷所形成的作用力又是非常明显的,因为"规则删除纠纷中各种可能有关联的情况,而标准则给予审理事实的人——法官或陪审团——更多的裁量权,……规则常常引起规则与社会政策的矛盾,而这些社会政策却是规则的基础;……标准就是解决这个问题的——获得实质正义而不仅仅是形式正义的问题……规则对创造特例不便,而标准可以说就是要将特例制度化"。❶ 如果没有规则,那么社会纠纷的解决就无法达成预期结果,社会秩序就很难得到有效控制,社会的不确定性就会大大增加。波斯纳认识到,"不确定性是成本增加、功用减少的根源之一,而随着以标准代替规则的增加,不确定性也会增加,法律现实主义、评判法学和女权主义法理学的一个明显的——几乎是决定性的——特点就是不理解规则有减少不确定性的优点"。❷ 通过使用规则,社会的经济效益明显得到提高,当事人的经济效益也提高了,这就是说:"规则使信息经济化了。与运用规则相比,运用标准总是要求审理者有更多的信息;这一事实意味着法律标准与法律规则之比越大,法院吸收信息的成本就越低"。❸

当然,规则不是万能的,作为一种规制手段,规则毕竟需要启动被动的规制机制来对社会秩序进行调整。从纠纷解决的角度而言,"以规则统管的毛病在于其他地方;这些毛病是熟悉的但仍值得强调。毛病之一是规则适用的范围可能不确定,因此法官必须不断地决定是否将这一规则运用于未预见的情况,或者至少在有规定许可时暂不作决定"。❹ 作为裁判者,"在将规则运用于事实过程中法官所要作的决定既可以描述为解释,也可以描述为制定一种特别的例外和调整,事实上是一种不断的对规则的重新制定。从实践上看来这两种表述是同样的,但法官偏好第一种表述,即解释性的,因为这种表述把他们打扮成一种不

❶ [美]波斯纳:《法理学问题》,苏力译,中国政法大学出版社1994年版,第56~57页。
❷ [美]波斯纳:《法理学问题》,苏力译,中国政法大学出版社1994年版,第57页。
❸ [美]波斯纳:《法理学问题》,苏力译,中国政法大学出版社1994年版,第58页。
❹ [美]波斯纳:《法理学问题》,苏力译,中国政法大学出版社1994年版,第59页。

过多创造的角色,因此也就是看起来不过分侵犯立法权力的角色"。❶ 一种规则对于一个社会秩序控制的时间越长(例如习惯),这些规则的稳定性就越好,其所具有的社会权力特征也就越明显,这些规则的社会控制能力也就越大。对于纠纷解决而言,"规则越古老并且规则控制下的活动越活跃(即规则所指向的活动随时间的变化越大),法官在确定特殊例外,特别是在扩大例外时所受的压力就越大"。❷

"规则的另一个问题是,一些相互不一致的规则可能都可适用于同样的活动。在此逻辑重申了它的请求。从逻辑上讲,相互不一致的规则不能运用于同样的活动。法官有责任排除这些不一致性。但逻辑并不能告诉他应当抛弃哪条规则。"❸这就是不同规则之间相互冲突的时候所面临的难题,选择此种规则和选择彼种规则的基础如何确定的问题几乎困扰了若干代法学家,这个问题也因此成为法律规则研究中一个无法回避的问题。波斯纳认为,这就是法律不确定的地方,当法官按照其中一个规则裁判的时候,他似乎是正确的,但是同时也可能是不正确的,因为选择规则的时候没有客观的外在标准,只有法官的内心和经验在起到直接的明显的作用。从这个角度来看,"根据规则做出的决定并不必然地比根据标准做出的决定更客观"❹。波斯纳说:"我们因此有了一个悖论,即法律问题可能同时是确定的又是不确定的:确定的是因为有一个明确的规则囊括这个法律问题,不确定的是因为法官没有责任要遵循该规则。这就使得一条法律规则有点像自然法。而且这个悖论支持了霍姆斯的观点:即事实上法律仅仅是对法官在一套确定的事实条件下将如何行为的预测,因为法官要做任何事都不是为这些规则所约束的。"❺

波斯纳认为即使在规则冲突的情况下,法官选择规则对于法官而言仍然是具有约束的意味的,可以理解为法官是在规则的内部进行选择,而不是随意地选择任何一个规则。从这个角度说,"规则的主要长处是限制官员的裁量权——实施规则的官员的裁量权,而不是制定规则的官员的裁量权——以减少法律权

---

❶ [美]波斯纳:《法理学问题》,苏力译,中国政法大学出版社 1994 年版,第 59 页。
❷ [美]波斯纳:《法理学问题》,苏力译,中国政法大学出版社 1994 年版,第 59 页。
❸ [美]波斯纳:《法理学问题》,苏力译,中国政法大学出版社 1994 年版,第 60 页。
❹ [美]波斯纳:《法理学问题》,苏力译,中国政法大学出版社 1994 年版,第 60 页。
❺ [美]波斯纳:《法理学问题》,苏力译,中国政法大学出版社 1994 年版,第 60 页。

利义务的不确定性。……即使这些规则很清楚,也可能因为其数量太多以至于受这些规则约束的人们不可能掌握它们;因此规则的清晰性就是虚幻的。而那些抓住了普通人关于正确行为的直觉标准(例如,过失责任标准)以及那些容易学会的标准,比起调整同一领域的精确的但技术性的、非直觉可把握的规则来说,则可能产生更大的确定性"。❶ 在这个问题上,法官的不同选择确实是造就不同的裁判结果的主要因素,但是为什么不同的法官会产生选择上的差异性呢?这个问题的回答几乎和规则的冲突一样多。波斯纳认为从法官个体的心理差异的角度分析是有道理的,他指出:"我主张的是,气质不同确实对法官之间的许多明显差异有影响,特别在是否灵活解释规则、自由承认例外、愿意将规则转化为标准、乐意将裁量权让给陪审团和让给下级法院等问题上。有些法官比其他法官对零乱甚至混乱具有更大的宽容。他们视法律为探讨和对话而不是统治和等级。"❷

有趣的是,波斯纳一方面认为规则可以约束法官的自由裁量,另一方面又认为法官没有必要拘泥于法律规则,在这种情况下,波斯纳认为:"这些规则实际上只是一些指南,对法官来说这也许就是法律规则的作用。……按规则并不是意味着服从文字的要求。法官如果对规则太认真了,就可能是一个官僚式的死抠文字的人。"❸法官在可能的条件下可以改变既有的法律规则——只是为了取得更好的法律效果。"在过去的一个世纪里,在诸如侵权、宪法和反托拉斯这些根本不同的法律领域里,由于法官所制定的规则的变化,都发生了巨大的变化,几乎是完全改变了。法官改变这些规则——或者说得更开一点,法官创造出来的并且我们现在在其下生活的规则——的过程决不是一个逻辑的过程,不是一个纠正他们的前辈在运用三段论推理所造成的错误的问题。"❹任何事物都是可以改变的,没有不变的东西,即使是科学规律也不是一成不变的,"如果发现了不符合规律的例子,并且不是由于观察和实验程序上有错误的话,该规律就必须改变;科学上的规律是描述性的,而不是规定性的。类似地,如果法官们都决定不运用某条规则而是背之而行,他们实际上就已经迫使该规则改变了,这与允许

---

❶ 〔美〕波斯纳:《法理学问题》,苏力译,中国政法大学出版社 1994 年版,第 61 页。
❷ 〔美〕波斯纳:《法理学问题》,苏力译,中国政法大学出版社 1994 年版,第 62 页。
❸ 〔美〕波斯纳:《法理学问题》,苏力译,中国政法大学出版社 1994 年版,第 65 页。
❹ 〔美〕波斯纳:《法理学问题》,苏力译,中国政法大学出版社 1994 年版,第 66 页。

他们在一个比较大的有限范围内改变规则是一样的"。❶ 波斯纳的这种观点明显地将他与自然法学思想相分殊了,为了获得良好的法律效果,他提出了一个相对折中的主张,例如他认为可以"尽可能缩小官员,包括法官的裁量权是值得追求的,但不值得、同时也不可能追求的是完全排除官员的裁量权。立法者具有而且必须具有裁量权这一点看起来是显然的;如果不是试图做不可能的事:实现具体地确定每一个由立法者制定的规则的每一个可能想象的例外,而是将规则留给法官根据特殊来创造例外;这是政府和部门之间分工的细枝末节而并非是对自由国家观的放弃"。❷ 那么减少但并不取消的尺度如何建立呢? 波斯纳指出,应当衡量裁量权多与少之间的差异性,然后才能因时制宜地决定究竟是增加、还是减少、还是取消法官的自由裁量权。"时间上的问题是我们的制度是否比一个有更多规则和较少裁量权的制度更好一些,或者是比一个有更多裁量权、更多标准和较少规则的制度更好一些。"❸

(三)法律的科学性

法学究竟能不能称为是一种科学? 这个问题在西方学术界曾经成为一个热点的问题,坚守科学主义思想的学者认为法学的许多结论是通过推理得到的,因此其确定性和可证伪性都存在问题,按照波普尔对于科学理论的定义,法学就不能算是一门科学。波斯纳认为:"与科学客观性有关的基本问题有三个。首先是科学的彻底的多样性和事实上的不可界定性,这使得对整个领域进行调查是不可能的,……其次,如今在学术界很少讨论的是,有几百万非常聪明的人们选择了不相信科学,而谁又能否认这些人? 第三个问题是如何最终证实一种科学理论这一点还不清楚。"❹因此,不可能存在一个普适性的单一的科学性标准,该标准可以成为衡量任何一种理论是否具有科学理论特质的标尺。无数门类的科学研究如何寻求其同构性,加上无数的交叉学科的存在,它们的同构性更加难以捉摸,如果存在这样一个标尺的话,那么许多交叉学科乃至许多业已存在的科学理论都将被划入非科学的范畴,法学就是其中一个。波普尔提出了科学理论的

---

❶ [美]波斯纳:《法理学问题》,苏力译,中国政法大学出版社 1994 年版,第 65 页。
❷ [美]波斯纳:《法理学问题》,苏力译,中国政法大学出版社 1994 年版,第 77~78 页。
❸ [美]波斯纳:《法理学问题》,苏力译,中国政法大学出版社 1994 年版,第 78 页。
❹ [美]波斯纳:《法理学问题》,苏力译,中国政法大学出版社 1994 年版,第 83 页。

可证伪性的评价标尺,但是这一标尺是否能够成为衡量所有的人类社会存在的理论在波斯纳看来仍然是一个问题。因为,在他看来,"理论可以被证伪,但如果我们因此同意波普尔:科学理论的标志是其可以被证伪而不是证实,我们就被迫接受一个奇怪的结论:所有的科学理论都是猜想并且没有任何归纳是可靠的"。❶

波斯纳认为,用(自然)科学的标准衡量社会科学的理论可能会出非常荒谬的结论。自然科学之所以成为科学,在许多人看来是因为自然科学的结论具有客观上的确定性,能够为客观世界所证成。而社会研究的结果往往很难让人觉得具有客观上的确定性,而且想要取得证成也非常困难,所以,由于不具有自然科学所具有的那种确定性的特征,社会科学才被划入非科学的范畴中。波斯纳认为,自然科学与社会科学的区别不仅仅在于二者研究对象的不同,更加重要的是二者研究方法的差异性,法学追求的确定性往往只能体现在逻辑中,而无法体现在客观的社会现实中,因为法律所处理的现象都是已经发生的现象。法学的功能之一就是对业已发生的社会现象进行重构,但是这种重构与客观真实性之间的距离必然是存在的,因为历史无法复制,只能运用一定的方法予以重构。所以,与其他社会科学一样,法学只能利用特定的方法使其结论趋近于客观真实,但是法律真实与客观真实的完全重叠只能是法学实践的目标。波斯纳还认为,即使运用自然科学的客观确定性的标准衡量法学,也存在这样的问题,即自然科学真的能够达到客观真实吗? 正像波斯纳指出的,"如果科学真有确定性,其方法和领域也仍然与法律的方法和领域非常不同;科学中的精确性不能转化为法律中的精确性,而如果连科学都没有确定性的话,那么也就不能用科学作为法律确定性的基础或模式"。❷

我们认为,波斯纳在法学究竟是否是一门科学问题上的立场是具有积极意义的,因为在西方科学主义盛行的时代,社会科学总是要被改造成自然科学的面貌,这种努力从启蒙时代就开始出现,一直延续至当代。但是,这种现象背后的核心问题乃是究竟何为科学? 与其说对这一问题的回答尚未形成统一的意见,不如说人类对科学本身的理解尚未达到可以对其进行最终界定的高度,自然科

---

❶ [美]波斯纳:《法理学问题》,苏力译,中国政法大学出版社 1994 年版,第 84 页。
❷ [美]波斯纳:《法理学问题》,苏力译,中国政法大学出版社 1994 年版,第 86 页。

学和社会科学分别以自然界与人类社会为研究对象,其目的都是追求人类的真理性认识,研究的方法各相分殊。无论自然科学还是社会科学,其内部都已经成长出了无数的细枝末节,其具体研究对象和研究方法同样各相分殊。在这种情况下,人类对于科学这一概念的总体认识实际上并不比近代思想家们有质的进步,只不过现代人所认识到的科学领域确实比近代人要扩展太多。以此为前提,对于科学的概念就很难形成能够容括每一个自然科学和社会科学研究领域的定义,而事实正在表明,从不同的角度定义科学的概念必然造就对自然科学与社会科学的科学性质的不同认识。对于法学而言,其研究以人类社会的法的现象为对象,研究方法具有多元化的色彩,研究的目的是追求人类社会法的现象的真理性认识。在这种情况下,"法学究竟是不是一门科学"这一问题的回答首先需要解决另一个问题,那就是什么是科学? 而要解决"什么是科学"这个问题又必须首先确定科学概念的定义及其规定性。现在面临的最大问题是科学本身的概念还没有获得统一性的认识,如果按照波普尔的科学理论的定义和标准,就必然推导出法学不是一门科学的结论;而如果按照波斯纳的上述观点,则可以推导出法学肯定是一门科学的结论。于是,"法学究竟是不是一门科学"这样一个问题就化约为"我们究竟选择何种科学的定义"的问题,这样一来,"法学究竟是不是一门科学"这一问题的回答就必然多元化了。如果希望追求一元化的答案的话,那么"法学究竟是不是一门科学"的问题又自然成了一个伪问题。

三、司法过程的认识论

司法过程的研究一直是美国法理学研究的一个重要领域,这是因为美国的判例制度是美国法律制度体系中一项非常重要的制度,除了制定法以外,判例仍然是美国最重要的法律渊源,而大部分疑难案件的处理是需要通过判例得到解决的。所以,从这一点上来说,美国的司法过程比之欧陆国家的司法过程而言更加具有灵活性,因为欧陆法系国家的司法过程主要是法律适用的过程,法律发现在欧陆国家司法过程中所占的比例相对较少。要对司法过程进行研究,首先要确定对法律的认识,对此美国法学界仍然具有不同的法学流派,并因此形成不同的法律的认识。波斯纳认为:"认识论是与本体论紧密联系,本体论处理的是存在(如果不像引起争论,是关于是什么)问题。这种联系表现为这样的事实,即

提出可争论的、本体论上的实体经常是试图解决认识论问题的一种工具。"❶法
律这个词本身的内涵的确定构成研究司法过程的前提,他认为在研究司法的过
程中,"分清'法律'这个词的三种含义将有所帮助。首先是作为一种独特的社
会制度的法律;……其次是作为许多套命题集合体的法律,……第三种是作为权
利、义务和权力的一种渊源的法律"。❷

　　对于英美法系国家和欧陆法系国家而言,关于法律的认识不可能是一样的,
因为在二者之间,法律的表现形式具有本质的不同,前者是以一系列的法律文本
(包括大量的判例记录)作为法律体系建立的基础,而后者则是通过法律概念的
确立逐步展开成体系化的规范。"在普通法和成文法规之间看起来有深刻不
同,最根本的区别恰恰在于一个是概念系统而另一个是文本系统。这种区别看
来使解释是后者的核心,而对前者则是边缘性的,甚至是无关的。"❸对于司法过
程而言,欧陆法系的司法过程注重通过演绎推理完成法律规范与具体事实的契
合,从而形成法律推理的结论,而对于英美法系国家的司法过程而言,这一过程
依然存在,只不过在演绎推理之前还存在(如果没有制定法的规范的话)另一个
推理过程,那就是需要从大量的判例中归纳出适合于具体案件的法律规范(或
原则),并以此为大前提完成演绎推理的过程。也就是说,"在成文法案件中,我
们将做出的是解释性判断,……一旦我们满意地认为这个概念已经恰当地引出,
我们就能够运用逻辑推理来将其适用于具体的事实上。因此在普通法和成文法
的领域内都有一个供形式主义推理(在中性意义上这等于逻辑推理)的领地;而
且可以想象在两种法律领域内,这领地同样大,尽管也许不很大"。❹从英美法
系国家司法过程的方法论的角度而言,波斯纳认为这种方法论主要是实践理性
的方法,原因是英美法系国家的法律从历史上来说就是产生于司法实践活动中
而非抽象推理的结果。

（一）司法过程中的逻辑:演绎、归纳和类比

波斯纳曾经这样说明其研究的着重点:"我的注意力是司法决定,特别是上

---

❶ 〔美〕波斯纳:《法理学问题》,苏力译,中国政法大学出版社 1994 年版,第 203 页。
❷ 〔美〕波斯纳:《法理学问题》,苏力译,中国政法大学出版社 1994 年版,第 280 页。
❸ 〔美〕波斯纳:《法理学问题》,苏力译,中国政法大学出版社 1994 年版,第 313 页。
❹ 〔美〕波斯纳:《法理学问题》,苏力译,中国政法大学出版社 1994 年版,第 316 页。

诉审的司法决定,则是一种活动但却是沉思性活动。法官并不是决定在自己的生活中干些什么;而是决定诉讼人在他们的生活中应当干了些什么,诉讼人和社会都要求说出决定的理由。但这也还不正确;事实上法官是处于一种相当不自在的位置,他必须同时行为并提出如此行为的理由。他没有纯粹思想者的大量时间,他不能等到证据到齐之后再做出结论。"❶说明其法学研究的重点仍然是定位于司法裁判的过程的研究上的,而要想在这一过程的研究中能够有所收获,就不可能忽视对司法逻辑的研究。对于法律逻辑的实质问题,波斯纳认为,从本质角度而言,"逻辑几乎总是,而科学实验却经常是证明合理的方法而不是发现的方法。……实践理性的许多方法也是更长于获得结论或指导行为而不是提供合理性"。❷

司法过程的逻辑推理过程主要有两种,一种是通过大前提—小前提之间的比较,获得其关系的一致性,进而得出推理结果的演绎推理的方法;另一种是从若干的因素中找出可以适用的原则的归纳推理方法,这种方法的使用实际上要依赖于归纳对象的真实性和一定的数量保障。波斯纳认为,在司法过程中,"如果是演绎证明,要想证明的结果是真(而不是偶然的),前提就必须是真,并且演绎必须有效;而且前提不是证明的结果,而是证明的始点。如果前提是另一个证明的结果,这就只是将对确定性的追求向后推了一步。最终的前提必须是一种直觉,一个我们不能不相信的东西,而不是先前证明的结论"。❸ 在这里,波斯纳实际上指出了演绎推理所面临的根本性的困难。前提的真包括了作为大前提的法律规范的真和作为小前提的事实的真,二者在特殊的案件中有可能都需要证明其真实性,如果是那样,这个演绎推理的过程就将由另外的证明过程所决定,而另外的证明过程是否可以论定为真则是不能一概而论的。从这个角度来说,演绎推理在疑难案件的处理中有时并不能做到推理过程的顺利完成和推理结论的确定性。而一旦大前提不能获得确定性,或者小前提的真无法断定,在这种情况下,演绎推理的结论的合理性马上就会受到质疑。

在英美法系国家的司法过程中,归纳推理实际上是获得演绎推理的大前提

---

❶ [美]波斯纳:《法理学问题》,苏力译,中国政法大学出版社1994年版,第93页。
❷ [美]波斯纳:《法理学问题》,苏力译,中国政法大学出版社1994年版,第94页。
❸ [美]波斯纳:《法理学问题》,苏力译,中国政法大学出版社1994年版,第98页。

的过程。在没有制定法的情况下,法官推理的过程需要有一个前置性的推理过程,也就是通过在若干的判例中运用归纳的方法获得能够适用的法律原则,只有这个法律原则已经获得以后,法官的演绎推理才能够顺利展开,否则就无法完成演绎推理的过程,因而也就无法得到裁判结论。"如果是归纳证明而不是演绎证明,并且你相信归纳'证明',归纳推理的有效性就取决于观察的准确性和数量以及科学归纳的原则,因此最终还是取决于我们对感觉、因果律以及恒常性的直觉把握。因此,我们认为最有把握的知识是直觉性的,因为直觉是我们所有证明和推理的基础,也因为证明过程中总可能发生错误。"❶在这里,波斯纳认为归纳推理的过程中直觉的作用力具有长期被忽视的地位,而在实际的归纳推理中,归纳者对材料的选择、对数量的把握都具有非常明确的个性化色彩,而这种个性化色彩的形成与归纳者在归纳的全过程中的直觉有非常密切的关联。

司法过程中还有一种为大陆法系国家所一般禁止使用的推理方式,那就是类比推理。在大陆法系国家,司法过程主要表现为法官适用成文法的过程,所以类比推理在理论上没有存在的必要。而类比推理过程中会构成对成文法的有效性的怀疑和突破也是大陆法系国家所尽可能避免的现实问题,但是同样的类比推理在英美法国家则并不被一般性的禁止,尤其在疑难案件的审理中。波斯纳则认为类比推理与演绎推理以及归纳推理不是一个层面的推理方法,而是有点类似于将多组材料归纳为一个判断结果的方法。"类比推理并不是一种法律推理所独有的方法,它也许可以简约成依据所有可以得到的信息,包括先前司法决定中的信息来做决定。"❷但是由于类比推理的着眼点不是对某种规则负责,而是对纠纷解决本身负责,所以在波斯纳眼里,类比推理更加具有实践理性方法的色彩。什么是实践理性的方法? 波斯纳指出:"实践理性的方法,……最经常是用来指人们用以做出实际选择或伦理选择——诸如是否上影院,是否对熟人撒谎——的一些方法(在此,'深思'和'实践三段论'是重要的表达方式)。……实践理性涉及确立一个目标——愉悦、善良生活或任何其他——和选择打到目标的最便利的手段。"❸也就是说,实践理性的方法就是人们在实践活动过程中

---

❶ 〔美〕波斯纳:《法理学问题》,苏力译,中国政法大学出版社 1994 年版,第 99 页。
❷ 〔美〕波斯纳:《法理学问题》,苏力译,中国政法大学出版社 1994 年版,第 101 页。
❸ 〔美〕波斯纳:《法理学问题》,苏力译,中国政法大学出版社 1994 年版,第 91 页。

所做出的理性的思维方式(包括推理方法),通过这种方法,主体可以较为简捷地达到预定的目标。按照波斯纳的这个界定,实践理性的方法是达到预定目标最直接或者简捷的方法,在这个方法中似乎存在排斥价值判断的中立态度。实践理性的方法至少包括两个非常重要的形式,一个就是"深思"(或者"沉思"),另一个就是实践三段论。正是由于类比推理注重结果而不是注重过程,所以对于法律实践来说是一个非常有利用价值的推理形式。所以,"在大多数现代律师看来,法律推理的心脏是类比推理。这种实践理性的方法无疑是出自亚里士多德的门第,但没有确定的内容或内容不完整;它指的是一类不确定的、相互不联系的推理方法"。❶ 他认为类比推理的运用应当是归纳式的,但是当许多人把类比推理看成是一种推理方式的时候,却往往会将类比推理当做演绎推理的一种形式,运用三段论的形式套用在类比推理上。针对这种情况,波斯纳强调说,"我曾说到类比推理实际上是归纳,然而律师们在声称进行类比推理时,其方式却常常是错误的三段论式(更准确地说,是略省的三段论的)而不是归纳。"❷

在美国,类比推理往往与判例制度紧密相连,波斯纳提出类比推理实际上也是对先例的总结和判断,"从运用者的观点来看,所有的类比都涉及前例——即发生在此前的事件——不论它们是否是有权威性的。因此注意前例并不要求人遵循前例;权威和类比的问题是完全不同的"。❸ 同时,我们还注意到波斯纳又指出,"当判例被看作是经验而不是权威时,类比推理就是一种削弱(至少在开始阶段)而不是建立法律确定性的方法,不是一种将建立的原则放在新案件的熔炉中不断考验的方法"。❹ 当我们回味波斯纳所谓的将判例当做权威,而不是当做经验的时候,我们发现波斯纳所说的类比推理是以先例的权威性地位的确立为前提的,实际上也就是说,类比推理需要有一个先前法官推理结果的前置性条件,才能真正形成合理的类比结果。考虑这一点是重要的,因为类比推理的扩大容易构成枉法裁判,而对类比推理的限制往往又面临社会发展与法律稳定之间的矛盾和冲突。在波斯纳看来,提倡类比推理没有必要躲躲闪闪,"当赞美类比推理是保证法官只能一步一步推进渐进式创造法律的方法时,类比推理的局

---

❶ [美]波斯纳:《法理学问题》,苏力译,中国政法大学出版社 1994 年版,第 111 页。
❷ [美]波斯纳:《法理学问题》,苏力译,中国政法大学出版社 1994 年版,第 114 页。
❸ [美]波斯纳:《法理学问题》,苏力译,中国政法大学出版社 1994 年版,第 115 页。
❹ [美]波斯纳:《法理学问题》,苏力译,中国政法大学出版社 1994 年版,第 116 页。

限性就更突出了。首先,这种告诫允许法官走小步,但对法官决定是否应当走每一步并无帮助。其次,一系列小步可以导致一大步,而且一方面尽管渐进使法官有机会在经验一旦表明其错误时就止步,而另一方面渐进也许会使法官看不见他们积累的影响说引起的巨大变化。……第三,在先前的'类似'案件和现在的案件之间并没有一个标尺来衡量其社会的、政治的或经济的'差距'。……第四并且与前面相联系,类比的论点以及紧密相连的法律拟制的技巧经常被用来将变化伪装成承续,从而使评价或者甚至理解法律发展都很困难"。❶ 应当教导法官在司法过程中充分运用类比推理,以纠纷或冲突的解决为司法过程的目标,并以此为指导设计行动的方向和方法,类比推理就是一种针对疑难案件的良好方法,是法律实践中的理性选择。

(二)司法的权威性

权威在司法过程中处于何种地位是英美国家的法学家研究的论题域之一,没有权威性的司法过程是没有效率的司法过程,其结果必然是丧失了公信力的裁判结果。如何认识权威在司法过程中的实际意义?波斯纳认为权威不仅是司法过程中应当充分体现的基本要素,同时也是制约甚至左右司法过程的力量。从总体上看,波斯纳认为:"权威在法律中起到了不同于其在科学中的作用,从根本上看,在法律中它起的是政治性作用而在科学中起的是有关知识的作用,而且事实上,法律大量然而必要地依赖权威阻碍了法律中科学精神的出现。"❷ 在对法的现象进行科学研究的过程中,波斯纳认为对权威的依赖会阻碍法律科学的真正的进步,因为"在这个不仅是科学的时代,而且是一个几乎敌视所有形式的权威的时代,很容易忘记我们的许多确信,包括对科学的确信,都基于权威而不是基于调查研究"。❸

司法过程中权威的表现是非常多的,它可以表现为一种知识体系,也可以表现为一种普遍的认识,还可以通过司法裁判表现出司法过程的权威性等等,波斯纳则认为,"'权威'在法律中意味着另外一种东西。法律决定具有权威不在于

---

❶ 〔美〕波斯纳:《法理学问题》,苏力译,中国政法大学出版社1994年版,第118~119页。

❷ 〔美〕波斯纳:《法理学问题》,苏力译,中国政法大学出版社1994年版,第101页。

❸ 〔美〕波斯纳:《法理学问题》,苏力译,中国政法大学出版社1994年版,第101页。

它们统帅着与科学家的共识相对应的律师们的共识,而在于它是从司法等级的三层传达下来的"。❶ 在司法过程中表现出的权威往往与司法过程中的权力相关联,这是波斯纳提出的一个重要的观点。他认为,决定裁判权威性的标准往往就是这个裁判被政治权力认可的程度高低,例如"一个决定与本管辖内的最高法院最近的决定完全相符就是'正确的',因为它与权威相一致。应当承认则是一个法律的惯例"。❷ 为什么会出现这种情况呢? 波斯纳认为这是因为法律本身不仅是一套规则系统,而且并且常常表现为是一套决策系统。从这个角度来说,"法律的核心并不是一套为科学方法或健全的常识所证实的原则;它是一套决策,其中有些是很久以前在不同的社会条件下做出的。"❸在现代社会中,由于代议制民主的实践,使得司法所依赖的不再是来自于民间的合法性基础,而主要是来自于上层的政治权力的认同,换句话说,司法过程本身与占统治地位的社会集团之间形成了相互的认同,也正是这种认同决定着司法机关的裁判具有依附于政治权力的权威。他指出:"司法决定的权威性是因为它们来自一个政治上被认可的源泉,而不是因为被社会赋予了认识上的完全信任的一些个人都同意这些决定是正确的。从司法权威的装饰——长袍、有论述理由的服从、庄严的雄辩等等——就可以发现这种权威的政治性本质。另外也可以从遵循前例原则自身发现这一线索;遵循前例原则在某种意义上就是拒绝纠正错误,这种姿态在科学研究中会被认为很奇怪。"❹

那么,除了政治权力的认同,构成司法权威性的因素中还有没有其他的因素呢? 当然是有的,波斯纳提出了剩余的要素:法律规则的效力等级、法律的强制力以及社会的普遍认同等等。法律制度的效力等级对于法律的形式正义是一个非常大的支持,因为按照等级选用法律规则可以获得合法律性的效果,从而使得当事人获得正义感。不过波斯纳却认为,"法律制度的等级结构……促进'正义':它使司法决定更可为普通大众说接受,它减少了不确定性,但它阻碍了对真理的探索。科学意义上的证实涉及到的是设置挑战、与之相遇和征服挑

---

❶ [美]波斯纳:《法理学问题》,苏力译,中国政法大学出版社 1994 年版,第 102 页。
❷ [美]波斯纳:《法理学问题》,苏力译,中国政法大学出版社 1994 年版,第 103 页。
❸ [美]波斯纳:《法理学问题》,苏力译,中国政法大学出版社 1994 年版,第 105 页。
❹ [美]波斯纳:《法理学问题》,苏力译,中国政法大学出版社 1994 年版,第 105 页。

战"。❶ 因为效力等级的设置简化了司法过程中的选择过程,从而使得法官面临的挑战大大减少了。

无论是何种法律,何种司法过程,最终必然会落实在守法和执法的环节,波斯纳认为法律之所以能够得到遵守并非源于人们内心的约束力或者其他伦理道德等因素,法律之所以能够得到人们的遵守主要是基于法律背后的强制力,因为没有强制力的法律等于没有牙的老虎,没有人会注意到法律的效力。但是波斯纳注意到仅仅是这样一个显而易见的问题,学术界却一直不愿意公开承认,而总是将法律的效力归结于人的理性这样一个需要不断予以新的界定的名词上。波斯纳说:"老实说,法律的最后手段确实是强力,而甚至在最开放性的理性定义中强力也恰恰是被排除的。理性'仅仅是一种开放和好奇,它依据说服而不是强力的方法。'法律的'开放和好奇'的特点并不典型,它依赖于强力也依赖于说服。"❷

决定司法过程权威性的另外一个因素就是社会共同认同的裁判或规则。如果一个裁判或者一个法律规则能够为社会主体共同认可,那么对于这些社会主体而言,该裁判和规则显然就具有权威性,从而也就可以对其行为产生影响。正如波斯纳所说:"有许多司法决定,以及许多不需要司法认可的法律命题,不仅所有的法官而且所有的律师都会同意是正确的。普通人有权利接受这些决定和命题为'权威性的',大致就像科学共识对普通人具有权威性那样。"❸实际上,从法律效果来看,能够获得社会主体的普遍认可的裁判或者规则必然是满足了社会主体一般性的法权要求的法律现象,因此,这些法律现象能够决定主体的行为,在主体的意识中产生相当的权威性是可以理解的结果。

(三)司法过程中的法官

司法过程无论在大陆法系国家还是在英美法系国家,法官都是不可缺少的角色,没有法官的存在,司法过程就无法实现。但是,法官在司法过程中究竟扮演着什么样的角色? 这个问题在不同的学者那里有不同的说法,仅仅从司法过

---

❶ [美]波斯纳:《法理学问题》,苏力译,中国政法大学出版社1994年版,第105页。
❷ [美]波斯纳:《法理学问题》,苏力译,中国政法大学出版社1994年版,第106页。
❸ [美]波斯纳:《法理学问题》,苏力译,中国政法大学出版社1994年版,第107页。

程本身的现象而言,大陆法系国家的法官与英美法系国家的法官也不尽相同,前者担任的角色主导性较为强烈一些,后者担任的角色中立色彩更加浓重一些。然而,在具体的纠纷解决过程中,法官的身份究竟是怎么样的? 波斯纳给出了他的理解。

波斯纳认为,任何一个法官在处理具体案件的时候内心都无法抗拒其个人的价值观、生活和认识偏好、政治倾向等等自身因素对于其公正裁决的影响,作为一个人而言,法官所做的实际上是更多地排斥自身与生俱来的若干个人因素的干扰,并且在这个过程中,这些个人因素恰恰干扰着他对于具体案件的裁决。波斯纳指出:"在一个法律诉讼中,即使任何一方摆出的理由并不具有完全同样的分量,法官也总是可以决定案件并有利于在纯粹法律意义上理由比较有力的一方;即使比较强的一方的案件并不是绝对的强,法官从来也不需要借助于个人的价值、偏好或政治观点,如果这是真的,那么法官要想避开前几章详细讨论的一些问题所需要的只是一副眼罩而已!"❶

出现这种情况也不是坏事,因为教科书中所描述的完全中立的裁判者实际上几乎是不存在的,除非他已经超越了人所应当具有的个体因素。并且更加重要的是,社会主体并不愿意看到一台适用法律的机器,他们需要的是活生生的、有血有肉的法官对于具体案件的处理结果。换句话说,"社会并不希望法官像一个辩论竞赛的仲裁人或法律评论的争议裁判那样行为。对法官来说有许多考虑因素都是超出司法范围的(各种对诉讼或诉讼人的派别性反应和个人反应),但这些考虑因素中并不包括一种无偏见的确信:某个案件就是应当以某种方式决定,即使主张以另外一种方式处理的律师提出了更强有力的论点"❷。法官对于具体案件的把握往往具有非常强烈的直觉因素,这是不以个人的意志力为转移的结果,呈现在法官的思维中,正如波斯纳所说的,"直觉是没法表述的,无偏见并不是客观性,法官无偏见的直觉也常常不能为经验说证明或证伪"❸。

波斯纳分析了美国当代司法过程中法官的角色问题,他认为:"当代美国法官受制于极为精致和明细的规则,这些规则规定了什么样的利害冲突将使法官

---

❶ [美]波斯纳:《法理学问题》,苏力译,中国政法大学出版社 1994 年版,第 159 页。
❷ [美]波斯纳:《法理学问题》,苏力译,中国政法大学出版社 1994 年版,第 160 页。
❸ [美]波斯纳:《法理学问题》,苏力译,中国政法大学出版社 1994 年版,第 160 页。

失去资格。即使最小可能的利害冲突也可能使法官失去资格"。❶ 为什么对法官要规定苛刻的利害冲突规则呢？波斯纳认为这是政治权力对于发现司法过程中的错误没有信心的直接原因，他指出："之所以有利害冲突规则必定是由于法律制度对其发现司法错误的能力缺乏自信。与这一点相一致，利害冲突规则才随着法律中的共识的式微以及与此相连的司法裁量的增长而一步步日益严格起来。这种共识越弱，对法官来说，要确定司法决定的前提并在此基础上使法律推理最大可能接近于逻辑演绎就越困难。因为在(只有在?)对有关的政治和社会价值存在一种共识时法律推理才会更加紧凑，在这种情况下也并不太需要利益冲突规则来防止偏见起作用。"❷波斯纳进一步指出："导致我们的法律中共识式微的直接原因不少。其一是相对于普通法的成文法和宪法的增加。……成文法和宪法已经扩展到一个又一个有激烈政治争论的领域，这种扩张是普通法无法相比的。导致法律中共识式微的其他原因是1950年代以来，相应于全国性的政治共识的式微，法律职业界多样化的发展以及诉讼的增加，使得法官和前例成倍增加……此外，作为最后可依赖的法院，最高法院不可能为或者至少是自我选择了不为前例所控制，则是为什么联邦最高法院决定的案件中有如此之多是疑难案件的原因之一。……法律共识的式微居于更深的原因。等级和其他形式的权威常常随着人们的日益富裕而弱化；至少从第二次世界大战以来的美国历史甚至可能世界历史看起来是如此。伴随着富裕到来的是自由、独立和流动性，以及同样速度的家庭关系和社区关系的松弛。法官和其他权威人物一样也更少被信任、更少被尊敬、更少一些不加思考的服从；则是产生更严格限制司法中冲突利益的规则的另外一个原因。但人们更多坚持他们的权利时，一个直接后果就是更多的诉讼，从刚才勾勒过的路径来看，这样就导致更大的不确定性。随着权威的式微和独立思考的增长，一个社会也变得道德上更不同质了，以致生活在同一政治社会的人们也许居住在各自的、不可通约的道德宇宙中。这种对立在涉及个人、经济、宗教和性自由问题的不同法律背景中都反复表现出来。当法官走进一个认识论的死胡同，而有必要将其决定——无论是反思地或无反思地——基于某些伦理或政治原则、社会舆论或者其他什么东西的时候，他就不可能逃脱不

❶ ［美］波斯纳：《法理学问题》，苏力译，中国政法大学出版社1994年版，第163页。
❷ ［美］波斯纳：《法理学问题》，苏力译，中国政法大学出版社1994年版，第163～164页。

确定性。"❶

所以从总体上来说,"法官也不是一个仲裁者、意见搜集者或乡村里的智者,这也就是说,他不是某种有权忽略'有关法律'的纠纷解决者"。❷ 那么,法官在英美法系国家究竟是什么人呢? 他们的工作究竟是什么样的工作呢? 对于这些问题,波斯纳指出:"我认为对法官来说最好是将他们的工作理解为:在每一个案件中都努力获得特定情况下最合乎情理的结果,这些情况包括但不限于案件的事实、法律原则、前例以及诸如遵循前例这样的法治美德。"❸这样,波斯纳将法官的工作方法与他所提出的司法过程中的实践理性方法达成了勾连,法官实际上并不是对法律本身负责,他的工作也不允许他仅仅对法律本身负责,更多的时候,法官实际上是对案件负责。在疑难案件中,法官的角色更加重要,因为律师或者公诉人往往会根据先例归纳出适用的法律原则,法官必须就该特定案件进行创造性的思考,以获得最佳的裁判结果。波斯纳认为:"在疑难案件中,法官更多是政策制定者而不是一个通常的律师,在他的自由或裁量权领地内,法官也许才如同一个立法者那样随心所欲。但两者都不是没有制约的;更准确地说,是这些制约不同。"❹

---

❶ [美]波斯纳:《法理学问题》,苏力译,中国政法大学出版社 1994 年版,第 165～166 页。
❷ [美]波斯纳:《法理学问题》,苏力译,中国政法大学出版社 1994 年版,第 168 页。
❸ [美]波斯纳:《法理学问题》,苏力译,中国政法大学出版社 1994 年版,第 167 页。
❹ [美]波斯纳:《法理学问题》,苏力译,中国政法大学出版社 1994 年版,第 168 页。

第七章　批判法学的司法方法论

流 派 简 述

批判法学(Critical Law Studies,简称CLS),兴起于20世纪70年代美国的法学领域,它继承了美国现实主义对传统法学中"形式主义"或"概念主义"的批判,通过揭露美国社会及其法律制度存在的阶级、种族、性别上的不平等,将矛头直指现存的整体社会秩序和意识形态。批判法学运动的发展大致可划分为三个阶段:其一是20世纪70年代的突破期,肯尼迪等人开始对法律形式主义和自由主义法学传统进行批判;其二是20世纪80年代的整合期,以昂格尔、凯尔瑞斯为代表的学者在继续对传统法学进行批判的同时,将批判法学的理论观点进行综合;其三是20世纪90年代以后的多元发展期,诸如女权主义批判理论(Critical Feminist Theory)、种族批判理论(Critical Race Theory)、亚裔人批判理论(Critical Asian Theory)、拉丁裔人批判理论(LatCrit Theory)以及同性恋批判理论(QueerCrit Theory)等纷纷出炉,各树一帜,这也使得批判法学成为一个"色彩斑驳"的学派。由于批判法学以批判现行的法律制度和法律思想为己任,因此往往被正统理论的维护者视为一种"异端的法律学说";也有人将其归之为后现代主义在法律理论上的一种体现。除前述肯尼迪、昂格尔、凯尔瑞斯之外,批判法学的代表人物还包括图什内特、特鲁贝克、皮勒、克莱尔、辛格、博伊尔等人。

一、法治何以可能?

与现实主义法学一样,批判法学代表了对传统法学理论进行反思和批判的思想运动,他们都对法律现实持怀疑态度,质疑自由主义法学的价值和概念。但是,批判法学所触及的议题更加广泛,矛头直指现存的整体社会秩序和意识形态,除了法律推理问题之外,诸如阶级、种族、性别等问题都是其关注的焦点。同时,批判也更有力度,更加深入。批判法学吸收了法律现实主义怀疑论的许多观点,但是从总体上对它仍然持否定态度,认为法律现实主义是从维持美国法律传统的立场提出改革的要求,它所进行的只不过是一场"宫廷革命"。❶ 实际上,批判法学将批判的枪口对准了自由主义传统的中枢神经之一——法治理论,批判法学的任务之一是揭示自由主义法治理论与实践的内在矛盾,来质疑其作为一种政治理想的现实可能性。

法律推理同样是批判法学的学者们普遍关注的一个理论问题,是他们对自由主义法学理论进行批判的突破口。尽管批判法学深受现实主义法学的影响,并从中汲取了部分观点,但是他们比现实主义法学走得更远。如果说现实主义法学还只是着眼于法官个人的审判活动,那么批判法学的矛头却是直接指向作为整体的自由主义社会及其法治秩序,对法律体系和法律解释学的中立性、客观性和确定性进行彻底的反思,因此,他们无论是在思想的深度还是广度上都超越了现实主义法学。

传统的自由主义法学认为,法律推理代表了一种与立法或政治决定迥然不同的思维模式,前者具有确定性和客观性,而后者则具有价值性和主观性。法律推理是司法活动中裁判具体案件的基础,它独立于政治、社会理论或特定的价值。判决的形成所依据的是法律,而不是出自于社会、政治、道德或宗教的考虑。根据批判法学的代表人物之一凯尔里斯的描述,传统意义上的法律推理之中包含着两种法律分析技术:其一是教义分析;其二是政策分析。教义分析实际上是一种概念分析或逻辑推理的过程,其目的是发现真正的法律规则或原则,并推导出特定的判决结果。如果通过教义分析,不能发现可用的法律规则或原则,司法者则会转向政策分析。政策分析就其实质而言是一种特殊形式的价值分析,与一般的价值判断不同的是,这种政策分析往往会假定价值具有实定性(validity),即社会上所有的人都会认同这个价值,并形成了观念上的共识。如果政策分析所涉及的价值或利益发生了冲突,则会引入权衡技术来加以补充,最

---

❶ 参见朱景文主编:《对西方法律传统的挑战——美国批判法律研究运动》,广西师范大学出版社2004年版,第9页。

后,司法者往往会宣称:"从客观与公平的角度,并且运用法律人所掌握的专业技能,我们得到了正确的、符合法律要求的结论。"❶在两种分析方法的关系问题上,政策分析通常是在基于法律规则与原则的逻辑推理难以奏效时使用的,是一种辅助性技术。因此在传统的自由主义法学看来,只要司法者足够的公正、中立、专业,法律争端是可以通过不偏不倚地适用法律规则或进行政策分析来得到客观、公正的解决。基于这两种法律分析技术,司法活动是确定的和非政治的。

如此看来,确定性和非政治性是传统自由主义(或形式主义)司法理论的基石,正因它的重要性,批判法学将其作为挑战传统的突破口。批判法学的代表人物昂格尔认为,形式主义司法理论的最大问题,在于将其理论建立在错误的语言观与知识论之上。形式主义法学要使其司法理论得以成立,必须假定语言具有"通常含义"(Plain Meaning)。根据这种语言理论,法律规则系由一连串词语组成,而词语则是描述法律所要适用的人或行为的"范畴"(Categories)。如果语意清晰,它所指称的事物状态也是清楚的。法官的任务就是在法律所规定的事物状态发生时,将法律直接适用到其所指涉的人或行为之上。这完全可以成为一种纯粹的逻辑演绎工作,既可以为平常的、具有一般理性能力的人所理解和掌握,也对任何恣意的权力行使进行了有效的制约。法治的理念于此之上可以牢固地树立起来。昂格尔认为这种规则观或语言观,是建立在"前自由主义的可认知本质观念(the preliberal conception of intelligible essence)"之上的。❷ 这种观念的内涵是,为能将事物包摄在一定的规则与文字之内,人的心灵必须也能够把握或进入事物的本质状态。它意味着,语言与事物之间存在着必然的本质联系。然而,语言与事物之间并非存在着必然的本质联系,毋宁说是某种约定的关系,或称"约定主义"(Conventionalism)。约定主义认为,语言与事物之间的关系原则上可以依约定来加以确定或变更,只是受到订立约定的目的或约定者的兴趣的限制。由此看来,所谓"通常含义"其实并不存在。昂格尔举例说,如果法律之中存在一条规则:禁止在大街上制造流血事件,现有一外科医生因情况危急而在街道上直接施行某种手术(即导致所谓"流血事件"),问其行为是否违法?显然判断这一问题不能仅从法条字面来解读,而必须讨论目的问题,如果将此法

---

❶ David Kairys, Perspectives on Critical Legal Studies: Law and Politics, 52 Geo. Wash. L. Rev. 243, 1984.

❷ Roberto Mangaberia Unger, Knowledge and Politics, The Free Press, 1975, p. 92.

条的目的确定为"抑制和威慑街头暴力事件",则用它来惩罚治病救人的医生就十分荒谬了。而如果确认法官在进行审判时,只有考虑目的才能划定合法与违法的界限,则严格的形式主义即可被推翻。❶

对此,皮勒(Gary Peller)也有类似的分析。他认为,虽然说词具有某种意义,代表特定事物,但是,词——指称(the signifier)与事物——被指物(the signified)之间并没有"自然的联系",而只是一种约定俗成、人为的关系。可见,语言不是对世界的再现,而是对世界的解释,词语的含意只能在与其他词语的联系中才能加以理解,在人造的意义体系之外,并没有孤立的、固定的含义,而这种意义体系最终来源于社会的实践。❷

既然严格的形式主义存在着上述缺陷,于是,传统法学又试图用"目的性理论"(Purposive Theory)来代替形式主义作为司法正义之基础。❸ 这种司法理论不仅不反对法官在审判活动中考虑和讨论法律的目的问题,相反,它将法律的政策和目的作为司法的最终依据,以求得法律适用上的一致性。如在前述"街道流血"的例子中,法官将法条的目的与社会治安相联系,则他不会给予外科医生以任何法律上的处罚。不过,"目的性理论"固然可以避免严格形式主义的缺陷,但其自身也存在着难以克服的问题,因而不能为传统法学自圆其说。传统法学为了维护"目的性理论"的价值,总是强调法律的目的、政策或原则是非个人性的,甚至将其神圣化,提升为法律秩序的源泉。然而,这些所谓非个人性的目的、政策与原则,只不过是实际的政治场域中利益团体或政党之间相互冲突、妥协的结果。而在司法过程中,法官必须借助于一定的方法,来发现法律的目的、政策或原则,问题是,在复数的法律目的之间,法官应当采纳的选择标准是什么?如果没有一个客观且公正的标准,法官最后只能是诉诸个人的主观价值判断。这又涉及客观价值是否存在的问题。昂格尔指出,这一问题无法加以证明,似乎只能诉诸直觉或信仰。❹ 再以前述的"街道流血案件"为例,外科医生的行为是否违法,不仅需要考虑其目的,还要探究其目的的内涵,如果其立法目的是"维护公共秩序",则外科医生的行为不违法;如果其立法目的是"禁止污染街道",

---

❶ See, Roberto Mangabeira Unger, Knowledge and Politics, The Free Press, 1975, p. 92.

❷ See, Gary Peller, The Metaphysics of American Law, 73 Calif. L. Rev. 1151, 1985, p. 1168.

❸ See, Roberto Mangabeira Unger, Knowledge and Politics, The Free Press, 1975, p. 94.

❹ See, Roberto Mangabeira Unger, Knowledge and Politics, The Free Press, 1975, p. 103.

则外科医生的行为违法。

　　昂格尔对传统自由主义的批判不只停留于形式主义,他更看到了形式主义背后的客观主义认识论,他说,如要肯定形式主义必须先肯定客观主义;而要批判形式主义,摧毁客观主义才是釜底抽薪之策。昂格尔所说的客观主义是指一种信念,即制定法、判例与公认的法律概念等权威的法律材料能够体现并维持一种自圆其说的人类联系,它们能够以一种尽管不完善但却可理解的方式展示某种客观的"道德秩序"(moral order),它们也可以表达社会生活对人类行为的现实制约因素(如经济效率),于是,这种道德秩序、现实制约,加上人类恒常本性的欲求,获得了一种规范力。依客观主义理论,法律的诸多权威材料及其背后的规律性因素,乃是某种客观的存在。它们既不是权力斗争的偶然产物,也不是欠缺正当权威的现实压力的产物。❶ 这种客观主义的根源在于 19 世纪的法学家所致力寻找的内在的民主和市场结构,但是,昂格尔指出,历史不止一次地表明,试图发现民主和市场之通用法律语言的每一次努力都没有取得预期的成效。作为客观主义所标榜的内生法律结构,契约法和财产法提供了很好的例子。当财产概念被概括出来并成为实体之后,它就被转化为一种普遍的权利概念,但是,这种权利概念如果不是全然不确定的,那么就其系统而言本身就是歧义的,对此,霍菲尔德已作了证明。在合同法领域,基本的原则是契约自由,但是同样存在与之相对立的原则,即契约自由不能破坏社会生活的共同利益,尽管说我们可以认为前一个原则是主要的原则,而后一个原则是次要的原则,但是,后者不可能被永久性地逐出合同法领域,也不可能出现一个元原则来一次性解决这两者之间的关系。在合同法的大多数存在争议的领域里,这两种关于义务来源的不同观点仍然在相互的对抗之中。这两种观点究竟哪一个才是真正的合同理论?哪一个描述了符合市场本质的内生法律结构? 这是无法诉诸客观主义所谓的"理性"方法来加以解决的。

　　无独有偶,凯尔里斯在《法律推理》一文中,对此也作了经验上的证明。他发现,对一个具体案件,常常存在着支持相反意见的判例,这时,法院实际上不受遵循先例原则的约束。他以战后联邦最高法院关于言论自由案件的审判为例。1968 年,联邦最高法院在混合食品地方工会诉罗甘谷集市广场一案中,判定工

---

❶ See, Roberto Mangabeira Unger, The Critical Legal Studies Movement, 96 Harv. L. Rev. 561, 1983, p. 565.

会会员在私人商业中心广场集会和演说是合法的。1972 年,在洛德诉坦纳一案中,最高法院的大法官们又认为反战分子无权在私人商业中心散发传单,理由是他们侵犯了私有财产权。1976 年在最高法院面临哈德根诉劳工局一案时,它有两个相互排斥的先例:罗甘谷集市广场案认定言论自由权高于私有财产权,而洛德案则认定私有财产权高于言论自由权。显然,这里的矛盾不能通过先例原则来解决。凯尔里斯说,这清楚不过地表明了传统法理学的欺骗性,所谓中性、客观的专业知识,除了使法院的活动神秘化和合法化以外,完全是虚假的。❶ 因此,他总结道:"法律推理对特定的法律或社会问题不提供具体的、真正的解答。法律推理这一方式过程在特定的案例中不能把理智的、有能力的、公正的人引向特定的结果。"❷

自由主义观点要求法律推理完全排除政治意志或者伦理价值的渗透。批判法学指出,在一个道德和政治多元化的社会里,这是不可能实现的。法律推理与政治选择、道德判断之间不可能划分明确的界限。法律推理所决定的不过是某一方当事人具有更好的政治或道德上的理由。克莱尔(Karl Klare)指出:"这种(自由主义)关于法律推理独立于政治和伦理选择只是一个虚妄。"❸肯尼迪(Duncan Kennedy)以更直率的方式表达了类似的观点:"当教师企图向学生说明法律推理作为获得正确结果的一种方法在总体上与伦理的和政治的观点全然不同时,他不过是在说废话。……对于法律问题而言,只有正确的伦理或政治的解决途径,并不存在什么正确的法律结果。"❹

批判法学进一步认为,自由主义法学所倡导的法律确定性或司法客观性是不存在的,其原因在于自由主义国家的法律及其学说中充满了矛盾,法律部门、规则之间存在着根本意义上的不协调,而这些法律部门、规则恰恰构成了法治理论的核心要素。肯尼迪认为,之所以产生这些矛盾,乃是因为自由主义法学不能对法律之下的个人权利进行协调一致的说明,他说:"从内在的角度来看,权利

---

❶ 参见朱景文主编:《对西方法律传统的挑战》,广西师范大学出版社 2004 年版,第 256 页。

❷ See Kent Greenawalt,Law and Objectivity,New York:Oxford University Press,1992,p. 34.

❸ Karl Klare,"The Law School Curriculum in the 1980s:What's left?" See Andrew Altman,Critical Legal Studies:a liberal critique,New Jersey:Princeton University Press,1990,p. 14.

❹ Duncan Kennedy,"Legal education as Training for Hierarchy." See Andrew Altman,Critical Legal Studies:a liberal critique,New Jersey:Princeton University Press,1990,p. 14.

的描述是不一致的,空洞的和循环性的。法律的思想能够产生似是而非的权利论证,导致几乎任何一种结果。"在此基础上,法律推理也就变成了"充满开放性、不确定性和不一致性的结构"。❶ 在具体案件中,法律内部的矛盾使得律师和法官得以在两个相互矛盾的法律规则之中按照自己的选择为每一方当事人提供同等充分的论证。图什内特也指出在一个拥有大量判例和发达的法律推理技术的法律体系之中,要证明今天的判决与过去的某判决一致是完全不成问题的。同样,要证明今天的判决与某先例不一致也不成问题,因而法律没有确定性。辛格(Joseph Singer)也指出:"法律推理是不确定的和有争议的,如果按照自身的标准,法律推理不能以一种'客观'的方式来解决问题……"❷同时,这种不确定性的存在又与法律与政治界限的打破紧密相连。在对相互矛盾着的法律规则作出选择的过程中,法官能够暗地里依据道德的或政治的考虑,事实上他在这么做。这样看来,现存的自由主义国家所拥有的不是"法治"(rule of law),而只是"政治"(rule of politics)。

通过以上论述,批判法学的结论是,在自由主义的前提之下,无法形成一套具有融贯性司法理论,换言之,传统自由主义的法治理想只是一种"空中楼阁",没有实现的可能性。

值得指出的是,批判法学内部可划分为截然不同的两派:激进派和温和派。❸ 批判法学的激进派又称解构主义者(deconstructionist),他们认为对法律或者任何一种社会制度而言,完全不存在什么客观的结构。构成法律规则和学说的语汇不具有稳定的、固定的意义,而只是各人均可按照他或她所选择的意义进行装填的"空瓶"(empty vessels)。❹ 上文中的凯尔里斯、肯尼迪等属于激进派。批判法学的温和派以昂格尔为代表,他们反对激进派那种认为法律和社会现实不具有客观结构的观点,认为词汇确实具有稳定的意义内涵,但是法官的解释活动不可避免地要求并且导致了司法决定对个人道德和政治信念的反映。两

---

❶　Karl Klare,"The Law School Curriculum in the 1980s:What's left?" see Andrew Altman,Critical Legal Studies:a liberal critique,New Jersey:Princeton University Press,1990,p.14.

❷　See Kent Greenawalt,Law and Objectivity,New York:Oxford University Press,1992,p.34.

❸　Andrew Altman,Critical Legal Studies:a liberal critique,New Jersey:Princeton University Press,1990. pp. 18-20.

❹　Clare Dalton,"An Essay in the Deconstruction of Contract Doctrine". See Andrew Altman,Critical Legal Studies:a liberal critique,New Jersey:Princeton University Press,1990,p.19.

派理论上的差异在于:激进派否认法律存在客观的结构,因此法律推理不可能具有客观性;而温和派则认为法律解释和法律的现存体系必然会受到特定道德观念的影响,因此自由主义法学所主张的司法客观性是不可能实现的。

二、传统司法方法的内在矛盾

法律方法尤其是司法方法是构成自由主义法治理论的重要因素,对此,批判法学亦表示认同。如昂格尔认为,作为自由主义之核心,"法治"(rule of law)理论包含四项特质:法律的普遍性、法律的自主性、法律的公共性、法律的实证性;其中法律的自主性又包含四层意义:实质的自主性、制度的自主性、方法论的自主性和职业上的自主性。显然,昂格尔将方法论的自主性视为西方法治理论的一项重要基石,这种方法论的自主性是以特殊的法律推理尤其是司法推理方式为基础的,它是指审判机构在论证自己行为合理性时采取了有别于科学解释以及伦理、政治、经济论证的方法或风格。❶ 正因为如此,批判法学对于传统自由主义法学的批判便不能不涉及司法方法论问题。

批判法学的代表人物之一詹姆士·博伊尔(James Boyle)在《侵权法课程的解剖学》(*The Anatomy of a Torts Class*)一文中细致地分析了各种司法方法或法律推理技能之间存在的内在矛盾。他指出,在法学院里,学生们被要求"像律师一样思考",他们所学习的重心其实并不是法律规则的内容,而在于辩论或论证的技巧上面。通过这样的学习,人们会发现法律规则几乎可以具有无限的可塑性。❷ 法官并不只是使用能够导致特定结论的特定方法,因为每一种方法总可以找到它的对立面。支持特定判决结论的理由其实都可以找到同样有力的反对理由。人们总以为司法判决是从法律推理过程中推导出来的,但博伊尔认为,这只是"司法修辞的十足骗局"(shell game of judicial rhetoric),真实的情况是,这些判决完全建立在政治、道德和经济的观点之上。

司法过程的不确定性源自于司法方法或法律推理技巧的多元与矛盾,为了

---

❶ 参见[美]昂格尔:《现代社会中的法律》,吴玉章、周汉华译,中国政法大学出版社1994年版,第47页。

❷ James Boyle, The Anatomy of a Torts Class, American University Law Review, Summer, 1985, pp. 1051 – 1062.

说明这一点,博伊尔详细开列了在司法活动中常用的法律推理或政策分析方法,并分析它们之间的矛盾所在。这些论证的技艺或方法具体可划分为先例性和非先例性的(precedential and nonprecedential)两个方面。

先例性论证技巧是直接针对法律规则或判例的处理方法。在这些技巧方面,存在着两对矛盾的组合:

其一,形式主义解释与目的解释。形式主义解释或论证的技巧是,解释规则语言的含义,使其脱离上下文,并且不考虑规则后面的目的;按照字典含义来解释它,并将其适用于案件的事实情境。目的解释方法的要旨是,"想象"规则后面的目的,并且照此目的来解释规则的语言。由于大多数的法律规则都可以用不同甚至相互冲突着的目的来加以解读,因此,解释者获得了相当大的灵活性。博伊尔使用了一个假设的例子来说明这两种方法之间所存在的矛盾。假设法官所要适用的规则是"禁止车辆进入公园",而他面对是两个颇为特殊的"车辆":第一个是电动高尔夫车;第二个是在第二次世界大战中曾经使用过的卡车,放在公园的某个地点作为战争的纪念。按照形式主义解释的观点,这两个"车辆"都不得进入公园,对于电动高尔夫车,由于权威的《机动车标准许可分类规章》中将其定义为一种车辆,因此它应属于规则禁止之列;而二战中使用过的卡车自然是一种车辆,也应在禁止之列。按照目的解释的观点,这两个"车辆"都应当许可进入公园。由于该规则的目的在于防止污染、喧闹和事故,而它们显然都不会导致规则所要避免的不良后果,因此,允许这两个"车辆"进入公园是符合规则意旨的。可见,使用形式主义解释与目的解释这两种方法可以得出完全相反的结论。

其二,规则的扩张解释与规则的限缩解释。前者是指将案件中的某种现象尽可能地"概括化",这可以使用类比和分类的方法来完成;后者是指将规则与特定案件的事实紧密地联系起来,因而不能适用于在事实上存在细微不同的其他案件。博伊尔用沃斯伯诉普特尼(Vosburg v. Putney)案来说明这一技巧。一个学童踢了另一个学童,尽管是故意踢的,却没有伤害的意图。然而,为踢人者所不知的是,受害者在被踢的地方先前有伤,并因此受了重伤。法院判定侵权人要对全部的、尽管是无法预见的伤害负责。在此可以分别采用规则的扩张解释和限缩解释来进行推理。如果采取规则的扩张解释方法,则可以得出一个宽泛的理解:所有的人,包括儿童、智障者、受胁迫者和其他一般认为是不具有全部责任能力的人,都对他们故意行为的全部甚至是无法预见的后果负责;如果采取规则的限缩解释方法,相应的理解又可以极其狭窄:在课堂上已要求守秩序后,一个孩子打了另一个并造成了严重后果,那么,该行为系故意行为的推定可能性则要大得多。第一种理解即扩张解释依据的是概括性思维,而第二种理解即限缩解释所依赖的则是具体性思维。限缩性思维只能适用本案所处的情境,而扩张性思维则可以跨越不同的概念类型,如在上例中将儿童与智障者、受胁迫者进行类比。在博伊尔看来,这种跨越不同概念类型的类比思维其实难有常形,他说:"记住在这些类比中没有'内在逻辑',它们由我们认知何种相似性的政治选择所决定。"❶

博伊尔所说的非先例性的论证技巧包括五个类型的政策性论证,每一个都是两可的。

第一种类型是司法论证,也被称为"形式可实现性"(formal realizability)的论证。其中存在着对立观点:一种观点强调规则的确定性,其论证是,法庭之所以应当适用某规则,是因为它将会确立一种明确的规则或标准,易于适用,普通公民能够清晰地了解法律的含义,并据此安排好自己的生活。而不确定的规则或标准会带来理解上的歧义,导致诉讼急剧增加,甚至破坏法治和西方文明。另一种观点则强调规则灵活性的价值,其论证是,苛刻、僵化的规则在本案中导致不公正的判决,也会给其他许多案件带来影响,这样的规则不能适用时代发展的需要,也会在以后的案件中束缚住法官的手脚。因此,法庭应当采纳和适用灵活性标准,它能使每个案件顾及其事实的特殊性,这样能使法庭在具体案件的基础上获得公正的判决。

第二种类型关系到立法机关和法院的相对制度性权能,这种论证诉诸的是立法机关、法院、行政机关作为一种国家机关的内在"性质",由于这种内在性质,特定的结论只能由特定的机关来作出。例如,如果原告要求一个法院承认一种新的普通法权利,被告则会争辩说,法院不具有这样的制度性权能来决定是否创立一种新的权利,而立法机关是一个更具代表性的机构并且能够更多地接触到各种"立法性的"事实,对该权利的承认,立法机关是处在更好的位置上。反对的论点是立法机关其实并不那么具有代表性,它们可能受到利益集团压力的

---

❶ James Boyle,The Anatomy of a Torts Class,American University Law Review,Summer,1985,p. 1054.

影响,它们收集事实的能力其实并不强,此外法院不能将所有的问题全推给立法机关。

第三种类型是道德论证。博伊尔说,由于道德观点的复杂性和多元化,因此,很以作出系统化的解释,但是,可以举出两个典型的例子:(1)形式与实质之间的对立。比如,对于一份形式上完备的合同,"形式"一方的观点强调"一个具有完全行为能力的人应当信守他亲手签署的有效合同",而"实质"一方的观点则会强调双方当事人之间的地位不平等(如一方是实力雄厚的大公司,另一方只是公民个人),该合同上存在着实质上的不公平之处。(2)自由权利与安全权利之间的对立。比如,某案中所涉及的问题是医生是否有权拒绝救治病情严重的病人。主张自由权利的一方强调医生有权拒绝任何一位病人,否则政府会将其置于一种奴役状态,政府只能禁止人们做某些事情,但不能强制人们做某些事情。主张安全权利的一方则会论辩说,患重病的人只有在知道医生会救治自己时才会感到安全,否则人们只会从社会获得利益,而不会履行其附随义务。博伊尔指出,道德论证的种类有多种,但最基本的把戏是转换情境,如果甲方以形式为据点,乙方则可以实质为堡垒。其他的对立观点还包括:个人与社会、内容与过程、个人主义与利他主义、单个与系列等,这些对立的两可观点都是不同的政治世界观的体现。

第四种类型是妨碍社会效用的观点。博伊尔认为这种观点与道德论证或经济分析存在交叉之处,但其形式却十分简单,都是围绕是促进还是妨碍社会效用来展开的。比如,一方强调灵活性,主张弹性标准能够许可商业主体及时应对变化着的环境,并自由地作出决策行为,鼓励相互之间的竞争,相反,刚性规则则会像紧身衣一样束缚商业主体的创造性。另一方则会强调稳定性,主张弹性标准将会破坏确定性,扰乱合法性预期,人们由于不能确定能否按劳取酬,因而,它会破坏竞争。相反,刚性规则能够使人们清晰地了解法律的含义,并据以安排自己的事务。这种论证方法与第一种类型"形式可实现性"存在着相似之处。

第五种类型是经济分析的观点。博伊尔说,律师之所以喜欢使用经济分析的论证技巧,是因为这种方法看起来具有科学的严格性,与法官的政治选择相比显得更加中立。但是,无论它多么复杂,其背后藏着的把戏却未必十分高深。它不过是在宏观经济的抽象假定(如完备信息、理性决策主体等)和现实的具体情况(如信息不完备、决策的非理性化等)之间进行转换而已。

博伊尔的分析是辛辣而深刻的,对于传统的法治理想主义者而言,犹如当头一盆冷水,寒彻透骨。在权威的法律规则与庄严的法庭仪式背后,隐藏着不为人知的把戏。博伊尔的批判直指法律形式主义的内核,动摇了传统法治思想的客观基础。

三、司法过程的社会历史语境

通过批判形式主义与客观主义,批判法学否定了法律推理及其所包含的诸如规则、原则、政策、逻辑等要素对司法判决的决定作用,然而,一个新的问题旋即产生:司法活动的基础究竟何在? 由于批判法学并非一个统一的学派,因此不同的论者对此有不同的论点,但是其共同点是将视角由法律之内移向法律之外。传统的自由主义法学认为,判决形成的依据是法律,而不是出自于社会、政治、道德或宗教的考虑。然而,自由主义之所弃,恰恰是批判法学之所取。隶属批判法学阵营的一些学者认为,不是别的,正是法律之外的社会、政治、道德或宗教考虑决定了判决的结果。

凯尔瑞斯分析道,法官实际上如何在两个不同的判例之间进行选择? 人们(包括许多法官在内)会认为,法官之所以选择判例 A 而不是判例 B,是因为判例 A 比判例 B 在法律上更有说服力。但是,真正的原因是,判例 A 更符合法官本人的思维和观点,这就是法律推理运作的实际状况。因此,司法判决的最终基础乃是社会的与政治的判断,其中包含了多种因素,诸如案件的情境、当事人、争议焦点的实质等,决定司法判决的不是传统自由主义所推崇的法律推理,而是特定情境下的社会背景(social context)。不过,这并不意味着法律仅仅是一场游戏,或者判例或成文法中的规则毫无意义可言。其实,就任何一个结果而言,都可以在法律上找到成立的理由,但是,在特定情境下,为什么这种法律理由优于那种法律理由,其原因不在于法律理由本身,而在于特定社会背景之下的价值支持了它。可见,正是传统自由主义法学试图排斥于法律推理过程之外的社会、政治、意识形态、宗教等因素主导了司法判决的形成过程。

为了说明这个观点,凯尔瑞斯讨论了美国在不同历史时期言论自由法的适用。1791 年批准的美国宪法第一条修正案明确规定,公民享有言论自由,然而,就特定历史时期的具体案件而言,这项法律的适用却不是用法律推理所解释得了的。在 1897 年的戴维斯诉马萨诸塞州案(Davis v. Massachusetts)中,戴维斯牧师因为在公园里散发传单和演讲而被逮捕,由于他在演讲中还谴责了市长的腐败行为,因而被执法人员扣押了两个星期,并被处以罚款。案件后来被起诉到了马萨诸塞州最高法院,审理这个案件的正是后来成为美国联邦最高法院大法官的霍姆斯。令今人感到惊讶的是,霍姆斯大法官并没有维护戴维斯牧师的言论自由权利,而是维持了市政府执法人员的处罚。他的推理过程是这样的:公园属于城市的财产,既然市长有权控制和支配整个城市,他也就有权控制和支配城市里的公园,这和房屋产权人控制和支配他的客厅是一个道理;因此,市长有权决定谁来使用城市公园,以及使用人在公园讲些什么。所以,市长的处罚决定是完全合理合法的。这个案件后来又被上诉到美国联邦最高法院,最高法院以全体一致的方式维持了霍姆斯法官的判决,而且最高法院的大法官在判决意见中还援引了霍姆斯法官关于"公园"与"客厅"的类比。当时,戴维斯诉马萨诸塞州案这一类的案件在判例集中往往被放在财产法的标题之下,霍姆斯法官正是使用财产权的法律来解释这个案件的。

现代意义上的言论自由法直到 20 世纪 30 年代才得以确立,其标志性案件之一是海格诉工业组织委员会案(Hague v. Committee for Industrial Organization)。在该案中,泽西城的市长海格禁止在他的辖区内成立任何的工会,而一个全国性的工会组织——工业组织委员会试图像在其他地方一样在泽西城成立工会,并开展在大街上集会、演讲之类的活动。海格市长认为这些工会组织者都来自纽约市,因此,只要一发现他们,就控制起来,遣送回纽约市。对于来自工会组织者的抗议或其他方面的批评,海格市长的回应是:"我就是法律!"这句话使他闻名全美,他本人竟也以此为荣。官司一直打到了美国联邦最高法院,最高法院最后判海格市长败诉。正是这个案件,确立了美国现代言论自由法的基本原则。该案的法律推理与戴维德诉马萨诸塞州案完全相反,指出,市政府固然拥有诸如街道、公园等城市财产的所有权,但是这来自于人民的授权,而人民有权在城市的街道、公园行走、交谈和发表言论。

凯尔瑞斯说,在海格诉工业组织委员会案的司法意见中,最高法院声称其关于言论自由的概念是建立在"具有悠久历史"的公民权利的基础之上,竭力想赋予其新设立的法律原则以永恒法的色彩。大法官们似乎忘记了这个国家曾经对言论自由的压制行为,他们虽然也援引了戴维斯诉马萨诸塞州案,但并没有推翻该案,而只是通过限缩解释与本案区分开来,于是,现实的纷争与丰富的历史被转化为自然法的命令,先验的权利从"云端"降落凡尘。

这里的核心问题是:为什么法律发生了改变? 为什么一项原先法律所确认的行为而今被视为非法的压制行为? 一些法律家从法律的技术角度给出了解释:保障公民言论自由的美国宪法第一条修正案是在 1791 年被批准的,当时只是意在限制中央政府的权力,直到 1925 年的吉特罗诉纽约州案(Gitlow v. New York),第一条修正案才被纳入宪法第十四条修正案的正当法律程序而扩大适用于各州。于是,1897 年戴维斯诉马萨诸塞州案和 1939 年海格诉工业组织委员会案对于公民的言论自由权的不同态度可以得到一种看似圆满的法律解释。然而,问题是,宪法第一条修正案和第十四条修正案的规定在这一百多年中并没有发生变化,而在宪法中也没有任何规定表明第一条修正案以及其他涉及公民权利的修正案需要通过第十四条修正案才能加以适用,所谓的合并原则(Incorporation Doctrine)❶也只是由司法机关创设出来的、可以选择适用的理论。美国联邦最高法院也曾试图使用其他的方法将《权利法案》中的规定扩展适用于各州,因此,所谓的合并原则只是最高法院扩张宪法修正案效力范围若干方法中的一种,它是由最高法院来选择的一种合理化论证,而不能说明法律发生改变的真正原因。

不过,如果将这些案件及其判决放到特定的历史和社会背景之中,所有的问题都能够得到较为圆满的解释。戴维斯诉马萨诸塞州案中的戴维斯牧师所提出的权利主张要是换在当代,那显然是有效成立的;但是,在当时,所有的法院都会判他败诉,而他本人只是一个没有权力和任何社会支持的、孤立的异议人士,而且对于言论自由这样的概念或者公共土地的国家所有权问题也不可能像今天一样在媒体上或者国会议员之间引发普遍的关注与讨论。在这样的背景之下最高法院只能以没有任何异议的方式确认现行法律。

但是在戴维斯诉马萨诸塞州案之后,情况发生了变化。随着社会和经济的发展,劳工运动兴起,将言论自由作为其追求目标之一。劳工运动的日益壮大,

---

❶ 美国宪法理论与实践中的合并原则是指通过美国宪法第十四条修正案,将最初仅对联邦政府有约束力的《权利法案》(Bill of Rights)中的多数规定,同样扩展适用于州政府的宪法原则。参见薛波主编:《元照英美法词典》,法律出版社 2003 年版,第 679 页。

逐渐动摇了原有的社会组织结构,也得到了普遍的社会关注与支持。劳工运动在性质上应当属于一种政治运动,为了增强其组织工人的能力,它一直致力于扩展言论自由权的范围。而要真正地扩展言论自由权的范围,改变原有的政治与社会思维方式就成为根本的途径。一旦政治与社会思想观念发生了变化,就必然会对法律以及司法推理过程产生深刻的影响。法官的思想意识正是这一影响得以发生的桥梁。然而,法官的思想并非无凭无据、天马行空的主观臆测。凯尔瑞斯说:"在分析法官为什么作出判决来改变法律规则时,我把法官看成是像其他人一样在社会中生活、饮食、呼吸的普通人;我会想到他们所感受到压力以及将会说服他们的论证的种类与关切。"[1]不能忽视的是,劳工运动的拥护者甚众,在社会生活中形成了一个实体的存在,改变着社会的价值和人们的思维方式;它十分强势,即便是反对者也意识到,如果不允许工人们获得合法的表达自由,他们有可能会采取某种极端行为,导致更多的社会秩序混乱甚至街道上的流血事件,因此应当将这种冲突拉入体制之内来加以控制,而不是听其在大街上自然发展。凯尔瑞斯认为,只有社会历史背景的分析,才能为理解法官的实际思维过程以及法律的变化提供更有说服力的解释。[2]

在批判法学内部,观点也并不统一,但是,他们似乎都认同,应当从法律之外的社会、政治因素来思考法律的根源,以及司法判决形成的真正缘由。又如,皮勒(Gary Peller)也认为,社会文化和社会意识对于法律的理解有着根本性的影响。他说,在文学理论上,之所以读者和作者在理解上存在着难以克服的差别,是因为任何读者和作者都是处在一定历史之中,并且有他们自身的再现活动方式,这些再现活动不仅传播信息,而且加工和整理信息。而读者在阅读过程中是根据自己心中的意义结构(structure of meaning)理解和解释的。总之,由于社会历史原因和个人原因,作者的意图同词和概念一样,并不是意义的原始的和积极的渊源,而是一个被否定性地加工和整理过的创造物。他举例说,在宪法的解释中会遇到这样的难题:立宪者是根据他们那个时代的再现活动方式对社会的认识制定宪法的,要想知道宪法条文的意义就必须重视立宪者的概念体系并把它

---

[1]　David Kairys,Perspectives on Critical Legal Studies:Law and Politics,52 Geo. Wash. L. Rev. 243,1984.

[2]　See, David Kairys, Perspectives on Critical Legal Studies:Law and Politics, 52 Geo. Wash. L. Rev. 243, 1984.

翻译成当代概念,使两个历史阶段联系起来。可这是不可能的。可见法律推理并不能帮助人们决定什么,真正起决定作用的是社会的文化和意识。❶

四、法律适用的批判视角

批判法学跳出法律本身,试图从社会历史背景之中揭示出法律及司法活动的决定性,在这一点上,他们显然都会认同霍姆斯的说法:"法律的生命不是逻辑,而是经验。"❷但是,批判法学毕竟是对法律进行批判的一种理论,他们所要提出的是一个更加尖锐的问题:法律的生命究竟来自于谁的经验?法律所确认的是谁的价值?在他们看来,社会并不是和谐的统一整体,而是充满了冲突与分层;既有居于强势和核心地位的阶层,也有居于弱势和边缘地位的阶层,它们的文化、观念、利益是处在冲突之中的。对于美国社会而言,前者是指白人、男子和异性恋者等多数人群体,而后者是指有色人种、女子和同性恋等少数人群体。对于社会特殊弱势人群的关注构成了批判法学的基本特色。批判法学本身并不是统一的学派,它是各种不同学说、观点的混合体,其共同点是采取"外部人"(outsider)的视角来质疑和批判社会已经普通接受的法律传统和制度。基于不同"外部人"的不同视角,则产生了批判法学的不同分支,如女权主义批判理论、种族批判理论、亚裔人批判理论、拉丁裔人批判理论以及同性恋批判理论等。

在这些理论之中,种族批判理论可以说是最为重要的一支。它肇始于20世纪70年代,当时,尽管国会通过了一些立法来消除美国社会普遍存在的种族歧视现象,但是,其成效甚微,进展不大。一些法律学者对此深感不满,提出了尖锐的批评。他们认为,这种状况的出现暴露出了美国法律秩序之中存在的深层矛盾。贝尔(Derrick Bell)指出,要理解这一令人遗憾的事实,必须"穿透民权学说赖以建立的前提或假设",这包括法律的自主性和针对社会问题的应答性、个人主义及种族中立主义的价值共识、民权渐进和线性的发展路径等。只有这样,才能看到一幅真实的图景:"相对于无权无势者,法律对于有权有势者具有更强的

---

❶ 参见朱景文主编:《对西方法律传统的挑战》,中国检察出版社1996年版,第298～299页。

❷ [美]小奥利弗·温德尔·霍姆斯:《普通法》,冉昊、姚中秋译,中国政法大学出版社2006年版,第1页。

应答性";"价值之间是矛盾的、相互冲突的,并且包裹在统治与等级的模式之中";而对于民权的发展而言,"失败的轮回比线性的进展更有可能"。❶ 因此,在以公正自居的美国法律背后,存在着许多的不平等。事实上,诸多批判法学理论都是以揭示和批判这些不平等为己任,只是因为理论旨趣的不同而表现出不同的倾向。例如,种族批判理论关注的重心是社会的种族结构,将白人与黑人之间、白人与其他有色人种之间的不平等看成是导致美国社会法律不公正的根本原因。女权主义批判理论则更注意社会的性别结构,认为男女不平等比阶级不平等更为严重,妇女处在社会的最底层,在法律上受到更加不公正的待遇。❷

不过,无论何种理论立场,批判法学的主要理论旨趣都在于对现行制度与社会现实的批判。作为一种批判的理论,它是否可以成为建立一种独特司法方法论的基础,这的确是一个颇能吸引人又有一定难度的问题。布鲁克斯(Roy L. Brooks)在综合各家批判法学理论的分析方法的基础上,对这个问题进行了尝试。他认为,借助于批判法学理论各种分析方法或视角的综合运用,并融会传统的司法理论,可以将批判法学理论改造成为一种独特的、具有操作意义的司法方法。❸ 与传统的司法理论或法律推理模式不同的是,这种司法方法的并非是从法律规则出发,而是以"问题"为起点,试图揭示出社会法律制度中所存在的"压制"(subordination)问题,然后通过引入所谓"外部人"的规范与价值,对之进行纠偏和衡平,由此可以构建一种批判主义的司法方法论。

布鲁克斯将这种司法方法划分为两个步骤的分析过程:第一,揭示"压制"问题;第二,展开"内在批评"(internal critique)。

第一个步骤是揭示"压制"问题。所谓的"压制"意味着社会的"内部人"(insider)即占据强势和核心地位的人群或阶层对社会的"外部人"(outsider)即居于弱势和边缘境遇的人群或阶层的贬低、看轻或者忽视。"压制"现象可能是有意为之,但在现代美国社会,"压制"现象更可能沉淀为一种无意识偏见,隐藏在表面上中立的法律规范与制度之中,因此需要将其"揭示"出来。在司法过程

❶ Roy L. Brooks, Structures of Judicial Decision-making from Legal Formalism to Critical Theory, Carolina Academic Press,2002,p.194.
❷ 参见朱景文主编:《对西方法律传统的挑战》,中国检察出版社1996年版,第298页。
❸ See, Roy L. Brooks, Structures of Judicial Decision-making from Legal Formalism to Critical Theory, Carolina Academic Press,2002,pp.217-240.

中,法官对"压制"问题的揭示主要通过回答两个层次的问题来完成:其一,可能在本案中适用的现行社会法律制度(包括判例、制定法或者法律学说等)是否对"外部人"所属群体的重要规范(包括了可能对这些"外部人"获得现世成功与个人幸福将会产生影响的所有社会预期、价值和关切)存在着明显或隐含的压制和忽略?对这一问题的回答实际就是一个解构(deconstruction)的过程。衡量是否存在"压制"问题的标准是现行的社会制度或法律制度中是否融入和确认了"外部人"的群体规范和价值。如果法官认为所谓"压制"问题不存在,那么他必须解释现行的相关法律规范之中是如何体现"外部人"群体规范的,而且这种体现应当是正式的和毫无歧义的。

揭示"压制"对于整个法律分析而言具有基础性导向作用,同时还涉及一些理论争议的处理,因此需要给予重视。批判法学最为关注的是"外部人"群体与"内部人"群体之间的平等问题,然而,由于批判法学并不是一个观点统一的流派,其不同的理论分支对"外部人"群体与"内部人"群体之间的平等问题往往使用的是不同的概念分析方式,由此导致了揭示"压制"问题的不同视角。这大致可分为两种模式:对称性平等模式(The Symmetrical Equality Model)和不对称平等模式(The Asymmetrical Equality Model)。前者认为,所谓"外部人"与"内部人"之间的关系在本质上是对称的,因此,为了实现权利平等,对他们应当同等对待;后者认为,这两者之间的关系在本质上是不对称的,因此,为了实现权利平等,对他们应当区别对待。在对称性平等模式之下,如果法官发现其所考虑的事项能够让人意识到"外部人"与"内部人"之间的分别,那么,就应当认定"压制"问题的存在。布鲁克斯认为,就此而言,同性恋现象是所有的"外部人"问题中最为典型的一个。

对称性平等模式之中又存在两种分析视角:吸收主义(Assimilation)和多元主义(Pluralism)。

1.吸收主义。吸收主义主张,法律的创设应当不考虑种族、性别和性倾向,因而是中立的。在这一点上,吸收主义似乎与传统法学理论并无不同,但是,两者之间其实存在着本质的区别,即传统法学理论缺乏"语境化"(Contextualization)的过程,因而它不会将判决建立在相关的"外部人"规范或价值之上;而吸收主义的角度则完全不同,它所询问的问题是:从相关的"外部人"社区(如美国黑人社区)的角度来看,当前所要适用的法律在表面上是否做到了种族中立? 可见,吸收主义的特色是用"外部人"的规范或价值而不是"内部人"的规范或价值来判断和衡量法律的中立性与公正性。与批判法学内部的其他理论视角相比,吸收主义所关注的是来源于"外部人"社区的、表面的中立价值,并将这种中立价值的缺失视为存在"压制"问题的一种表现。

2. 多元主义。与吸收主义强调法律应当在诸如种族、性别和性倾向的问题上保持中立不同,多元主义将调和"外部人"社区的规范与价值作为社会平等的必要条件之一,换言之,多元主义不是从"外部人"规范与价值出发来考虑问题,而是试图在"外部人"与"内部人"及其各自的规范与价值之间寻找一种相互妥协的中间道路,以中和这两种人群对于社会利益的不平等分配。如果说吸收主义存在着忽视差别的倾向,即主张将"外部人"的规范与价值作为主导性的规范与价值,那么,多元主义则是试图在差别之间寻求均衡与折中。调和差别显然与区别差别要难得多。

不对称平等模式比对称性平等模式要更加复杂一些。法官在解构时要回答的问题是:本案所涉及的法律问题是否对"外部人"群体产生不利影响,以致形成了所谓的"内部人主义"(insiderism)。这种"内部人主义"主要是由无意识偏见和内部人特权构成,它可以通过两个要素来得到检验:一是"压制"效果;二是"压制"意识。如果法律或者某种制度实践对"外部人"产生了实际的不利后果,并且显示出了对"外部人"的无意识偏见或者维护了"内部人"的特权,那么就可以说构成了所谓的"内部人主义"。

"压制"效果是从法律或者某种制度实践对"外部人"产生了实际的不利后果而言;"压制"意识则是从针对"外部人"的无意识偏见或"内部人"特权的角度而言。两者之中,"压制"意识对于认定"内部人主义"而言具有更加关键的意义,仅有"压制"效果并足以导致对现行法律的批判性适用,而"压制"意识更具有实质性。对"压制"意识存在与否的判别可以采用劳伦斯(Charles Lawrence)所提出的"文化意义标准"(cultural meaning test)来加以衡量。所谓的"文化意义标准"可以表述为一项可反驳的推定,即如果"外部人"所属群体的成员能够证明一项法律规范、制度或措施对其本人或所属群体产生了不利后果,且该群体对此赋予了文化意义,那么,就可以推定存在着非法的歧视。劳伦斯举例说:假定某城市采取了将白人居住区与黑人居住区隔离开来的措施,那么,就可以通过追问"该项措施对美国黑人社区来讲有什么文化上的意义?"以发现其中存在的歧视性。"文化意义标准"的鉴别性是比较强的。例如,如果某公司存在着一项规定,其所雇佣的卡车司机必须持有有效的驾驶证,尽管这项要求可能对一些不持有有效驾驶证的"外部人"群体所属成员具有不利影响,但是,由于根据这项要求不能提出关于种族主义、性别主义或异性恋主义的推定,不能从中提示出某种隐藏着的社会偏见,因此,"压制"问题则可视为不存在。

为了证明"压制"问题的存在,原告应当承担一定的举证责任,他应当在审前听证程序中提交关于"外部人"群体规范的证据,法官也可以要求原告提交来自社区权威人物如牧师、教师、政治家等的证言。当然,被告也可向法庭提交相反的证据。如果法官没有发现"压制"问题,则他应放弃对法律的批判性适用,转而运用传统的司法方法作出判决。如果存在着"压制"问题,接下来的问题是如何进行有效的补救? 对这一问题的回答是一个重构(reconstruction)的过程。法官需要通过解释现行法或者创设新法对所发现的"压制"问题作出回应,加以补救。这里根据批判立场的不同,可以采取不同的方式。如采取对称性平等模式,法官可以援引或者创设出表面上中立的规则来救济已经存在的"压制"问题。如采取对称性平等模式,法官则会援引或者创设出对隶属"外部人"群体的当事人进行特别保护的规则,以救济其所受到的不利后果。

第二个步骤是展开"内在批评"。所谓的"内在批评"实际上是对在第一个步骤中为消除"压制"问题而重构出来的规则进行思辨和批评,如果说在前一个步骤中重构出来的规则只是一种建设性的方案,那么,经过"内在批评",这种方案则会在现实的可适用性方面得到验证。"内在批评"可能会在三个方面影响最后的判决:一是,在前一个步骤重构的规则得到维持,且获得了更加有力的论证与支持;二是,由于增加了其他的考虑因素,重构的规则因而被修改;三是,由于存在着难以抗辩的对于"外部人"群体的关切,重构的规则也可能被放弃。

"内在批评"可以从不同的视角来展开。首先是"理性/经验"的视角。这要求重构的规则对平等原则的解读能够在逻辑上得到论证,在经验上获得实证材料的支撑,同时不违背法律的精神。其次是立场认识论(standpoint epistemology)的视角。立场认识论要求从"外部人"的角度来看待世界和生活,知识的来源由致害人转向了受害人,由压制者转向了被压制者。再次是反本质主义(anti-essentialism)的视角。反本质主义的视角反对启蒙哲学所倡导的客观真理观,而主张"多元化"的真理,这些真理来自于不同形式的文化理解。

综上,所谓的批判主义司法方法论乃是一种关于法律适用的批判视角,其核心任务是对立法机关未能及时确认的"外部人"规范和价值进行司法上的接纳,从而纠正和救济现行社会法律制度之中隐含的"压制"问题,它是在现行法律制度和传统司法推理模式难以实现社会正义、维护弱势群体利益时所作的一种衡平性尝试。需要指出的是,这种司法方法论如果付诸实施,必然会导致高强度的司法能动主义,随之不可避免地带来了关乎制度合法性的问题。

下编　法学流派视野中的司法方法

第八章 语义分析方法

法律规范必须以语言表达出来,语言凭借法律而具有定纷止争、生杀予夺的力量。在立法过程中,语言是立法机关的表意工具,是立法意图的载体与传达者;在司法过程中,法官探求隐含于语言之中的法律含义,把握立法的真意,然后将其适用于具体案件。这既是司法活动的一项基本任务,也是司法者的当然职责。语言于是具有与法治理想相联系的规范性,确实,"如果没有语词文义的约束,关于法治的命题便是不能成立的"。❶ 由此看来,语义分析方法是一种很基础的司法方法。但是从法学流派的视角观之,即便是这种很基础的司法方法,也充满着理论上的争议。

一、语义分析的不确定性与可确定性

任何一种法律解释方法的背后,都存在着一种关于语言本质的理论。形式主义法学认为,法律规则系由一连串词语组成,而词语则是描述法律所要适用的人或行为的范畴。只要语意清晰,它所指称的事物状态也是清楚的。法官的任务就是在法律所规定的事物状态发生时,将法律直接适用到其所指涉的人或行为之上。语言是对客观事物的描述,借助于语言,法官的思维能够进入事物的本质状态。换言之,语言与事物之间存在着必然的本质联系,这可谓法律语言的"本质主义"观点。随后,"约定主义"兴起,人们对于语言的性质有了新的认识,即语言与事物之间并非存在着必然的本质联系,而它们之间毋宁说是某种约定的关系,语言与事物之间的关系原则上可以依约定来加以确定或变更,只是受到订立约定的目的或约定者兴趣的限制;语言不是对世界的再现,而是对世界的解

---

❶ 陈金钊:《文义解释:法律方法的优位选择》,《文史哲》2005 年第 6 期。

释;在人造的意义体系之外,并没有孤立的、固定的含意。

根据本质主义理论的观点,只要充分认识到客观事物的本质属性,语言的理解就可以做到绝对的确定性。约定主义理论则为我们发现了语言理解的内在不确定性,这种认识无疑是更加全面的,也推动了法律解释学说和司法理论的进一步发展。不确定性成为不同法学流派在讨论司法问题时绕不过的议题,而法律语言的确定性或不确定性也就成为区分不同法学流派的一个基准性问题。立基于法律语言的不确定性观点,现实主义法学、批判法学等流派提出不少富有见地的观点。但是,也有一些学者将法律语言的不确定性推到了极端,例如现实主义法学的代表人物之一费利克斯·科恩就说过:"对两个不同的人来讲,一个句子从来不可能精确地意指相同的事物。……甚至,我怀疑,对我来讲,任何一个句子在我第一次听到它时,与我第十次或第一百次听到它时,是否能够精确地意指相同的事物。"❶而批判法学的激进派甚至认为,构成法律规则的语言不具有稳定的、固定的意义,而只是各人均可按照他或她所选择的意义进行装填的"空瓶"(empty vessels)。❷ 这种观点影响颇大,以至于我国也有学者倡导:"语言与实体并没有对应,这种对应是语言使用者的误解。""语词不可能具有含义",含义是由人来赋予语词的。❸

如何看待法律语言的不确定性与可确定性?这个问题不仅关涉对不同法学流派的评价,也关涉语义分析方法在司法过程中的可用性与基本价值。因此,我们有必要对这个问题进行较为细致的分析,以确定一个适于司法运作的立场。

我们首先分析法律语言的不确定性问题。由于法律语言来源于自然语言,因此,自然语言所固有的一些特性必然会对法律文本的理解产生作用。正如哈特所说:"在所有的经验领域,不只是规则的领域,都存在着一般语言所能提供的指引上的限度,这是语言所固有的。"❶就自然语言而言,不确定性来自多个方面。在语音层面上存在着诸如同音异义的现象;在句法层面上存在着诸如此类

❶ Felix Cohen, Field Theory and Judicial Logic, 59 Yale L. J. 238, 1950, pp. 240–241.
❷ See, Andrew Altman, *Critical Legal Studies: a liberal critique*, New Jersey: Princeton University Press, 1990, p. 19.
❸ 参见苏力:《解释的难题:对几种法律文本解释方法的追问》,《中国社会科学》1997年第4期。
❶ [英]哈特:《法律的概念》,张文显、郑成良、杜景义、宋金娜译,中国大百科全书出版社1996年版,第126页。

的混杂、结构上歧义组合关系以及省略现象;到了语用层面,不确定性的原因成倍增加,如讲话者记忆失却或误用;话题、语境不需要精确表达;或为了高效地进行交际,讲话者"明目张胆"地使用模糊添加语、模糊量词及模糊隐含等手段。除了这些交际过程中存在的语用因素外,有些纯粹是为了保护自己或出于礼貌而采取的交际策略。❶

　　当然,这些不确定性并不一定都会影响到法律语言的特性。法律语言的不确定性多与词义或句义的理解密切相关,其他因素的影响相对要小一些。根据语言学的研究,一般实词的某些基本性质是导致语言内部不确定的重要原因,这些性质包括:(1)歧义(ambiguity),这是指特定的词语同时存在着两个或两个以上的含义。(2)笼统(vagueness),指词语含义有欠具体,缺乏确指。(3)模糊(fuzziness),指词语含义的边缘不确定。(4)非典型(atypicality),指词语分类归属不确定。(5)概括(generality),指词语的既有内涵不能完全覆盖不断发展变化的外延,引起概括不充分。(6)离散性(discreteness),指词语之间不存在量的连续性递增或递减关系,从而使词语的含义相对于客观事物而言永远只能是有限的。❷ 一般实词是构成法律规定的基本要素,因此,这些性质也就成了法律语言不确定性的主要原因。

　　法律语言的不确定性除了来源于日常语言的特征之外,还具有自身的特点,综合起来,具有以下表现:

(一)模糊表述

　　法律语言与逻辑符号、数理语言不同,"它并不是外延明确的概念,毋宁是多少具有弹性的表达方式"。❸ 因而,许多法律文字看似明白,但往往蕴涵着非常丰富的意义,例如诚实信用、合理、公平等词,人们难以作绝对精确的界定,往往需要结合具体的个案才能加以理解。一些法律概念的语言表达又具有很强的概括性,而解决具体纷争又需要确定其内容,这就给价值判断、主观期望的渗入提供了契机,也带来了理解上的争议。有时,法律术语或概念的模糊表述是立法

---

❶　参见张建理:《词义不确定性面面观》,《浙江大学学报(人文社会科学版)》2002 年第 5 期。
❷　参见张建理:《词义不确定性面面观》,《浙江大学学报(人文社会科学版)》2002 年第 5 期。
❸　[德]卡尔·拉伦茨:《法学方法论》,陈爱娥译,商务印书馆 2003 年版,第 217 页。

者有意为之,甚至被作为一种立法技术来加以使用,即立法者为了顺应社会急剧变化的需求,有意只作一般性的规定,具体内容交由法官根据案件的实际情况加以解释和确定。茨威格特和克茨曾提到《瑞士民法典》在制定时"有意识地不面面俱到","大多对所述的法律制度提出一个基本要旨,而法官则在具体案件的基础上对此加以充实"。❶ 这种立法技术会产生两个方面的效果:一方面缓解了法律的呆板或僵化,以及对社会生活的不适应性,但另一方面增大了法律的不确定性,使人们对法律的预期变得不那么明确。可见,法律语言的弹性表述是不可避免的,甚至是一种必需的立法技术。当然,还存在着一种可能,即由于立法者自身在专业或语言能力上的缺陷,造成了法律规定含义的模糊不清,法律文字与立法意图之间发生背离。

(二)含义多样

歧义本是自然语言不能完全避免的一种属性,在法律的语境中,语义显示出更大的多样化色彩。根据美国学者迪克森的观点,语义并不是单一的,而是可以区分为字面含义、实际含义和真实含义。字面含义是指不考虑特定语境的影响,仅依字典上的解释而读取的词语含义。实际含义是指将词语放在特定的语境之中而读取的含义。真实含义是指将词语放在合适的语境而读取的含义。❷ 这三种含义既可能在交流活动中完全取得一致,但它们之间的差别也会时有发生。换言之,词语的字面含义可能与它在特定语境或合适语境中所读取的含义相同,但也会出现背离。换一个角度,我们将语义划分为明示含义和默示含义。法律的明示含义来源于作为组成单位的单个词汇或词汇所具有的明确含义。明示含义与字面含义并不完全相同。字面意义是不受语境约束的字典含义,而明示含义却可以是结合语境而获得。而且,法律语言的明示含义也并非其所组成的单个词汇字面含义的简单相加,它也可能是一种独立的含义。法律的默示含义是法律在其语言的明确含义之外而拥有的含义。默示含义通常只有置身于特殊的语境之中才能获得。❸ 语言的多义性使同一词语具有可以同等适用的不同含

---

❶ [德]K. 茨威格特、H. 克茨:《比较法总论》,潘汉典、米健、高鸿钧、贺卫方译,贵州人民出版 1992 年版,第 315—316 页。

❷ See, Reed Dickerson, The Interpretation and Application of Statutes, Little, Brown and Company, 1975, p. 38.

❸ See, Reed Dickerson, The Interpretation and Application of Statutes, Little, Brown and Company, 1975, p. 40.

义,招致了关于同一法律规定的多重解释,给司法过程带来了不确定性。

(三)角度差异

词语的含义可以从多种角度加以理解,比如,可以从内涵的角度、外延的角度分别来理解,也可以从二者关联之中来理解;可以发掘说话者或作者的意图所指,也可以探知特定的听众或读者所理解的意义,还可以站在一般听众或读者的角度来把握词语的典型意义。正如美国学者费什所说:"阅读是一种读者的活动,任何两个读者在阅读文本时的反应机制都不可能绝对相同,都会将自己的因素带进阅读中来。"❶不同的读者从自己的个体经验、阅历、知识结构、文化背景出发,可能对相同的文本产生不同的意义解读。谚语"一千个读者就有一千个哈姆雷特"说的就是这个道理。尽管说法律文本具有权威性与明确性,不能像文学解释那样灵活,但是,不可否认的是,法律解释者的角度差异给司法中的语义分析带来了不确定性。

(四)历时变化

语言本是服务于人类交流活动的表意工具,系社会生活的产物。即使在不同的时代,同一语词可能会被赋予不同的内涵。苏力说:"一个语词在一个历史时期被普遍认可的意义在另一个时期会消失或变更。"❷这似乎是人类语言发展的一个历史规律。相比于日常用语,法律概念的历时变化特点显得尤为明显,其原因在于日常用语多为描述性概念,而法律概念的规范性、价值性更强。随着时间的推移与社会的发展,法律概念之中经常会增添或者减少一些意义要素,因此对其含义的理解,不能脱离特定的社会语境。例如,美国宪法规定,"总统应为合众国陆军和海军的总司令"(第 3 条第 2 款),这是对总统最高军事统帅权的确定。按照文字的字面含义,显然这一条款不包括总统应为空军总司令的内容。但实际上,只是由于当时没有空军,所以制宪者不可能预先作出这类规定,而在今天的情形下,这里的总司令当然应包括指挥空军在内。❸ 可见,由

---

❶ [美]斯坦利·E. 费什:《文本在读者中:感受文体学》,转引自苏力:《解释的难题:对几种法律文本解释方法的追问》,《中国社会科学》1997 年第 4 期。

❷ 苏力:《解释的难题:对几种法律文本解释方法的追问》,《中国社会科学》1997 年第 4 期。

❸ 参见[美]波斯纳:《法理学问题》,苏力译,中国政法大学出版社 1994 年版,第 332 页。

于时代的变迁,同一个词语可能被赋予不同的含义,在关于法律的理解上出现了不确定性。

既然如此之多的因素会导致语义理解的不确定性,那么,是不是语言的含义就不具有任何的可确定性了呢? 这不仅与法律适用中的语义分析有关,更是关涉人类交流是否可能的基本问题。因为,如果语义的含糊、歧义、流变使读者或听众始终处在"丈二和尚摸不着头脑"的状态,那么,人与人之间的基本交流就会发生阻碍,更遑论法律的准确与一体适用了。从人际交流基本有效性的角度,从司法活动得以有效运作的角度,我们似乎可以说,不确定性并非语义理解的主要矛盾,这是因为,在法律语言之中,尚存在诸多可确定性因素,使对于法律文本或词汇的客观与一致理解得以可能。这些因素包括:

(一)语义核心

新分析法学的代表人物哈特将包括法律语言在内的词语含义划分为"核心地带"(core area)与"暗区地带"(penumbral area)两个部分。前者是指语言所描述的是事物的典型或标准情形所涵盖的范围;后者是指语言所描述的是事物之中所存在的某种难以精确把握、导致理解上的不确定和歧义的边缘区域。出于理论论战的目的,哈特将研究重点放在后者身上。他将由于语言处于"暗区地带"导致的疑难案件称为暗区案件(penumbral cases);❶而"暗区地带"所产生的原因则是人类语言具有"开放结构"(open texture)的特征。他说:"任何选择用来传递行为标准的工具——判例或立法,无论它们怎样顺利地适用于大多数普通案例,都会在某一点上发生适用上的问题,将表现出不确定性;它们将具有人们称之为空缺结构的特征。至此,就立法而言,我们将空缺结构作为人类语言的一般特征提出来了。""像英语这样的自然语言如此使用时就不可避免地成为空缺结构。"❷"开放结构"的存在使得法律适用不可能成为一个机械的过程;"暗区地带"其实对应着一种"行为领域","在那里,很多东西需留待法院或官员去发展,他们根据具体情况在互相竞争的、从一个案件到另一个案件分量不等的利

---

❶ See, H. L. A. Hart, Positivism and the Separation of Law and Morals, 71 Harv. L. Rev. 593, 1957, p. 612.

❷ [英]哈特:《法律的概念》,张文显、郑成良、杜景义、宋金娜译,中国大百科全书出版社 1996 年版,第127 页。

益之间作出平衡。"❶"在规则范围和判例理论留缺的领域,法院发挥着创制规则的作用。"❷但是,哈特反对将"法的空缺结构"普遍化与极端化的观点,语言的含义虽然存在着不确定性的一面,但是,这种不确定性只是一种边缘状态,而无论是日常语言,还是法律语言,都决不是某些现实主义法学家所认为的那样永远不确定。在法的"核心地带",规则语言所表述的内容都是可以精确确定的,不同主体的理解也不会产生分歧,于是,法官可以不作解释地将它适用于具体案件事实之上,依据三段论的法律推理得出唯一性的裁判结论。哈特认为,与"空缺结构"进行比较,"核心地带"是一种更加经常和普遍的情形。如果对"核心地带"的语义中心熟视无睹,而像规则怀疑主义那样将"空缺结构"进行泛化,这只能是一种偏执心态的体现。他说:"如果我们能够进行彼此间的交流,或者我们是在表达某种类型的行为应受规则约束的意图,那么,针对我们通常用的词汇,必须存在某种该用语之适用不应导致怀疑的标准情形。""它必须有一个确定的意义中心。"❸在法律的"核心地带",法律规范的含义确定,内容明晰,法官不享有自由裁量权,法律的适用也相对机械。这并没有什么不妥之处,它恰恰是法治的基本要求。他认为,法律的含义中心或者"核心地带"对于法律来讲具有关键的意义。"如果存在着界限,那么首先就必须存在这些分界线。"否则,"关于规则支配法院裁判的观念就是毫无意义的"。❹而"法律的生命在很大程度上存在于确定的规则对官员和私人的指导,与各种可变的标准的适用不同,这些确定的规则不要求他们一个案件、一个案件地作出全新的判断"。❺总之,在哈特看来,语言的含义之中"空缺结构"和"核心地带"是并存的,换言之,法律是不确定性与可确定性的统一体。而且,后者构成了司法中法律适用的主要方面。

(二)典型读者

虽然针对相同的文本,不同的读者会有不同的解读,但是,在法律的世界里,

---

❶　[英]哈特:《法律的概念》,张文显、郑成良、杜景义、宋金娜译,中国大百科全书出版社 1996 年版,第134 页。

❷　[英]哈特:《法律的概念》,张文显、郑成良、杜景义、宋金娜译,中国大百科全书出版社 1996 年版,第135 页。

❸　H. L. A. Hart, Positivism and the Separation of Law and Morals, 71 Harv. L. Rev. 593, 1957, p. 607.

❹　H. L. A. Hart, Positivism and the Separation of Law and Morals, 71 Harv. L. Rev. 593, 1957, p. 614.

❺　[英]哈特:《法律的概念》,张文显、郑成良、杜景义、宋金娜译,中国大百科全书出版社 1996 年版,第134 页。

人们更多地倾向于使用客观标准,因此,特定个体关于法律文本的特殊理解往往会让位于"典型读者"的角度。美国联邦最高法院大法官斯凯利亚将"典型读者"称为"理性人"或"普通的国会成员",在他看来,立法意图"每个理性人都可以法律文本中来获取"。❶ "我们要像任何一个普通的国会成员所可能作出的解读一样,来解读文本的语言,并执行所确定的含义。"❷可见,法律意图的发现并不依赖于任何一个特定的议员的主观心理状态,它所依据的是一个理性读者(包括国会成员在内)对立法机关所使用的语言的理解,换言之,一个熟悉语言惯例的理性人结合一定的语境对立法所作的理解就是立法的含义。斯凯利亚法官认为,理性读者或典型读者对于成文法含义的理解能够十分近似乃至直接表达立法者的基本意图。即使在法律文本中出现了不明确的地方甚至错误的表述,法官完全可以从一个理性人的视角出发,并将自己放在立法者的地位,来理解成文法语言所应具有的含义。应该说,理性读者的范畴不仅为法律的解释提供了基本的出发点,它也对立法者提出了要求,即如果他所使用的措辞偏离了约定俗成的用法,那么,交流的过程就会存在发生某种扭曲的风险,立法读者所理解的成文法含义不是立法者所未能预想的那个含义。正如美国学者迪克森所说:"典型读者"与"理性人"的概念一样,不过是个虚拟,但却是一个有用的基准。❸

(三)平常含义

在适用法律时,特定的法律术语往往具有几个含义,如何选择就成为法官经常会遇到的难题。对此,霍姆斯法官的建议是:"你不必去为作者的特殊风格而去自寻烦恼,你应当考虑的是语言的一般用法。"❹亦即取词语的平常含义(plain meaning)。霍姆斯法官用"普遍说英语者"的概念来解释平常含义,他说:"我们所问的,不是这个人所意指的,而是在使用这些词的环境中,在一个普通说英语者的口中这些词将会具有的含义。"❺"换用文气一点的词汇,普通说英语者不过

---

❶　Antonin Scalia, A Matter of Interpretation: Federal Courts and the Law(Amy Gutmann ed.), 1997, p. 17.

❷　Chisom v. Roemer, 501 U. S. 380, 405(1991).

❸　See, Reed Dickerson, The Interpretation and Application of Statutes, Little, Brown and Company, 1975, p. 36.

❹　Oliver Wendell Holmes, The Theory of Legal Interpretation, 12 Harv. L. Rev. 417, 1899, p. 417.

❺　Oliver Wendell Holmes, The Theory of Legal Interpretation, 12 Harv. L. Rev. 417, 1899, pp. 417–418.

是我们的老朋友——审慎之人(prudent man)的一种特殊种类。他外在于特定的作者,参照它作为标准只不过是法律客观性的又一例证。"❶立足"普遍说英语者"的视角来探求法律词语的平常含义能够提高法律适用的可预测性与可接受性,因为"每一方当事人都会预知合同的另一方当事人将会按照特定情境下普通说英语者的用法来理解词语的含义,如果他所使用的词语被在这个意义来理解,他因而无可抱怨"。❷ 同样,斯凯利亚法官也主张:"对文本不应当严格解释或者扩大解释;它应当得到合理的解释,向词语赋予平常含义。"❸他甚至认为,每一项成文法条款基本上都会存在着唯一的"平常含义"。只要不存在特殊情况,任何一项文件的作者总会遵循正常交流的基本原则和假设。由于所有的交流都建立在语言或用法的基础上,因此可以推定,作者在制作相应的文件时,会遵循他和读者所共有的、既定的语言习惯。尽管这个推定在某些特殊情况下未必具有绝对的效力,但就成文法的整体而言或在多数情况下,它可以提供大致准确的指导。因为,某项成文法的大部分措辞都不符合常规的理解是不可想象的。

(四)合适语境

为了明确词语的含义,我们可以诉诸一定的语境。早在18世纪,英国学者布莱克斯通就曾指出:"如果词语恰巧仍然存在疑义,我们可以从语境之中确立其含义;通过语境,与一个词语或一个句子相比,词语的含义可以获得单数的使用,而无论这些词语是多么的含糊不清、模棱两可和难以理解。"❹这种语境,既可以是指法律词语置身其中的上下文,或整个的法律文本,甚至也可以指全部的社会语言共同体。法律文本的解读看似一种语言学的探索,但实质是一种特殊的社会实践,例如,对于所谓平常含义的探索,要求法官去探究立法作者与普通立法读者之间所共享的惯例或观念,这在一定意义上使法官对于法律的理解走出了有可能褊狭的立法原初意图,与社会实践的发展联系了起来。不过,法官所面对的语境同样具有多样性的特点,这就要求法官善于选择一种"合适语境"(proper context)。何谓"合适语境"?简言之,它是指在交流之前就已经存在的,

---

❶　Oliver Wendell Holmes, The Theory of Legal Interpretation, 12 Harv. L. Rev. 417, 1899, p. 418.

❷　Oliver Wendell Holmes, The Theory of Legal Interpretation, 12 Harv. L. Rev. 417, 1899, p. 419.

❸　Antonin Scalia, A Matter of Interpretation: Federal Courts and the Law(Amy Gutmann ed.), 1997, p. 23.

❹　William Blackstone, Commentaries, p. 44.

由意义的传达者和接受者所共享的语境。❶ 法律适用实质上是一种借助外部符号所进行的交流,它必须依赖于已经确立的语言惯例,这种惯例往往内蕴于法官与当事人所共存的文化模式之中。法官如果不想使自己的交流行为徒劳无功,那么他就不可使用当事人、社会公众所不熟知的符号,偏离他们所共享的文化语境。在合适语境之中,人们对规则语言所表述的内容不会产生太多的歧义,即使存在着某种歧义,亦可通过沟通与交流取得最低限度的共识。

确定性因素的存在使得语义分析成为解释和适用法律的一种基本方法;围绕这一方法,文本主义解释理论也才能以形成。既然语言是表述法律以及传达法意的基本载体,那么,可以毫不讳言,在司法方法体系中,语义分析是一种优先的、主要的方法,否则,法律的治理是很难想像的。

二、语义分析的严格模式与弹性模式

怀疑论者将法律语言中的不确定性极端化与普遍化,这是一种片面的认识,也不符合司法活动的实际状况。但是,不确定性因素的发现使我们对语言的特性有了一个更为全面和细致的认识,这是怀疑论的贡献。司法中的语义分析究竟应采取严格模式,还是采取弹性模式? 何种模式更为合理? 这需要我们综合考量法律语言中的不确定性因素与可确定性因素来加以确立。

(一)语义分析的严格模式

严格模式的核心在于法官在适用与解释法律时须遵循严格平义规则。严格平义规则也叫字义规则(rule of literalness),它要求严格遵循法律语言的字面含义进行最为狭窄的理解,任何可能的扩大解释都是被禁止的。在历史上,严格的平义规则曾经盛行于 19 世纪的英国和 19、20 世纪之交的美国,不过,原因却有所不同。19 世纪的英国正处于立法至上原则处于鼎盛的时期,当时英国的法官也以充分尊重国会至上权威为信念;而 19、20 世纪之交的美国却是司法机关和法官们对立法扩张"敌意"最盛的时期,与此相适用,法官们看到了平义规则的

---

❶ See,Reed Dickerson,The Interpretation and Application of Statutes,Little,Brown and Company,1975,p.39.

另一种功能,即它可以严格限定成文法规则的适用范围,遏制立法权对司法权的干预。❶

具体而言,严格的平义规则有两个基本要点:首先,如果成文法的语言是清晰的,那么,对成文法规则的理解应当完全限定于规则的语言,摒弃任何借助于字面意义之外的因素的可能性。而只有在成文法之中出现了需要填补的漏洞或者立法语言含糊不清时,法官才能去考虑成文法背后的相关政策或价值。按照这一规则的要求,理解成文法规则的最权威的乃至唯一的工具就是字典,最多再辅之以语法准则的运用。其次,当法律条文的字面意义在适用于个别案件的过程中导致不合理的结果时,法官没有采取补救措施的权力,他的职责仍然是严格执行法律。法律适用过程中不合理结果的出现固然不可接受,但补救它的责任仍然归属于立法机关,由立法机关修改法律,避免以后出现同样的问题。但在法律修改之前,法院仍有义务予以贯彻执行,完全可以置不正义的判决结果于不顾。如英国的爱希尔勋爵(Lord Esher)认为:"如果法律的词汇是清晰的,你必须遵守它,即使它导致一个明显荒谬的结果。法院与立法机关是否犯下荒谬之事的问题完全没有关系。"❷可见,这种模式的严格性表现在:其一,将法律词语的"平义"局限于一种孤立的字典意义;其二,只要规则的语言明确无疑,即使导致不合理的判决结果,也要严格依循规则的字面意义。

例如,美国弗吉尼亚州有一条法律规定:"自本法生效之日起,在任何市镇的共有界限之内,或者未经所有者许可,在任何居民区的250码之内,均不得建造(establish)墓地。"该法律生效之后的1942年,弗吉尼亚州匹特斯堡镇为了重新安置在一次道路扩建工程中挖出的死亡者遗骸,在其共有界线之内购买了一英亩土地。这块土地与原有的一块墓地田部毗邻,并被合并为墓地的一部分。有一些居住在离这块土地250码之内的居民起诉到法院,援引该条法律要求停止墓地的扩建。在审理过程中,法院采用了语义分析的解释方法。主审法官指出:如果制定法的语言平易且无歧义,它的含义明确而肯定,那么就应当赋予它以法律效力,法庭无需考虑制定法所蕴含的智慧或政策。按照1936年版的《韦伯斯特新国际字典》,建造(establish)一词的含义应为"新建"(To originate and

---

❶ 参见[美]威廉·L.雷诺德:《司法程序》(美国法精要·影印本),法律出版社2004年版,第188页。

❷ Regina v. City of London(1892).参见[美]威廉·L.雷诺德:《司法程序》(美国法精要·影印本),法律出版社2004年版,第187~188页。

secure the permanent existence of）。因此,按其意图,法律所禁止的是市镇墓地的新建还是扩建,这与我们对本案的考虑无关。当然,没有什么比平易的语言更能表达立法机关意图的了。法庭的义务就是按照制定法的书面表达来解释它。❶基于这样的语义分析,法庭驳回了原告的诉讼请求。

这种严格模式看似拘泥,但不能否认其合理性。在这里,法官所尊崇的不是语词的权威本身,而是立法的权威以及立法至上的宪政架构。如果法官有权因为少数的案件而超越语词的字面意义,那么,他可能会在语词的界限之外天马行空,任意裁量。一旦语词的界限不复存在,法律的界限便只存在于法官的主观心理之中了。因此,这种严格模式的优势之一就是符合现代法治的权力分工体制及立法至上原则。同时它也使确定成文法规则含义的工作变得简单易行,法律也因而增强了其可预测性,即便是一般文化水平的普通公民,通过阅读成文法规则的语言即可以把握规则的含义。因为只要法律的字面意义明确,无论是法律职业人士,还是普通公民,对法律的认知不致产生太大的分歧,这便于公民安排生活,商人开展交易,律师准备诉讼,适应了市场经济秩序有效运转的内在要求。

但是,严格模式的局限性也是明显的。这种模式背后隐含着两个基本前提:一是词语的字面意义足以对法律语言的理解提供明确无误的指引;二是立法者具有极强的认识能力和语言运用能力,不仅能使文本的语言精确表达其意旨,不存在任何偏离之处;而且,这种通过语言表达出来的立法意旨能够充分涵盖成文法适用中的各种具体情形,没有任何含糊或缺漏的可能。但是,事实上,立法者的认识能力通常是有限的,立法行为发生在特定的时空之中,只能利用有限的资源;况且,立法所使用的基本表意工具也并不完美,一旦遭遇纷繁复杂的具体案件事实,完全可能出现立法者所未曾预期甚至可能是不合理、荒唐的结果。在此情况下,有必要对严格模式进行修正,以缓和其僵化与刻板之处,这需要一种具有一定弹性的语义分析模式。

(二)语义分析的弹性模式

在英美法上,语义分析弹性模式的确立标志是"黄金规则"（golden rule）的创立。黄金规则可以在 18 世纪英国著名学者布莱克斯通的《英国法重述》中找

---

❶ Temple v. City of Petersburg, 182 Va. 418, 412–424(1944).

到其渊源。布莱克斯通在《英国法重述》中写道："一般而言,词语应当按照它们常用的、最为人所知的意义来理解;与其说是考虑它们在语法上的恰当性,不如说是考虑它们一般的和通行的用法。"在此,布莱克斯通对法律语言的理解所采取的是一种常识观点,既避免过分地拘泥于字义,又反对过分自由的解释。但是,布莱克斯通也意识到,法律语言之中可能存在难以预见的局限,因此,他又引入一条效果规则来作为平义规则的补充。他写道:"关于效果或结果的规则是,如果按照字义来理解,词语要么没有意义,要么具有一个十分荒谬的意义,那么,我们必须从它们的已被接受的意义中作一些偏离。"❶他举例说:如果将这样一条规则"在大街上制造流血事件的人将会受到严厉制裁"应用于因情况危急而在大街上施行某种手术的医生身上,那就十分荒谬了。这条法律规则的意图是要抑制和威慑街头暴力事件,而不能用它去惩罚治病救人的医生。这种效果规则可以视为黄金规则的雏形。

在司法实践中最早的明确表述与适用则可追溯至 1837 年巴朗·帕克(Baron Parke)在佩里诉斯金纳一案中所作的司法意见:"指引我们解释国会法案的规则是:准确地找到需要解释的词语,只要它们不会导致任何的荒唐结论或者明显的不正义,就按照它们通常的意义来作出解释;而如果导致了荒唐结论或者明显的不正义,则改变或者修正它们,以避免那些明显不可能是立法意旨的情况发生实际效力。"❷从帕克法官对黄金规则的基本界定来看,它并不是对平义规则的全盘否定,而是为严格平义规则设立了一条例外规则,因此可以看做是对平义规则的一种新发展。按照黄金规则,法官在一般情况下仍然应当遵循词语的语法上和常规的含义,但如果这一含义导致荒唐的、不合理的、令人难以接受的结论则另当别论,在这样的案件中,法官应采用变通的解释,即对规则的语义进行修改,以避免不合理、不公正的结果。例如,英国爱德华二世时期有一条成文法规定:犯人从监狱破门而出的,应当被绞死。人们凭借常识也足以认可,这条规定不能适用于监狱发生火灾时破门而出的犯人,"因为他不能没有等着被烧死,就理应被绞死"。❸

---

❶ Sir WM. Blackstone, Commentaries on the Law of England (Book I), Portland:Thomas B. Wait, & Co., 1807, p.44.

❷ Perry v. Skinner, 2 M. & W. 471, 476, 150 Eng. Rep. 843, 845 (1837).

❸ John F. Manning, The Absurdity Doctrine, 116 Harv. L. Rev. 2387, 2003, p. 2388.

　　有意思的是,虽然黄金规则允许对成文法的字面意义作一定程度的偏离,但是这种偏离却并不看做是对立法意旨的违背,恰恰相反,它被当做是对立法者意志的真正意义上的尊重。因此,立法至上原则同样是黄金规则的法理依据。肯尼迪法官指出:"如果使用恰当,我们关于成文法解释通常规则的这个例外规则并不会侵犯国会的立法权,相反,它显示出对与法庭拥有平等权力的立法机构的尊重,我们假定立法机构决不会以一种荒唐的方式来行事。"❶特定成文法规则的适用导致了不合理乃至荒唐的结果,这意味着,该规则与社会普遍认同的价值严重背离。在此,法庭不应当认为立法者的意图就是如此而对该规则作机械适用,相反,它应当假定在这种情形下立法机关存在着某种疏漏之处,如语言上不够规范等。这种疏漏的产生,是因为立法者的认识能力有限,不可能预见到某些特定的结果;而如果立法者们预见到这样的结果,必然会对立法进行相应的修改,以避免这样荒唐的结果。因此,如果以此情形下法官在个案的处理中偏离了成文法规则的字面意义,而采用他所理解的立法者可能采取的做法,这并不构成对法律的违背,而是一种真正意义上的依法办事,是对立法者意志的真正的尊重。

　　黄金规则的引入给语义分析方法增添了弹性,使法官能够在个案判决中弥补立法的不周全之处,避免裁判结果出现不合理的结论甚至悖于社会常理与公义的情况,这是其积极的一面。但是,黄金规则也有其局限性。首先,黄金规则的适用范围较狭窄,即只适用于遵从平义会导致不合理的结论;只有在此时,衡平原则就会发生作用,使此类案件脱离其本该适用的规则字面含义。法官的变通解释仅限于此,不可随意扩张,这无疑限制了其功能发挥的空间。其次,黄金规则的适用标准之中存在着不确定性的成分。正如陈弘毅所指出的:"在案件中什么样的结果的不合理或不公正性的程度才算是足够地高,足以排除文理解释的适用,便是一个见仁见智的问题,不容易找到客观的标准。此外,在排除了文理解释的情况,究竟应采用什么准则来给予有关法律条文非文理解释的解释,黄金规则并没有提供指引。"❷

　　黄金规则适用标准的不确定性虽是一种局限,但同时也意味着语义分析方

---

❶ Pub. Citizen v. U. S. Dep't of Justice,491 U. S. 440,470(1989).

❷ 陈弘毅:《当代西方法律解释学初探》,载梁治平主编:《法律解释问题》,法律出版社 1998 年版,第 6 页。

法的弹性化发展不会因黄金规则的出现而终结。确实,关于合理与不合理的判断已经进入了法律的实质层面,法律实质因素的引入会使语义分析模式表现出更强的弹性化特征,但是,法律实质因素也是一种可确定性因素,它们能够避免司法沦为法官的完全自由裁量。早在 18 世纪,布莱克斯通就已认识到法律实质因素对语义分析的辅助作用,他指出:"解释立法者意志的最为公平、最为合理的方法是,通过最自然和最可能的符号,探寻他在制定法律时的意图。这些表征法律精神和理性的符号包括词语、语境、主旨、效果和结果。"❶可见,探究立法意图的途径除了词语及相关语境以外,还包括主旨、效果和结果等因素。而当成文法的词语发生疑义时,布莱克斯通主张法官考虑法律的"理性和精神",他说:"当法律的词语发生疑义时,发现法律的真正含义的最普遍和最有效的方法是考虑它的理性和精神。……因为如果理性在此终结,法律本身也应该与之同时终结。"❷这是用法律的目的解释或价值衡量来弥补语义分析方法的不足。由于时代的局限,布莱克斯通的学说尚不够成熟,但其观点已为后世的法律解释理论指引了方向,既通过法律实质因素的引入来进一步完善语义分析的弹性模式。

综上,以英美法的经验观之,司法的语义分析经历了由严格模式向弹性模式的转变,而相应的语义分析方法也呈现出由机械渐趋灵活,由单薄渐趋丰满的发展历程。值得指出的是,严格模式与弹性模式之间并不是非此即彼、互相否定的关系,弹性模式在扬弃了严格模式的缺陷之后,仍然保留了其基本内核,即平义规则。在英美法上,平义规则是司法过程中进行成文法解释的基本工具,自其诞生以来,几经修订,也曾备受指责甚至弃置不用,然而,由于其所具有的独特价值,平义规则在司法实践中仍然有着旺盛的生命力,并成为法官进行成文法解释常备的有效工具。

三、语义分析的方法论体系与基本工具

我们通常将司法中的语义分析当成一种单一的司法方法,但其实它可以成

---

❶ Sir WM. Blackstone, Commentaries on the Law of England, Book I, Portland: Thomas B. Wait, & Co., 1807, p. 43.

❷ Sir WM. Blackstone, Commentaries on the Law of England, Book I, Portland: Thomas B. Wait, & Co., 1807, pp. 44–45.

为复合的方法论体系。所以,文本的语义分析与文本主义是有重大区别的,前者所指只是特定的分析技术,而后者却是自洽的理论体系,能够应对规则语言明确、模糊、歧义乃至不合理的各种情况,对简单案件与疑难案件都有特别的处理方案,换言之,对于法律适用,它是可以"自圆其说"的。另一方面,二者之间也存在着密切的联系,即文本主义将对法律文本的语义分析放在优先位置,这是说,法官在解释法律应当首先考虑法律语言的含义,只有在特殊情况下仅靠语义分析难以消除法律概念的模糊与歧义之处,或者导致不合理的判决结果时才能考虑其他的因素。按照文本主义的法律解释理论,只有在穷尽了所有的语义分析手段之后,仍然不能解决问题,才能诉诸法律文本之外因素,如立法历史材料等。

可见,文本主义不仅代表了一种自足的司法方法论体系,也必须包容一系列基本的分析工具。在当代英美法世界,文本主义法律分析理论的代表人物当推美国联邦最高法院大法官斯凯利亚,因此我们以其成文法解释理论与审判实践来说明语义分析方法的工具体系。

(一)通过字典含义来确定法律用语的一般含义

由于字典含义常常是人们最经常使用的含义,因此,为了确保文本的含义不被曲解,查词典的方法不失为一个既便利又有效的方法。尽管说词语的平常意义往往不会仅限于字典意义,但是,字典含义常常是平常含义的一种表现形式。例如,奇泽姆诉罗默案涉及的解释问题是经过选举产生的法官是否属于《选举权法》所说的"民意代表"(representative)。斯蒂文斯法官(Justice Stevens)在多数意见中指出,"民意代表"指的是"有代表性的民众选举的胜选者",他认为,这一解释既符合立法历史,也符合该法广泛的救济性立法目的,因此法官是一种"民意代表"。❶ 在反对意见中,斯凯利亚法官指出:"我们的工作不是到英语词语用法的世界中广泛地寻找,去发现是否存在着任何一个可以包含法官在内的'民意代表'可能的含义;我们的工作是确定普通含义之内是否包含着法官。"他根据韦伯斯特英语词典中的释义,认为《选举权法》所说的"民意代表"不包括经

---

❶ Chisom v. Roemer, 111 S. Ct. 2354, 2366(1991).

过选举产生的法官在内。❶ 字典含义明确,易于检索与理解,往往代表了语言共同体对特定词语含义的基本看法,也容易为在多数人所认同和接受。

(二)在案件事实的语境中理解法律用语的特定含义

字典含义往往是一种宽泛的集合,按照这个集合来进行解释则显得过于宽泛,而且,字义文本主义(Literalist Textualism)拘泥于法律文本的字面意义来进行解释,有时未必能取得好的效果。因此,有时须借助于词语使用的语境来确定法律用语的含义,这构成所谓的语境文本主义(Context Textualism)的一种表现形式。例如,在斯密斯诉美国案❷中,法官需要解释的法律规定是,在实施毒品交易犯罪过程中,使用枪械的,应当增加刑期。该案被告人为了购买一定数量的可卡因,用一把未装子弹的手枪作为交换。最高法院9名大法官中有6位支持下列判决,被告犯有毒品交易罪,并因使用枪械而加重处罚,其基本的依据是"使用"(use)一词的字典含义中可以涵盖这种以物易物的交换。斯凯利亚法官则表示反对,他认为,法律条文中的"使用枪械"不能仅从字面意义上来理解,而应当遵从它的通常意义,即把枪械作为武器(use a firearm as a weapon)来使用。在反对意见中,他指出,这个词语应当按照它的"通常用法"(it ordinarily is used)来理解,而不能按照它的"可能用法"(it can be used)来理解。他说:如果你问某人:"你使用拐杖吗?"你想问的决不是在他家门厅里是否挂着他的祖父遗留下来的、作为装饰之用的老式拐杖。❸ 确实,对于"使用"(use)这样一种经常被使用的词而言,字典含义显得太宽泛了,而借助于词语使用的语境则可以得到较为限缩的、合理的理解。

(三)借助于同一部成文法的上下文来理解法律术语

通过分析特定法律术语在特定法律文本中的使用情况来理解其含义,构成语境文本主义的另一种表现形式。斯凯利亚法官把这种语境称为文本语境或内部语境。他指出:"成文法解释是一项整体性的工作。一个在孤立之中看起来

---

❶ Chisom v. Roemer,111 S. Ct. 2354,2372(1991).

❷ Smith v. United States,508 U. S. 223(1993).

❸ See, Roy L. Brooks, Structures of Judicial Decision-making from Legal Formalism to Critical Theory, Carolina Academic Press,2002.

含义不清的条款常常可以在整个成文法系统之中获得清晰的含义,这是因为,同样的概念或术语可能被成文法另外的部分使用,且在其所处的上下文中含义清晰;或者,尽管存在复数的能被接受的含义,但是,只有其中之一与成文法的其他条款取得一致。"❶斯凯利亚法官并不否认成文法之中可能存在着歧义(ambiguity)之处,但是他认为,成文法歧义的确认必须具有"文本上的或者结构上的基础"。有人认为,只要对于法律用语存在着两种或者两种以上可能的解读,歧义就出现了,这时候就应当去借助于法律目的、立法意图其他手段来消解这种歧义。但是,斯凯利亚法官却认为,两种或者两种以上可能的解读尚不能证明歧义的存在,法庭于此应当以文本和结构为基础,去努力发现哪一种解释更加合理,如果此时法庭仍然感觉难以在几种解释中选择其一,才能说文本之中的确出现了歧义。❷ 在他看来,如果一个法律用语能够借助于成文法的上下文关系得到合理的解释,那么,这样的所谓歧义其实是不存在的。

(四)借助于法律体系的整体性来确定法律用语的含义

在斯凯利亚法官看来,法律是一个整体。在法律体系中,成文法及其规则之间往往表现出一定的相互关系,如上位法与下位法,普通法与特别法,前法与后法,法律的一般规定与特别规定等等,由此产生了成文法系统之间的相互作用及其选择适用问题,这些相互作用应当对法律术语含义的确定产生影响。他指出:"只要文本许可,调整相同客体的法律应当获得协调性的解释。"❸斯凯利亚法官所理解的法律文本既包含当前适用法律文本,也包括其他相关的法律渊源。对某个法律用语的解释不能使相关的或相同性质的其他法律失去意义。例如,西弗吉尼亚大学医院诉凯西案涉及的是《民权律师费用收取法》(*Civil Rights Attorney's Fees Awards Act*)中的"代理费"(attorney's fees)是否包含专家证人费的问题。在法律职业者看来,代理费与专家证人费是两笔完全不同的费用,但是,对于普通当事人而言,所谓的代理费合乎情理地包含了他通过他的代理律师而支付的各项费用,既包括了律师应当收取的代理费用,也包括了专家证人费等其

---

❶ United Savs. Ass'n of Tex v. Timbers of Inwood Forest Assocs. ,Ltd. ,484 U. S. 365 ,371(1988).

❷ Bradley C. Karkkainen, "Plain Meaning":Justice Scalia's Jurisprudence of Strict Statutory Construction,17 Harv. J. L. & Pub. Pol'y 401 ,1994 ,p. 438.

❸ Jett v Dallas Independent School District ,109 S. Ct 2702 ,2724(1989).

他的所有支出。如何理解"代理费"的准确含义,斯凯利亚法官援引了另外一部相关法律关于"代理费"的用法,认定专家证人费不应当包含在内。❶ 在这个案件中,似乎出现了对于同一词语的不同理解,但是,他认为,既然通过相关的法律可以解释这一词语的含义,因此,应当认为法律文本之中并不存在歧义之外。同时,法律整体性还要求法官在解释成文法时要考虑法律的发展。特定成文法中的法律词语的含义完全可能由于其所处的法律体系环境的变化而发生变化,在美国诉范斯托案中,斯凯利亚法官指出:"经典性的司法工作是,协调多年来制定的法律,在综合之中它们获得意义,这必然会假定前法的意义可能会被后法的意义所改变。"❷

(五)借助立法历史资料等辅助工具来消除法律文本中的疏漏与不合理之处

法官是否可以,以及在什么条件下可以偏离法律的文本呢?斯凯利亚法官认为,在下列两种情形下,法官可以偏离成文法规则的语言:其一,成文法规则之中出现模糊或缺漏之处,而借助于文本的平常含义及结构要素不能够加以解决;其二,成文法规则的语言虽然明确,但在具体案件中导致了荒唐的、不可接受的结果。对于前者,他认为首先需要引入法律的结构要素来加以解决。这包括三个方面:(1)考虑某个词汇或术语在同一部成文法或其他成文法中的用法与含义;(2)考虑特定词汇或术语的可能含义是否与整体的成文法相协调;(3)考虑不同成文法系统之间的相互作用。❸ 只有在引入法律的结构要素之后仍然不能消除法律用语的模糊或缺漏,方可偏离成文法规则的语言。

对于后者,则需要法官确信对法律用语的某种解释会导致了荒谬的、"无法想象"的结果,才以偏离成文法规则的语言。这种情况的出现往往是由于立法者发生了表达上的错误。例如,在格林诉博克洗衣设备公司案中,法庭发现如果按照平常含义来理解《联邦证据规则》第609条中的"被告"一词,就会出现荒谬的和不公正的结果。《联邦证据规则》第609条a款1项规定,可以使用特定种

---

❶ West Virginia University Hospitals, Inc. v. Casey, 111 S. Ct. 1138, 1143 (1991).

❷ United States v. Fansto, 484 U. S. 439, 453 (1988).

❸ William N. Eskridge, Jr. , The New Textualism, 37 UCLA L. Rew. 621, 1990, pp. 661–662.

类的刑事定罪记录来质疑证人的可信度,但是前提条件是,法庭应当首先确定采纳这种证据所可能具有的证明价值确实大于它被告人可能造成的偏见效果(1987 年的规定,1990 年被修订)。在博克洗衣设备公司一案中,问题的焦点是其中所说的"被告人"是否既包括了刑事被告人,又包括了民事被告人。如果包括了民事被告人,就会在民事诉讼中造成一种程序权利上的不对等:如果原告试图提交一项关于先前定罪记录的证据来质疑被告方的证人,这项证据将会由法庭来衡量证据的证明价值是否确实大于其偏见效果;而被告却可以自动地、不被质疑地提交先前定罪的证据来质疑原告方的证人,似乎他所提交的证据不会存在任何的偏见效果。因此在本案中,法庭认为,尽管根据《联邦证据规则》第 609条 a 款 1 项的含义很清楚,但是它所产生的结果却不可能是国会所想要的结果,于是,法庭对"被告人"作了限缩性的解释,把它局限于"刑事被告人",因为只有在刑事诉讼中,被告人才会拥有一些控方并不具备的权利,这种程序上的不对等才具有具有合理性。斯凯利亚在其一致意见中指出:在这种情况下,法庭应当从立法历史中寻找相关规则的真实含义,他说:"考虑所有的公共材料,包括第 609条 a 款 1 项的立法背景以及通过这项规则的立法历史,来验证对我们来是一种无法想象的立法处理确实是立法机关未及深思熟虑的结果,这是完全适当的,于此,我们有理由偏离《联邦证据规则》中'被告'的平常含义。"❶

可见,斯凯利亚法官所倡导的文本主义分析方法反对单纯的严格字义解释,他说:"我不是严格解释主义者,任何人都不应当成为严格解释主义者。"❷他承认,法律用语会出现含糊之处,但他主张引入法律的结构要素而不是轻易地使用立法历史分析或立法意图的探知方法来理解法律用语。通过将特定法律用语置于法律的整体结构中进行解读,从而求得特定法律的内在一致性以及特定法律与其他相关法律的外在一致性。正因为如此,斯凯利亚法官的文义解释理论被称为"新文本主义"(New Textualism)❸。从方法论上来看,这种语义分析的司法理论强调法律文本的根据,有助于保障司法判决的逻辑性,以及对司法活动进行制约。立法意图的含糊性使法官有可能将政策性考虑纳入司法过程,在法律解

---

❶ Green v. Bock Laundry Mach. Co. ,490 U. S. 504 ,527(1989)(Scalia,J. ,concurring).

❷ Antonin Scalia, A Matter of Interpretation:Federal Courts and the Law(Amy Gutmann ed.) ,1997,p. 23.

❸ William N. Eskridge,Jr. ,The New Textualism,37 UCLA L. Rev. 621,1990.

释中排除立法意图的考虑则可以缩减法官自由裁量的范围,从而增强司法判决的一致性和确定性,而这些对于法治和民主政治来讲都是至关重要的。同时,这种方法的使用可以提示法官牢记在法律体系中的应有地位和相应的义务,以及他们对于维护法治和民主理想所应承担的职责。

第九章　逻辑推理方法

　　法律人对于司法逻辑的态度看起来有些矛盾。一方面,法律规范被设计成一定的逻辑结构,以与其他的社会规范相区分;而司法则用"推理"来描述,逻辑分析构成了判决书的基本框架。的确,离开了逻辑,法律与司法又如何能成为一项理性的事业? 但另一方面,法学之中又存在着一种"反逻辑"的观点,典型的说法是:法律的生命不是逻辑,而是经验。换言之,为了法律的某种实质性目的,逻辑似乎是可以牺牲掉的。应该说,这一矛盾的产生并非偶然,因为其背后有着更深层次的根源,即法律形式与实质之间可能的背离状态(尽管在许多情形下也是可以达成一致的)。但是,无论何种观点,似乎都难以彻底否定逻辑在司法中的作用。法律的生命或许不是逻辑,但任何缺乏逻辑的法律或司法都注定会失去生命。事实上,演绎、归纳、类比这些逻辑方法在司法推理中发挥着独特而重要的作用。

一、逻辑推理方法在司法中的应有地位

　　在西方法律传统,逻辑推理方法曾被遵奉为具有唯一合法性的司法方法。对此,德国哲学家韦伯的观点最为经典。韦伯把确立法治社会的理性原则作为其学术目标之一,他认为,完善的法律制度应具备五个方面的基本特征:第一,任何具体的法律决定都是将抽象的法律命题适用于具体的"事实情势";第二,在每一个案件中都必须能够通过法律逻辑的方法从抽象的法律命题中推演出具体的裁决;第三,法律必须是"完美无缺"的法律命题体系,或者被当做是完美无缺的制度;第四,不能以合理的术语,从法律上建构的问题,也没有法律意义;第五,人们的每一种社会行为都是对法律命题的"适用"或"执行",或者是"侵权"。❶

---

❶　参见[德]马克斯·韦伯:《论经济与社会中的法律》,埃德华·希尔斯、马克斯·莱因斯坦英译,张乃根中译,中国大百科全书出版社 1998 年版,第 62 页。

在这个完善的法律制度及其运作过程中,逻辑方法具有核心的地位,而其他几个特征也可视为保障逻辑司法方法得到有效适用的前提性条件。而在美国,兰德尔的经典法律形式主义对逻辑方法的崇尚与韦伯应当是不相上下的。

然而,有意思的是,同样在西方法律传统,对司法过程中逻辑方法的质疑也是不绝于耳的。美国哲学家杜威曾专门撰写《逻辑方法与法律》一文批判了对逻辑方法的盲信,他说:三段论只是一种"用于严格论证的逻辑,而不是用于探索与发现的逻辑"。❶ 它有助于"导出思维的结论,却与思维的过程无关"❷。杜威从逻辑性质的理论与思辨层次提醒人们,逻辑方法具有自身的局限性;而卡多佐法官则从司法实务的角度指出,逻辑方法也不像人们想象的那样具备确定无疑的品格,它在某些情况下甚至会导致或强化司法过程中的某种矛盾和不一致。他说:"逻辑的指导力并不总是沿着独一无二且毫无障碍的道路发挥作用。一个原则或先例,当推到其逻辑极端,也许会指向某个结论。而另一个原则或先例,遵循类似的逻辑,就可能会指向另一结论且具有同样的确定性。"❸

如此带来一个问题:如何看待逻辑方法在司法过程中的作用与地位?如何正确解读一些学者与法官的反逻辑立场?在逻辑方法的批判者中,霍姆斯大法官是当之无愧的旗手,因此,对这些问题的回答我们不妨从著名的"霍姆斯命题"开始。

在《普通法》一书中,霍姆斯开宗明义地宣称:"法律的生命从来不是逻辑,而是经验。"❹这个著名的"霍姆斯命题"传诵至今,仍然因其深刻的内涵而魅力未减。它是对霍姆斯重要法律思想的简练概括,也似乎昭示了霍姆斯秉持着某种程度的"反逻辑"立场。回溯霍姆斯漫长的法学研究和司法生涯,这一"反逻辑"立场的形成恰恰与霍姆斯法律思想的趋向成熟互为表里。对早期霍姆斯影响最大的是英国分析法学大师奥斯丁,霍姆斯第一篇法哲学论文则以奥斯丁的理论为基础,试图建立一个全面的解释性的法律体系。但是在 1870 年代以后,霍姆斯逐渐放弃了以概念推理与逻辑分析为主导来建立普遍法律体系的方法

---

❶　John Dewey, Logical Method and Law, 10 Cornell L. Q. 17, 1924, p. 21.

❷　John Dewey, Logical Method and Law, 10 Cornell L. Q. 17, 1924, p. 22.

❸　[美]本杰明·卡多佐:《司法过程的性质》,苏力译,商务印书馆 2000 年版,第 22 页。

❹　[美]小奥利弗·温德尔·霍姆斯:《普通法》,冉昊、姚中秋译,中国政法大学出版社 2006 年版,第 1 页。

论,转而到社会历史的广阔视野中寻求法律的真谛。❶ 有意思的是,自此以后,霍姆斯不止一次地在法理学中发动了针对逻辑的战役。在 1881 年的一封书信中,他称当时哈佛法学院的院长兰德尔代表了法律思想中的"黑暗力量",因为他的全部都是逻辑,并讨厌逻辑之外的任何东西。在 1905 年洛克纳诉纽约州案中,他指出:"一般命题不能决定具体案件,结果更多地取决于判断力和敏锐的直觉而不是清晰的大前提。"❷总之,霍姆斯对于司法活动中逻辑因素的攻击构成了其法律思想的重要特色,甚至成为其影响后世法学流派的最重要的方面之一。现实主义法学、批判法学乃至经济分析法学都从他的这一观点及其理论分析中汲取营养,并进行了相应的发展。

对于霍姆斯的反逻辑立场,人们或许会产生一些追问:作为美国联邦最高法院的大法官,他为什么要竭力贬低逻辑在司法推理过程的地位和作用? 在法治国家,逻辑的严谨性是司法理性的表现形式之一,法官司法因此与国家的整个法律体系取得了一致性;同时,司法推理的逻辑性还意味"平等而无偏见地实施公开的规则",而这正是形式正义的基本要求。那么,霍姆斯本人真的完全否定逻辑在司法活动中的作用吗? 在这一点上,霍姆斯的法律实践与理论旨趣似乎显示出了某种程度的自相矛盾之处。他在攻击司法活动逻辑性的同时,对于法律体系的一致性与系统化又保持着一种执著的偏好。霍姆斯曾经试图按照某种"新的"哲学结构来对古老的普通法进行重新的编排和分类,他把普通法分为犯罪、侵权、财产、合同和继承,然后在每个类别下设置简化了的概念和原则;他甚至企图从行为人所处的境遇和行为客观危险性来分析恶意、故意、过失等法律概念,并将侵权法演绎成"哲学的连续的序列"。❸ 霍姆斯在《普通法》一书中也谈到了其工作目标:"让人们了解法律的内容,也就是从法律的内部进行研究,或者从最高的属到最低的种,按照顺序富于逻辑地进行整理和分类,使之切合实践的需要。"❶霍姆斯的这一工作应该说是相当成功的,因为至 19 世纪末,他关于私法的新分类,已经成为司法实践和法律教育中的主导性理论。

---

❶ Thomas C. Grey, Holmes and Legal Pragmatism, 41 Stanford Law Review 787, 1989, p. 817.

❷ Lochner v. New York, 198 U. S. 45, 76(1905).

❸ 参见[美]斯蒂文·J. 伯顿主编:《法律的道路及其影响——小奥利弗·温德尔·霍姆斯的遗产》,张芝梅、陈绪刚译,北京大学出版社 2005 年版,第 188 页。

❶ [美]小奥利弗·温德尔·霍姆斯:《普通法》,冉昊、姚中秋译,中国政法大学出版社 2006 年版,第 193 页。

　　如何解释霍姆斯关于法律活动中逻辑作用的自相矛盾？这正可以成为我们正确解读其反逻辑立场的出发点。在《法律的道路》一文中，霍姆斯较为系统地解释他关于法律逻辑的观点。一方面，他批判了这样一种错误的观念，即认为在法律发展中唯一起作用的力量就是逻辑。❶ 另一方面，他又从不同层面分析了逻辑因素对于法律活动不可或缺性。首先，从最广泛意义上说，逻辑揭示宇宙中万事万物间固定的定量关系和因果关系。逻辑是人类理性思维的基本特征，而"我们思考宇宙的条件就是它能够以理性的方式来加以思考。"从这个意义上说，"法律和其他所有事物一样，确实是一种逻辑的发展"，❷支配万事万物的逻辑也同样适用于法律活动。其次，逻辑是法律体系的内在属性。逻辑可以帮助人们将数量庞大的判决、著述和立法概括和约简成为一个有限的规则体系，人们可以在合理的时间内掌握它们，而且，这种内在逻辑性是极具价值的，因为由于它的存在，"即使以前所拥有的一切全部焚毁，也可以从其中构建出一部法律大全。"❸再次，逻辑是法律发展的一种手段。法律的发展历史其实就是法律智慧的累积与增长过程。而法律思想上的每一次新努力，最重要的就是要使这些法律的规则和体系变得更加精确，并"通过概括使之纳入一个完全相互联系的体系"。❹ 第四，逻辑是司法实践的重要工具。从法律的运作来看，逻辑的作用更是不可或缺，如律师的训练往往就是一种逻辑的训练，类比、区分和演绎则是法律推理的重要组成部分，而司法判决的语言也主要是一种逻辑的语言。❺

　　由此可见，尽管霍姆斯命题使用的"不是而是"句式，似乎要在司法过程中以经验因素完全替代逻辑因素，但是事实上，霍姆斯本人并不完全否弃逻辑的作用。他所想说明的不是逻辑因素在司法过程中的"有或无"，而是"能与不能"，即逻辑的作用及其限度。对法律而言，逻辑确实是不可或缺的，但是，真理离谬

---

❶ 参见[美]奥利弗·温德尔·霍姆斯:《法律的道路》,张千帆、杨春福、黄斌译,《南京大学法律评论》2000 年秋季号。

❷ [美]奥利弗·温德尔·霍姆斯:《法律的道路》,张千帆、杨春福、黄斌译,《南京大学法律评论》2000 年秋季号。

❸ [美]奥利弗·温德尔·霍姆斯:《法律的道路》,张千帆、杨春福、黄斌译,《南京大学法律评论》2000 年秋季号。

❹ [美]奥利弗·温德尔·霍姆斯:《法律的道路》,张千帆、杨春福、黄斌译,《南京大学法律评论》2000 年秋季号。

❺ 参见[美]奥利弗·温德尔·霍姆斯:《法律的道路》,张千帆、杨春福、黄斌译,《南京大学法律评论》2000 年秋季号。

误往往只有一步之遥,如果我们据此认为某种制度"能够像数学那样从行为的普遍公理中推演出来",❶那就大错特错了。逻辑在法律领域只是一种工具性的存在,它不能决定法律的本质与成长,因而不是"法律的生命"。法律的生命只能从逻辑形式的背后,从历史与社会的深厚土壤中去探求。

尽管霍姆斯命题被后来的现实主义法学奉为圭臬,但是他对于逻辑作用的真实立场破解了他与现实主义极端观点之间的根本分野。不过,霍姆斯命题的提出所针对的却是当时被尊为正统的形式主义司法理论,后者的代表人物是曾任哈佛法学院院长的兰德尔。然而,在逻辑因素的作用这个问题上,霍姆斯与兰德尔亦非截然对立。与兰德尔一样,霍姆斯同样认为逻辑推理是司法方法的重要组成部分,而司法的推理也必须以内在的逻辑结构为基础。所不同的是,兰德尔将普通法的规则或原则视同公理性的普遍真理,认为逻辑不仅使司法推理过程变得精确和科学,而且能够自足地决定判决结果,法律在本质上是一种逻辑的科学。而霍姆斯虽然也承认普通法规则与原则在司法实践中的指导作用,但是却从未将它看成一个普遍的公理体系;规则体系之中必然存在着不完备乃至空隙;逻辑的运用或许可以应对一些简单案件,但在疑难案件中就会捉襟见肘,于是,法官不得不行使一种"主权者的选择特权"。❷ 此时,决定案件结果的不再是逻辑,而是交织在逻辑形式背后的关于立法理由相对价值及重要性的判断。法官必须超越逻辑,进入历史和社会的经验领域,才能把握法律的真谛。因此,在霍姆斯看来,法律在本质上是一种经验的科学。

因此,如果要正确理解"霍姆斯命题"的真意,我们不应贬低甚至无视逻辑方法在司法过程中的作用,而应当给予其应有的地位。在这一点上,卡多佐法官结合司法工作的实务操作,也提供了较为中肯的观点。他认为,虽然逻辑方法不是决定性的司法方法,但却是一种优先的方法,用他的话说"预先确定的继承人"。任何其他的方法要获得它的原初地位,必须为自己找到强有力的支持,并打通自己的道路。他说:"除非有某些足够的理由(通常是某些历史、习惯、政策或正义的考虑因素),我并不打算引入不一致,无关性和人为的例外来糟蹋法律

---

❶ [美]奥利弗·温德尔·霍姆斯:《法律的道路》,张千帆、杨春福、黄斌译,《南京大学法律评论》2000年秋季号。

❷ [美]奥利弗·温德尔·霍姆斯:《法律的道路》,张千帆、杨春福、黄斌译,《南京大学法律评论》2000年秋季号。

结构的对称。"❶而且,在卡多佐看来,逻辑方法的运用所关涉的不仅仅是逻辑结构上的一致和对称,它关系到人们对于公平或公正的感觉,因为"人们不能在这一对诉讼人之间以这种方式决定案件,而在另一个类似案件的另一对诉讼人之间又以相反的方式作出决定"。❷ 可见,逻辑本身也体现价值,也是对人类普遍经验的一种表达,应当位列司法正义的核心要素之一。的确,在现代司法制度中,逻辑分析方法保证了法律得到严格、一致的适用,它有利于使整个社会对特定的法律事务获得普遍的预期与安定,也使判决因具备应有的理性外观而获得社会的认可;同时,逻辑这种思维形式可以对法官的裁判思维产生约束,由此对法官司法权的行使产生理性的制约,排除司法擅断。所以,亚狄瑟法官说:"法律如果要受人尊重,就必须提出理由,而法律论证要被人接受,就必须符合逻辑思考的规范。"❸在司法活动中,我们一方面应当给予逻辑分析方法以应有的地位,另一方面将逻辑分析方法与各种实质推理方法有机地结合起来,达致判决的最佳效果。正是在这个意义上,我们可以说,法律的生命或许不是逻辑,但缺乏逻辑的法律或司法注定会失去生命。

二、从一般到特殊:演绎推理的司法适用

一般而言,演绎推理是由一般到特殊的逻辑推理方法,即根据一般性的命题推导出特殊性的结论。演绎推理的典型形式是三段论,三段论通常由大前提、小前提和结论三个命题构成,大前提通常表示一般性的命题,小前提表示一个比较特殊性的命题。两者联结推导出特殊性的结论。演绎法律推理又被称为审判三段论,其基本结构可表述为:

法律陈述(大前提)

事实陈述(小前提)

结论(将大前提适用于小前提)

略作展开即为:P 法律要件导致 Q 法律后果(大前提),A 案事实符合 P 法律要件(小前提),故 A 案导致 Q 法律后果(结论)。

❶ [美]本杰明·卡多佐:《司法过程的性质》,苏力译,商务印书馆 2000 年版,第 18 页。
❷ [美]本杰明·卡多佐:《司法过程的性质》,苏力译,商务印书馆 2000 年版,第 18 页。
❸ [美]鲁格罗·亚狄瑟:《法律的逻辑》,唐欣伟译,台北商周出版社股份有限公司 2005 年版,XV。

演绎推理在司法推理中的运用是广泛的。大陆法系国家属成文法国家,在法律适用过程中运用的推理形式主要是三段论式的演绎推理。这是因为,立法机关制定的各种法律是司法机关对具体案件作出判决的法律依据,存在于各种官方法律文件之中,如宪法、法律、法典、法规等。司法机关在有法可依、有章可循的情况下,无需而且也无权去创造法律。法官的权力就是适用法律,即以法律规定为出发点,以认定的案件事实为根据,进而对具体案件作出判决。这个法律适用过程运用的就是三段论:法律规范(一般由行为模式和法律后果二者构成)是大前提,法庭认定的事实是小前提,推理的结论就是判决。

英美法系的司法推理是否具有三段论的性质?学界对此观点不一。在英美法系国家,其法律由法院采取一种从案件到案件的推理(Reasoning from case to case),反复斟酌案件本质及合理性,依归纳或类比方法展开,似与三段论或演绎推理无涉。按照德国学者茨威格特与克茨的说法,"在普通法法律家富有特性的学说、思想和技术的背后,有一种重要的心态。这种心态是:习惯于具体地而不是抽象地观察事物,相信的是经验而不是抽象概念;宁可在经验的基础上按照每个案件中似乎正义所要求的从一个案件到下个案件谨慎地进行,而不是事事回头求助假设的一般概念;不指望从被一般公式化了的命题中演义出面前案件的判决……"❶然而,在判例法推理中,归纳与类比更多地是从先例中抽取与发现法律的方法,把法律规定与具体案件相联结仍然依赖于三段论式演绎推理的适用。哈特曾指出,就法院引用判例而言,传统观点认为法院从过去判例中抽出规则是归纳推理,而将抽出的规则适用于当前的案件是演绎推理。❷ 而且,随着制定法在英美法系国家法律体系中的地位日益增加,❸演绎推理在司法过程中的运用也越来越广泛。

事实上,在英美法系,一些著名法官本是善用演绎推理的高手,他们在司法意见中使用一连串的三段论推理,环环相扣,层层推进,以增强裁判的逻辑说服

---

❶ [德]K. 茨威格特、H. 克茨:《比较法总论》,潘汉典、米健、高鸿钧、贺卫方译,贵州人民出版社 1992 年版,第 458 页。

❷ 参见[英]H. L. A. 哈特:《法律推理问题》,刘星译,《法学译丛》1991 年第 5 期。

❸ 如美国联邦最高法院斯凯利亚大法官所说:"我们生活在立法的年代,大多数新的法律都是成文法。" Antonin Scalia, A Matter of Interpretation: Federal Courts and the Law, Amy Gutmann ed. , Princeton University Press,1997,p. 13.

力。曾任最高法院首席大法官的马歇尔为马伯里诉麦迪逊案❶所撰写的判词可以视为一个经典的例子。在这篇脍炙人口的司法意见书中,嵌套着三个三段论,分别是:"指出法律是什么,是司法部门的职权与责任;最高法院是司法部门;因此,指出法律是什么,是最高法院的职权与责任。"(第一个三段论)"宪法应优先于立法者的法案,国会立法授权最高法院发布执行令是立法者的法案,因此,宪法应优先于该法案。"(第二个三段论)"任何国会法抵触宪法者为无效,授权最高法院发布执行令的法案与宪法抵触,因此,该法案无效。"(第三个三段论)这种嵌套在一起的三段论被称为复合三段论,其中一个结论构成了下一步推理的前提,前者可称为"前三段论"(prosyllogism),前者可称为"后三段论"(episyllogism)。❷ 由于裁判的作出往往不是单一法律的适用,而是一系列法律的推理,因此,法官如善用复合三段论,则会使判决书获得充分的论证和难以辩驳的说服力。

可见,无论是大陆法系,还是英美法系,都把三段论式的演绎推理当做常用的司法方法。难怪波斯纳要说:"三段论的推理是如此的令人难以拒绝又是如此熟悉,以至于律师和法官期望使他们的活动看上去尽可能的客观,他们下大力气尽可能使法律推理看上去是三段论式的。"❸其实,这不是偶然的现象,在演绎推理与法治价值之间存在深层次的法理联系。

首先,三段论的前提与法治的要求之间隐然相合。作为逻辑现象的三段论推理有一个基本的公理性假设,即三段论公理(axiom of syllogism,拉丁文是 dictum de omniet de nullo),又称"关于遍有和全无的公理"。它是三段论能从两个前提必然地推出结论的根据。其含义是:凡对一类对象有所断定,则对该类对象中的每一对象也有所断定。换言之,对一类对象有所肯定,则对该类中每个对象也有所肯定;对一类对象有所否定,则对该类中每个对象也有所否定。❹ 因此,它内在地蕴涵着"平等适用"的含义,而这恰恰正是法治的要素之一。洛克(Locke)曾指出,在法治国家里,"应该以正式公布的既定的法律来进行统治,这

---

❶　Marbury v. Madison,5 U. S. (1 Cranch)137(1803).

❷　参见[美]鲁格罗·亚狄瑟:《法律的逻辑》,唐欣伟译,台北商周出版社股份有限公司2005年版,第86页。

❸　[美]波斯纳:《法理学问题》,苏力译,中国政法大学出版社1994年版,第50页。

❹　参见刘凤璞等主编:《逻辑学大全》,吉林大学出版社1991年版,第122～123页。

些法律不论贫富、不论权贵和庄稼人都一视同仁,并不因特殊情况而有出入"。❶
卢梭把实现公民的平等归结为法治的一项重要目标。他认为,法律具有普遍性,
即意志的普遍性和对象的普遍性。他以公意的普遍性对抗执政者个人意志对立
法的影响,以对象的普遍性反对主权者通过给予特定人物以特权的做法。因此,
"社会公约在公民之间确立了这样的一种平等,以致他们大家全都遵守同样的
条件并且全都应该享有同样的权利"。❷ 当代西方自由主义代表人物罗尔斯把
平等适用与"形式正义"进一步联系起来,形式正义意味着:"法律和制度方面的
管理平等地(即以同样的方式)适用于那些属于它规定的阶层的人们。"❸ 而"形
式正义的概念,即有规则地和无偏见地实施公开的规则,在适用于法律时就成为
法治"。❹

其次,作为"前提蕴涵结论"的推理,三段论有助于在法律规范与具体判决
之间建立起内部逻辑一致的因果联系。形式逻辑的鼻祖亚里士多德曾经这样解
释三段论:如果三个名词之间存在着这样的关系,即最后的名词包含在中间的名
词之内就像一个整体一样,而中间名词被包含在第一个名词之内就像一个整体
一样,或者被排斥于其外就像离开了这个整体一样,在这种情况下,这两个端词
就必然凭借一种完善的三段论发生了关系。❺ 因此,在司法推理过程中,三段论
使普遍性的法律与个别性的事实发生了联系。而且,作为演绎推理的一种形式,
三段论又可称为"前提蕴涵结论"的推理,这意味着:凡带有必然性的推理,其结
论必定以某种方式包含在其前提之中,凡前提中根本没有的东西,就不可能出现
在结论中。在这个意义上,司法判决本就存在于法律规范之中,而不是立法者所
未曾预料的新结论。因此,司法推理的逻辑性质使得法官的司法活动与国家的
整个法律体系取得了一致性。这表明法官对特定案件中权利义务关系的分配或
者法律责任的确定完全是按照法律的要求行事,而不是个人的主观臆断。因此,
三段论推理的运用正是要为判决的正当性和有效性提出有力的支持。波斯纳用
"箱子的比喻"生动地说明了三段论推理的这一作用。他指出,"所有的人都全

---

❶ [英]洛克:《政府论》(下册),瞿菊农、叶启芳译,商务印书馆1981年版,第88页。
❷ [法]卢梭:《社会契约论》,何兆武译,商务印书馆1982年版,第44页。
❸ [美]约翰·罗尔斯:《正义论》,何怀宏等译,中国社会科学出版社1988年版,第54页。
❹ [美]约翰·罗尔斯:《正义论》,何怀宏等译,中国社会科学出版社1988年版,第225页。
❺ 参见封毓昌:《辩证逻辑:认识史的总结》,中国社会科学出版社1990年版,第131页。

死;苏格拉底是人;因此苏格拉底会死"这个三段论之所以完全令人信服,是因为"苏格拉底会死"的结论已包含在前提中"人"的定义之中了。就好像有一个贴了标签"人"的箱子,里面有一些东西,其中每一个都会"死"。而小前提告诉我们这个箱子里的东西都有个名字牌,其中有一个牌子上写的是"苏格拉底"。当我们把"苏格拉底"拿出箱子时我们就知道他会死的,因为在箱子里所有的东西都会死。我们只不过拿出了我们先前已经放进去了的东西。❶

　　综上,演绎推理以一种不具个人色彩的、必然性的推理方式来达致裁判结论,彰显了法律的理性意蕴,限制了法官的恣意,维护了法治的价值。也正因为如此,尽管审判三段论曾经一度被等同于规则主义而颇受微词,但人们又认可,它对于法律推理而言仍然是必要的、不可或缺的。然而,三段论毕竟只是一种推理和证明工具,在使司法推理获得客观公正的结果的过程中,这种方法也具有明显的局限。

　　首先,三段论无法充分保证司法推理的真实有效性(soundness)。三段论作为一种逻辑思维形式,能够很好地保证逻辑推理的有效性。但是,在三段论中,三段论的有效性和真实有效性是两个不同的概念。真实有效性的取得除了取决于三段论的有效性外,还取决于前提的真实性。逻辑学原理告诉我们,只有有效的三段论,难以充分保证结论的真实性。在司法活动中,法官在展开三段论式判决之前,必须寻找大前提(法律)和小前提(事实),但大小前提的真实性是不可能在这一三段论判决中加以确定的。首先,由于法律规范是一般性的行为规范,具有高度的抽象性,当它一旦和具体案情接触后,其缺口和不周延性就会暴露出来,因此在对其真实内涵的理解上会产生许多争议。其次,确定小前提即发现事实经常也很困难,而不是一个逻辑过程。对这一点,波斯纳举例说,在造成他人伤害的过失责任中,伤害者只有在"如果他运用了适当的注意他就能够避免这一事故"的情况下才负法律责任。然而,即使"适当注意"的界定相当精密,例如,界定为采取的预防所需费用小于可能避免的事故的预期损失,法律仍然可能难以确定这一法律责任的前提条件是否已经成立。❷ 可见,三段论可以作为司法推理中的一种有效的演绎装置,但却不能充分保证司法推理的真实有效性。

　　其次,即使是保证了推理前提的真实性,推理形式的有效性,三段论亦无法

---

❶　参见[美]理查德·A.波斯纳:《法理学问题》,苏力译,中国政法大学出版社1994年版,第49页。
❷　参见[美]理查德·A.波斯纳:《法理学问题》,苏力译,中国政法大学出版社1994年版,第56页。

完全保证司法推理结果的合理性。作为司法推理大前提的法律规范是一种具有抽象性和一般性的规范形式,这意味着它对某类人的某类行为适用同一的尺度。由于法律规范要指向一类人而不是某个人的行为,因而它要抽象掉社会行为及其现象的个性、特殊性和偶然性,要概括出每一类社会行为及其现象的共性、一般性。规范的一般性和抽象性在法律规范的逻辑结构中得以体现。"假定"就是对某一类情况的设定,舍弃了具体差别性而保留了此类情况的共同特征。"处理"与"制裁"部分规定了一般性的行为模式或强制性措施。规范针对同一范围的一切人而非特定的个人,适用同一的尺度而不计具体情况下尺度之短长。因此,法律规范中所体现的正义只是一种抽象的、一般的正义。司法者通过认真阅读法律文本而认识法律的真意,并将这种抽象的正义借助有效的推理形式体现于个案中,但这却不是必然导致个案中的具体正义。由于立法者主观上存在预见能力的局限,法律客观上也缺乏"万物皆备于我"的可能性,不能够涵盖每一点具体事实;抽象的、一般的正义也可能会成为司法推理中的"普洛可路斯之床"(procrustean bed),法律规范从总体上看符合了正义的要求,但从个案的角度衡量,在一定程度上可能产生不合理的结果。因此,即使通过三段论忠实地表达了法律的真实含义,但却不能保证司法结论必然是合理的。

总之,三段论作为一种有效的逻辑形式,对司法推理保障法治统一和客观性具有重要的作用。"既然合乎逻辑是合理性的最低标准,合理性的法律议论很难也没有必要拒绝法律三段论的帮助"。❶ 但是,三段论又是一种有限的工具。要实现司法公正,还需要其他方面因素的配合。

从具体操作来看,司法演绎推理遵循一般演绎推理的基本步骤。美国学者伯顿教授将其表述为三个步骤:(1)识别支配手头案件的法律规则;(2)以允许推断出一个有效结论的方式陈述事实;(3)推出一个可靠的结论。❷ 亚狄瑟法官则归纳为五个方面:(1)选择大前提;(2)诠释大前提;(3)诠释小前提;(4)将前提适用到事实;(5)提出结论。❸ 然而两位作者都承认,司法中的演绎推理并不

---

❶ 季卫东:《法律解释的真谛(上)》,《中外法学》1998 年第 6 期。

❷ 参见[美]史蒂文·J. 伯顿:《法律和法律推理导论》,张志铭、解兴权译,中国政法大学出版社 1999 年版,第 54~59 页。

❸ 参见[美]鲁格罗·亚狄瑟:《法律的逻辑》,唐欣伟译,台北商周出版社股份有限公司 2005 年版,第 95~96 页。

是对以上步骤的简单套用,而包含着更复杂的内容。亚狄瑟法官指出:"在形成法律的大小前提时,还有许多逻辑规则以外的功能在运作。"❶例如,大前提的识别与选择其实是一种价值判断,没在任何正确无误的逻辑规则可以主导这个重要而关键的决定,但它构成了逻辑规则运作的序曲。伯顿教授则提到,在明确大前提与小前提之间的联系即把单个案件置于一类法律案件中时,"需要判断重要程度以表明那些证明归类为正当的特殊事实",❷演绎法律推理并没有指明如何作出这个判断,而需要法官或律师在逻辑之外寻找依据。如果作出了错误的判断,则不可能取得合理的判决结果。正如亚狄瑟法官所说:"将垃圾输入系统,出来的结果也是垃圾。"❸在这里,亚狄瑟法官显然将演绎推理看成了一种具有高度确定性的系统。但要运作这个系统,遵循基本的逻辑规则是必需的,否则,也可能出现这样的结果:输入的是"金子",输出的却是"垃圾"。

　　司法推理必须遵守各种逻辑规律与规则,才能保证判决的合理性。如德国学者阿列克西所说:"理性法律论证概念的说明是要通过对一系列规则和形式加以阐述来进行的,论证必须遵循这些规则并且必须采用这些形式,以使其所提出的要求得到满足。"❹司法中的演绎推理需要符合逻辑学所揭示的各项演绎规则。在司法审判中,最常用的是三段论推理中的第一格(MAP,SAM ⊢ SAP),其大前提是全称命题,小前提是肯定命题,推理进程是将普遍的原理、原则运用于特殊场合,得出关于特定对象的特殊性结论,这种推理因其对司法推理的特别适用性而被称为"审判格"。要保证这种三段论推理的有效性,必须使其符合逻辑学上三段论的一般规则,具体包括:(1)有且只有三个不同的词(大词、中词与小词),且每个词在整个推理过程中都是在同一个意义上被使用;(2)中词在两个前提中至少周延一次;(3)前提中不周延的词在结论中也不得周延;(4)前提之一是否定的,则其结论也是否定的;(5)两个否定的前提得不出必然的结论;(6)两个特称的前提得不出必然的结论。三段论一般规则的遵守可以保障推理的有效性,只是在司法的语境中又会产生特别的要点。在司法的演绎推理中,保持中

❶　[美]鲁格罗·亚狄瑟:《法律的逻辑》,唐欣伟译,台北商周出版社股份有限公司2005年版,第89页。
❷　[美]史蒂文·J.伯顿:《法律和法律推理导论》,张志铭、解兴权译,中国政法大学出版社1999年版,第69页。
❸　[美]鲁格罗·亚狄瑟:《法律的逻辑》,唐欣伟译,台北商周出版社有限公司2005年版,第92页。
❹　[德]罗伯特·阿列克西:《法律论证理论》,舒国滢译,中国法制出版社2002年版,第361页。

词的同一性显得尤为重要,它要求小前提中表述案件事实的词与大前提中反映法律概念的词相一致,这一过程与证据认定、法律解释相关联,而且还可能包含着某种实质推理的要素。

三、从特殊到一般:归纳推理的司法适用

归纳推理是以某类事物中部分或全部对象具有或不具有某种属性为前提,推出该类事物全部对象也具有或不具有某种属性为结论的推理。归纳推理的基本逻辑形式是:S_1 是 P,S_2 是 P,S_3 是 P,……S_n 是 P;所以,一切 S 都是 P。归纳推理与演绎推理的区别主要有两点:第一,思维进程的方向不同,演绎推理主要是从一般到特殊的推理,而归纳推理则是从特殊到一般的推理。第二,前提与结论的联系性质不同。演绎推理的结论所断定的范围不超出前提的断定范围,前提蕴涵结论,结论具有必然性;而归纳推理的结论所断定的范围通常要超出前提的断定范围,前提并不蕴涵结论,结论具有或然性。

归纳推理的提出归功于近代实验科学的发展。早在 17 世纪,归纳逻辑的创立者弗兰西斯·培根就十分明确地认为,归纳推理模式既可应用于自然科学,又可应用于法学领域。他同时从事着两方面的工作:一方面,作为一名自然科学家,他在科学实验中根据观察到的个别事件以归纳方式建立科学的因果律;而作为一名法务人员,他试图根据个案的习惯法判断以归纳方式建立法律规则或准则来有计划地重新陈述英国法律。他认为,这两者之间存在着很大的一致性。首先,自然本身要求,在一个科学理论中同样的结果应该归因于同样的原因;而自然公正要求,在一个法律系统内同样的案例应该得到同样的处理。其次,借助于归纳法,科学家攀上越来越全面的自然规律的金字塔时,就越来越接近上帝的自然律;而法学家同样会越来越接近上帝的道德律。再次,无论是在科学领域还是在法律领域,归纳法都同样随着明显可靠的普遍性的增高而增加确定性,也同样通过起证伪作用的实例排除其他假说,都同样要求概括不仅适用于已知实例,并且也导致新的知识。❶ 归纳推理之所以如培根所说在自然科学领域与法学领

---

❶ 参见[英]L. 乔纳森·科恩:《理性的对话——分析哲学的分析》,邱仁宗译,社会科学文献出版社 1998 年版,第 62～63 页。

域具有同等程度的适用性,是因为英国普通法传统与近代实验科学一样都是建立在经验主义哲学的基础上,都强调对过去经验的观察来寻求对未来的指导。

的确,归纳推理是从个别事实或经验推出一般或普遍命题的过程,因此特别适用于判例法推理中的法律发现。在判例法制度下,法官用来判决的法律根据不是制定法的规定,而是通过对若干以往的判例进行归纳一般化的规则。根据美国学者范德威尔德的分析,法官采用归纳法获得法律规则的过程大致为:通过分析一定数量的先例,发现其中均存在着特定的权利和义务,因而作出结论:在所有的相同案件中均存在着相同的权利和义务。这样,从一个个特殊的案例中,法官抽象出了普遍规则。他举例说,假定存在着几个不同的先例。甲先例判决,如果土地上存在暗藏的坑或洞,土地所有者对来访者有告知的义务;乙先例判决,如果土地上存在着流沙区,土地所有者对来访者有告知的义务;丙先例判决,如果土地上存在不稳固的斜坡,土地所有者对来访者有告知的义务。当类似情形的先例不断增加,就可以综合出一条普遍规则:如果土地上存在着某种危险,土地所有者对来访者有告知的义务。这项普遍规则的形成则是归纳法的结果。❶

以上关于判例法规则的形成过程显示出,司法中的归纳推理与科学中的归纳推理在性质上颇为类似,其结论所断定的范围超出了前提的断定范围,也就是说,结论之中包含了前提中未曾给出的新知识。通过归纳而形成的普遍规则在外延上显然要大于作为前提的每一个判例的特定案件情境,而且,这项普遍规则将扩展适用于新的事实情境,新的案件于是可以依据这条新的普遍规则得到解决。正是在这个意义上,我们将归纳推理称为一种"发现的逻辑",而非仅具有单纯的证明功能,因此对于司法过程中的法律发现具有特殊的意义。

归纳推理的法律发现功能首先表现在:当法官缺乏现成的法律规则作为审判依据时,他从一系列先例判决中归纳出新规则,再将其适用于手头个案。如博登海默所说:"法官会发现没有任何法规或其他既定规则可以指导他的审判工作,但他也许能够从对一系列早期判例与判例价值所进行的比较中推论出有关的规则或原则。如果发生这种情况,那么我们就可以说,法官是运用归纳推理方

---

❶ See, Kenneth J. Vandevelde, Thinking Like a Lawyer: An Introduction to Legal Reasoning, Westview Press, 1996, p.49.

法从特殊事例中推论出一般规则。"❶从 1916 年时任纽约州最高法院法官的卡多佐所审理的麦克弗森诉别克汽车制造公司案❷判决中我们可以看到归纳推理的这一发现功能。在该案中,原告麦克弗森从汽车零售商处购买了一辆由被告别克汽车制造公司生产的汽车,在驾车行驶时,由于汽车车轮存在缺陷发生爆炸,导致车祸使原告遭受重伤。根据 1842 年英国最高法院温特博特姆诉怀特(Winterbottom v. Wright)案所确立的"无契约无责任"原则,原告难以获得法律救济。卡多佐法官首先明确了温特博特姆案与本案的区别,指出前者发生在公共马车旅行的时代,而不能适用于当今汽车旅行的情境。那么,本案适用何种规则呢? 卡多佐法官并没有直接地创设一条全新的规则,而是使用归纳推理试图从诸多先例中归纳出适用本案的法律规则。卡多佐法官引证了制造商与受害人虽无契约关系但仍需承担责任的判例,分别涉及制造商在药品上贴错有毒标识致人损害、安装于餐馆前的大咖啡壶因存在缺陷爆炸致人损害、汽水瓶因缺陷爆炸致人损害、电梯因缺陷致人损害。这些产品由于存在缺陷而导致了一种"近迫的危险性",要求制造商承担更大范围的合理注意义务,其责任不能只局限于契约当事人,而应扩展到非契约关系第三人,从而产品受害人的合法权益得到合理的保护。而且,具有近迫危险性的产品不能局限于毒药、爆炸物或其他同类物品,而应扩大到对人身有危险性的一切物品,本案的汽车轮胎亦包含在内,因而相关的规则也可适用于本案。

归纳推理的法律发现功能还表现在:它可以发掘和揭示"法律的隐含原则",即以隐含形式存在于法律之中的法律原则。这类法律原则不能从立法或判例的明文规定中发现,但却隐藏或贯穿于法律整体脉络或过去的法律实践之中,是通过法官的理性能力可以揭示出来的法律内在意蕴。在英美法的司法实践中,"隐含原则"的发现与挖掘恰在此时恰恰是通过归纳推理从先前的一系列判例中概括和抽取出来的。典型的例子就是美国里格斯诉帕尔默案的判决。在该案中,帕尔默虽是合法的遗嘱继承人,但他为了继承财产,杀害了被继承人。当时美国纽约州的继承法并未规定遗嘱继承人谋杀被继承人后无权继承遗产,但多数法官认为,由于制定法是法律体系的一部分,其解释便应使法律体系在原

---

❶ [美]E. 博登海默:《法理学—法哲学及其方法》,邓正来、姬敬武译,华夏出版社 1987 年版,第 473 页。
❷ MacPherson v. Buick Motor Co. ,217 N. Y. 382,111 N. E. 1050(1916).

则上是一致的。普通法的诸多判例之中可以归纳出一个原则,即任何人不应从自己的错误行为中获利,否定了帕尔默的财产继承权。❶ 卡多佐细致地剖析这种从先例中揭示隐含原则的过程:"一个决定的隐含意义在一开始时也许是含混的,其后由于评论和阐述,新的案件抽出了它的精髓,最后,就出现了一个规则或原则,成为一个渊源,一个出发点。"❷"隐含的法律原则"揭示出来之后即成为一条"实定的法律原则",对往后的司法实践起到明确的指导意义。

　　尽管人们都十分推崇归纳推理的法律发现功能,但这不妨碍它同时具有强大的法律证成功能,这意味着它能够在法律的梳理、编纂、验证中发挥重要作用。19 世纪的法律形式主义者正是注意并利用了归纳逻辑的这些功能,而将法律视为一种归纳科学。❸ 以兰德尔为代表的经典形式主义法学与美国南北战争前的自然法学学说一样,都将普通法看成是一个理性的原则体系,但是,他们并不认可这些原则来自于理性思辨的自然法观点,而是主张公理性原则最终必须从案件当中归纳得出。在兰德尔看来,在理想的法律体系之中,所有的规则直至整个法律系统都可以统摄于若干核心原则之内。比如,合同法的当事人意思自治原则;侵权法的过错责任原则等,这些核心原则本身是经历史积淀、从无数的判例中概括出来的。兰德尔说:"这些规范中的每一个都是通过缓慢的发展才达到当前的状态,换言之,它是一种生长过程,历经岁月,在诸多的判例中得到扩展。这种生长过程大体上可以借助一系列判例来加以回溯。"❹法律形式主义的任务之一就是通过归纳推理从判例中抽取原则,并将它们按照一定的逻辑方式组织起来,形成一个一致的、连贯的体系;穿透卷帙浩繁的判例,获取真正的法律原则。在这种思想的推动之下,"自然法原则让路给了用归纳法得出的实证主义的公理。"❺而美国 20 世纪二三十年代的法律重述(Restatement)运动可以视为兰德尔这种思想的延续产物。

　　如果归纳推理的上述功能得以充分发挥,那么,它对于司法过程的合理化是

---

❶ 参见[美]罗纳德·德沃金:《法律帝国》,李常青译,中国大百科全书出版社 1996 年版,第 14～19 页。

❷ [美]本杰明·卡多佐:《司法过程的性质》,苏力译,商务印书馆 2000 年版,第 27～28 页。

❸ 参见[美]波斯纳:《法理学问题》,苏力译,中国政法大学出版社 1994 年版,第 113 页。

❹ C. Langdell, A Selection of Cases on the Law of Contracts, at v, (1871).

❺ [美]斯蒂芬·M. 菲尔德曼:《从前现代主义到后现代主义的美国法律思想——一次思想航行》,李国庆译,中国政法大学出版社 2005 年版,第 181 页。

具有很大助益的。首先,它有助于保障同样案件同样处理。正如亚狄瑟法官所说:借助于归纳一般化,"同一个属性的每一个案例将会具有另一个相同的属性,"❶相近的事实要件则会产生同样的法律后果,这其中隐含了规则平等适用的思想。其次,它有助于对既往办案经验、司法智慧的系统化利用。先例产生于过去的事实情境,包含着前人处理案件的经验与智慧。就某个特定案件而言,这种经验与智慧或许是微不足道的,而如果将这些案件集合起来,就会形成一笔巨大的财富,归纳推理正是提炼这种财富的有效手段。再次,它有助于填补制定法的空隙以及纠正制定法的缺陷,促进法律的发展。如前所述,归纳推理的发现功能使之能够在法律出现漏洞或不合理结论之时从一系列先例中抽取相关的规则,并适用于当下案件,这是一种"法律续造"活动,通过不断的积累经验、修正错误来推动制定法的发展。第四,它有助于在发展法律的同时又保持法律发展的连续性。归纳推理所获得的规则均来自于已经存在的先例,它是延续既往的法律发现,与赤裸裸的法官造法存在本质区别,因此不仅不易遭受合法性的质疑,反而能够获得较好的认同度。

然而,司法中的归纳推理也存在着局限之处。这一方面来自于归纳推理的固有性质,即它本是一种或然性推理形式,由于它的结论扩展了前提所断定的范围,将事物部分对象的属性扩展到全体对象之上,前提与结论之间没有必然联系,因此,这种推理形式本身必然存在着不确定性的因素。另一方面这种局限来自于归纳推理在司法过程中所表现出来的性质。波斯纳法官注意到:法官在司法归纳过程中有一种自由,即"他们可以以不合规范为由而拒绝接受某个观察",但是科学家在科学归纳中却不享有这种自由。❷ 法律归纳与科学归纳尽管都可以放在"归纳科学"的条目之下,但法律归纳却不能保证"被归纳的东西以后会得到遵循",换言之,在司法过程中,"归纳方法可以挑出先前案件的共同点,但无法确立这种共同点是不可缺少的。"❸可见,在司法过程中,法官拥有科学家所不可能拥有的自由选择权,司法归纳较之科学归纳具有更大的不确定性。

根据范德威尔德的总结,司法归纳的不确定性在以下两个方面表现得很突

---

❶ [美]鲁格罗·亚狄瑟:《法律的逻辑》,唐欣伟译,台北商周出版社股份有限公司 2005 年版,第 122 页。

❷ 参见[美]波斯纳:《法理学问题》,苏力译,中国政法大学出版社 1994 年版,第 114 页。

❸ [美]波斯纳:《法理学问题》,苏力译,中国政法大学出版社 1994 年版,第 114 页。

出:首先是对先例事实情况的概括。法官在通过归纳推理综合新规则时必须确定新规则的事实前件中应包含哪些事实情况,而对同一先例的事实情况可以作出多种不同的概括,而这往往决定于法官所欲强调的案件重点,于是规则要件的确立之中会掺杂人为的选择。其次是根据归纳所获规则的一般性程度。法官既可以用宽泛、一般的术语来概括先例,也可以换用具体、特定的术语来概括。在宽与窄的两极之间,还可以有不同程度的一般性程度;每一种不同层次的一般性都可以产生一个相应的规则,但却没有哪一个一般性程度可以被认为是绝对正确的,因而法官可以依据自己的判断能力和实际案件的需要作出选择。❶ 由此可见,司法中归纳推理的运用不是一个机械的过程,相反,它需要法官行使相应的判断能力,并且它所导致的结论可能也不止一个。

尽管如此,我们仍然可以根据司法活动以及归纳推理的性质,采取一定的措施来尽可能消减司法归纳过程中存在的不确定性。第一,被考察先例的数量要尽可能多,范围要尽可能大,从而使新规则获得较多的先例支撑,确认同一规则的类似先例越多,归纳的论证就越有说服力。如果考察的先例很少,范围不大,难免会犯"轻率概括"或"以偏概全"的逻辑错误。第二,对反面的先例应给予关注,并作出合理解释。一般而言,在进行不完全归纳推理时,只要出现一个反例,就不能得出结论。但司法归纳对出现的反面先例则需要具体问题具体分析,即探究先例中的各种特定事实细节,判断这些事实细节是否为规则的必要条件,从而确定该规则的可适用性。第三,借助于立法的政策性意图来调节事实要件的宽窄以及规则的一般性程度。尽管政策分析也不是一种确定性很强的方法,但是,将它与归纳推理结合起来所产生的效果毕竟会强于只有其中任何一个的情况。例如,对于因土地上存在某种危险致人损害的案件,如果规则的政策性意图是保障人身安全,那么,危险究系明显还是隐蔽就不甚重要;而规则的政策性意图是促使人们对自己的安全进行合理的负责,那么,危险是明显还是隐蔽就显得十分重要了,因为只有因明显的危险所导致的人身伤害,法院才能给予救济。由此可见,规则的政策性意图对事实要件的选择可以产生重要的影响。

---

❶ See, Kenneth J. Vandevelde, Thinking Like a Lawyer: An Introduction to Legal Reasoning, Westview Press, 1996, pp. 50−51.

四、从特殊到特殊:类比推理的司法适用

类比推理是在两个或两类对象之间进行的比较性推理,即根据它们在某些属性上的相同或相似,推断出在其他的属性方面也相同或相似。与演绎推理、归纳推理不同的是,它是一种从特殊到特殊的推理形式。类比法律推理是类比推理在司法裁判领域的应用,并无实质性的特别之处,只是"在表达上更加正式,更加严格,也更加统一。"❶在结构上,类比法律推理可以概括为:案件 A 具有属性 a、b、c,适用规则 R;案件 B 具有属性 a、b、c;案件 A 与案件 B 具有相似性,因此,案件 B 也适用规则 R。当然,我们也可以使用一种类似于三段论的结构表述:如果 P,那么 Q(法律规则);P′≈P(事实类推);所以 Q(裁判结论)。但类比推理与演绎三段论的推理机制是不同的,三段论的大小前提之间借助"中间概念"取得联系,而类比推理考虑的是个别案件之间的类似与差异问题。

在逻辑学里,类比推理属于一种形式推理。但对于类比法律推理的性质,法学界人士却提出了独特的看法,如波斯纳将其看成是实践理性的一种表现形式。他认为,之所以大多数现代法律人十分看重类比推理在法律实践中的作用,重要原因在于它"没有确定的内容,或是内容不完整;它指的是一类不确定的、互无联系的推理方法。这一点很重要,而不是遁词。由于形式逻辑在法律推理中不起作用,类比推理就是把法律人同日常推理者区分开来的主要推理方法。"❷基于实用主义的立场,波斯纳认为类比推理中包含了经验评价、价值判断的成分,而且,这些实质因素往往起到决定性的作用。但是,这种观点其实是将推理的形式特征简单等同于逻辑上的必然性,不免偏颇。诚然,形式推理只关注推理的形式及其规律,不涉及推理的内容,而要真正理解类比法律推理,却不能不考量法理性的实质内容。这些观察是正确的,只是不能就此将类比法律推理逐出形式逻辑的范畴。因为,即便在日常或科学的类比推理之中,关于事理、科学原理等内容因素的分析仍然是不可或缺的。无论如何,类比推理的形式特征提供了基

---

❶ [美]史蒂文·J.伯顿:《法律和法律推理导论》,张志铭、解兴权译,中国政法大学出版社 1999 年版,第 33 页。

❷ [美]波斯纳:《法理学问题》,苏力译,中国政法大学出版社 1994 年版,第 111 页。

本框架,为内容因素的展开设定了轨道。类比推理虽然达不到演绎推理那样的确定性,但是仍然存在比较稳定的思维形式,因而将其归入形式推理范畴是恰当的。

根据所适用法律的类型,类比法律推理分为两种:判例类推和制定法类推,前者是依据先例所进行的类比推理,后者是在适用制定法时所作的类比推理。这种分类其实与法系传统有关。普通法系在传统上以判例为主要的法律渊源,遵循先例是重要的司法原则,因此法官经常会从案例到案例的角度来思考解决案件的途径,这就需要将手头案件与先例进行类比,然后根据两起案件基本性质、事实特征的相同或相似,给予手头案件相同或相似的处理。类比推理对于英美式司法十分重要,难怪列维称之为法律推理的"基本类型"(basic pattern of legal reasoning)❶,孙斯坦称之为法律推理的"最熟悉的形式"(the most familiar form of legal reasoning)❷,波斯纳称之为法律推理的"中心"❸。英美法系学者和法官对类比法律推理推崇备至,并且对它的运作过程进行了相当深入的研究,以至于人们产生了一种狭隘的认识,即类比法律推理只存在于英美法系的司法过程之中。

但事实上大陆法系的法官在裁决案件时也使用类比推理,即制定法类推。大陆法系的法律渊源以制定法为主,先前判决的案件一般并无直接的法律约束力。法官在适用法律时,并不是比较两个案件相同或类似的情况,而是把抽象的制定法运用到具体的案件事实,这一般被认为是演绎推理的作用过程。类比推理于是就成为一种补充性和边缘性的推理方式,它并不处在司法过程的中心位置,而只是法律出现漏洞时成为填补法律漏洞的工具。而且,在刑法领域,由于罪刑法定原则的影响,这种填补法律漏洞也受到限制乃至禁止。制定法类推与判例类推在具体的工作机制方面也有所不同,即它是通过比附援引与其性质最相类似的现有法律规定来处理案件的,而不是从案件到案件的类推。然而,二者之间的区别并非十分本质。判例类推强调在案件事实与案件事实之间进行比较,而制定法类推是要在法定事实与案件事实之间进行比较,这种法定事实我们

---

❶　Edward H. Levi, An Introduction to Legal Reasoning, The University of Chicago Press, 1949, p. 1.

❷　Cass R. Sunstein, On Analogical Reasoning, 106 Harv. L. Rev. 741, 1993, p. 741.

❸　[美]波斯纳:《法理学问题》,苏力译,中国政法大学出版社 1994 年版,第 111 页。

不妨将其看作法律规范得以适用的典型事实,如孙斯坦所说:"当我们被问起某一特定的事物是否属于一个一般范畴时,我们会检查该事物是否像或不像该典型的或规定的例子。法规解释的情况也大致如此。"❶由此可见,判例类推与制定法类推在基本功能和运作机制方面其实是相通的。

在司法过程中,类比推理具有以下功能:首先,体现"相同情况相同处理"的法治原则。类比推理是要将适用于 A 案件的规则同样适用于 B 案件,之所以可以作如此的"转适用",原因在于两个案件之间的类似性。如王泽鉴先生所说:"盖相类似者,应作相同的处理,系基于平等原则,乃正义的要求。"❷其次,补救法律漏洞,并检验与发展已有的法律原则。立法不可能做到尽善尽美、毫无矛盾,法律漏洞几乎是一种必然的存在,类比推理是填补法律漏洞的方法之一。博登海默认为,类比推理就是"把一条法律规则扩大适用于一种并不为该规则的语词所涉及的、但却被认为属于构成该规则之基础的政策原则范围之内的事实情形"❸。通过类比推理,旧有的规则具有针对新情境的涵盖力,法律漏洞得到补救。但另一方面,该规则也在新情境之中得到检验,如波斯纳所说:类比推理"是一种将已确立的原则置于新案件的熔炉中不断予以检验的方法"。❹ 在不断的检验之中,类比推理于是成了小步推进、渐进的发展法律的方法。再次,缓和规则普遍性与个案具体性之间的张力,给予个案正义更多的关切。类比推理本是一种由案件到案件的推理,在孙斯坦看来,它具有两大特点:一是关注细节(a focus on particulars),二是抽象化程度较低(operating at a low or intermediate level of abstraction),❺这些特点表明,类比推理更能贴近于案件的具体情况,落实个案中的实质正义。第四,规范法官自由裁量权的行使。一般认为,相对司法中的演绎推理,类比推理具有更大的不确定性,因而授予法官较大的自由裁量权,但这只是问题的一个方面。我们绝不能将类比推理等同于任意司法,这是因为类比推理之中包含着一些基本的制约机制。在形式结构方面,类比推理需要遵循

---

❶ [美]凯斯·R. 孙斯坦:《法律推理与政治冲突》,金朝武、胡爱平、高建勋译,法律出版社 2004 年版,第 101 页。

❷ 王泽鉴:《法律思维与民法实例——请求权基础理论体系》,中国政法大学出版社 2001 年版,第 253 页。

❸ [美]博登海默:《法理学—法哲学及其方法》,邓正来译,中国政法大学出版社 1998 年版,第 494 页。

❹ [美]波斯纳:《法理学问题》,苏力译,中国政法大学出版社 1994 年版,第 116 页。

❺ Cass R. Sunstein, On Analogical Reasoning, 106 Harv. L. Rev. 741, 1993, p. 746.

一定的步骤与规则。如伯顿所说:"类比推理的形式通过提供分析框架,识别推理的起点和组织法律争点,有效地促进了法律思考的合理性。"❶而在相似性与相异性重要程度的实质判断方面,法律目的与政策也可以提供一定的制约。

对于类比推理的操作步骤,不同的学者有不同的描述。列维把这一过程分为三步:发现案件之间的相似性;然后总结出先例中蕴涵的规则;最后将此规则运用于当前案件之中。❷ 伯顿认为:这种推理有三个步骤:(1)识别一个权威性的基点或判例;(2)在判例和一个问题案件间识别事实上的相同点和不同点;以及(3)判断是事实上的相同点还是不同点重要,并因此决定是依照判例还是区别判例。❸ 孙斯坦则划分出五个层次:(1)某种事实模式 A(即"源"案例)有某些特征 X、Y 和 Z。(2)事实模式 B(即"目标"案例)有特征 X、Y 和 A,或者 Y、Y、Z 和 A。(3)A 在法律中是以某种方式处理的。(4)在思考 A、B 及其之间相互关系的过程中建立或发现了一些能够解释为什么那样处理 A 的原则。(5)因为 B 与 A 具有共同之处,B 也应当得到同样的处理。这为同一原则所涵盖。❹基于以上描述,笔者将类比推理的运作总结为以下五个步骤:(1)寻找相关先例;(2)分析先例与当前案件在事实上的特征,比较鉴别其相同点和不同点;(3)总结出先例中所蕴涵的规则,这一规则可能会直接适用于新案件,它是类推得以实现的"第一性法律理由";(4)判断先例与当前案件是相似点重要还是相异点重要,为此,法官需要探求其规范意旨,以发现支持重要性判断的法律理由,这是类推得以实现的"第二性法律理由";(5)根据"第二性法律理由",如果是相似点重要,则依循先例中的规则处理当前案件;如果是相异点重要,则区别先例与当前案件,重新寻找新的相关先例。这五个步骤是针对判例类推而言,如果是制定法类推,则需要根据其特点略作改造。首先,以寻找相关先例之前需要确认当前案件为法律未予设定的情况,即存在法律漏洞;其次,从先例中抽取规则的第(3)步可略去,这是因为所适用的规则已存在于制定法之中,无须再向先例中单

---

❶ [美]史蒂文·J.伯顿:《法律和法律推理导论》,张志铭、解兴权译,中国政法大学出版社 1999 年版,第 49 页。

❷ Edward H. Levi, An Introduction to Legal Reasoning, The University of Chicago Press, 1949, p. 1.

❸ [美]史蒂文·J.伯顿:《法律和法律推理导论》,张志铭、解兴权译,中国政法大学出版社 1999 年版,第 49 页。

❹ [美]凯斯·R.孙斯坦:《法律推理与政治冲突》,金朝武、胡爱平、高建勋译,法律出版社 2004 年版,第 77 页。

独寻求。就其他几个步骤,制定法类推与判例类推之间应当是相通的。

在这些步骤之中,我们可以观察到类比法律推理中存在着某种不确定性之源,即相似点与相异点之间的对抗。这种对抗来自于诉讼情境中当事人之间因利益冲突所导致的攻击与防御,也使类比法律推理与其他领域的类比推理相比独具特色。这种对抗也使诉讼中的类比推理表现为若干种形式:主张适用某个先例的原告律师所使用的是肯定类比,它重在根据两个案件在事实上存在某些相似的属性推出它们应具有相同的法律效果。相反,反对适用该先例的被告律师所使用的则是否定类比,它重在找到两个案件在事实存在某些属性的相异推出它们不应具有相同的法律效果。居于中立地位的法官须兼听则明,他所使用的是中性类比,即中性类比是根据两个案件在某些方面的相似而在另外一些方面的差异,在平衡两者之间的相似点和相异点的基础上,依据关键的相似或相异要素,推出这两个案件是否应当具有相同法律效果的结论。只是,相似点和相异点何者为重要,先例是应当区别还是遵循,难以通过形式推理完全解决,而不能不诉诸实质因素的考量。

由此可见,相似性判断是类比推理的关键,因为如果没有事物之间的相似性,则不能进行类比推理。英国学者麦考密克深有感触地说:"类推的充分与否,依赖于新案件中的事实与先例中的有效事实的相似程度,而正是先例中的有效事实,构成了裁判规则和原则的合理基础。"❶然而,相似性却是一个颇难刻画的属性,略作分析如下:首先,相似性不是同一性,即类比推理是以事物之间的相似性为基础,而不是以同一性为基础的思维形式,这使它具有异类相推、横向拓展的特点。相形之下,演绎推理和归纳推理都属于同类相推,都属于纵向思维。❷ 相比之下,类比推理受前提制约较小,而或然性程度较大。其次,世界上没有两个完全相同的事物,有相似即有相异,相似性认定来自于对差异点的否定,因此,在类比推理时不能忽视类比对象之间的差异性,如果忽视了重要差异,难免会犯"机械类比"的错误。再次,相似性可以从量的角度来分析,如果前提中确认的相似点越多,则类推适用的可靠性就越大,因此,在运用类比推理时,应注意增加类比对象之间的相似点,使相应的结论获得更为稳固的支持。第四,相

---

❶ [英]尼尔·麦考密克:《法律推理与法律理论》,姜峰译,法律出版社 2005 年版,第 188 页。

❷ 参见张大松、蒋新苗主编:《法律逻辑学教程》(第二版),高等教育出版社 2007 年版,第 134 页。

似性又可以从质的角度来分析,相似的属性既可能是本质的,也可能是非本质的,前者表现为事物内部稳定的必然联系,后者表现为事实外部易变的偶然联系,如果寻找到事物的本质属性加以类比,则可以最大程度地保证结论的可靠性。而判断相似性的本质,单纯寻求形式推理的指引是无解的,它同样需要实质因素的考量来指引。

第十章　历史分析方法

庞德说:"法律必须稳定,但又不能静止不变。"❶可见法律的意义是在历史的流变中彰显出来的,于是,立足于历史的分析就成为一种具有独特功能的法律方法。历史方法的着眼点在于对法律规范、制度、学说和思想的历史起源与沿革进行探究,从法律的源流发展中把握其含义。人们通常将历史方法作为法律科学的一般方法,❷其实,它也是一种独特的司法方法。在司法过程中,为了明确法律概念、规则、制度的含义,把握其内在精神,常常需要法官结合历史语境及变迁历程来进行解读,历史分析不可或缺。这也是许多法官与法学家推崇这种司法方法的原因之一。在诸多的历史分析方法之中,立法意图解释是重要的一种。围绕着这种方法的运用,形成了关于成文法的意图主义解释理论。

一、"一页历史抵得上一卷逻辑"

"一页历史抵得上一卷逻辑。"❸这是霍姆斯大法官在1921年所作判词中的一句。从司法方法论的角度,他强调逻辑推理不是司法过程中唯一可用的裁判工具,甚至其本身也是不完备的,只能是一种次要的司法方法。而在司法过程中,历史分析方法的运用可以帮助法官深刻地理解法律,获得单凭逻辑方法所不能取得的效果,在某些方面,历史分析的功效甚至要远远大于逻辑推理。作为一种司法方法的历史分析是指通过对法律概念、规则及制度的渊源、发展的分析,

---

❶ [美]罗斯科·庞德:《法律史解释》,邓正来译,中国法制出版社2002年版,第2页。

❷ 如庞德认为,在法学史上,历史方法占主导地位的是19世纪,它形成为哲学方法之后,是为了反对哲学方法而产生的。参见[美]罗斯科·庞德:《法律史解释》,邓正来译,中国法制出版社2002年版,第46页。

❸ New York Trust Co. v. Eisner, 256 U. S. 345, 349(1921).

来深刻领会法律的意旨与精神,对法律作出准确而恰当的解释,并应用于具体案件之中。

霍姆斯法官关于历史分析方法的理论具有以下特点:首先,从社会进化论的观点来看待法律,这是历史分析方法的基本出发点。在霍姆斯看来,法律不是永恒的,它随着社会的发展而发展,要真正理解法律,就必须回溯其源头。他说:"我们的法律至少已经走过了近千年,像一株植物的成长一样。"❶"规则形式的变迁是一个渐进的历史过程,而不是在有意识的明晰可见目的指引下的整体变化。"❷作为一名进化论者,霍姆斯并不认为人类社会乃至宇宙之中存在着绝对、永恒的善,也不会因为某些逻辑上的推理关系而主张某项原则具有无可置疑的普遍有效性。正因为如此,他才成为自然法学与形式主义法学的坚决批判者。在他看来,"理性地研究法律在很大程度上仍然是对历史的研究。历史必须成为法律研究的一部分,非此我们不能了解法律规则的精确范围。"❸

其次,历史分析的目标是找寻法律规则与制度背后所隐藏的目标与政策,而功能则是对这些目标进行质疑和评估。之所以说法律的理性研究很大程度上仍然是历史研究,因为历史可以引导人们对特定的法律规则进行深思熟虑,通过对它产生和发展历程的分析发现隐藏在其背后的目标和政策背景。霍姆斯将历史分析方法的运用比作一个"引龙出洞"的过程,这里的"龙"就是法律的内在精神与目标。值得注意的是,法律的目标与政策被找到之后,并不是要法官直接地适用它,其真正的目的是对这些目标、政策进行反思与质疑。霍姆斯说:"大部分的原则都被认为是理所当然的,并没有对它们的依据加以细致的、有意识的和系统的质疑。"❹而质疑与反思正是历史分析方法的基本功能。由于法律每时每刻都在随着历史而变化,因此法官只有依靠历史分析能力,才能沿着先例和立法变迁的轨迹,发现在其背后所隐藏的冲突与矛盾。同时,由于在渐进的历史发展过程中,社会目标会发生改变,历史分析能力也能够帮助法官提高对社会目标的意识程度,进而对法律规则的适用范围作出必要的调适。

再次,相对于当前的政策分析,历史分析只具有辅助性功能。对历史经验的

---

❶ Oliver Wendell Holms, The Path of the Law, 10 Harv. L. Rev. ,457,1897,p. 468.

❷ Oliver Wendell Holms, The Path of the Law, 10 Harv. L. Rev. ,457,1897,p. 469.

❸ Oliver Wendell Holms, The Path of the Law, 10 Harv. L. Rev. ,457,1897,p. 469.

❹ Oliver Wendell Holms, The Path of the Law, 10 Harv. L. Rev. ,457,1897,p. 468.

回溯与感知,只是对摸索法律规则精确范围的一种尝试,它不是理解法律的全部过程。历史方法的运用是辅助性的,其功能只是怀疑。换用霍姆斯的隐喻,就是"引龙出洞",即将法律规则背后的目标与政策考量这条"恶龙"引到"光天化日"之下,来判断它的力量尚存几何,进而决定是杀死它,还是驯服它来为我所用。因此,历史研究只是司法推理的第一步,而不能决定判决的结果,更不能导致盲目的服从。关键是考察法律规则或制度对于当下实践的适用性。霍姆斯说:"在大的和重要的法律部门中,各种法律赖以获得其正当性证明的那些政策依据,其实都是后来被发明出来用于那些实际上自原始时期存留下来的规则时,我们完全有权再次思考通行的理由,采取一种更为广阔的视野,重新确定这些理由是否令人满意。……详细的审查和修改总是正当的。"❶在这一点上,同样要避免一种历史绝对主义。霍姆斯说,一项法律规则除了它是在亨利四世时代制定的以外,没有更好的理由,这是令人难以接受的;而如果制定这项规则的理由早已消失,而规则的继续存在只是来自于对过去的盲目模仿,那就更加难以接受了。他告诫我们:"必须记住的是,对于过去的唯一兴趣是它照耀现代的光芒。"❷

无独有偶,卡多佐法官也十分推崇历史分析方法在司法活动中的作用。在《司法过程的性质》一书中,他分析了历史方法与逻辑方法之间的相互关系。历史方法属于"对起源的调查",逻辑方法属于"纯粹理性的努力",这两种方法关注的重心不同,因此它们之间是相互独立的,不可混淆和取代。历史分析方法的重要性植根于法律的发展性。霍姆斯法官说:"当我们考察契约法时,发现它充满了历史。"❸卡多佐法官深表赞同,他说:"只要我们走进土地法的森林里,也到处都是这种情况。土地转让的限制、绝对所有权的暂停、不确定继承、诸多将来履行的财产遗赠、私人信托和慈善委托,所有这些法律的名目都只有在历史之光的照耀下才能理解,它们都是从历史中获得促进力且必定会影响它们此后的发展。"❹大多数法律概念生长于历史之中,"它们所体现的,许多都不是现在的思

---

❶ [美]小奥利弗·温德尔·霍姆斯:《普通法》,冉昊、姚中秋译,中国政法大学出版社2006年版,第33页。

❷ Oliver Wendell Holms,The Path of the Law,10 Harv. L. Rev.,457,1897,p. 469.

❸ Oliver Wendell Holms,The Path of the Law,10 Harv. L. Rev.,457,1897,p. 472.

❹ [美]本杰明·卡多佐:《司法过程的性质》,苏力译,商务印书馆2000年版,第32页。

想,更多是昔日的思想,如果与昔日相分离,这些概念的形式和含义就无法理解并且是专断恣意的,因此,为了真正合乎逻辑,它们的发展就一定要充分注意到它们的起源。在一定程度上,这对我们法律的大多数概念也都适用。那些形而上的原则很少是这些概念的生命。"❶因此,没有历史的分析,对普通法上的一些重要法律概念就无法加以理解。历史方法与逻辑方法各自具有其独立的价值。从法律的发展历程来看,这里存在着一个转换过程。一旦法律的概念被固定下来,逻辑方法就成为更加容易和经常被使用的一种方法。

　　至于历史分析与逻辑推理孰轻孰重? 卡多佐认为,如果两者之间发生矛盾时,应当给予历史分析方法以更多的关注,在某些情况下它的作用会抵消掉单纯的逻辑推理的作用,这是因为,"一个原则本身的历史限度会限定其自身。"❷当然,在司法活动中,历史分析与逻辑推理之间并不总是处在矛盾与竞争的状态之中。其实在多数情况下,这两种方法是互相补充的。"经常的情况是,历史的影响为逻辑清扫路径。"❸何时使用历史分析方法? 何时使用逻辑推理方法? 卡多佐认为这与法律概念的性质有关,他说:"某些法律的概念之所以有它们现在的形式,这几乎完全归功于历史。除了将它们视为历史的产物外,我们便无法理解它们。在这些原则的发展过程中,历史的支配力有可能超过逻辑的或纯粹理性的。而另外一些法律概念,尽管它们当然也有一段历史,但在更大程度上是受到理性或比较法理学的影响而成形和变化的。它们是万民法的一部分。在这些原则的发展中,逻辑的支配力有可能超过历史。"❹有时,决定两种方法使用的则可能是法官的个人风格。"有时候,某个对象适用这种或那种方法区别不大,这时,法官的偏好和训练就决定了路径的选择。"❺"对有些法官来说,首先是分析基本概念,然后将分析的结果延伸到逻辑结论上去。……这与先前确定的法律交易的某些定义是相一致的,是一种法律行为。而对其他法官来说,这里的中心思想并不是与某个概念——考虑的是什么是逻辑上的应为——保持一致,而是

❶ [美]本杰明·卡多佐:《司法过程的性质》,苏力译,商务印书馆2000年版,第33页。
❷ [美]本杰明·卡多佐:《司法过程的性质》,苏力译,商务印书馆2000年版,第30页。
❸ [美]本杰明·卡多佐:《司法过程的性质》,苏力译,商务印书馆2000年版,第30页。
❹ [美]本杰明·卡多佐:《司法过程的性质》,苏力译,商务印书馆2000年版,第31页。
❺ [美]本杰明·卡多佐:《司法过程的性质》,苏力译,商务印书馆2000年版,第34页。

要与历史保持一致,即考虑什么是已为。"❶当然,还可能有其他的一些因素会影响法官的选择。"有时,一个题目会既适合于使用这种方法也适合于另一种方法,并且都很自然。在这种情况下,习惯或效用的考虑就经常会出现,来调整方法的选择。剩下的部分也许就得由法官的人格、他的品位、他的训练或他的精神倾向来支配。"❷"在某个案件中,究竟哪种方法居于支配地位,这有时也许取决于对便利性和适当性的直觉,这些直觉过于微妙而无法系统阐述,过于精细而无法估量,过于易变而无法定位甚至是无法完全理解。有时,法律哲学家的时兴著述中展现的流行趋势也许会影响这种平衡。如同文学、艺术和服装界一样,法理学中也有一些时尚和时髦的东西。"❸

综上,无论是霍姆斯法官,还是卡多佐法官,他们对于历史分析方法的关注和推崇并不是法律史本身,而是将法律概念、规则、制度的理解置于特定的历史语境之中,然后再回归现实,在历史与现实的往返之间深刻把握法律的真意,其真正的目的却是面向未来。正如霍姆斯法官所说:"我一直试图将法律看成一个有机整体。我一直试图将它看成一种相互作用,一边是传统,另一边是变化着的社会愿望与需求。"❹而卡多佐法官也指出:"历史在照亮昔日的同时也照亮了今天,而在照亮了今天之际又照亮了未来。"❺归根到底,历史的追根溯源有利于我们对法律作更深入的认识与把握,从中找寻改良现存制度的灵感。

二、立法意图的定位分析

霍姆斯法官和卡多佐法官所关注的是法律概念、规则、制度的历史变迁,这种思维方式是普通法司法传统的产物。随着"立法时代"❻的到来,司法实践中中要运用到成文法的案件越来越多,这种历史分析方法就演变成为成文法的历

---

❶ [美]本杰明·卡多佐:《司法过程的性质》,苏力译,商务印书馆2000年版,第34页。

❷ [美]本杰明·卡多佐:《司法过程的性质》,苏力译,商务印书馆2000年版,第31页。

❸ [美]本杰明·卡多佐:《司法过程的性质》,苏力译,商务印书馆2000年版,第34页。

❹ Oliver Wendell Holms,Twenty Years in Retrospect, in The Occasional Speeches of Justice Oliver Wendell Holms 154, Mark D. Howe ed. ,1962,pp. 155-157.

❺ [美]本杰明·卡多佐:《司法过程的性质》,苏力译,商务印书馆2000年版,第31页。

❻ 美国联邦最高法院大法官斯凯利亚指出:"我们生活在立法的年代,大多数新的法律都是成文法"。See Antonin Scalia, A Matter of Interpretation:Federal Courts and the Law, Amy Gutmann ed. ,Princeton U-niversity Press,1997,p. 13.

史解释技术,即通过探求立法者在制定法律时的价值选择、所要实现的目标,来确定法律规范的实际含义。由此产生了一种意图主义的解释理论。

意图主义主张依法办事,但这里的"法"应当是立法机关意图上的法律,法官的任务就是发现立法机关的本意(original intent),并且适用它。由此观之,意图主义的合法性依据是要在法律解释过程中贯彻代议制民主原则。在代议制民主之中,立法机关是最主要的立法者,法院不过是它的执行机构,因而,法官造法应予禁止,立法机关的意旨乃是法律解释最高的正当性渊源,只有这样,才能贯彻和执行经民主选择产生的立法代表的意志,促进民主。

然而,究竟什么才是立法者的意图或者原意,这又是一个颇费猜量的问题。"意图"是人的主观心理方面,人们不仅很难确定他人的意图所在,有时连自己的真实意图何在也说不清楚。因此,在侵权法、合同法乃至刑法领域,人们通常也不再去探知特定当事人的实际意图,而是询问一个秉承善意谨慎之心的理性人在某种情境下会如何思维或如何行为。正因为这个原因,立法意图是最令人捉摸不定,也最易致人误解的一个词语。对立法原意的定位不同,相应的探求途径或方法也会不同,由此产生了三种不同形态的意图主义。❶

第一种是将立法原意定位于立法时的"实际意图"(Actual Intent)。如果在立法机关时大多数的立法代表对某一法律文本有着一致的理解,并且这一理解又可以通过某种手段而得到清晰的感知,那么这一理解显然是应当被赋予法律效力,因为它的确体现了立法者们的实际意图。在代议制民主的政体之下,存在这样的路径显然是法律解释的理想状态。有时立法者也确实会将他们的实际意图明确写入法律的文本之中,但是,如果法律文本之中没有写明立法者的实际意图,或者出现了立法者未曾预期的情形,这时如何去发现立法者的实际意图呢?这就需要为议员们的意图寻找一个基础,最为客观的可能要数投票表决程序中选票的计数了,但是,针对一个议案,只有两个结果:投票赞成或投票反对。只是这种简单的二分法难以确切地表达立法者的真实意图。❷

探明属于心理学范畴的意图本身就不是一件易事,在立法的情境中,情况更

---

❶　William N. Eskridge Jr. & Philip P. Frickey,Statutory Interpretation as Practical Reasoning,42 Stan. L. Rev. 321,(1990),pp.326–331.

❷　Lief H. Carter,Reason in Law(Fifth Edition),Addison-Wesley Educational Publishers Inc.,1998,p.47.

加复杂。因为在现实的立法程序中,绝不可能出现所有立法者都拥有相同实际意图的假定情形。实际上,立法机构由隶属不同党派、具有不同利益、来自不同背景的立法代表组成。而这些立法代表的观点也只能通过一些有关立法过程的历史记录才能加以了解,但是历史记录却几乎不可能揭示立法代表投票赞同或反对某项立法的实际意图或动机。政治学研究发现,立法代表投票支持或反对一项立法议案往往是出自某些不为人知的动机,诸如互相捧场、党派忠诚、筹集竞选经费等,乃至完全出于良心。所有的这些动机其实与作为立法成果的法律文本所应具有的精确含义以及立法者的理解毫无关联。❶ 而即使是所有的议员都拥有相同的实际意图,但能否实际地求得这种意图仍是一个未知数。因为,这种意图在性质上充其量只是一种概括性的、笼统的心理期待,立法者不可能预计到其后的每一种可能的相关案件情况,于是,如何跨越抽象意图与具体事实之间的鸿沟也是一个棘手的问题。

第二种是将立法原意定位于所谓的"常规意图"(Conventional Intent),即在立法委员会的立法报告和议案发起人的陈述中所反映出来的意图。但是,常规意图极有可能与立法者的实际意图有所不同,因为,立法报告和议案发起人的观点并不必然代表整个国会的意愿。而且,在法律解释中,赋予立法机关中某一群体的观点或意图以绝对的分量,其实违背了立法的正当程序,因为任何一项立法都好必须经过全体立法代表的讨论、修改和通过,并经国家元首的签署才能成为正式的法律。❷

第三种,运用"想象性重构"(Imaginative Reconstruction)来发掘立法原意。按照波斯纳的看法,所谓"想象性重构"是指,法官将自己想象成正在与立法时的立法者对话,并向他们询问关于法律解释的问题。然后根据这些立法者的价值和考虑因素,站在立法者的角度,来对立法者的回答进行重构。❸ 这样,法官可以获得一种最为合理的解释。相对于前述两种立法意图的定位方法,想象性

---

❶ William N. Eskridge Jr. & Philip P. Frickey,Statutory Interpretation as Practical Reasoning,42 Stan. L. Rev. 321,(1990),p. 326.

❷ William N. Eskridge Jr. & Philip P. Frickey,Statutory Interpretation as Practical Reasoning,42 Stan. L. Rev. 321,(1990),p. 327.

❸ Richard A. Posner,Statutory Interpretation-in the Classroom and in the Courtroom,50 U. Chi. L. Rev. 800, 1983,p. 817.

重构赋予法官更多的能动性。法官向立法者所"询问"的是在不违反立法原意的条件下如何应对当下案件的现实问题,其中隐含着某种联结历史与现实的探索路径。正因为如此,想象性重构被称为意图主义理论中最有价值的一种。

当然,想象性重构理论也存在着缺陷,具体包括:首先,想象性重构的重要前提在于:法官有能力对先前立法机关的历史性理解进行重新建构,而这一前提本身就存在问题。现代历史学理论认为,当前的解释者不可能完全或精确地重现过去的理解。在关于过去的事实被纳入历史学家(或法官)的叙事之前,它毫无意义可言。叙述的性质也会根据叙述者选择和解释事实的方式的不同而有所不同。而在选取和解释事实的时候,即使是最为谨慎的历史学家也会受到自身的偏见、元理论以及所追求的结论的影响。这一效应在疑难案件中最有可能发生,司法的解释将会最为明显地受到解释者当前语境的影响。制定法所处的当前语境与历史语境之间的距离越远,意图主义的法律解释就越不可能。❶

其次,想象性重构理论假设了隶属于现在的法官与从属于过去的立法者之间可以存在着"交流",而这种"交流"必然会违背事实和情理,并因而带来了不确定性。尤其是在疑难案件中,法官所遭遇的解释难题往往是立法者未能精确预期的,如何作答? 过去的每一项成文法所代表了关于法律与社会本质的特定看法,随着社会变革与发展,这种看法可能变成错误的,或者过于简单化了,或者已经过时,这时候,对法律的解释和适用就应当偏离原来的轨道。一旦发生了这样的社会变革,法官应当如何向过去的立法机关询问解释性问题? 他所询问的是过去的立法机关在不考虑这些社会变革的情况下如何来回答问题? 还是在考虑社会变革的情况下如何来回答问题?❷

再次,想象性重构的前提是立法机关过去的意图能够适应当前的社会需要,而事实上,立法者不可能预期后世的发展,因此源自旧时代的立法者意图往往不能适应现时代的需求和发展。英国学者贝宁写道:"每一代都生活在他们所继承的法律之下。对法律作经常的、正式的更新并不实际,因此,法律呈现出自身的生命轨迹。原初立法者所意图的东西逐渐淡入历史。尽管他们的语言却仍然

❶ William N. Eskridge Jr. & Philip P. Frickey, Statutory Interpretation as Practical Reasoning, 42 Stan. L. Rev. 321, 1990, p. 330.

❷ William N. Eskridge Jr. & Philip P. Frickey, Statutory Interpretation as Practical Reasoning, 42 Stan. L. Rev. 321, (1990), p. 331.

是法律,但当代的守法者却可能会发现法律越来越不合适了。""当时光逝去,从法律的立法历史中集取的原初立法者的意图也必然会降低其关联度。但是他们的语言却仍然是法律。由此看来,变动中的法律犹如一条作单向旅行的航船,从旧世界走向新时代,它和它的乘客都不会回头。"❶法律不是静止不变的,而是"变动中的法律"(Living Act),贝宁把它比喻成一般航船。因此,原初立法者的意图不可能无限期地被赋予法律解释上的价值,而应当将它与当下的社会语境结合起来进行考量。

其实,无论是实际意图说,常规意图说,还是想象性重构说,都承认立法意图对当下案件的规范作用,只是对规范作用的程度在认识上有差异。一旦立法颁布,法律的方案便固定下来,但立法的意图却渐渐隐晦,而且,随着时间的推移,它会距离当前的语境越来越遥远,这带来了探知上的难度。这也是前述几种学说都存在缺陷的根本原因。但是,它并不意味着立法意图无法探明,处在当前语境中的法官所需要思考的是历史中的立法意图与当前的现实需求之间有多少契合之处,又存在几多差异。历史本是过去了的现在,而现在则是未来的历史。因此,历史分析方法为法律意义的理解提供了一种必不可少的视角。这一点毋庸置疑,我们所需要的是探究与发现立法意图的具体方法。

三、立法意图的探寻与证明

在司法过程中,法官可以采取多种方法来探寻和发现立法意图。只是意图本是一个带有主观色彩的概念,其探明过程往往需要借助于实定化的证据方可完成。从英美司法的理论与实践来看,立法意图的探寻与证明可以循如下路径来展开:

(一)通过成文法的词语含义来确定立法意图

应该说,没有什么比成文法的语言更能表达立法机关意图了,通过法律语言的含义来推断立法意图就成为一种最为常见的方法。只是以成文法的词义来推断和确定立法意图的做法实际上与语义分析方法并无本质的区别。意图主义解

---

❶ F. A. R. Bennion, Statutory Interpretation, Butterworths, 1984, p. 356.

释理论也重视成文法语言对立法意图的揭示功能,这一点与文本主义解释理论存在重合之处,但在解释的出发点与目标上,两者之间存在着根本性的区别。

(二)通过立法历史材料来确定立法意图

一般认为,立法历史包括与成文法制定有关的或者相伴随的各种正式文件,如议案、议案的修订稿、立法辩论以及法律委员会的评论等。有学者认为立法历史材料还应该包括导致立法得以产生和发展的社会的、政治的、经济的事件,如相关的法院决定、行政措施,以及与该成文法具有实质关联的、立法机关在该成文法制定之前或制定之后所采取的行为(包括作为和不作为)等。❶ 法官借助立法历史材料来确定立法意图,或者直接援引立法倡议者所表述的意图来断案,这是意图主义解释方法的典型做法。

例如,在1920年,美国宪法第19修正案授予妇女享有与男子同等的选举权和参政权,而之前马萨诸塞州的一项立法规定:有被选举为州立法院代表资格的人应当履行陪审员职责。1930年,一位名叫威洛斯基(Welosky)的女性刑事被告人在发现审判她的陪审员都是清一色男性之后,提出异议,但异议经初审、上诉审均被驳回。在该案中,如果是采用平义解释方法,成文法规定中的"人"显然也包括女人,因为按照宪法第19修正案,妇女有权选举和参政。而如果是采用黄金规则来加以衡量,即使是在妇女解放运动开始的很多年以前,妇女成为陪审员也绝不会被视为荒唐的和不可接受的现象。因此,按上述两种方法,威洛斯基的异议应当成立。但是,马萨诸塞州上诉法院的法官援引了立法机关的意图,指出:该项成文法制定之时,立法院使用的语言绝无可能将妇女包含或者意图包含在承担陪审员职责的主体之中。因此,按照立法机关的意图,该项规定中的"人"的真正含义仅限于男人。在该项成文法制定之时,妇女不享有选举和被选择权,因此,立法机关的本意并不是妇女可以成为陪审员。因此,尽管词语的字面意义中包含了妇女,但妇女仍然不能成为陪审员。❷ 这种方法试图借助于发掘立法意图来发现法律的真意。在本案中,马萨诸塞州上诉法院援引了一项没

---

❶ Robert J. Araujo, S. J. , The Use of Legislative History in Statutory Interpretation: A Look at Regents v. Bakke, 16 Seton Hall Legis. J. 57, 1992, p. 59, note 3.

❷ Commonwealth v. Welosky, 276 Mass. 398, 402–406(1931).

有争议的社会背景事实——在该成文法制定之际,妇女不享有选举上的权利,并合乎逻辑地推理出立法机关并不想妇女能够成为陪审员。但是,这种意图上的推断也不是没有问题,或许立法院在立法时其实并没有考虑性别问题,或者立法院希望以后通过授予妇女选举权来一次性地解决她们的陪审员资格问题。❶

在英美成文法解释中,这些立法历史材料通常被称为"外部辅助资料",其范围大致包括:(1)关于被解释的法律所涉及的法律问题的历史背景、法律框架;(2)立法机关制定、审议该项法律的工作过程资料和辩论、讨论记录;(3)立法议案提出者所作的官方报告;(4)政府有关部门的解释性备忘录;(5)教科书和词典;(6)国际条约;(7)其他法律文件;(8)行政惯例;(9)法院的判决;(10)法律的实施细则等。❷ 尽管"外部辅助资料"的范围和使用方式在学理上存在许多争议,但是,在司法实践中的运用却极为普遍,成为探寻与证明立法意图的重要方法。

(三)通过立法机关的其他立法行为(包括立法中的不作为)来确定立法意图

为了发现立法意图,法官还可以探究立法机关是如何处理相关立法的。在前述威洛斯基一案中,法官注意到,在宪法第19修正案通过之后,马萨诸塞州立法院修改几项事关妇女的法律,但是,却没有涉及妇女的陪审员资格问题,而且,立法院也不可能在授予妇女陪审员资格的同时,却对相应的妇女陪审员资格的豁免、参与陪审的规范等不作规定。❸

(四)通过其他证据来确定立法意图

例如,法官也可以对比最终生效的法律文本与原初的草案或讨论过程的议案之间的区别来发现立法意图,至少可以推断出最终保留的语句不会包含被删除掉的语句的含义。❹ 又如,向立法委员会交的物证有时也被作为探知立法意图的线索。在美国,1940年代邮局对空白很多的工作记录、笔记本之类的印刷

---

❶ Lief H. Carter, Reason in Law(Fifth Edition), Addison-Wesley Educational Publishers Inc. ,1998, p. 44.
❷ 参见香港法律改革委员会《法律解释中的外部辅助资料的运用研究报告》第12段。
❸ Lief H. Carter, Reason in Law(Fifth Edition), Addison-Wesley Educational Publishers Inc. ,1998, p. 46.
❹ Lief H. Carter, Reason in Law(Fifth Edition), Addison-Wesley Educational Publishers Inc. ,1998, p. 46.

品一般拒绝给予优惠费率。后来国会修订了相关的成文法规,规定此类印刷品的邮寄也适用优惠费率。邮局大致遵守了这个规定,但是仍然对采取活页装订的笔记本仍然拒绝给予优惠,其理由是这种笔记本不像其印刷品一样被固定地装订在一起。一位此类笔记本的运输人希望得到优惠费率,于是起诉到法院。法官最终支持了原告的诉讼请求。他注意到国会在制定最新的成文法规时,有人曾将一些笔记本、工作记录呈交给立法委员会作为物证,其中就包括了此类活页笔记本,因此,他推断,立法机关的真实意图是将活页笔记本也包括有权获取优惠邮费的印刷品之中。❶ 但是,这种方法也是存在问题的:国会议员在表决时实际上究竟是否考虑过这些物证? 不得而知。而将呈交上来的证物当作议员意图之中法律适用的对象,难免武断之嫌。❷

　　在英美法系,传统的意图主义解释理论在 20 世纪三四十年代备受指责,并因而有所衰微,但自 20 世纪 80 年代以后,意图主义在法律解释理论研究中又开始盛行。1990 年,美国的沃德法官对 1988～1989 年美国最高法院所审理的案件进行了实证分析,发现,大约有二分之一的诉讼案件为成文法解释案件。而其中,大多数案件在进行成文法解释时都援引了立法历史,有 75% 的案件立法历史对法庭作出结论产生了实质性影响。❸ 与此同时,新的修正理论也应运而生,这些理论普遍将立法历史看做是帮助解释者解释成文法规则的最佳的可用渊源,但同时又不像传统意图主义解释理论那样将立法意图放在绝对化与神圣化的地位,它们承认立法历史方法的使用必须谨慎小心,而不能把立法历史看成是达致立法意图的"客观真理"的绝对手段。

---

❶　McCormick-Mathers Publishing Co. v. Hannegan,161 F. 2d 873 cp. C. cir. 1947),p. 875.

❷　Lief H. Carter,Reason in Law(Fifth Edition),Addison-Wesley Educational Publishers Inc. ,1998,p. 46.

❸　Patricia Wald,The Sizzling Sleeper:The Use of Legislative History in Construing Statutes In The 1988–1989 Term of The United States Supreme Court,39 Am. U. L. Rev 277,1990,p. 288,Note 53.

第十一章　政策分析方法

传统的观念将司法过程当成一种纯粹的依法律裁判,包括政策在内的其他因素不在法官的考虑之列。这种观念显然不能如实地反映司法的现实状况。观诸各主要国家的司法实践,公共政策作为裁判依据的情况并非少数,法官甚至会在判决中直接对公共政策进行评价。逻辑方法与政策方法的交叉使用已成为其司法推理活动的基本特色。在理论上,越来越多的学派对公共政策介入司法的做法表示认可,对政策因素在实现社会正义上的独特功能给予肯定,并细致探究在司法过程中法律与政策之间的互动关系。"太多的政策会毁掉法律;而太多的法律会毁掉正义"。[1] 从司法方法论的角度,我们需要关注,在具体的司法活动中如何恰当地使用政策分析方法,以及如何在保障个案正义的情况下,又不致损害法治的稳定性。

一、西方政策型司法的源与流

在西方的司法传统中,政策型司法由来已久。在思想渊源上,它可以一直追溯到古希腊的衡平观念。按照《布莱克法律辞典》的解释,衡平不是法律,而是法律精神的体现,是指"在调整人与人之间相互关系过程中形成的关于公平、正义、合理的精神和习惯"。[2] 衡平观念可以在亚里士多德的著述中找到其源头。依亚氏所见,法律与衡平都是法律制度中不可缺少的组成部分,二者相互分立、性质迥异却又各司其职、相得益彰。衡平不能取代法律,但可补充法律,从而成

---

[1] Roy L. Brooks, Structures of Judicial Decision-making from Legal Formalism to Critical Theory, Carolina Academic Press, 2002, p. 5.

[2] Black's Law Dictionary, Bryan A. Garner ed, Thomson West, 2004, p. 579.

为司法正义的一个重要侧面。

　　受古希腊的影响,古罗马人同样将衡平当成司法正义的基本要素之一。但其超越希腊人之处在于将衡平变成了一种制度实践,使之成为补充和校正成文法典不足的重要手段。美国的斯托里法官曾描述了衡平在古罗马法律制度中的解释作用:"当一种权利被明确地表述于法律的语言之中时,以之为基础的诉讼被称为 Actions Directae;当诉讼的产生需要法律的语言涵义向案件作宽仁的扩张时,它们被称为 Actions Utiles。"[1]衡平观念于是转化一种实际的司法方法,这种转化有两种方式:一种是解释性的;另一种是矫正性的。作为解释性的工具,衡平观念能够帮助法官公正地适用法律规则;作为矫正性的措施,衡平观念可以填补和补救法律规则的缺陷;二者之中,后者更具有能动性与实质性,这是在法律规范出现矛盾、僵化、不合理,以致不能适应个案具体情形或者新型社会需求时,用于对其进行调适、补救、矫正的一种特别方法。

　　数世纪之后,亚里士多德的两种衡平观念也出现在英国。一开始,衡平案件由国王亲自掌管,英国国民只要认为他在普通法法院未能受到公正对待就可以直接向国王提出诉请。随着衡平诉请案件数量的增长,国王开始指令其秘书大臣——大法官来处理这些案件。在 1474 年,大法官第一次以自己的名义作出判决。到 16 世纪,随着衡平案件的不断增加,大法官官署终于发展成为与普通法法院并列的、同样是王室法院的法院,即衡平法院(Court of Equity)或称大法官法院(Court of Chancery)。[2]

　　在早期的司法实践中,衡平性的司法判决完全依据国王不受约束的自由裁量作出,而国王本人对于法律和程序知之甚少,因而他作出裁判的根据只能是个人的正义感和良心。其后大法官对衡平案件的裁判延续了这一方式。只要遇到他认为是不正义的情况,大法官会毫不犹豫地改变法律的规定或内涵。例如,在肯提什诉纽曼(Kentish v. Newman)一案中,根据被继承人生前的婚约,她所拥有的财产在她死后全部由她的兄弟姐妹来继承。衡平法院的法官受理此案,拒绝了执行这张婚约的申请,将被继承人的财产直接交由被继承人的孩子来继承。

---

[1]　See, Roy L. Brooks, Structures of Judicial Decision-making from Legal Formalism to Critical Theory, Carolina Academic Press, 2002, p. 6.

[2]　参见沈宗灵:《比较法总论》,北京大学出版社 1987 年版,第 174 页。

尽管普通法规定,有效的婚约应当得到执行,但是,衡平法官却援引自然正义观念直接推翻并改写了一张有效的婚约。❶

在两种衡平方法中,解释性衡平方法获得了多数人的支持,这是因为它在本质上并不需要突破现行法律的规定,而只是在法律语言含混不清或存在歧义时,运用社会政策、正义观念等因素来明确法律的含义。相反,矫正性衡平方法却遭遇了学者乃至普通公民的质疑,因为人们担忧,它会不会沦为完全的主观裁量?英国学者布莱克斯通总结了矫正性衡平方法所可能导致的危险:"在本质上说,衡平依赖于每一个具体案件的特定情况,如果不想损及其实质,并将其还原为实定法,那么就不可能制定出关于衡平的完备规则和确定体系。而且,在另一方面,依据衡平的原则考量所有案件的自由也不能过于放纵,否则我们会破坏所有的法律,使每一个问题的决定都完全成为法官的主观臆断。"❷这些担忧和质疑促使大法官法庭对衡平案件的裁判进行约束,具体做法是限定衡平案件的适用范围,以及统一衡平案件的审理程序等,衡平法于是也呈现出确定的形式。到17世纪后期,所谓的衡平法也不再是含糊不清的观念,其范围得到明确,其原则得到系统阐述,形成了相对稳定的规范体系。

不过,英美法传统上关于法律与衡平之间的争论却一直延续至今,衡平方法的适用问题仍然受到关注,这丝毫不亚于布莱克斯通时代。诚如美国学者布鲁克斯教授所说,在备受瞩目的 2000 年美国总统选举诉讼——布什诉戈尔一案中,关于法律与衡平的讨论在结构上与两百多年前的肯提什诉纽曼一案并无本质区别。两案的法官均放弃了法律规则的适用,因为他们认为那样做会导致不可接受的可怕后果。两案的区别主要是术语方面,在肯提什诉纽曼案中,法官使用的是"衡平"这一术语,而在布什诉戈尔一案中,法官使用的术语则是"政策"。❸事实上,当今美国司法实践已用"政策"取代了"衡平","政策"既包含了传统衡平观念的基本内容,又依据时代的发展而被赋予新鲜的含义。

在法学流派理论中,政策因素是否应当介入司法以及如何介入司法也是一

---

❶ Roy L. Brooks, Structures of Judicial Decision-making from Legal Formalism to Critical Theory, Carolina Academic Press, 2002, pp. 6–7.

❷ William Blackstone, Commentaries on the Laws of England, vol. III, The Clarendon Press, 1983, p. 432.

❸ Roy L. Brooks, Structures of Judicial Decision-making from Legal Formalism to Critical Theory, Carolina Academic Press, 2002, p. 12.

个持久且常新的话题,不同法学流派基于各自的独特视角对政策与法律在司法
过程中的复杂关系作出了不同的理解和评价。基本的趋势是政策型司法在司法
方法论层次上得到了广泛的承认,只不过有些流派采取主动接受和积极欢迎的
态度,而另一些流派则视其为基于人类理性局限的一种无奈选择。

（一）分析实证主义

分析实证主义强调法律的纯粹性与司法过程的形式性,其代表人物之一凯
尔森的论断是:"法的纯粹理论试图发现法自身的性质,并确定其结构与典型形
式,而不是专注于因时因人而异的法的内容。"❶"法律规范的效力是不能以它的
内容和某种道德或政治价值不相容为根据而被怀疑的。规范之所以是有效力的
法律规范,就是由于,并且也只是由于,它已根据特定的规则而被创造出来。"❷
在一般意义上,政策显然属于法律的实质内容要素,因此,在司法过程中它不能
直接来决定法律规范的效力与适用。然而,凯尔森也意识到,完全纯粹、形式的
法律体系在现实世界难以实现,因此法官在某些情况下需要被授权成为一名
"立法者",他说:"在判决内容永不能由既存实体法规范所完全决定这一意义
上,法官也始终是一个立法者。"❸对于将一般规范具体化的"立法者"来讲,又
是什么因素来决定其"立法"的方向呢? 凯尔森的回答是:"法官被授权作为一
个立法者来决定一个争端所依据的条件,并不是像间隙理论所自称的,是由于适
用实际上有效力的法律在逻辑上是不可能的,而是由于适用实际上有效力的法
律,根据法官的意见,在法律上、政治上是不够的。"❹如果要判断政治是否足够,
政策因素就必须被划入法官的考量范围之内。甚至,在特定情形下,法官还可以
根据包括政策在内的社会因素来废弃一项有效的现行法律规定,他说:"有时,
法院不适用规范法学认为有效力的法律。一旦对司法机关的实际行为的社会学
考虑使我们有理由相信,法院在未来也将大概不会适用这一法律时,规范法学也
就被迫承认废弃已剥夺了这一法律的效力,因而,法院也就不应当适用该法

❶ Hans Kelsen,Introduction to the Problems of Legal Theory,The Clarendon Press,1992,p.4.
❷ ［奥］凯尔森:《法与国家的一般理论》,沈宗灵译,中国大百科全书出版社1996年版,第128页。
❸ ［奥］凯尔森:《法与国家的一般理论》,沈宗灵译,中国大百科全书出版社1996年版,第165页。
❹ ［奥］凯尔森:《法与国家的一般理论》,沈宗灵译,中国大百科全书出版社1996年版,第167页。

律。"❶可见,适度的政策型司法得到了凯尔森的明确认可。

哈特也同意法官可以成为某种意义上的"立法者",但他将其约束条件特定化了,即法官创制规则的活动应存在于法律出现"空缺结构"之处,他说:"法律的空缺结构意味着的确存在着这样的行为领域,在那里,很多东西需留待法院或官员去发展,他们根据具体情况在互相竞争的、从一个案件到另一个案件分量不等的利益之间作出平衡。……法院发挥着创制规则的作用。"❷这里的"空缺结构"是指法律规则基于语言固有局限性而具有的不肯定边缘区域,由于这些区域的存在,规则因而会出现引发人们争议的不确定和模糊现象。在这个区域中,"一个明智裁决不应是机械地做出的,而必须是依据目的、效果和政策,尽管其并不必然依据任何我们所谓的道德原则。"❸作为法官填补法律空缺结构的基本材料,政策在司法活动中发挥着重要作用。

(二)新自然法学

在分析法学那里,法律视为一种规则体系,政策只是法律体系的外部因素,但新自然法学代表人物德沃金则明确宣称,政策是可与规则并列的法律要素之一。早在 1945 年,法律过程理论(Legal Process Theory)的两位创始人亨利·哈特和阿尔伯特·萨克斯率先提出,作为一般性指令的法律并不表现为单一的规则,而是可以包括了四种要素:规则、标准、政策、原则。❹ 德沃金继承了这一理论,并作了更加细致的阐述,尤其是对政策与原则作了明确的区分。在《认真对待权利》一书中,德沃金指出:"我把这样的准则称为'政策',它们规定一个必须实现的目标,一般是关于社会的某些经济、政治或者社会问题的改善(虽然某些目标是消极的,在这样的目标中,它规定当前社会的某些特点需要保护,以防止相反的改变)。我把这样的一个准则称为一个'原则',它应该得到遵守,并不是因为它将促进或者保证被认为合乎需要的经济、政治或者社会形势,而是因为它是公平、正义的要求,或者是其他道德层面的要求。根据这样的看法,必须减少

---

❶ [奥]汉斯·凯尔森:《法与国家的一般理论》,沈宗灵译,中国大百科全书出版社 1996 年版,第 194 页。

❷ [英] H. L. A. 哈特:《法律的概念》,张文显、郑成良、杜景义、宋金娜译,中国大百科全书出版社 1996 年版,第 134~135 页。

❸ [英]H. L. A. 哈特:《实证主义和法律与道德的分离》,翟小波译,《环球法律评论》2001 年夏季号。

❹ H. Hart & A. Sacks, The Legal Process: Basic Problems in the Making and Application of Law(Tentative edition,1958), p.159.

车祸的准则是一项政策,而任何人都不得从自己的错误行为中获利则是一个原则。"❶可见,在德沃金看来,政策与原则之间的根本区别是,政策反映了社会、政治或经济的目标,而原则体现了正义、公平或道德的要求。

德沃金认为,规则、政策和原则是三种彼此独立的法律要素,它们在司法过程中具有不同的功能,尤其是政策和原则在法官解决疑难案件时具有独特的作用。他说:"当法学家们理解或争论关于法律上的权利和义务问题的时候(尤其是在疑难案件中),他们使用的不是作为规则发挥作用的标准,而是作为原则、政策和其他各种准则而发挥作用的标准。"❷他观察到丹宁勋爵在斯帕坦钢铁公司一案中正是从政策的角度出发来进行判决的。但是,德沃金本人并不主张法官在疑难案件中过多地进行政策分析,他说:"像斯帕坦钢铁公司一案那样的疑难案件的判决,显然是而且也应该是因原则而不是因政策而产生的。"他所心仪的司法方法是原则裁判方法。在他看来,政策的论据之所以不如原则的论据更有价值,原因在于原则具有权利哲学的基础,而政策的论据缺乏长远意义的目标。他说:"原则的论据意在确立个人权利;政策的论据意在确立集体目标。原则是描述权利的陈述;政策是描述目标的陈述。"❸在某些叙述中,德沃金甚至表露出政策不能作为司法依据的意味,即司法机构不能以推行社会政策为己任,也不得为实现某些社会目标提供有效的手段。他说:"假设一个法官确信,如果他废除一个旧的规则,为汽车工业的利益创设一个新的规则,那么汽车工业就会繁荣,而汽车工业的繁荣将会使整个经济获益。这是否可以作为改变规则的一个好的理由呢? 通过分析手段与目的的简单关系,我们不能决定这类问题。"❹与原则的论据不同,政策论据不能满足遵循先例的"清清楚楚的一致性"❺。政策经常是一种权宜之计,如立法机关这个月为一个飞机制造厂提供了一笔补贴,并

❶　[美]罗纳德·德沃金:《认真对待权利》,信春鹰、吴玉章译,中国大百科全书出版社1998年版,第41页。

❷　[美]罗纳德·德沃金:《认真对待权利》,信春鹰、吴玉章译,中国大百科全书出版社1998年版,第40页。

❸　[美]罗纳德·德沃金:《认真对待权利》,信春鹰、吴玉章译,中国大百科全书出版社1998年版,第126页。

❹　[美]罗纳德·德沃金:《认真对待权利》,信春鹰、吴玉章译,中国大百科全书出版社1998年版,第20页。

❺　[美]罗纳德·德沃金:《认真对待权利》,信春鹰、吴玉章译,中国大百科全书出版社1998年版,第123页。

不意味着它要在下个月为另一个飞机制造厂提供一笔补贴。政策难以上升为一种值得长久坚持的权利要求。而权利却"不能被所有社会目标所压倒",❶作为集体性目标的政策不能逾越权利的边界。在西方法哲学中,有些权利是绝对和不可克减的,政策考虑不应当影响这些权利,更不能替代这些权利。因此,对于一个自由、民主的国度而言,法官或司法机构的功能在于保障每个社会成员都获得合乎道德立场的公平对待。司法裁判只能建立在权利的基础之上,不能出于单纯的政策目标考虑。所以,在德沃金那里,政策论据不能为司法过程提供最佳论证,充其量只能成为一种辅助性的工具。

(三)现实主义法学与实用主义法学

现实主义法学与实用主义法学都把政策视为司法裁判的重要依据,但与分析实证主义、新自然法学相比,其政策的外延要更宽泛一些。如霍姆斯法官认为,政策不仅是某个社会历史经验的体现,也是"法官感觉中的时间上的必要性、占主要地位的道德和政治政论、关于公共政策的直觉甚至于与其同行所共有的偏见"。❷卡多佐法官则将政策看成是"时代的习俗"。❸这种关于政策的理解,德沃金的"政策"与"原则"其实都是可以包容在内的。在这些学者看来,政策是制定法律规则的原材料,它赋予规则以目的、意义和连贯性,也为规则提供结构和指引;在解决疑难案件时,政策还是一种优先的、终极的依据。

卡多佐法官认为,法律对于具体案件的指导作用将会按照四种方向发展:"一个原则的指导力量也许可以沿着逻辑发展的路线起作用,我将称其为类推或哲学的方法;这种力量也可以沿着历史发展的路线起作用,我将称其为进化的方法;它还可以沿着社区习惯的路线起作用,我将称其为传统的方法;最后,它还可以沿着正义、道德和社会福利、当时的社会风气的路线起作用,我将其称为社会学的方法。"❹它们代表了不同类型的司法方法和依据,其中,社会学方法所考虑的社会福利占有根本性的地位。他说:"法律的终极原因是社会的福利,未达

---

❶ [美]罗纳德·德沃金:《认真对待权利》,信春鹰、吴玉章译,中国大百科全书出版社 1998 年版,第128 页。
❷ Oliver Wendell Holms, The Common Law, Harvard University Press, 1963, p. 5.
❸ [美]本杰明·卡多佐:《司法过程的性质》,苏力译,商务印书馆 2000 年版,第 95 页。
❹ [美]本杰明·卡多佐:《司法过程的性质》,苏力译,商务印书馆 2000 年版,第 16 页。

到其目标的规则不可能永久性地证明其存在是合理的。"❶在卡多佐那里,社会福利是一个很宽泛的术语,"涵盖许多性质上或多或少有所联系的概念。它可以指人们通常所说的公共政策,集体组织的善。也可以指由于坚守正确行为的标准而带来的社会收益。"❷其中,政策是极其重要的组成部分。他说:"在这些部门内,公共政策已经创建了一些规则,公共政策也一定具有类似能力去改变它们。"❸在卡多佐的方法论体系中,政策分析方法不仅是必备的方法之一,更是一种最权威的方法。

波斯纳法官认为,法官的最高追求在于"裁决的合乎情理"。❹ 而合乎情理的本质是"以恭顺的、讲究事实的、充满政策意味的、工具主义的'合乎情理'概念替代法律上和政治上正确"。❺ 他认为,决定司法决定合乎情理的因素有很多,例如制定法语言、先例以及其他常规因素,在有些案件中,这些常规因素大大倾向于某一方面,法官有任何偏离都不合情理。但在疑难案件中,这些因素只是缩小了可选择的范围,不具有决定性意义,因此会留下了一块空白。在这些空白中,"法官一定会被迫努力按照有充分理由的政策来决定案件"。❻ 在这些案件中,"法官更多是政策制定者,而不是一个常规的律师"。❼ 因为,"决定运用一条规则以及如何运用一条规则,这些都是政策决定"。❽ "法律疑难案件的决定经常是一种政策分析的产物,而不是一种独特的法律推理方法的产物。"❾"在最为疑难的案件中,政治因素,有时是社会理想,起到了决定性的作用。"❿从这些语句中,我们可以看到波斯纳对政策分析方法的推崇。基于这一立场,他不同意德沃金关于原则与政策的区分以及将权利与原则相联系的观点。他说:"在德沃金那里,'政策'被界定为某种集体的目标。世界上有很多集体的目标,从国家安全和公众秩序到经济繁荣和社会保险,所有这些都深深地织入了我们的政

---

❶ [美]本杰明·卡多佐:《司法过程的性质》,苏力译,商务印书馆2000年版,第39页。
❷ [美]本杰明·卡多佐:《司法过程的性质》,苏力译,商务印书馆2000年版,第43页。
❸ [美]本杰明·卡多佐:《司法过程的性质》,苏力译,商务印书馆2000年版,第46页。
❹ [美]波斯纳:《法理学问题》,苏力译,中国政法大学出版社1994年版,第40页。
❺ [美]波斯纳:《法理学问题》,苏力译,中国政法大学出版社1994年版,第167页。
❻ [美]波斯纳:《法理学问题》,苏力译,中国政法大学出版社1994年版,第168页。
❼ [美]波斯纳:《法理学问题》,苏力译,中国政法大学出版社1994年版,第168页。
❽ [美]波斯纳:《法理学问题》,苏力译,中国政法大学出版社1994年版,第182~183页。
❾ [美]波斯纳:《法理学问题》,苏力译,中国政法大学出版社1994年版,第171页。
❿ [美]波斯纳:《法理学问题》,苏力译,中国政法大学出版社1994年版,第189页。

治道德之中,它们一点也不次于诸如同等者应同等对待或不允许任何人从自己的不公行为中获利的原则。区分政策和原则,并将权利与后者联系,而不同前者相联系,这种做法是专断的。在确定法律权利之范围时排除集体的目标这没有根据。"❶的确,德沃金所谓的"政策"和"原则"却并不能总是得到明晰的划分,有时政策和原则可以很容易相互转化,二者之间并不存在确定的边界。比如,罗尔斯的"差别原则"(difference principle),即一种可接受的财富分配上的不平等应当能够最大限度地减少"最少受惠者",这既可以说是原则,也可以说是一种社会政策。又如,保障种族、性别平等既可以看做一项明智的、能够促进社会、政治、经济发展的公共政策,也可以看做是公平、正义的要求。

上述法学流派在对待政策型司法的态度上是有区别的。分析实证主义认为,政策型司法是边缘性的;新自然法学认为,政策型司法是次要的、非优先性的;现实主义法学与实用主义法学认为,政策型司法是主导性的、根本性的。产生这种区别的原因很多,既有理论立场的不同,也有关于政策概念界定上的差异。但是,从中我们可以看到一个基本趋势,即司法应以实现一定的社会政策为己任,这一点在理论上并无太大的争议。需要探讨的问题是,在具体的司法活动中,如何恰当地使用政策方法,以兼顾政策的妥当性与法治的稳定性。

二、政策型司法的三种形式

如前所述,政策型司法的合理性与必要性已为法学理论界与实务界所认知,但我们能否遽而得出结论:政策是司法裁判的当然依据,与法律可以同等适用?为了回答这个问题,有必要分析一下法律与政策的区别。法律是一种具有普遍性的规范,而政策通常针对特定事项、特定对象,适用于特定时空,未必会形成普遍性的规范;法律需要体现社会普遍认可的正当性,而政策的调整更取决于权力主体的意志以及因时因地的利益需求;法律关注每个公民的基本权利,而政策着眼于集体性目标的达成,而且,为了公共的或整体的利益,牺牲个人利益往往会在所不惜;法律具有稳定性,利于人们形成行为的明确预期,而政策的调整方式具有灵活性、变动性的特点,人们形成的行为预期时时面临被打破的可能。

---

❶ [美]波斯纳:《法理学问题》,苏力译,中国政法大学出版社 1994 年版,第 304 页。

政策不同于法律的特点决定了它在司法过程中的适用范围。其实,无论是分析实证主义,还是新自然法学,甚至最看好政策司法功能的实用主义法学,都倾向于将政策作为针对疑难案件的裁判依据,换言之,只有法律由于其局限性而难以妥当解决具体案件时,政策才能成为一种决定性因素,即用政策之所长,弥补法律之所短。当法律过于刚性,与丰富而复杂的案件事实难以耦合时,政策的弹性可以避免因强行适用法律所导致的对抗性;当法律过于陈旧,不能适应社会生活的新发展时,具有灵活性与变动性的政策可以为案件提供一个妥当的解决方案,甚至引导法律的发展方向。自然,在一个法治相对成熟的国家,立法的逐步完善可以增强法律的应对性,降低司法疑难案件出现的频次与比例,如此说来,司法中政策的直接适用应当是有限度的、非主体性的。

然而,考虑案件的难易来确定政策的司法适用,多少有些机械,因为它只是立足于法律与政策关系的静态观照。事实上,在司法过程中法官只有在法律与政策之间的互动关系之中才能发现政策司法适用的尺度,换言之,他必须在法律与事实之间、法律与政策之间来回穿梭、反复参验,才能发现案件的难易程度以及政策型司法的必要性。这意味着,尽管只有在疑难案件中,政策可以成为裁判的直接依据,但是,在所有的案件中,政策的考量都是可能存在的。基于此,美国学者布鲁克斯教授将政策型司法方法划分为三种不同的形态或类型:政策维护、政策发现与政策制定。❶ 它们分别反映了政策性司法方法的不同侧面和相应的功能,也可以为我们理解司法中法律与政策之互动关系提供一个基点。

政策维护(policy-vindication)实际上是指依据政策所作的法律解释。由于其中所涉及的政策都已明确地表述在现行法律的意旨之中,使用这样的政策作为裁判依据根本上属于一种目的性法律解释。作为一种法律解释方法,它受到了相对明确的约束,虽然也存在借助于扩张解释和收缩解释来改变法律的情况,但这种改变必然被制约在一定的范围之内。对政策维护的合法性通常不会产生太大的争议,这是因为,政策维护虽然不是对法律文本的直接的、逻辑上的适用,但它毕竟有明确的法律作为基础,法官通过阐释法律文本背后的立法意图或公共政策而获得裁判的依据,其司法推理过程止于法律的解释,不致扩展为法律的

---

❶ Roy L. Brooks, Structures of Judicial Decision-Making from Legal Formalism to Critical Theory, Carolina Academic Press, 2002, p. 15.

创制,因而,在广义上,政策维护基本上属于"依法办事"的范畴。

政策发现(policy-discovery)是指法官将尚未表达在立法或判例之中的社会利益要求和政策预期发掘和表述出来,并将它作为形成司法政策的基础。这些利益要求和政策预期沉埋于文化和社会意识之中,只是未被明确表述出来而已。在美国,政策发现的方式是多种多样的。尽管不能使用民意调查的方式,法官仍然可以拥有获知社会态度的各种途径,具体包括:政党宗旨和政策、学者著述、媒体社论、电视新闻节目、日常交谈以及律师和其他法官的观点等,这些途径可以帮助法官了解他所生活的社会,并获得可供适用的政策,这些政策对于司法判决而言应当是适宜的、成熟的,是否成熟的判断标准就在于它是否能在社会共同体内得到大多数人的实质性的支持。这种实质性支持可以赋予政策发现的司法过程以民主的色彩。❶

政策制定(policy-making)是指法官直接将自己所认同的政策倾向来作为裁判的依据。政策发现与政策制定的根本区别在于,政策发现是指法官将一项社会共同体已然接受的公共政策赋予法律上的效力;而政策制定则意味法官提出了一项与社会意识不相一致的新政策,并将这项未必能被社会接纳的新政策强行赋予法律上的效力。在美国司法实践中,政策制定是现实存在的现象。一些法官或学者甚至把它看成是法官运用其个人的政策偏好影响司法判决的个体思维活动。例如,美国第二巡回上诉法院的纽曼法官认为,政策制定意味着"法官直接选取与其个人价值相一致的结果"。❷ 波斯纳也认为,政策制定是指法官"为了解决手头的案件,而将其自己的政策倾向转化为判决结果"的行为。❸ 法律现实主义者认为,法官实际上总是根据他们的政治或道德喜好来判决案件,然后再选择一个适当的法律规则将判决合理化。❹ 法官所制定的"政策"完全不受制于权威的法律文本,不来源于政党宗旨或公共政策,很可能缺乏社会共同体的普遍支持,甚至可能与社会共同体的主导价值相对立,它虽然可以体现法官的创

❶ See, Roy L. Brooks, Structures of Judicial Decision-Making from Legal Formalism to Critical Theory, Carolina Academic Press, 2002, pp. 19–20.

❷ Jon O. Newman, Between Legal Realism and Neutral Principles: The Legitimacy of Institutional Values, 72 Calif L Rev 200, 1984, p. 203.

❸ Richard A. Posner, The Meaning of Judicial Restraint, 59 Indiana L Rev 1, 1983, p. 9.

❹ 参见[美]罗纳德·德沃金:《认真对待权利》,信春鹰、吴玉章译,中国大百科全书出版社1998年版,第16页。

造性以及引领社会发展的勇气,但未必符合其依法裁判的职责要求,因此招致较多的非议。

政策维护、政策发现和政策制定是三种具有不同性质、功能和效果的政策分析方法。这一概念分类可以成为区分司法能动主义与司法消极主义的基本量度。三者之中,政策维护是依据既有法律规范的解释性方法,其运行受到较多的约束。在适用政策制定和政策发现的情况下,由于不存在相应的法律规定,因而法官的判决就不可能仅仅是解释性的,实际上创制一项新的法律规则。换言之,无论是政策制定还是政策发现,都属于司法能动主义的范畴,但在程度上有所差异。如果以传统的衡平性司法方法作为参照,政策维护大致可归入解释性衡平,而政策制定和政策发现则应归属于矫正性衡平。但是,这三种政策分析方法的划分有时并不那么明确,需要根据特定的语境来判断。布鲁克斯教授举例说,1954 年美国联邦最高法院通过布朗诉教育委员会案判决学校隔离法规违宪,该判决将美国宪法第 14 修正案所确立的平等价值作为裁判基础,因而其司法推理技术在很大程度上就属于政策维护。当然,由于美国联邦与州二元分立的法律制度,究竟是政策维护还是政策制定,还要看该判决的司法管辖区的相关规定如何。如果是在联邦层次或者当时已经废除种族隔离法律的北方各州,这一司法方式属于政策维护;但如果是在仍然保留种族隔离法律的南方各州,其司法方法就属于政策制定,而正是这种政策制定因素的存在,才使得布朗案具有所谓的革命性作用。❶

由于政策发现和政策制定这两种政策分析方法都要求突破现有法律的界限,因此人们在它们的合法性问题上产生了较多的分歧。相比之下,政策发现方法得到了更多的支持。支持者认为,这种司法方法的合法性依据至少有两项:第一,通过政策发现而获取的政策或社会规范来源于社会共同体,并反映社会共同体的主导价值和倾向,这一特点还可以赋予司法判决以一定民主色彩,增加法院的公信力与支持度。而且,政策发现与政策维护并不具有本质上的区别,因为相应的政策都来源于既有的社会价值,只不过适用政策维护司法方法时,该政策已由法律明确表述出来,而适用政策发现司法方法时,该政策未经法律明确表述而

---

❶ Roy L. Brooks, Structures of Judicial Decision-Making from Legal Formalism to Critical Theory, Carolina Academic Press, 2002, p. 22.

已。第二,通过政策发现而获得的政策或社会规范虽不是法律,但已预先存在于特定社会之中,因而具有客观性,诉讼当事人既然生活在这个社会中,必然对这样的政策或社会规范有所感知,并能预测到其行为所能获得的社会评价,因而对他们适用这样的政策或社会规范也是公平的和可接受的。

政策制定的合法性问题引发了更大的争议。但也有一些学者从不同侧面论证了在某些情况下政策制定合法性的存在基础,因而政策制定也可以成为司法功能的重要组成部分。这些学者认为,将政策的制定完全定性为一种"私人性"的活动显然是片面的。首先,它将司法政策与各种社会公共因素割裂开来,无视了司法机构和法官的职业义务。应当说,司法活动是一个多因素协同作用的过程,当然一项政策可能以法官个人观念的形式进入司法推理过程,但它必须获得其他法官的认同才能发挥实际作用。其次,法官个人的观念、价值以及形成的政策也在很大程度上反映了他与社会共同体的联系,法官本人在这个社会共同体中出生、成长、受教育和熏陶,社会文化和习俗等必然会对他发生作用,使他不至于偏离社会意识的主体要求。因此,在有些情况下,一项司法政策虽然以法官个人价值的形式表现出来,但却实际上正是社会共同体的共有价值观,法官因而并未创立新的政策,而只是确认了一项业已存在的公共政策而已。

三、政策分析方法的运用

在司法过程中,政策分析方法主要用来处理由于法律文本的局限而导致的不确定性抑或目的悖反问题,在性质上,它属于一种非文本主义或者非形式的司法技术。但是,政策分析方法本身也存在着内在的不确定性因素,引发人们对其合法性的质疑。某个法官自认为恰当的政策判断,可能被其他人指责为主观裁量。为了避免政策分析方法沦为纯粹的个人性思维,在方法论上确立一定的操作规程是有所裨益的。

(一)政策分析方法适用的次序与路径

不同法学流派对司法过程中政策因素的重要性有不同的认知,但是,几乎很少有人认为政策分析方法是法官应当首先考虑的一种司法方法。在司法的工具库里,法官可运用的司法方法不是单一的,而是多元的,而且,这种多元的司法方法因其不同的功能还存在着一定的先后次序。霍姆斯法官所倡导的顺序是:法理分析方法→历史分析方法→政策分析方法;❶卡多佐法官所倡导的顺序是:哲学方法→历史方法→习惯方法→社会学方法,而作为社会学方法的重要内容,政策分析方法是所有方法的终极仲裁者。❷

尽管司法方法的适用存在着一定的顺序,但是,这种顺序却并非以固定或僵化的方式呈现,它们之间可能会存在着反复参验的互动关系。波斯纳法官以反托拉斯法为例来说明了这种互动关系的发生与发展,他说:"当决定一个棘手的反托拉斯法案件即一个没有先例支配或是起初难以自信判断的案件时,第一步是从相关的立法文本和史料中,从法院和立法机关的制度特点中,以及在连从这些渊源中也无法获得确定指南时,从社会理想中抽象出(不用多说,不是用一种演绎的方法)一个总体的反托拉斯法概念来指导司法决定。一个如今流行的、备用的总体概念就是财富最大化,但无须多说,这只是可争议的选择之一。一旦做出了这一选择,随后,这位法官就要仔细检查一下有关的先例以及其他材料,从中寻求可能有助于决定手边案件的信息,这是第二步。第三步是一个政策判断,尽管在某些案件中,这个判断也许很像是一个逻辑演绎,即按照财富最大化的原则来解决案件。第四步又回到先例,但不是将先例作为权威,而仅仅是把它作为资料;法官希望弄清楚权威性先例是否已经排除了第三步中的政策判断。事实上,这个法官已经是第三次而不是第二次参考先例了。在一开始确定本案件是否确实处于法律空白地带时,法官就一定要参考这些先例;如果不属于空白地带,那么早早就结束了我刚才描述的这种四步分析法。"❸在这一过程中,法官反复参酌先例,演绎或类推的分析必不可少;而政策的分析亦非在封闭的空间内进行,它需要结合立法文本、立法发展、先例、案件信息甚至社会理想来进行,因此必然会涉及语义分析、历史分析和习惯分析等方法;如果要进行政策选择,又必须考虑如此选择的后果,于是效果的分析又是题中之义。可见,不同的司法方法之间存在着协同与印证的作用。

---

❶ 详见本书第二章"现实主义法学的司法方法论"中的相关内容。

❷ [美]本杰明·卡多佐:《司法过程的性质》,苏力译,商务印书馆2000年版,第16页以下。

❸ [美]波斯纳:《法理学问题》,苏力译,中国政法大学出版社1994年版,第169~170页。

（二）政策分析的具体步骤

尽管政策分析是法官经常可能使用的一种司法方法，但是，它的具体过程却是"云遮雾罩"，波斯纳法官称之为"未明示的推理过程"❶。司法中的政策分析的确不可简单套用逻辑分析方法，但它仍然应当符合人类理性的基本要求，只不过具有自身的特点罢了。美国学者范德威尔德教授认为，使用政策来完成法律推理活动，并不像演绎推理一样遵循由一般到特殊的模式，而是相反，是从个案向一个或多种政策目标推导的过程。这种推理形式要求律师或法官对目的与手段之间的相互关系作出经验性判断，对政策之间的相对权重作出价值判断。❷基于这一特点，同时，也综合各种学说，笔者认为，一个完整的政策分析至少包括以下步骤：

1. 政策识别

政策识别是对隐含于规则背后的立法机关所表达的政策加以揭示的过程。例如，人身损害侵权规则至少包含了两个不同性质的政策性意图：其一，通过鼓励受害者寻找司法保护而不是诉诸报复或复仇来维护社会的和平秩序；其二，通过将侵权责任限定于造成显著伤害的行为来阻止无谓诉讼。政策识别是法官作出政策分析的第一步，也是进行政策选择与权衡的基础。这一步骤使法官获得一个政策性命题，这似乎可以作为大前提，构成三段论来适用于本案情境，但在性质上，政策性命题不是演绎性的。这是因为，它并不具有三段论大前提的特征，不能成为包含所有能够导致特定法律后果的情境类型的一般规则。相反，政策是规则作为手段所予促进的目的。如范德威尔德教授所指出的，政策就其本身而言，应当是针对所有情形（规则只界定了其中的一类情形）通过各种手段（规则只是其手段之一）来追求的目标；而规则就其本身而言只是针对事实前件中所确立的有限情况设立了特定的法律后果。❸

2. 政策判断

政策判断是指对通过政策识别所获得的政策在性质与程度上加以确定的过

---

❶ ［美］波斯纳：《法理学问题》，苏力译，中国政法大学出版社 1994 年版，第 170 页。

❷ Kenneth J. Vandevelde, Thinking Like a Lawyer: An Introduction to Legal Reasoning, Westview Press, 1996, p. 75.

❸ Kenneth J. Vandevelde, Thinking Like a Lawyer: An Introduction to Legal Reasoning, Westview Press, 1996, p. 75.

程。范德威尔德教授将政策判断分为两种类型:其一是关于目的与手段相互关系的判断;其二是不同政策之间相对重要程度的判断。❶

第一种政策判断涉及目的与手段之间的相互关系,它能够帮助法官分析和确定他所选择的判决路径对于实现政策目的所达到的助益以及程度大小。例如,人身损害侵权规则的设置目的之一在于维护和平的社会秩序,法官应当确定要求被告在本案情况下支付赔偿是否能够促进这一目的。判断特定手段促进特定目的的程度或范围基本上是一个经验性的问题,但在实践中却难以成功地通过控制实验的方法来衡量特定规则的实效。例如,社会学家曾试图在实证层面上衡量死刑制度是否能够促进这一制度的基本目的——吓阻犯罪,其研究方法是对存在或废除死刑的国家或地区中的犯罪率进行比较分析。但是,研究表明,由于控制变量的不可能,因而难以得出统一的结论,不同的研究者得出的结论也有所差异。因此,在司法实践中,律师或法官通常是结合经验和直觉来就手段与目的之间的关系作出判断,但对这种判断往往可能发生分歧。

第二种政策判断涉及不同政策之间的相对重要程度,这种政策判断之所以必要,是因为所有的法律规则都代表了一系列不同乃至对立的政策之间的相互妥协。这就是霍姆斯法官所谓的存在于逻辑形式背后的"对彼此竞争的立法理由之相对价值及重要性的判断"❷。例如,人身损害侵权规则的政策之一在于维护社会的和平秩序,但同时它包含了另外一个在性质上有点对立的政策:将一些无谓的冒犯行为排斥在诉讼之外。法官因而必须确定对立政策中的哪一个在当前情境下应当取得优势。他一般又会作出两种判断:政策之间何为优先;何种手段能有效促进该项政策。不过,由于政策之间缺乏精确的可比性和衡量标准,这种政策判断也极易发生分歧。但是,这一比较和权衡却是不可或缺的,因为它是寻找最佳判决结果的必经之路。

3. 政策的选择与综合

在对不同政策之间的相对重要程度进行比较之后,法官通常需要依据一定的尺度作出选择。这种选择有时是痛苦的,但往往却是必须的。不过,司法实践

---

❶　Kenneth J. Vandevelde, Thinking Like a Lawyer: An Introduction to Legal Reasoning, Westview Press, 1996, p.74.

❷　[美]奥利弗·温德尔·霍姆斯:《法律的道路》,张千帆、杨春福、黄斌译,《南京大学法律评论》2000年秋季号。

中这一过程或许要复杂一些,因为它不是非此即彼的取舍,而是包含着一种综合,即从收益和代价的角度对选取或舍弃的政策进行综合性的评价,以确定由每一种可能选择结果所产生的整体性政策利益。选择某项政策的原因只能是因为它可以产生最大的综合性政策利益。因此,法官不能简单地止于对某项政策优于其他政策的判断,并作出相应的选择。这种做法的缺陷在于,特定结果虽然确实可以促进某一被选定的政策,但其获益却不足以抵消因牺牲另一政策所付出的代价。正确的方法是考量不同政策的权重,以及每种选择结果促进或阻碍政策的程度。例如,对于人身损害侵权规则而言,如果片面强调第一个政策性意图,比如对殴打行为作扩张性解释,乃至包含了把他人帽子打落在地的情况,这固然可以凭借法律的威慑在更大范围内降低此类行为的发生,但却在另一方面导致更多的无谓诉讼,因而牺牲了第二个政策性意图。而如果将两个政策性意图综合起来,则能够全面地衡量两种政策的相对重要性程度,以及某一结果的选定对它们的促进或阻碍程度。

诚然,人们对于不同政策之间的相对重要性,以及某一选定结果对政策促进或阻碍程度,可能会产生分歧,但是,政策判断并不是全然不确定性的,这是因为,政策判断总是在特定情境内作出,这些特定情境包括历史背景、作出政策判断的个体状况、政策判断所适用的事实、先例等,这些情境虽不能完全决定对政策分量及目的与手段相互关系的判断,却能为之提供有效的约束。正如波斯纳法官所说:"法官必须做出政策选择,而决定这一选择的是对不同选择的后果(即对法治、对诉讼双方、对经济、对公共秩序、对文明、对未来——简而言之——对社会的后果)的调查和评价。"❶

4. 政策在案件中的具体化及优化适用

司法中的政策分析与纯理论的政策论证是不同的,原因在于前者中内在地包含了针对个案的具体化过程。一项好的纯理论政策论证并不意味着其结论可以当然地适用于个案的裁判。范德威尔德教授的一个例子颇能说明问题。如果将保障言论自由的政策与维护社区安宁的政策在其重要性程度作一简单的比较,多数人会认为言论自由应处于优先地位,但是如果权衡过程仅止于此,就会出现一些人们所不想看到的结果。假定凌晨 3 点钟有人想在某居民区用扩音器

---

❶ [美]波斯纳:《法理学问题》,苏力译,中国政法大学出版社 1994 年版,第 170 页。

进行某种宣传,从言论自由的绝对优先地位出发,这一行为就应在法律上被许可,但其结果显然不能为人们所接受。因此,法官还应当作进一步的权衡和判断,主要是要考虑政策目标与法律借以推进这些政策目标的手段之间的相互关系。在上例中,律师或法官就应当考虑禁止凌晨 3 点在居民区用扩音器进行的宣传对于维护社会安宁政策的促进程度,以及它对于言论自由政策的阻碍或伤害程度。法律显然许可人们在某个合适的时间在居民区使用扩音器进行宣传,因此,禁止在凌晨 3 点从事同样的宣传对保障社区安宁来讲极为必要,而对言论自由却伤害极小。❶ 可见,司法中的政策分析也不是机械的,不能简单地根据政策发布者的主体地位高下以及某项政策的抽象重要性来作出结论,所需要做的应是"吃透"政策的精神,结合个案的具体情境,以进行目的与手段、成本与收益的分析。如果设立相关权利或义务所导致的政策利益超过了因此而产生的政策成本,那么相应的政策就应当得到适用,反之则应排除其适用。

政策在案件中的具体化使其具有了"准规则"的意味。规则的适用类似于划定界限,即在两种不同类型的事实情境之间划定界限,就处于界限一边的事实类型而言,法律规则所确立的权利和义务将会发生;而就处于界限另一边的事实类型而言,这种权利义务不会发生。而由于政策的边界往往不那么清晰,政策之间存在着重叠与交叉的地带,不可能明确划分彼此界限。但是,政策与规则在一定条件下是可以相互转化的,这是因为,对政策判断的表述也存在一般性程度的高低,如果表述的一般性程度较低,它就会在适用范围上出现较多的限定,因而具备了规则的特性。当政策的表述越来越具体,规则的表述越来越一般,它们之间的区分就不复存在了。政策在案件中的具体化就是要求法官结合本案的事实类型,尽可能具体地表述政策的内涵,以充分揭示该政策对本案的适用性,这有利于提高裁判的可接受性。

---

❶ See Kenneth J. Vandevelde, Thinking Like a Lawyer: An Introduction to Legal Reasoning, Westview Press, 1996, p. 78.

第十二章　价值衡量方法

　　价值是法律的灵魂与实质,离开价值讨论法律只能获得空洞的形式。因此,"在法律史的各个经典时期,无论在古代和近代世界里,对价值准则的论证、批判或合乎逻辑的适用,都曾是法学家们的主要活动"。❶ 很少有理论或学说能够完全否认价值在法律制度中的作用,价值衡量对于法律实践而言是不可或缺的。关于法律价值的衡量,正统的理论立场是立法决定主义。它认为,立法者在立法活动中赋予和体现价值,司法者在司法活动中则不应考虑价值问题;如果说存在着什么价值判断的话,那也是忠实地贯彻立法的价值与意图,而不能渗入司法者的价值因素。然而,这种观点受到越来越多法学流派的质疑,司法过程法官的价值衡量不仅是客观存在的现象,而且具有必然性与必要性。为了避免使司法沦为非法治的"价值司法",方法论上的约束则是必须的。

一、司法价值衡量的必然性与必要性

　　最初的法律是与道德、宗教等外部规范混杂在一起的,随着社会生活的日益复杂和人类抽象思维的发展,法律才逐渐脱离出来,有了自己独立的领地。但法律与这些外部规范所体现的价值之间的联系并未就此截断,相反,法律需不断地从它们之中汲取着养分而得到丰富与发展。就法律与价值之间的这种抽象联系,即便是实证主义者也是不否认的。分析实证主义者哈特认为:"不容认真争辩的是,法律在任何时候和任何地方的发展,事实既受到特定社会集团的传统道

---

❶ [美]罗斯科·庞德:《通过法律的社会控制·法律的任务》,沈宗灵译,商务印书馆1984年版,第55页。

德、理想的影响,也受到一些个别人所提出的开明的道德批评的影响。"❶社会实证主义者霍姆斯也坦承:"法律不仅见证我们的道德生活而且是其外化后的积淀。它的历史正是我们民族道德发展的历史。"❷当然在自然法学那里,法律的道德性更是被当成了法律有效性的前提。因此,他们将道德当成比法律更高的"法"的一种形态,要求立法者制定的法律与之相符,在一定意义上,法律只是实现道德律令的一种工具。如果法律背离了人类最基本的伦理目标和人类道德,它势必失去规范人们行为的合法性基础。

不过,在这种抽象联系之外,法律制度还"必须展示出与道德或正义的某些具体的一致性"❸。在立法层次上,外部价值规范可以处于指导准则的地位,甚至,许多法律规范本身就是从外部价值规范直接转化而来。既然法律规范承载特定的价值和目标,那么,"寓于法律规范之中的价值当然成为法律适用的目标。"❹在近代法治的框架之中,法官的职责是严格依法裁判,即他应当根据权威性律令、规范作出判决,而不应考虑其他包括道德在内的任何法外因素,法官是"宣读法律文字的喉舌"或者类似于操作"自动售货机"的专业工匠。司法过程也被简化为类似于数学演算的形式推理。但是,在这种形式推理之中,司法的价值性也是不容置疑的,即他是通过形式推理来实现法律规则中的价值要求的。

但是,法官运用形式推理来实现法律规则中的价值要求虽然体现了司法的价值性,却只是立法价值衡量的延伸,而不属于司法价值衡量的范畴。那么,法官能否在司法过程直接进行价值衡量,并影响最终的裁判结果呢? 许多法官与学者都给出了肯定的回答,其中甚至有些人将价值衡量视为裁判活动中最为重要的部分。例如,美国大法官霍姆斯在其名著《普通法》中指出:"法律的生命不是逻辑,而是经验。"什么是经验呢? "一个时代为人们所感受到的需求、主流道德和政治理论、对公共政策的直觉——无论是公开宣布的还是下意识的,甚至是法官与其同胞们共有的偏见,在决定赖以治理人们的规则方面的作用都比三段

❶ [英]哈特:《法律的概念》,张文显、郑成良、杜景义、宋金娜译,中国大百科全书出版社 1996 年版,第181 页。
❷ Oliver Wendell Holmes,The Path of the Law,10 Harv. L. Rev. 457,1897,p.459.
❸ [英]哈特:《法律的概念》,张文显、郑成良、杜景义、宋金娜译,中国大百科全书出版社 1996 年版,第181 页。
❹ 孔祥俊:《法律方法论》,人民法院出版社 2006 年版,第 27 页。

论推理大得多。"❶在这里,所谓的"需求"、"直觉"、"偏见"都是法官主观领域内的范畴,与法官的价值观念有着密切的关系。在《法律的道路》一文中,他进一步指出:逻辑的方法和形式固然可以"使每一个心中对确定和安宁的那种渴望得到满足",但是,"确定性一般只是一种幻觉,而安宁并不是人类的归属。在逻辑形式的背后,存在着一个对彼此竞争的立法理由之相对价值及重要性的判断;确实,它经常是一种未经表达的无意识判断,但它却是整个过程的根基和神经。"❷需要指出的是,霍姆斯对法律"生命"的探讨不是站在立法者的立场上,而是站在司法者的立场上。在他看来,对裁判活动起决定作用的不是逻辑推理,而是价值的衡量与判断。

卡多佐法官同样强调价值因素对于法律和司法活动的重要性。他说:"就如同一个人不可能从他的房间和生活中排除至关重要的空气一样,伦理因素也不再能从司法(正义)活动中被排除出去,而正义是一切民事法律的目标和目的。逻辑、历史和习惯都有它们的地位,当我们可能时,我们会影响法律使之符合它们;但只是在一定的限度之内。法律所服务的目的将支配所有这些方法。"❸同时,他细致地描述了在裁判时法官价值衡量的过程,他说:在司法过程中,法官"必须谨防纯粹个体的或主观的价值论。通常而言,一个法官适用的不是自己的价值标准,而是在阅读社会观念时所揭示的价值标准。他尤其不能用自己的理解取代立法机关在宪法允许的范围内用成文法确立的价值标准。我们推测,这样的时刻可能会出现:在不具有上述客观性的价值论的影响下,成文法被宣判无效。但更多时候是缺乏立法性的宣告来指引法官理解生活与风俗之书。此时,他必须尽其所能地深入他人的心灵和精神,根据由此揭示的真理形成自己的价值评估。客观性的测试可能令他失望,或者混乱得使他迷惑不解。在这种情况下,他必须参照自己的价值了。"❹这里包含了三层意思:一是为了防止因价值的主观性所导致的恣意,法官应当首先考虑立法者的价值与意图;在立法

---

❶ [美]小奥利弗·温德尔·霍姆斯:《普通法》,冉昊、姚中秋译,中国政法大学出版社 2006 年版,第 1页。

❷ [美]奥利弗·温德尔·霍姆斯:《法律的道路》,张千帆、杨春福、黄斌译,《南京大学法律评论》2000年秋季号。

❸ [美]本杰明·卡多佐:《司法过程的性质》,苏力译,商务印书馆 2000 年版,第 39~40 页。

❹ [美]本杰明·卡多佐:《法律的成长·法律科学的悖论》,董炯、彭冰译,中国法制出版社 2002 年版,第 125 页。

者价值与意图不明确时,他应寻求客观的社会观念来作为价值评估的依据;但是,当客观的社会观念也不存在时,法官只能求诸个人的价值观了。显然,卡多佐认为,法官只能在确实缺乏客观价值标准时才可以求诸个人的价值,他还应当尽可能保证个人价值与社会价值具有一致性。他说:"如果一个法官打算将自己的行为癖好或信仰癖好作为一个生活规则强加给这个社会的话,那么,他就错了。"❶但是,他似乎又认为,对于保证法官的个人价值与社会价值相一致,难以提供有效的外部制约。他深有感触地说:"有时,一个题目会既适合于使用这种方法也适合于另一种方法,并且都很自然。在这种情况下,习惯或效用的考虑就经常会出现,来调整方法的选择。剩下的部分也许就得由法官的人格、他的品位、他的训练或他的精神倾向来支配。"❷

　　一般认为,分析实证主义是最不能容忍法官在裁判时使用价值衡量的一个法学流派。作为分析实证主义的代表人物之一,哈特力主法律与道德之间的分离。国家所制定的实证法告诉我们法律是什么,它规范了社会关系与人的行为;但是,它不能告诉人们法律应当是什么,要回答这个问题,实证法中没有答案,而只能求诸道德。只要立法机关制定的法律满足了有关法律合法性的第二性规则,其中所包含的第一性规则就是有效的。法官在此情形下就只能适用这些规则,而不能为了某个符合其个人价值的社会目的而弃置或曲解法律的实体规则。然而,哈特并不完全排除法官在司法过程中的价值衡量,这一结论是立足于对法律局限性的认知。哈特意识到,在司法实践中,除了相当数量的典型案件之外,还存在着"边缘性的"(penumbral)疑难案件,不能单凭规则的语言和演绎推理逻辑来解决,这种情况下,法官不能不像立法者一样制定政策。哈特指出:"毫无疑问,在许多的解释情形下,对选择的表述只存在于两种选择之间,也即'法官造法'甚或是命令(尽管并非专断的命令),它们更能说明情况的实质。"我们生活在不确定之中,于其中我们必须作出选择;现行的法律限制了我们的选择,但却非选择本身。❸ 事实上,在任何一个现代法律体制下,都肯定存在许多根据既定法律无论如何都不能作出裁决的情况,因此,如果法庭必须在这些情况下作

---

❶ [美]本杰明·卡多佐:《司法过程的性质》,苏力译,商务印书馆2000年版,第67页。
❷ [美]本杰明·卡多佐:《司法过程的性质》,苏力译,商务印书馆2000年版,第31页。
❸ [英]H. L. A. 哈特:《法理学与哲学论文集》,支振锋译,法律出版社2005年版,第93~94页。

出决定,他们就必须运用一种有限的"填补性的"创制法律的权力,或者说是"自由裁量"。❶

批评者指出,哈特的观点实际上承认甚至赋予了法官拥有不受约束的造法权力,因为"当法官遇到某一现存既定法律无论如何都不能作出裁决的情况时,他们只是简单地推开手头的法律书本并且开始去立法,去重新应对手头的案件而非进一步援引法律"❷。哈特认为,批评者的解读是错误的,他说,"这从来都不是我的看法,"司法裁决与立法造法之间存在着重要的区别。"当法庭裁决一个现存法律无法调整的案件时,他们会通过类推来继续案件的进程,以确保他们所创制的法律能够与原则或基本的道理相一致,这些与原则或者基本的道理被认为已经植根于现存的法律之中。法庭在裁决这类案件时,经常会援用一些一般性的原则或一般性目标或目的。"❸在这里,哈特明确表达了他的理论立场,即司法造法不可避免,但仅存在于边缘性案件中;同时,司法造法不是空穴来风,不是绝对的自由裁量行为,而是通过对公认的法律原则进行类推来进行的,其约束性也是显而易见的。可见,站在分析实证主义立场上的哈特也同样承认价值衡量在司法活动中的作用;至少在一些"边缘性"的疑难案件中,法官不得不诉诸价值判断活动。

在自然法学看来,价值因素在法官司法过程中的作用是无处不在的,与案件的简单与疑难没有关系。在一个简单案件的情境下,语义足够明确,法官是否需要进行道德判断吗?哈特给予了否定的回答,他认为法律规则以语言来表述,因而在语义上可以划分"核心地带"(core area)与"暗区地带"(penumbral area),前者是指语言所描述的是事物的典型或标准情形所涵盖的范围;后者是指含义难以精确把握的边缘区域。例如,有一条规则:"禁止车辆驶入公园",就"车辆"一词的意思而言,汽车、大卡车、摩托车处在"核心地带",而旱冰鞋、玩具车处在"暗区地带"。规则语言处在"核心地带"和"暗区地带"分别构成简单案件和疑难案件,前者不需要目的判断与道德评价,而后者则需要。哈特说:"在暗区问题中,一个明智裁决不应是机械地做出的,而必须是依据目的、效果和政策,尽管

---

❶ [英]H. L. A. 哈特:《法理学与哲学论文集》,支振锋译,法律出版社2005年版,第7页。

❷ [英]H. L. A. 哈特:《法理学与哲学论文集》,支振锋译,法律出版社2005年版,第7页。

❸ [英]H. L. A. 哈特:《法理学与哲学论文集》,支振锋译,法律出版社2005年版,第7～8页。

其并不必然依据任何我们所谓的道德原则。"❶与哈特的观点相反,美国新自然法学的代表人物富勒却认为,有时语言虽然处在意思中心,但却未必是一个简单案件,目的性判断不可或缺。他为哈特的例子设想了一种情况:一群爱国人士想在公园内安放一辆二战用的卡车作为纪念,反对者引用"禁止车辆驶入公园"进行拦阻。在这种情形中,性能完好的卡车显然处在"车辆"一词的含义的核心,照理应当禁止其进入公园。但是,这个案件的合理解决仍然需要诉诸目的的解释。既然在词义明确时同样需要参照目的,富勒顺理成章地提出了反问:"不用知道法规的目的而去解释制定法的词语,这真的可能吗?"❷在自然法学看来,绝大多数法律规则都同时包含着技术与价值(目的)两种成分。规则的技术成分主要表现为其逻辑结构。它使形式推理成为可能,但是技术因素难以支撑法律规则的全部效力,甚至它不是法律的主要效力来源。因此,在解决个案之时,法官应当依循规则的价值或目的来解释规则的含义,后者对法官司法的影响不仅随处可见,而具有决定性意义。

综合各学派观点,可以得出两个基本结论:首先,司法过程中法官的价值衡量是不可避免的,原因在于:法律本身具有价值性,法官于是担负有实现法律价值的义务;司法具有实践性,在司法的实践理性背后必然隐藏着许多现实的价值追求;与此同时,囿于立法理性的局限,规则体系能够存在不完备之处,在出现疑难案件时,法官不得不求助于外在价值的参照,来弥合规则与事实之间的脱节与背离;而且,相对于社会变迁,法律发展具有滞后性,法官需要借助于价值衡量来提升裁判对社会新情势的适应性。可见,法官在司法过程中的价值衡量具有必然性。诚如美国学者孙斯坦所指出的:"规则的解释通常要求某种实质性的道德或政治性判断——不仅包括受法律本身约束的实质性道德判断,而且还包括不可避免地进入到法律术语解释中的实质性判断。"❸

其次,法官在司法过程中的价值衡量还具有必要性,即它有助于裁判活动达到合理而正当的判决结果。价值的判断与衡量使法官进入了法律的"灵魂层面",如果法官不能从法律的"灵魂层面"来理解法律,那么,他对于法律条文的

❶ [英]H. L. A. 哈特:《实证主义和法律与道德的分离》,翟小波译,《环球法律评论》2001年夏季号。
❷ Lon L. Fuller, Positivism and Fidelity to Law-A Reply to Professor Hart, 71 Harv. L. Rev. 630, 1957.
❸ [美]凯斯·R. 孙斯坦:《法律推理与政治冲突》,金朝武、胡爱平、高建勋译,法律出版社2004年版,第149页。

理解终将是肤浅的;而如果他已经认知了法律的精神,却不能通过能动的衡量将其运送到个案之中,那么,他的操作方式是机械的、拘谨的,而他对于司法正义、社会正义的贡献是微末的、可悲的。较之立法者,法官更深入地贴近社会生活,更真切地感受法律效益的具体状况,即法定权利和义务的实际分配效果。尤其是在社会发生急剧变化的时候,他们能够先知"春江水暖"。在裁判中有出现法律价值的冲突与悖反时,由法官按照法律目的和法律精神,通过价值的比较与权衡,作出合理的选择。这是必要的,它将"法治之网"锻造得更有包容性,也更具韧性。

二、司法价值衡量的客观性与合理性

时至今日,完全排除司法过程价值因素作用的法学流派已不多见,但是,关于这种价值的性质,及其作用的大小、范围、方式,不同的法学流派之间仍然存在着分歧。正如美国学者比得曼所指出的:"实证主义为法官的个人价值在法律的缝隙之间找到了安身之地,而法律现实主义所找到的地方却是个又大又深的峡谷。"❶之所以如此,是因为虽然不同法学流派都认识到司法价值衡量具有一定的不确定性,但对于这种不确定性程度究竟有多高,以及在何种范围内能被容忍的立场颇为不同。

人们担心法官进行价值衡量,会使司法失去确定性,甚至走到法治的反面。应该说,这种担心并非完全空穴来风。仅从名称而言,"价值"和"衡量"这两个词的主体性特征就十分明显。价值衡量的主观性或不确定性表现在以下方面:(1)价值缺乏客观化的形式,也难以通过经验观察或实证的方式来得到证明。作为价值衡量前提的"价值"缺乏法律规范逻辑结构那样客观化的形式。价值判断以经验实证的方式来加以证明。如英国学者拉斐尔所说:"对价值你不可能这样做。你不可能用你的眼睛看到杀人是对还是错。"❷(2)价值判断具有强烈的主体性色彩。如日本学者川岛武宜所说:"对于判断主体来说,价值判断这

---

❶ Paul L. Biderman, Esq., Of Vulcans and Values: Judicial Decision-Making and Implications for Judicial Education,47 Juv. & Fam. Ct. J. 61,1996,p.64.

❷ [英]D. D. 拉斐尔:《道德哲学》,邱仁宗译,辽宁教育出版社、牛津大学出版社1998年版,第15页。

种行为是一种以价值的优先选择为媒介、具有高度主观性的活动。"❶尽管人们都能够认可公平、正义、人权、秩序等价值形态的积极意义,但是,就这些价值形态的具体内涵却总是见仁见智。(3)不同的价值之间具有冲突性,对于冲突着的价值进行取舍也没有确定的标准。英国学者迪亚斯指出:"价值判断不仅指根据所选择的价值标准衡量利益的结果,而且也指对特定评价标准的选择。"❷可见,价值衡量不仅涉及价值内涵的确定,还涉及价值标准的选择。在价值之间发生冲突时,选择或取舍就变得更加困难。❸(4)现代社会具有多元化的特征,价值多元化本身成为一种价值,于是价值的主观性在一个价值多元的社会里会显现得尤为突出。

的确,价值衡量具有很大的不确定性,这与追求确定性、客观性的法治精神存在着一定的冲突与背离之处,甚至会存在着破坏法治的危险。寻求这一现实问题的解决,可能产生不同的理论路径。分析实证主义把法的价值性或目的性评价问题排除在法学研究的领域之外,以此来保证法学的科学性。但是,价值无涉的理想状态是不存在的,既然司法裁判过程无法绝对地排除法官价值判断的作用,那么,我们所要做的不是去想方设法地否认价值衡量的存在,而是应当重点关注如何对司法过程中的价值衡量进行必要的规制,通过一定的司法方法论来提高司法价值衡量的客观性与合理性。

相应地,我们可以提出这样的问题,在多元的价值观念中,法官应当遵行其中的哪一个,又以何种方式来将其贯彻到司法之中? 一般认为,法官司法应当遵奉社会主流价值观念。卡多佐说:在司法过程中,法官"必须谨防纯粹个体的或主观的价值论。通常而言,一个法官适用的不是自己的价值标准,而是在阅读社会观念时所揭示的价值标准。他尤其不能用自己的理解取代立法机关在宪法允许的范围内用成文法确立的价值标准。"❹为了避免司法沦为法官个人价值的产物和维护法律安定性,以社会价值来制约法官的价值衡量是一条可以选择的中间道路。劳埃德(Dennis Lloyd)指出:"比较好的做法是……有意识地去识别什

❶ [日]川岛武宜:《现代化与法》,申政武等译,中国政法大学出版社 2004 年版,第 241～251 页。
❷ [英]迪亚斯:《法律的概念与价值》,黄文艺译,张文显、李步云编:《法理学论丛》(第一卷),法律出版社 2000 年版,第 465 页。
❸ 参见秦策:《法律价值的冲突与选择》,《法律科学》1998 年第 3 期。
❹ [美]本杰明·卡多佐:《法律的成长·法律科学的悖论》,董炯、彭冰译,中国法制出版社 2002 年版,第 125 页。

么是实际运作的社会价值,并且依此发展出相应的法律,而不是试图把所有的法律决定都看成是法律逻辑的技术应用。"❶和其他社会成员一样,法官不可能脱离他们从属其中的社会或群体之所固有的价值模式,但同时,这些价值模式也能够提供了一定的约束。

但是,仅提出社会主流价值观念并不能一劳永逸,因为尚有两个棘手问题:一是何谓是社会主流价值观念? 如果法官说是就是,说不是就不是,则与他的个人价值观念没什么分别。这里有一个探知与证明的问题;二是假定存在一个公认的主流价值观念,是否必须作排他性的适用? 在价值多元化本身也成为一种价值的现代社会,这样的排他性适用是否会导致"价值专制",非主流的、少数人的价值观是否应当得到适当的尊重? 这里有一个平衡的问题。

首先,如何发现主流的价值观念? 这与其说是一种探知,不如说是法官客观司法立场的宣示,即法官需要表明自己的价值判断是与一些客观因素联系在一起的,而不能归咎为纯粹的主观裁量。笔者认为,以下途径或可有所助益:

(一)确认价值观念的基本性

社会价值具有不同的层次,能在司法中加以适用的价值只能属于基本价值。以道德观念为例。在任何一个社会都会存在认同度较高的"基本道德",这种基本道德的基本性表现在两个方面:其一,它是一种"底限道德",即道德上的最低要求,而不是某种常人难及的高尚道德。其二,它是一种共识性道德,一个国家、一个民族、一个社会在一定的时期总有相对的价值共识,这种共识往往构成主流价值观念的主体,法官可以通过对各种价值观的比较、分析和讨论,在纷繁的、冲突着的价值观念中寻找共性的成分,作为判断的基础。法官所适用的价值应当是公众所共有的一种价值,这种价值应当为当事人或其他社会成员所认同,如果一项价值只存在于法官的个人内心之中,而没有一定程度的社会共识为基础,这种价值能否作为司法的依据就值得怀疑;进而言之,任何一个价值如果具有足够的强度来影响诉讼的结果,那么,它也应当具有足够的强度,经得住公众的检视和审查。

---

❶ Lloyd, The Idea of Law, Penguin 1964, p.213.

（二）借助主流价值观念的权威性依据

对于何谓主流价值观念其实也是立法机关所关注的问题,因此,法官可以把立法意图作为一种权威性依据。孙斯坦指出:"为了使许多规则能够得到解释,需要引入来自文本本身的道德或政治判断或来自立法者的道德或政治判断。"❶由于立法一般可以代表广泛的民意,因此立法中的价值判断可以认定为社会的主流价值观念。从发生学的角度,立法意图也是具有主观性的,但是由于它已经先于法官价值判断而存在,因此可以视作一个客观的指引。立法意图不仅可以从法律的明确规定中寻找,而且可以通过立法历史材料发掘,这些立法历史材料包括:制定某项法律的历史背景,立法机关审议该项法律的工作过程资料和辩论、讨论记录,权威人士的解释性意见等。波斯纳提出运用"想象性重构"的方式来揭示立法意图。这是指,法官将自己想象成正在与立法时的立法者对话,并向他们询问对于法律的理解,然后根据这些立法者的价值和考虑因素,站在立法者的角度,来对立法者的回答进行重构,❷以此来获得合理的判断。

（三）体现法律价值体系的整合性

社会主流价值观念与法律价值之间不可能相互排斥,它往往能与法律价值体系融贯起来,这为司法客观性提供了一条保障途径。伯顿将价值判断的整合性称之为"法律信念之网",他说:"法官的法律信念之网应该包括法律的惯例性正当理由,它们是一致性和协调性的关键。有序和公正应该是核心,他们维持该网的其他部分,应该实现法律判例、规则、原则及政策的那些价值的核心。为了实现秩序和正义的价值,法律信念之网应把法律经验和法律目的整合为一个和谐有效的整体。"❸因此,作为法律解释者的一种主观精神活动,价值判断虽然是主观的,但是,解释者必须将价值判断整合到客观存在的法律目的、精神之中,保

---

❶　[美]凯斯·R.孙斯坦:《法律推理与政治冲突》,金朝武、胡爱平、高建勋译,法律出版社2004年版,第148页。

❷　William N. Eskridge Jr. & Philip P. Frickey,Statutory Interpretation as Practical Reasoning,42 Stan. L. Rev. 321,1990,pp. 329–330.

❸　[美]史蒂文·J.伯顿:《法律和法律推理导论》,张志铭译,中国政法大学出版社2000年版,第153页。

证法律解释中价值判断与现行的规则、制度、程序紧密地联结在一起,从而使价值判断获得一定的客观支持,减少法官的恣意裁量行为的可能性。

(四)引入实证的"社会标准"来印证价值判断或选择的合理性

霍姆斯法官认为,为了追求司法判决的社会效果,法官应当对适用法律规则所可能赢得的利益和遭受的损失进行比较和权衡。至于比较与权衡的尺度,他从社会达尔文主义的立场出发,主张依靠和援引"社会领域竞争中生活利益的经验",因为这些经验"教会了我们比较利害得失的价值观念"。❶ 同时,他也主张借助政治经济学理论对立法进行手段—成本的分析。不过,在确立社会效果的客观基础这个问题上,以霍姆斯这样的大师,似乎也感到了有力不能逮之处。他主张,法官不能为了追求社会效果而成为某个政党或利益集团的直接代言人,他需要将司法判决建立在实证科学的客观基础之上。对这种实证科学的发展,霍姆斯寄希望于未来,他说:"对于法律的理性研究,懂得法条的人可能掌握着现在,但是掌握未来的人是熟练掌握统计学和经济学的人。"❷现实主义法学代表人物之一弗兰克法官主张在法律中引入"社会标准"来求取司法的社会效果,他在雷波埃尔诉美国案(Repouille v. United States)❸的司法意见中指出,对于当事人是否具有"良好道德品质",法庭通常采取司法认知(judicial notice)的方式来加以判断,但是由于缺乏科学的调查手段,"司法认知"就难免沦为"司法无知"(judicial ignorance)。体现价值的社会标准是一种社会性的事实,应当有实证的证据来加以证明,以约束法官的主观裁量。实际上,早在1908年,在美国马勒诉俄勒冈州案(Muller v. Oregon)中,就有使用社会科学方法引入社会标准的成功尝试。为了说明妇女限时工作法的合理性,布兰代斯在代理意见中,引用了美国和欧洲的工厂和医学报告,说明长工时对妇女的健康有害。这些实在的证

---

❶ [美]斯蒂文·J.伯顿主编:《法律的道路及其影响——小奥利弗·温德尔·霍姆斯的遗产》,张芝梅、陈绪刚译,北京大学出版社2005年版,第186页。

❷ Oliver Wendell Holms,The Path of the Law,10 Harv. L. Rev. ,457,1897,p. 469.

❸ Repouille v. United States,165 F. 2d 152(2d Cir. 1947). 基本案情是:马勒是俄勒冈州一家洗衣店的工头,因命令店中一名女工每日工作10小时以上而被地方法庭罚款10美元,理由是他违反了俄州10小时工作法。马勒向联邦最高法院申诉。为俄州10小时工作制法辩护的是将在1916年将成为联邦最高法院大法官的布兰代斯。

据完全征服了最高法院。在 9：0 的判决中，最高法院宣布俄州限时工作法是有效的。❶ 马勒案开了一个重要的先例，即在辩护中为证明立法的合理性而引用社会学和医学意义上的数据，可使用现实的"社会事实"（social facts）来说明印证某种价值判断的合理性，取得良好的社会效果。

其次，对于业已探明的主流道德观念，法官仍然需要以一种平衡的方式来加以适用，即尽可能兼顾非主流观念的某些成分，避免发生"价值专制"的情况。这是因为，现代社会中的价值观念具有多元化的特征，"一个社会越是承认和尊重个人的独立、自由和主体性，在价值判断和选择上的分歧和争论就会越普遍。"❷我们有时会诉诸理性来寻求客观的价值，但是，正如哈贝马斯所说："多元性理性本身分裂为价值领域的多元性"。❸ 此外，价值是易变的，主流与非主流有可能会交换角色，执著于某一种价值很容易造成价值论上的专断，这就要求以一种均衡的方式来处理价值问题。具有可遵循一些技术性原则：（1）最佳适度原则。这要求从均衡的角度来看待法律价值的选择，即把这一选择过程看做是在两个对立面之间的连续体上进行的微调，根据客观条件的要求确定不同价值之间的比例结构，使各个价值在法律体系中相互配合，各得其所，避免在价值之间作非此即彼的"钟摆式"选择。（2）合理代价原则。这要求以务实的作风进行法律价值的选择，即承认在特定的时空条件下代价是不可避免的，在两个价值不可能同时实现的时候，根据客观条件的要求对某些价值目标作有限度的牺牲。代价付出的合理性表现在：应根据一定的客观条件，避免人为的失误或个人的任性；同时，代价的付出只能是适度的，不能超出一定的限度，避免各打五十大板式的"折中式"选择。（3）动态性原则。这要求用运动的观点来看待法律价值的选择，即应把价值目标选择建立在社会需要的不断变化的基础上，是一种因时因势进行的动态均衡过程。当旧的价值目标比例结构已不适应于新的社会要求，开始出现负效应时，应适时予以调整，避免"一劳永逸式"的选择方式。

❶ Muller v. Oregon, 208 U. S. 422,（1908）.

❷ 郑成良：《法律之内的正义》，法律出版社 2002 年版，第 59 页。

❸ ［德］哈贝马斯：《交往行动理论（第一卷）——行动的合理性和社会合理化》，洪佩郁等译，重庆出版社 1994 年版，第 315 页。

三、法官的"良心司法"

关于法官个人道德观念在司法过程中的作用,两种相互矛盾的观点同时并存。一种观点认为,法官应当摒除个人观念。许多人都同意卡多佐的观点,法官不能"将自己的行为癖好或信仰癖好作为一个生活规则强加给这个社会"。[1] 另一种观点主张法官应当主张遵奉某种特定的个人道德观念(如良心)来处理案件和作出裁判。现代自由心证理论要求法官在事实认定时根据自己的良心、理性自由判断证据的证明力,以形成内心确信,认定案件事实。在适用法律是否要求法官听从良心的召唤? 回答也是肯定的。这一点也得到了立法与法官道德准则的确认。德国《法官法》第 38 条规定,每个法官在公开审判时都要进行宣誓:"忠实于基本法,忠实于法律履行法官职务,用最好的知识与良心不依当事人的身份与地位去判决,只服从于事实与正义。"我国《法官职业道德基本准则》用"良知"的表述取代了"良心",其第 35 条要求法官"弘扬正义的良知"。

之所以要求法官在依法裁判的同时也要"讲良心",有许多人认为与两者之间是一致的,有良心的法官更愿意维护法律正义和公平对待当事人,甚至在某些情况下,良心的力量能够促使法官不畏强权,坚持秉公执法。例如,西汉时的张释之不顾皇帝盛怒,坚持在法律的范围内处置惊了皇帝车驾的百姓。当代中国这样的例子也很多,甚至有法官为了能够依法办案,在背了 7 年"抗上"的黑锅,遭受压制之后,仍然拒不妥协,捍卫自己的职业尊严。[2] 在这里,法律的规定与法官的良心指向是一致的,因此能够得到较大范围的认同。

然而,法律的规定与法官的良心指向也可能发生不一致,此时法官应当如何司法? 法官在办案时能否良心违法? 对这一问题的回答考验论者的理论立场,自然法学与分析实证主义的回答必然会是迥异其趣的。相比而言,优势的观点是要求法官履行依法裁判的职责,不能以良心代替法律。在西方法律史上,有两个例子比较有名。一个涉及美国南北战争之前《逃奴法》(*The Fugitive Slave*

---

[1] [美]本杰明·卡多佐:《司法过程的性质》,苏力译,商务印书馆 2000 年版,第 67 页。
[2] 黄广明:"一名法官'抗上'的代价",http://www.people.com.cn/GB/shehui/45/20010323/424378.html,最后访问时间:2009 年 7 月 13 日,原载 2001 年 3 月 23 日《南方周末》。

Act）的适用。1793 年美国国会通过的《逃奴法》规定,奴隶主及其代理人有权在外州追捕逃至外州的奴隶,并在当地的任何联邦和州法院出具逃奴身份和归属的证明后将其带回本州。这些被捕获的奴隶无疑将会遭受严厉的惩罚。法官在处理此类案件时,往往会面临良心与法律的冲突。在美国内战之后,马萨诸塞州的著名法官约瑟夫·斯托里和莱缪尔·肖都强烈反对奴隶制,但是依据《逃奴法》,他们不得不命令将逃往自由州的奴隶奉还原主,这使他们心中遭受巨大的痛苦,因为他们认为,立法机关的立法意图十分清晰,这是美国南北双方政治妥协的一部分,因此尽管法官受苦恼折磨,但必须抑制他们良心的不安以履行法律。第二个是二战之后在德国审理的"告密者"案件。二战中,一名德国士兵私下里向妻子说了一些对希特勒等纳粹领导不满的话,后其妻因为有外遇而希望除掉丈夫,就向当局告发了丈夫的不敬言论。于是,丈夫被控有罪并被判处死刑,后改判为到前线服役。纳粹倒台后,这位告密的妻子受到追诉,她提出抗辩,她只是依当时有效的法律行事,使一个罪犯归案受审,但法院判定被告有罪,她的行为"背离了所有正派人的良知和正义感",在邪恶动机支配下告发丈夫,导致丈夫被剥夺自由。但是,"依法"告发的妻子被定罪,但"依法"办案的法官却并没有受到追究,尽管忠实适用"恶法"的他同样也可能背离了"良知和正义感"。在前一个案件中,法官自觉地将依法裁判的职责放在首要地位,而在后一个案件中,依法裁判的职责又成为法官违背良心办案的可宽恕理由。可见,人们似乎更看重法官的依法职责,要求他将司法行为与作为个人道德观念的良心区分开来。

然而,同样存在着将法官良心放在法律之上的司法实践。最为典型的是13、14 世纪英国的衡平法实践。最初的衡平司法来源于"国王的良心",后转化为"法官的良心",法官依据良心审判的观念为大众所接受,正如菲尔普斯（Charles Phelps）指出:"所谓司法衡平,是指有能力的法官,依据其受有训练的良心请求救济。"❶衡平司法的基本宗旨是对普通法的不足之处进行补救与矫正,在此基础上,形成了一整套独立的衡平法体系。衡平法实践只是特定历史时期的产物,因法官裁量权过大而逐渐受到约制,但是,在英美法上,法官出于良心而超越或突破法律的案例仍然不在少数。例如在 1893 年英国的女王诉英斯坦

---

❶ Wassertrom. R. A, The Judicial Decision, Stanford University Press, 1961, p. 87.

案中,被告是一名成年妇女,自己无生活来源,与供养她的 73 岁姑妈生活在一起。姑妈去世前因病生活完全不能自理,但被告全然不顾重病的老妇人,既不照顾她,也不寻求医务护理。食物和护理的缺乏,加速了老妇人的死亡。王座法院在判决中一致同意:在上述情况下,被告负有向姑妈提供充足食物以维持其生命的义务,她被判一般杀人罪。科尔里奇(Coleridge)法官说:"每一项道德义务都对应着一项法律义务,这种说法是不确切的,但是,每一项法律义务都建立在一项道德义务之上。一项普通法义务不过是由普通法来执行一项不具法律约束力的道德义务。在本案中,病人只有通过该犯才能获取食物,后者毫无疑问具有一项明确的义务:向病人提供必要的、足够的维持其生命的食物,使其能按时进食,当然,供养病人及其该犯所需费用由病人来支付。因而,该犯具有无可推卸的普通法责任……我们还没有可直接适用的先例;但是,如果对本案涉及的法律规则或者现有判例存有任何疑义的话,就是这个国家司法的污点和耻辱。该犯对病人负有道德上的义务,由此产生了一项普通法义务。"❶又如在 1952 年美国的罗钦诉加利福尼亚州案中,加利福尼亚州警察未持搜查证进入被告家中,并闯入被告卧室,被告见状立即将两个药丸吞入腹中。警察认为被告所吞食者是毒品,就迅速扑上卡住被告脖颈以阻止药丸进入腹中,但未能成功。警察于是强制被告到医院,不顾被告反对,要医生以胃管迫使被告将胃中药丸吐出,果然为毒品。美国联邦最高法院认为,警察的取证行为不仅侵犯了被告的隐私权,其手段更是"震撼了良心",因此排除了所取得的证据。❷ 值得注意的是,此案判决的年份是 1952 年,根据当时判例,证据排除规则尚不能适用于各州,而且,这种缺失并非存在法律上漏洞,用拉伦茨的话说,应该属于法律制定者根据当时历史条件所表达的"有意义的沉默",❸换言之,这一判决是法官听从"良心"的召唤突破现有法律而作出的。

　　笔者认为,应当重视法官良心在司法过程中的作用。如果说司法是社会正义的最后一道防线,而良心往往是法官正义观的最后一道防线。美国心理学家弗洛姆指出:"良心对行为的影响,比外界权威所引起的畏惧感更为有效;因为,

---

❶ Queen v. Instan,1983,1 Q. B. 450。[美]本杰明·卡多佐:《法律的成长——法律科学的悖论》,董炯、彭冰译,中国法制出版社 2002 年版,第 102 页,注 1。

❷ Rochin v California,342 US 165,(1952).

❸ [德]卡尔·拉伦茨:《法学方法论》,陈爱娥译,商务印书馆 2003 年版,第 249 页。

一个人可以避开权威,却无法逃避自己,因此也无法逃避成为本身一部分的内在权威。"❶司法过程中法官良心的功能可以概括为以下几个方面:(1)补充法律不足。1804 年《法国民法典》的主要起草人波塔利斯指出:"裁判面对很多法律没有规定的事项是必然的。在这种场合,应该允许裁判官在根据正义、良知和睿智光辉补充法律的权能。"❷卡多佐也说:"如果公共思想或意愿无法达成一致,就不可能有成文法、习惯法以及其他外在的规定。此时,法官除了遵从自己的价值规范之外别无选择。在这种情况下,客观的意志与主观的意志交融在一起,他将受自身而非其他任何人价值论的引导。"❸在此,法官的个人良知只是在"法律没有规定的事项"上发挥作用,并不违背其依法裁判的职责。(2)保障规则得到善意的适用与遵守,防止规则因其刚性而被不当利用甚至操纵。因为,"在既定的审判制度中,一旦法官缺乏应有的良心,那么无论怎样完善的法律都可能蜕变成为恶人对付老实人的工具",法官不能只是机械地应用法律,更不能为了个人办案的某种便利而片面地"利用"法律。否则,我们司法审判中的实质性社会公正或许将在法律形式公正的外衣里不断消失。❹ 我国宋朝时候的司法官郑克也指出:"恻隐之心,人皆有之,物所迁,斯失之矣。故有利人之死为己之功者,或文致于大辟,或诬入于极典。"❺因此司法官应"哀矜折狱","生道杀民",始终保留一份"恻隐之心"、"不忍之心"。(3)引导法官进入社会价值观。良心具有个人性,它是一种内在的善恶判断能力,但是它往往源自社会价值观念,每个人都不可能独创一套价值观,他会处处受到他所属群体的价值观的影响。"群体的价值观对他来说好像是某种先验的东西,不断地渗入他的精神世界,并通过他自身的价值选择,积淀而生成他自己的价值观。"❻法官对手头的案件既会进行法律评价,也会在良心上有所判断,这种判断会帮助他连接个人价值与社会价值、法律评价与社会评价。(4)在特定的条件下超越法律的不合理规定,恢复法律的正义性。恩吉施认为,虽然法官应当尽量受法律规范文本的既定限制,"如果

---

❶ [美]弗洛姆:《追寻自我》,苏娜、安定译,延边大学出版社 1987 年版,第 173 页。

❷ [法]勒内·达维德:《当代主要法律体系》,漆竹生译,上海译文出版社 1984 年版,第 138 页。

❸ [美]卡多佐:《法律的成长——法律科学的悖论》,董炯、彭冰译,中国法制出版社 2002 年版,第 227～228 页。

❹ 王婧华:《良心至上方显公平——我心目中的司法格言》,《山东审判》2008 年第 4 期。

❺ 《折狱龟鉴·矜谨》。

❻ 陈章龙:《冲突与构建——社会转型时期的价值观研究》,南京师范大学出版社 1997 年版,第 9 页。

立法者嘲弄地蔑视最高的法的理念,那么,法官自己脱离形式有效的制定法,就没有那种不正当性了。"❶既然法律偏离了基本的道德价值,法官就获得了通过阐释恢复法律规范的道德价值的正当权力。

如果许可法官根据自己的良心突破法律的规定,是否会导致个人任性专断的情况出现? 卡多佐基于法官的立场,对于法官的良心司法持乐观态度,他认为,承认法官有权力和义务按照习惯性道德来影响法律,并不会用个人的正义感、善良人的评断来替代和毁灭法律。因为,"法律这一有机体的形式和结构都是固定的,其中细胞的运动并不改变总体的比例;与来自各方的限制法官的规则之数量和压力相比,任何法官创新的权力都无足轻重。"❷衡平法发展的历史足以说明这一点:那些伟大的衡平法法官"通过不断地诉诸政党理性和良知之学说,建立了衡平法体系,同时并没有牺牲法律的一致性和确定性。这就是普通法得以在那些伟大的普通法大师手中不断获得新生的方法,这就是曼斯菲尔德和马歇尔的方法,就是肯特和霍姆斯的方法"❸。

但是,并不是每个法官都会像卡多佐那样拥有精湛的司法技艺和高尚的职业道德,因此,还是应当为法官的良心司法设定约束与边界,防止导致其沦为恣意的裁果,如果任由法官根据自己的偏好裁决案件,法治的目标将难以实现。在这方面,卡多佐也提及应当"清除情感中那些专断恣意的东西",其途径是发挥理性的作用,"将情感同方法、秩序、融贯性和传统联系起来"。❹ 在这里,法律方法论可以发挥一定的作用,一方面,"法律技术服务于道德立场",❺另一方面,法律技术也可摸索和划定道德立场的限度。笔者认为,法官依良心直接突破法律的现行规定需要诸多外部条件的配合,因而不可轻率进行,不妨立足于既有规则,采用特殊的法律技术来实现规则的合理适用。这些技术包括:(1)区别,通过区分案件的事实条件与法律要件,而导致适用某一法律条文或不适用某一法律条文;(2)忽略,即对某些事实条件视而不见或者归入不重要的问题,导致某

---

❶ [德]恩吉施:《法律思维导论》,郑永流译,法律出版社2004年版,第216页。
❷ [美]本杰明·卡多佐:《司法过程的性质》,苏力译,商务印书馆2000年版,第85页。
❸ [美]本杰明·卡多佐:《司法过程的性质》,苏力译,商务印书馆2000年版,第86页。
❹ [美]本杰明·卡多佐:《司法过程的性质》,苏力译,商务印书馆2000年版,第26页。
❺ 参见郑永流:《道德立场与法律技术——中德情妇遗嘱案的比较和评析》,《中国法学》2008年第4期。

一法律规定的不适用;(3)扩张,即将法律规则中所使用的语词的含义扩大到较字面含义更广范围;(4)限缩,与扩张相反,将法律规定的用语作窄于其字面含义的理解;(5)转化,就是将直接的争议转化为其他相关的问题来解决,如将价值观上的分歧转化为价值实现方式上的妥协;(6)变通,即基于基本的人道与人权原则来改变法律的适用方式;(7)寻求合意,即在当事人之间寻找道德上的共识,尤其是说服权利人主动放弃对法律权利的全面要求,或者说服义务人主动承担法律权利之外的其他义务,使纠纷得到妥善解决,在这方面,调解是一种可以选择的策略。

而且,法官还需要为自己的良心司法寻找"稳定性因素",以避免道德司法或价值司法所带来的不确定性。美国学者比德曼(Paul L. Biderman, Esq.)提出了司法价值衡量的七条指导性原则,可资借鉴:(1)适用于当前案件的价值应当与相关的法律规则相一致;(2)法官的价值应当具备事实的基础;(3)法官行为应当具备理性基础;(4)法官的个人价值判断不能与基本的法律与社会价值相抵触;(5)法官所适用的价值不能归属于偏见、私利和不义;(6)法官所适用的价值应当为当事人或其他社会成员所认同;(7)法官在适用一定的价值时,应当考虑其判决直接和间接的后果,这种后果的考量不仅包括对于案件当事人的影响,而且包括对其他诉讼参与人,以及任何一个可能因此判决而改变其他行为的人的影响。❶

不过,比德曼主要是从法官自律的角度来设立这些指导性原则的,不免依赖和受制于法官的个人素质,因而具有一定的局限性。要切实有效地实现对法官价值衡量的规制,获得法律推理中的客观性,尚需在制度上进行进一步的完善。事实上,法官的价值判断并不是在真空中发生,它往往在一定的制度体系中展开。法律和法律制度作为一个相对独立的实体,由各种制度与程序设置组成。制度与程序设置对于保障价值判断的客观性具有基础性功能。例如,审判制度在这方面发挥着重要的作用。拉德布鲁赫指出:"为防止司法中出现过激的主观性,事实上通过两种设置发挥作用:合议庭和多元审级;通过多个法官以及多个法院之间对一个判决的协作,可以共同控制个别法官的个性,使判决回到传统

❶ Paul L. Biderman, Esq. , Of Vulcans and Values: Judicial Decision-Making and Implications for Judicial Education,47 Juv. & Fam. Ct. J. 61,1996,pp.77-78.

价值判断的平均线上"。❶ 还有一些制度试图保证法官不违背良心甚至出卖良心,如法官回避制度、法官宣誓制度和法官独立制度等。而通过正当的庭审程序来保障当事人之间的充分论辩,也可制约法官的良心司法不至于过分偏离当事人的合意以及社会的价值共识。除此之外,法官制度不能不对法官内心世界的形成有所关切。卡多佐在其中深有感触地说:"有时,一个题目会既适合于使用这种方法也适合于另一种方法,并且都很自然。在这种情况下,习惯或效用的考虑就经常会出现,来调整方法的选择。剩下的部分也许就得由法官的人格、他的品位、他的训练或他的精神倾向来支配。"❷在这个意义上,法官人格的养成、职业伦理的建设与法院文化的培育对于保证法官良心司法的客观性也是至关重要的。

---

❶ [德]拉德布鲁赫:《法学导论》,米健、朱林译,中国大百科全书出版社 1997 年版,第 110 页。

❷ [美]本杰明·卡多佐:《司法过程的性质》,苏力译,商务印书馆 2000 年版,第 31 页。

第十三章　利益衡量方法

司法过程必然会牵涉到利益问题,这是由法律的利益性与案件的利益性所决定的。作为社会关系的调节器,法律的利益性是不言而喻的,因为利益关系本就是社会关系的一个重要方面。就个案而言,纠纷正是利益对立和冲突的产物,当事人通过诉讼所欲维护的,正是各种各样的利益。判决的形成也就意味着利益的分配,其中的某些利益得到保护,而另一些利益却受到抑制。尽管如此,在概念法学的影响之下,人们对司法过程法官直接的利益衡量却心存疑虑。一般认为,法律的制度与规则之中本已整合了立法者关于利益衡量的考虑,法官只需严格适用法律,即可落实法律的利益价值。依此立场,司法过程之中其实不是存在利益的。针对这种褊狭的认识,利益法学发展出了司法的利益衡量理论,阐发了法官利益衡量在填补法律漏洞、解决疑难案件方面的重要作用,利益衡量方法也逐渐成为一种常规的司法方法而进入人们的视野。当然,与所有的实质性判断方法一样,利益衡量方法也面临着理论与实务上的挑战。

一、发现司法过程中的"利益"

古语云:"天下熙熙,皆为利来;天下攘攘,皆为利往。"人在本质上是一种利益的动物,这个命题听起来带有某种愤世嫉俗的调子,但却是关于人的社会本性的客观写照。法律是调整社会中人与人关系的规范,不牵涉到利益是不可想象的。我们都知道利益法学是在批判概念法学的过程中成长起来的,概念法学也往往被放在利益法学的对立面。但其实,即便是概念法学也不可能完全避开关于法律与利益关系的理论思考,因为"概念的实际建构,深深嵌入了利益衡量的烙印",只不过他们"将利益衡量隐藏在逻辑的外衣之内"了。❶ 概念法学试图

---

❶　吴丙新:《法律概念与法治——兼为概念法学辩护》,《山东大学学报》2004 年第 4 期。

借助严格的逻辑分析,将法律建构成无缝隙、无缺陷的完美体系,这样的理论追求使他们将本原与衍生倒置,将作为工具的逻辑因素错误地放在作为目的的利益因素之前;而他们所构造的法律的"普洛可路斯之床"(procrustean bed)在疾速发展的社会利益需求面前成为束缚与阻碍。利益法学于是应运而生,来纠正概念法学的理论偏向,并应对新的实践需求。

20世纪二三十年代,利益法学在大陆法系与英美法系几乎同时崛起,在大陆法系,该学派由德国学者黑克(又译赫克)创立;在英美法系,它体现为庞德社会法学的利益学说。利益法学崛起后的基本任务是解决两大问题:一是从利益的视角来表述与构造法律的规范与制度,在理论上发现法律背后隐藏的各种利益,对它们进行系统的分类,并设置相应的保护措施。二是描述法官在司法活动中平衡利益关系、解决利益冲突的过程,论证利益衡量司法方法的合法性与可行性,并提出行之有效的规范措施。前者可称之为立法的利益衡量理论;后者则可称之为司法的利益衡量理论。这两个理论之间存在着密切的联系,但应当放在不同的层次上来加以研究,因为存在着一些学说虽然承认立法是一种利益的平衡机制,却未必认同法官在司法中的利益衡量。我们分别加以探讨。

(一)立法的利益衡量理论

利益法学的理论来源之一是耶林(Jhering)的目的法学。耶林在批判概念法学的基础上,用目的来表述法律的本原,他说:"目的是全部法律的创造者。每条法律规则的产生都源于一种目的,即一种事实上的动机。"❶而且,他也承认,利益乃是一种目的,法律的产生也就是利益斗争的结果。无怪乎利益学说的代表人物庞德坦承,相对于其他学者(如柯勒),他的学说"更愿意以耶林的利益思想做基础"。❷确实,耶林的目的法学对利益法学的崛起以及法律的社会学转向产生了重要影响。当然,在利益法学看来,耶林的利益思想尚不够成熟,失之笼统。利益法学在用"利益"置换了"目的"的法律本质地位之后,开始对这一概念进行明确化与具体化,并发展出一套成熟的理论。

---

❶ [德]耶林:《法律,作为目的的手段》,转引自[美]博登海默:《法理学—法哲学及其方法》,邓正来译,中国政法大学出版社1998年版,第104页。
❷ [美]罗斯科·庞德:《法理学》(第3卷),廖德宇译,法律出版社2007年版,第13页。

利益是利益法学最基础的概念,庞德的界定是:"人们——不管是单独地还是在群体或社团中或其关联中——寻求满足的需求、欲望或期望。"❶黑克则认为,利益不仅是人们的"实际需要,而且还包含着那些在受到刺激时,可能进一步向前发展的隐藏在人们心目中的潜在欲求"❷。利益与人们在生活中所产生的各种欲求相联系,但不能单纯从心理学意义上来解释,而是要结合一定的社会语境来理解;黑克甚至认为利益概念本身就已经包含了"使各种欲求得以产生的各种条件"。❸正因为人们要实现利益的欲求,因此才创设了各种制度以及法律秩序。法律不创设利益,恰恰相反,是利益决定了法律的本质。"即使没有法律秩序和对行为及决定的权威指引,利益也依然存在。"❹法律产生的次序是:利益欲求先于法律命令,法律命令又先于法律概念。黑克说:"各种法律命令的形成是基于生活的实际需要及其评价,而不是基于被设计出来的一般概念。"❺通过梳理利益与法律之间的关系,利益法学理论试图彻底扭转概念法学关于一般法律概念产生法律规范并决定生活利益的观点,并确立利益法学的基础命题:法律是利益的产物。

既然利益是法律的创设者与推动力,那么我们就必须高度关注立法中的利益衡量问题。这是立法的本质问题,因为"立法中的斗争不是为了准确地定义概念或前后一致地运用已确定的定义,而是为了保护各种利益"❻。然而,在现实世界中,难以存在足够的社会资源来满足所有的利益欲求,各种利益之间的冲突或竞争,"一种利益的实现总以其他的利益为代价",❼这就意味着法律制定者需要结合特定的社会条件对立法所涉及的各种利益进行权衡,并作出取舍。为了解决各种利益之间的冲突,重要的不是争论法律概念如何演绎,而是要切实关注法律权利背后的利益,并发展出一套行之有效的利益分析技术。黑克倡导一种利益划分技术,它如同一台"法学显微镜",通过对每一条法律规范背后的利益冲突进行深入分析来考虑法律的目的与倾向,这是一个复杂的过程,因为"制

---

❶ [美]罗斯科·庞德:《法理学》(第3卷),廖德宇译,法律出版社2007年版,第14页。
❷ 参见吕世伦主编:《现代西方法学流派》,中国大百科全书出版社2000年版,第301页。
❸ 参见吕世伦主编:《现代西方法学流派》,中国大百科全书出版社2000年版,第301页。
❹ [美]罗斯科·庞德:《法理学》(第3卷),廖德宇译,法律出版社2007年版,第14页。
❺ [德]菲利普·黑克:《利益法学》,傅广宇译,《比较法研究》2006年第6期。
❻ [德]菲利普·黑克:《利益法学》,傅广宇译,《比较法研究》2006年第6期。
❼ [德]菲利普·黑克:《利益法学》,傅广宇译,《比较法研究》2006年第6期。

定法的目的展现的只是获胜的利益。但是,法律规范的具体内容和目的满足的程度,却取决于失败的利益的分量"❶。

庞德是这种利益分析技术的集大成者。为了便于立法的利益衡量,他细致而系统地分析法律上的各种利益类型。他指出,在确定法律系统的范围和对象时,应围绕利益考虑以下五点:(1)制定利益列表,对要求得到认可的利益进行归纳和分类;(2)选择和决定哪些是法律将认可和予以保护的利益;(3)确定对选定的利益予以保护的界限;(4)权衡用以保护利益的法律手段;(5)制定利益评价原则。❷ 他把利益划分三大类:一是个人利益,这直接涉及个人生活并以个人名义所提出的主张、要求或愿望;二是公共利益,这涉及政治社会组织生活并以政治社会组织名义提出的主张、要求或愿望;三是社会利益,这涉及文明社会的社会生活并以这种社会生活名义提出的主张、要求或愿望。对每一个大类的利益,他也是逐级划分、深入剖析。例如,他将个人利益又划分为人格利益(即有关物质和精神存在的请求和需求)、家庭利益(即有关所谓"扩展的个人生活"的请求和需求)和物质利益(即有关个人经济生活的请求和需求)。就其中的人格利益又可再做划分:个人人身、自由意志、尊严和荣誉、隐私与情感、信仰与思想。❸ 通过层层解析,庞德建立起系统完整、层次分明的法律利益体系,进而探讨了不同法律利益之间的交错与对立关系,为立法中的利益衡量乃至司法中的利益衡量提供了基础框架。

(二)司法的利益衡量理论

在现代民主体制之下,立法一般被视为多元利益集团之间冲突与妥协的产物,因此,大多数学者都能接受立法的利益衡量理论。但是,对司法过程中的法官是否能够进行直接的利益衡量却存在着很多的分歧与争议。对这个问题,庞德的态度也显得矛盾,一方面,他认为,利益衡量不仅对立法者来说是根本问题,而且也是"法院在选择推理起点、在解释和标准的运用中经常要面对的问题"。❹但另一方面,他又主张:"我们不允许对利益的确认、界定或者保护实行自由裁

---

❶ [德]菲利普·黑克:《利益法学》,傅广宇译,《比较法研究》2006 年第 6 期。
❷ [美]罗斯科·庞德:《法理学》(第 3 卷),廖德宇译,法律出版社 2007 年版,第 18 页。
❸ [美]罗斯科·庞德:《法理学》(第 3 卷),廖德宇译,法律出版社 2007 年版,第 26 页。
❹ [美]罗斯科·庞德:《法理学》(第 3 卷),廖德宇译,法律出版社 2007 年版,第 247 页。

量",对于利益冲突或者利益重叠的情况,法官所能做的是根据手头案件的具体情况,判断"如何以最佳的方式保护利益"。❶ 换言之,法官所能衡量的仅限于利益的保护方式,而不能涉及利益的确认与界定问题,如果是这样,利益衡量在司法过程中的作用是相当有限的。

相比之下,黑克的观点更加明确。他认为,利益法学的研究对象不限于立法的利益衡量,也会涉及司法的利益衡量。他说:"法官也要像立法者一样界定利益,并对利益冲突进行判决。"❷之所以如此,有两方面原因:首先,法律规则本是对冲突利益进行平衡的产物,案件纠纷更是利益冲突激化的结果,因此,法官不得不面对利益;其次,与大量生活中出现的问题相比,制定法存在着缺陷,即它们不够完全,也难免有矛盾之处,因此,法官"不仅要在既有的法律命令下进行逻辑归入,还要对欠缺的命令进行补充,对有瑕疵的命令予以纠正"。❸ 换言之,在出现法律漏洞时,法官必须采用利益衡量的方式来加以填补,并以合乎利益要求的方式来形成判决。

在出现法律漏洞时,概念法学使用的方法是"构造概念",利益法学使用的方法是"衡量利益",二者之间有何区别? 是否有优劣之分? 黑克用一个案例进行了演示。被继承人有多位侄女。在遗嘱中,他赠与侄女们同等份额的财产,但无心之间遗漏了一位侄女。他没有通过更改遗嘱的方式加入这位侄女,而是在某银行存了一笔相当的钱款并与银行约定,他在自己的有生之年可自由、排他地处分这笔款项,但如果这笔款项在他死后未被处分,就归那位侄女所有。后被继承人死亡,其遗产不足以清偿债务,破产程序启动,谁能对存在银行的那笔款项主张权利? 是那位侄女,还是遗产债权人? 由于没有可供直接适用的法律规范,法官面临填补漏洞的任务。对此,帝国法院判决,被继承人遗留的这笔款项不属于用于偿还债务的遗产,而应由那位侄女获得,其依据是因利他合同受赠的第三人优先于遗产债权人。《德国民法典》第328条规定:"通过合同可以约定,向第三人履行的给付具有这样的效力:该第三人直接获得请求给付的权利。"法院借助规定中的"直接"概念确立了受赠第三人的优先地位。"帝国法院所做的,就

❶ [美]罗斯科·庞德:《法理学》(第4卷),王保民、王玉译,法律出版社2007年版,第18页。
❷ [德]菲利普·黑克:《利益法学》,傅广宇译,《比较法研究》2006年第6期。
❸ [德]菲利普·黑克:《利益法学》,傅广宇译,《比较法研究》2006年第6期。

是将法律命令中有严格界定的内容总结为一个概念公式,并从该公式中推导出一条全新的法律规范。"❶黑克认为,这种通过构造概念来填补法律漏洞的司法方法具有很大的局限性,关键在于它未能考虑概念背后的实质利益关系,因为"直接"概念只是表明,第三人的接受或其他方式的协力是不必要的,它所考虑的只是受赠第三人与立约人之间的利益关系,而根本没有涉及受赠第三人与立约人的遗产债权人之间的利益关系。在前一个利益关系中具有优先权,并不意味着后一个利益关系中也具有优先权,把两者视为同一,显然是犯了偷换概念的错误。利益法学所关注的是法律背后的利益冲突,本案虽然涉及法律漏洞,但可以寻找与之类似的利益冲突。与本案事实相类似的是债权人与受遗赠人之间的利益冲突,对此,制定法明确规定,遗产债权人享有优先权。那位通过合同获得遗产的侄女与遗产债权人之间的利益冲突与此相同,相同的利益冲突要求相同的处理,因此,既然法律不允许将受遗赠人置于债权人之前,自然不会允许将那位因合同获得财产的侄女置于债权人之前。利益法学在分析利益关系的基础上,通过移用遗产债权人在继承法上的优先权来填补法律漏洞。❷

在司法过程中,利益分析与衡量的方法具有独特的优势。黑克认为最首要的是它的生活价值,他说:"利益法学的方法使法官可能作出的判决,比他通过任何其他方法获得的判决都更符合生活的需要和我们民族的是非感。"❸法官进行利益选择,必须从生活本身获取知识,从而使判决适应于社会的需要。其次,这种司法方法避免了对法律的机械适用,法官们"不再觉得自己是一台机器,而是作为立法者的助手,担负着更高的责任,同时也享受着解决疑难问题所带来的自豪"。❹法官们获得更多的能动性,也享受到更高的职业满足感。在概念法学的影响下,法院判决一度因形式主义和脱离生活而受到指责,致使司法界的声誉受到贬损。利益法学的方法致力于消除这些弊端。一方面,作为一种实质性判断,司法中的利益衡量有助于解决疑难案件,避免由于对形式正义的无限推崇而造成个案实质正义的牺牲。另一方面,司法中的利益衡量以协调利益关系、解决利益冲突、保障利益实现为旨向,关注利益选择的实际效果;而为了使利益得到

---

❶ ［德］菲利普·黑克:《利益法学》,傅广宇译,《比较法研究》2006 年第 6 期。
❷ 参见［德］菲利普·黑克:《利益法学》,傅广宇译,《比较法研究》2006 年第 6 期。
❸ 参见［德］菲利普·黑克:《利益法学》,傅广宇译,《比较法研究》2006 年第 6 期。
❹ 参见［德］菲利普·黑克:《利益法学》,傅广宇译,《比较法研究》2006 年第 6 期。

恰当的平衡,法官必须仔细考量占支配地位的利益观念及社会经济条件,于是,法律因素与社会因素在司法过程相互融通,判决不仅不会脱离生活,反而会将生活本身作为终极源泉。

二、利益衡量方法的基本特征与主要环节

(一)利益衡量方法的基本特征

在前文中,我们将法律中的利益衡量分成两个层次:一是立法中的利益衡量,这是立法者在立法过程中对两个以上不同的利益进行权衡与取舍,并通过一般性规则将所保护利益的性质、类型、范围和限度加以明确的过程,在利益多元与民主政治的语境下,这样的利益衡量不仅是必然的和必要的,它还是法律发展的一种推动力。二是司法中的利益衡量,这是法官在法律推理过程中,结合个案情况,对案件所涉当事人的各种利益、相关法律规则所欲保护的利益进行评估与权衡,从微观的角度平衡利益关系,解决利益冲突,并据此对法律进行创造性的解释和适用,作出相应的判决。法官对案件中利益关系的考量,已直接切入法律的实质层面,这一点本与立法中的利益衡量并无不同,但在司法的语境中,它又具有自己的特点;与此同时,这种利益衡量方法与一般的法律推理也存在诸多重要区别,在方法论上,利益衡量具有以下特征:

1.利益衡量是一种个案性的司法方法。利益衡量方法的个案性首先表现为法官进行司法利益衡量的对象与场景均是具体的案件,每个案件中的利益状况都是具体的,每个案件中的利益衡量考虑都是不同的,需要法官根据个案情况作为相应的处置,它因此也被视为一种实现个别正义的方式。正如庞德所说:"虽然上世纪的人们作过各种努力,试图将法律的每一部分变成严格规定的法规的章节,变成精确限定的各种概念,变成从精确阐述了的原则中得出的逻辑推理,但是法律制度还是发展了一种复杂精细的个别化机制。"❶利益衡量正是这种个别化机制的一种表现形式。其次,这种个案性还表现为利益衡量方法的非一般适用性,并不是每个案件都需要法官进行利益衡量的工作,对于事实清楚、争点明确的简单案件,虽也涉及利益的分配,但立法者已通过明确的规则得到妥善的

---

❶ [美]罗科斯·庞德:《法律史解释》,曹玉堂、杨知译,华夏出版社1989年版,第151页。

解决,因而不需要法官另起炉灶。而只有在疑难案件中,由于立法中的利益分配不明确或者存在缺失,所以法官才需要通过利益衡量来确定这些不同利益要求的优先次序,因此,利益衡量方法只是法官在审理疑难案件过程中的一种思考方法,并不能在所有的案件中都适用,是否适用需要结合个案的情况来确定。

2. 利益衡量是一种实质性的司法方法。实质性是相对形式性而言的。概念法学或法律形式主义采用的是概念分析或逻辑推理的方法来裁决案件,而利益衡量已越过这些形式性理由的约束,直接介入与操作利益这种法律的实质性因素。法官在利益衡量时,不是单纯地寻找应当适用的法律规则,而是结合立法意图、法律精神、社会条件、价值观念、公共政策、政治经济理论等,对双方当事人权利诉求背后的利益关系作比较衡量,作出本案当事人哪一方应当受保护的判断。这是一种实质性判断的过程,因此需要法官对判决的实质合理性加以特别的论证。正因为这种实质性的存在,利益衡量方法与依法裁判的形式正义理念存在某些冲突之处,也使得这种方法的适用过程之中蕴涵着主观性的风险。人们有理由担心,法官弃明确、清晰的形式推理规则而不用,而选择更加灵活和更具弹性的利益衡量,会在法律推理过程中加入了太多的"人"的主观因素,从而危及"法"的客观裁判机制。

3. 利益衡量是一种实践性的司法方法。利益衡量方法的实践性具有两方面含义:一是问题导向。纠纷因利益冲突而起,又因利益的合理分配或利益关系的平衡而终,这是一个发现问题与解决问题的过程。在此过程中,法官所关切的是如何在个案之中妥当地处理当事人之间的利益冲突,而不是教义分析的严谨性或规范体系的完备性。在一些特殊案件中,法官甚至可能采取新的利益平衡或利益保护方式,有意打破原有教义与规范体系的融贯状态,导致新规则的产生。这就是人们常说的法官造法。二是目的导向或效果导向。这要求法官不是仅仅从规则和条文出发进行法律推理,而是要关注法律所欲实现的目的价值,考虑利益选择的社会效用和实际后果。利益衡量的妥当性则往往用是否有效地促进了法律目的,是否产生了有益的社会效果来加以评价。

4. 利益衡量是一种能动性的司法方法。概念法学否定司法权的能动性,要求法官在适用法律应亦步亦趋,从条文中引出唯一正确的判决结论,而不必关心个案中利益是否得到合理妥当的分配与保护。换言之,法官只是"法律的喉舌",所起的只是一种类似自动售货机的作用。这种法学思维模式被学者讥为

"机械法学"。而利益衡量则是一种具有一定弹性的司法方法,它要求法官根据个案中各方利益的具体状况,以利益关系的协调和利益冲突的化解为中心,综合法律目的、价值观念、社会需求等多方面因素,对法律进行创造性解释和适用,得出相应的判决结论。正如台湾学者杨仁寿教授所说:"法官在阐释法律时,应摆脱逻辑的机械规则之束缚,而探求立法者与制定法律时衡量各种利益所为之取舍。"❶因此,与逻辑推理方法相比较,利益衡量具有明显的能动性。

(二)利益衡量方法的主要环节

利益衡量本是一种弹性的司法方式,很难有类似于逻辑推理方法那样严格的操作步骤与次序,但是,它也不是无迹可寻。在法官的利益衡量思维之中,一般应包含以下主要环节,方为完整。

1.利益衡量的起始点

在司法过程中,利益衡量何时开始? 利益衡量与法律推导本是法官经常会使用到的两种司法方法,但他在面对特定案件时,利益衡量与法律推导何者为先? 换言之,法官是先探寻法律的明确依据并进行推导,待法律的依据与推导穷尽之后再开始利益的衡量,还是先从利益上进行思考,再去寻找法律依据? 一种观点是:利益衡量具有先决性,即先通过利益衡量方法获得大致的结论,再考虑法律上的正当性问题。我国有学者认为:"利益衡量方法,实际上是先有结论后找法律条文根据,以便使结论正当化或合理化,追求的是让法律条文为结论服务,而不是从法律条文中引出结论。法院最终的判决依据的不是法律条文,而是利益衡量的初步结论,加经过解释的法律条文。"❷梁慧星教授也持此观点,他说:"法官审理案件,在案情事实查清后,不急于去翻法规大全和审判工作手册寻找本案应适用的法律规则,而是综合把握本案的实质,结合社会环境、经济状况、价值观念等,对双方当事人的利害关系作比较衡量,作出本案当事人哪一方应受保护的判断。"❸但也有观点认为,法官的司法首先考虑的是法的解释,根据对条文的文理解释、逻辑解释或立法意图解释得出结论后,再对此结论的妥当性

❶ 杨仁寿:《法学方法论》,中国政法大学出版社 1999 年版,第 175 页。
❷ 梁上上:《利益衡量的层次结构与利益衡量的展开》,《法学研究》2002 年第 1 期。
❸ 梁慧星:《裁判的方法》,法律出版社 2003 年版,第 186 页。

依据利益考量和价值判断进行检讨,换言之,在一般情形下,利益衡量只是对裁判结论进行检讨的方法,只有在发现出现极不合理的判决效果之后,才会通过利益衡量对结论加以修正和变更。

笔者以为,法官的裁判思维是十分复杂的,很难分出绝对的先后次序。在面对具体案件时,有经验的法官心中可能会迅速产生关于结论的某种直觉,但这种直觉是究竟来自于利益的判断还是法律的判断,很难说清楚。而且,这种直觉对判决固然有重要的引导作用,却未必是决定性的。正如科学家在研究时会产生很多的假说一样,法官的直觉判断也可能在司法过程中不断地调整。如果从司法实践中简单案件占多数以及人的思维习惯来看,在法官的思维中,法律推导还是具有优先性的。这是因为,首先,由职业教育所获取的法律思维要求法官从法律规定和法律概念出发来思考个案中出现的问题;其次,依法裁判的职责也要求法官的判决获得法律依据的支撑,在这个意义上,从法律出发是法官思维的最一般习惯,即便是法无明文规定的情形也需要法官首先去寻找法律依据才能了解。当然,在司法实践中,法官对案件的裁判也会形成特殊的利益均衡和公平与否的直觉,但是这种直觉的存在并不意味着他就会立即进行利益衡量方法的运用,相反,他往往是因为法律推导在其结论与这种直觉产生明确的背离时才会考虑通过利益衡量的方法来进行衡平。

2.利益识别

在确定采用利益衡量方法形成判决结论后,法官首先需要明晰和厘定案件事实中所包含的利益关系,每个案件中都可能交织着复杂的利益关系,识别并分清这些利益关系是进行利益衡量的基础。在此环节中,首先要做的是分清正当利益与不当利益,通过利益的识别,排除不当利益,只有正当利益才能成为司法保护的对象。正当利益又分为若干情形:一是与法律相关联的利益。这包括法律上的利益,或者虽然不是法律上的利益,但却以法定权利为依托,可以放在特定法律关系的背景之中来加以衡量的利益。在这里,法律关系分析是一个有效的方法,在法律关系之中厘清利益的性质,并进而发现当事人之间利益对立与冲突的要点所在。二是符合法律目的与精神的利益。由于法律规定难以尽善尽美,法律关系难免存在缺漏,有些利益虽然超出特定法律关系内容之外,但由于符合法律的目的和精神,也应当视为可以接受的正当利益。

在分清正当利益与不当利益之后,还需要分清利益的类别。庞德将法律利益分为个人利益、公共利益和社会利益三种。个人利益是指直接涉及个人生活和从个人生活的立场看待的请求、需求;公共利益是指从有组织的政治社会的立场提出的请求、需求;社会利益是指从社会生活的角度考虑,被归结为社会集团的请求的需求、要求。❶ 庞德还在这三大利益之下划分出更为细致的利益类别。不同类别的利益具有不同的性质,因此也应给予不同程度的关注与保护。这看起来是一个机械的归类过程,但其实不然。庞德说:"并不是每个请求在进入这个利益列表后就必然一劳永逸地独占一个方面。同一个请求可能以不同的名义提出并从不同角度看待,也可能从生活的不止一个方面提出。"❷他举例说,如果控告某人非法取得他人财物,这一请求权从个人物质利益的角度提出,可以获得民事赔偿;但如果是从社会利益角度来提出,则可能引起检察机关的刑事追诉。❸ 确实,利益的识别与归类直接影响到不同利益的取舍与保护力度,但这一过程并不像想象的那么简单。我们一般认为公共利益要优先于个人利益,但是某种利益究系公共利益还是个人利益,仍然存在斟酌的空间。例如,在刑事侦查中,有效地查明犯罪符合公共利益,而为了查明犯罪对犯罪嫌疑人实施刑讯则似乎只是侵犯了公民的个人利益,但如果将保障基本人权以及规范国家权力行使作为现代法治国家的基本价值,那么刑讯这种看似只是侵犯了个别人利益的行为实质损害了更高层次的公共利益。对利益识别中出现的这种复杂性不可不察。

3.利益取舍

利益衡量的目的是要对冲突着的利益进行取舍,由于利益衡量不是非此即彼的选择,因此这种取舍往往是通过排序来完成的。当两个或多个相互冲突的利益摆在法官面前时,法官需要根据一定的考量因素确定不同利益的权重大小,或将几个利益按照轻重缓急进行排序,进行确定何种利益为优先保护的对象。利益的取舍直接决定着判决的形成,因此不能任意而为,应当体现合理性与恰当性。这种取舍固然是法官裁量的产物,但仍然存在着可以引导和规范法官裁量的具体方法,这些方法未必完善但可以产生重要的参考意义。

---

❶ [美]罗斯科·庞德:《法理学》(第3卷),廖德宇译,法律出版社2007年版,第18~19页。
❷ [美]罗斯科·庞德:《法理学》(第3卷),廖德宇译,法律出版社2007年版,第19页。
❸ [美]罗斯科·庞德:《法理学》(第3卷),廖德宇译,法律出版社2007年版,第19页。

(1)利益位阶排序法,即通过排列利益的位阶来判断何种利益具有价值上的优越性,对位阶高者加以优先保护。德国学者卡尔·拉伦茨指出,在法的体系中,存在一些法益较他种法益"具有明显的价值优越性"。❶ 例如,与财产性利益相比,人的生命或人性尊严具有更高的位阶;在个人利益与公共利益相冲突的场合,一般认为公共利益的位阶高于个体利益;宪法上的利益要高于一般法上的利益,等等。在不同的政治经济制度与法律传统中,利益位阶排序会有所不同,例如,在西方国家,言论自由与资讯自由被视为对民主社会具有"结构性意义"的利益,因此也被放在优先考虑与保护的地位;而在东方国家,国家利益往往放在更高的位阶。应该指出,这些利益位阶的排序不是僵化的规则,而只是指导性的原则,而且,等级分明的利益排序体系是不存在的。

(2)主流价值评价法,即借助于社会主流价值观念来确定需要优先保护的利益。社会功利主义和实用主义法学都认为,比较利益的一般原则是什么能保护最大多数的利益而牺牲最少的其他利益,其目的是在特定的条件下满足尽量多的要求。❷ 而这种最大多数的利益往往是得到了社会主流价值观念认可的利益。社会主流价值观念是特定社会的意识形态中居主流地位并已发展成熟、相对稳定的世界观与价值观,它往往在社会中大多数人的行为方式中表现出来,也代表了社会民众对法官判决的一般期望。法官发现社会主流价值观念的场所很多,诸如国家政策、民众舆论、媒体倾向与善良风俗都可能是它的载体,当然,能不能发现它还需要法官拥有对社会生活的深刻洞察力。

4.利益平衡

利益取舍的关键在于确定利益保护的优先性,但问题在于,很难建立一个得到普遍认同的利益等级序列体系,事实上,特定利益往往只有在一定条件下才具有优先性,绝对的优先性是不存在的。只要条件具备,即便是处在利益位阶后端的利益也有可能产生重要的价值。这种条件又与案件事实的具体情形密切相关,也可能随着案件事实的不同而发生变化。如日本学者星野英一所说:"在民法中,一个极其微妙的变化,就有可能引发利益调整、价值调和等问题,对此,仅仅依靠人类的尊严、近代化等这样一些抽象的理论,在很多情况下根本无法选择

---

❶ [德]卡尔·拉伦茨:《法学方法论》,陈爱娥译,商务印书馆2003年版,第285页。

❷ [美]罗斯科·庞德:《法理学》(第3卷),廖德宇译,法律出版社2007年版,第251页。

出适用于具体问题的正确的解释。"❶因此,利益衡量的结果并不是简单地以一种利益的牺牲来换取另一种利益的保护,而是要对冲突之中的每一种利益都给予应有的关切,在可能的范围内最大限度地满足各种利益的要求,在确保优先利益得到保护的同时,将其他利益的损失控制到最小范围。这就利益的平衡。如果说法律是一种平衡的艺术,那么,利益平衡就是利益衡量方法的精髓,其目的在于不同利益的均衡实现与和谐共存,利益的和谐即为社会的和谐。

利益平衡须掌握三个原则:第一,整体利益最大化原则。理想状态是"双赢"或"多赢",即不同的利益都能得到充分的实现。但在司法的语境下,利益之间的矛盾与冲突往往十分尖锐,加上社会资源的有限,这种理想状态通常很难实现。整体利益最大化的现实形式一般表现为:优先利益实现的最大化与后位利益损失的最小化,换言之,不能单纯考虑优先利益的实现,而要将优先利益的实现与后位利益的损失程度综合起来考虑,将个别利益的得失放在整体利益的框架之下来加以衡量。这一原则符合经济学的原理。美国经济学家科斯主张,在权利冲突时,法律应当按照一种能够避免较为严重的损害的方式来配置权利,或者这种权利配置能使产出最大化。❷ 庞德也提到过利益整合(integration of interests)的问题,即把利益"放到一项调整中考虑,尽可能在总体上赋予效力",正因为如此,他不完全赞同边沁的"最大多数人的最大幸福"原则,而主张"尽可能保护所有利益而尽可能少地损害利益全体,或者说尽可能少地损害整个利益体系的完整"❸。

第二,代价最小化原则。这一原则是前一原则的具体化,它包括两个方面的内容:一是代价的不可避免性,即为了保障优先利益,损害次要利益是不可避免的;二是代价造成的损害最小,即为了保障优先利益而不得不抑制或损害次要利益时,所采用的手段应是最温和的那一个。这表明,优先利益的实现带来了一定的副作用,但这种副作用是必然的代价,问题的关键不在于是不是有副作用,而是如何将其控制在最低限度。

第三,弱者利益的适当衡平原则,这是指在进行利益衡量时,要向弱者利

---

❶ 参见张利春:《日本民法中的利益衡量论》,陈金钊、谢晖主编:《法律方法》(第七卷),山东人民出版社 2008 年版,第 150 页。
❷ 参见苏力:《法治及其本土资源》,中国政法大学出版社 2004 年版,第 195 页。
❸ [美]罗斯科·庞德:《法理学》(第 3 卷),廖德宇译,法律出版社 2007 年版,第 251 页。

益向适当倾斜。现代法律很少单纯根据主体能力的强弱来分配利益,但是,在现实的社会生活中,弱者或弱势群体的一种客观存在,他们与一般民事主体相比在生理、精神能力或社会经济地位存在不足之处,在社会的博弈中每每处在下风,因此其利益更容易受到损害。司法作为一种公平力量,对这些弱者的利益给予适当的关注与倾斜,有利于社会的和谐,这其中包含着公共利益的成分。

三、利益衡量方法的内在风险与稳定因素

尽管我们归纳出了利益衡量方法的主要环节、可适用的原则与方法,但是,这种环节并不是严格的程序,原则与方法之中也不存在确定的标准。事实上,判断冲突利益孰优孰劣的普适性客观标准难以寻觅,甚至我们可以怀疑它是否存在。这是因为,司法中的利益衡量往往具有个案性,法官需要对案件所涉具体利益进行评估与权衡,具体问题具体分析,从微观的角度平衡利益关系,解决利益冲突。同时,法官对案件中利益关系的考量,已直接切入法律的实质层面,不免与依法裁判的形式正义理念存在某些冲突之处。而且,由于以利益衡量方法裁判案件,法官将以更弹性地考虑当事人的实际利益,即进行实质判断,因而获得了更大的自由度。人们会追问,面对冲突着的不同利益,法官何以判断甲利益就高于乙利益? 如果不存在统一的、确定的标准,那么所形成的判决与主观臆测又有何区别? 如果说法官在进行利益衡量时难免会受自己的主观观念甚至非理性因素的影响,致使利益衡量完全沦为法官的恣意,那么,法的安定性何在? 法治的根基是否稳固? 可见,利益衡量方法之中确实蕴涵着内在的风险。

对这种内在风险,利益法学在其产生之初就有着清晰的意识,所以一直在试图划出自己与自由法学之间的理论界限。自由法学运动产生于20世纪初的德国(它的理论要素在较为极端的美国现实主义之中也可以找到),它以激进的方式来批判概念法学,强调司法过程中的直觉因素与情感因素,要求法官根据正义与衡平去发现法律。尤其是当实在法不清楚或不明确时,以及制定法的要求与时代精神相去甚远时,法官就应当根据占支配地位的正义观念来审判案件。如果何者为占支配地位的正义观念也无法确定,那么法官就应当根据其个人主观

的法律意识来判决。❶ 显然在这种司法理念之下，法官享有广泛的甚至是无限制的自由裁量权，正是这一点，它招致了其他理论学派的猛烈批评。

利益法学与自由法学一样也将概念法学视为"机械法学"，也重视法官在司法过程中的能动性，但是，它并没有自由法学走得那么远。黑克明确将自由法学说看成是一种应予摒弃的理论分支。事实上，利益法学对自己的定位是概念法学与自由法学之间的折中性理论。它一方面承认法律之中存在漏洞，认为法官应从"立法者助手"的角度来补充法律漏洞；另一方面又认为法官补充法律漏洞的主要并非完全自由，而应有所约束。如黑克所说："法官的职责，不是要自由创造新的法律制度，而是要在现有的法律制度范围内参与实现那些已经被承认的观念，因此，我们方法的目标是受到限制的。"❷概念法学将法的安定性价值奉为最高准则，自由法学则偏重于法的妥当性价值，利益法学则试图兼顾法的安定性和妥当性两种价值，在冲突着的利益之间寻找形式正义与实质正义、抽象正义与具体正义之间的均衡。在方法论上，利益法学承认法官的利益衡量带有裁量性，但是，将利益衡量等同于主观裁量却是有失公允的。

看来，利益衡量方法的内在风险不仅存在，而且必然存在。风险与价值是筋骨相连的，如果利益衡量方法的主观性风险被彻底消除，其蕴涵的能动性价值也就会完全泯灭。这正是司法过程的辩证法。但这并不意味着我们会无视利益衡量方法的局限性，对于任何一种司法方法，我们都不能过分拔高，看不到其自身的局限性和不足，相反，应当将这些局限性和不足揭示出来，有针对性采取相应的措施，这样才能充分发挥这种司法方法的正向功能。利益衡量方法局限的克服，其核心是在制度方法论层面确立利益衡量方法的制约因素，使之成为一种可以言说、可以审查的过程。拉伦茨指出："'法益衡量'并非单纯的法感，不是一种无法作合理掌握的过程，在某种程度上其仍须遵守若干可具体指称的原则，在此程度上，它也是可审查的。"❸利益衡量之所以能够成为"可审查"的机制，很大程度上是由于一些稳定因素的存在。具体而言，这些因素包括：

1. 立法意图。法官在进行利益衡量时，应当将立法价值或立法意图作为一

---

❶　参见［美］博登海默：《法理学—法哲学及其方法》，邓正来译，中国政法大学出版社1998年版，第145～146页。

❷　［德］菲利普·黑克：《利益法学》，傅广宇译，《比较法研究》2006年第6期。

❸　［德］卡尔·拉伦茨：《法学方法论》，陈爱娥译，商务印书馆2003年版，第286页。

项重要的考虑因素。德国学者科殷指出:"法官必须针对在冲突中所存在的利益来研究案件。他必须自问:立法者当时是如何评价这样一种冲突的。他将会借助法律、各种判例、文献寻找答案,同时他将会从法律的评价即用目的论的观点来理解法律的事实构成"。❶ 杨仁寿教授认为,法官在进行利益衡量时,既需要"衡量现行环境及各种利益之变化",也需要"探求立法者处于今日立法时,所可能表示之意思",来进行取舍;他指出:"利益衡量乃在发现立法者对各种问题或利害冲突,表现在法律秩序内,由法律秩序可观察而得知立法者的价值判断。发现之本身,亦系一种价值判断。"❷若有许多解释之可能性时,法官自须衡量现行环境及各种利益之变化,以探求立法者处于今日立法时,所可能表示之意思,而加取舍,斯即利益衡量。换言之,利益衡量乃在发现立法者对各种问题或利害冲突,表现在法律秩序内,由法律秩序可观察而得知立法者的价值判断。❸ 可见,立法者价值判断对于法官而言,仍应具有约束作用,法官不可借利益衡量之名而置之不理。

2. 判例的类型化处理。日本学者加藤一郎认为,如果利益衡量在不同的场合有不同的结论的话,就有破坏相互之间平衡的危险,而且还会带来思考经济的浪费。为了避免这些情况,就有必要把各个相类似的实质的利益衡量作一类型化处理(类型的构成)。类型化的标准不是法规的形式的适用,而是实质的利益衡量。这在加藤看来是未来新法解释学建设中所必需的。❹ 德国学者拉伦茨认为,当法院的裁判日渐积累,比较的可能性亦日益提高,则判决时的判断余地将日渐缩小。只不过,由于没有一件个案会与另一案件完全相同,因此,不能期待会获得一种单凭涵摄即可解决问题的规则。在此,类比推理是一种重要的工具,尤其是涉及具体事件之间的比较,类推适用不仅可资辅助,而且也可直接对事件作某种程度的类型化。这些工作可以使利益衡量变得易于掌控,但不能完全取代利益衡量本身。❺

---

❶ [德]科殷:《法哲学》,林荣远译,华夏出版社2002年版,第221页。
❷ 杨仁寿:《法学方法论》,中国政法大学出版社1999年版,第175页。
❸ 杨仁寿:《法学方法论》,中国政法大学出版社1999年版,第175~176页。
❹ 张利春:《日本民法中的利益衡量论》,陈金钊、谢晖主编:《法律方法》(第七卷),山东人民出版社2008年版,第145页。
❺ 参见[德]卡尔·拉伦茨:《法学方法论》,陈爱娥译,商务印书馆2003年版,第286页。

3.适用场域的限定。考虑利益衡量方法的局限性,应当明确并不是所有的案件都需要进行利益衡量,对于那些事实清楚、法律明确的,可以直接运用演绎推导来完成,而只有出现疑难案件,即法律没有明文规定或虽有规定但推导出的结果不妥当时,利益衡量方法才有用武之地。适用场域的限定为司法过程中法官利益衡量的适用划定了界限。拉伦茨认为,个案中的利益衡量是"法的续造的一种方法",它有助于解决一些特殊问题,如因法律未明定其解决规则而出现的规范冲突问题,对适用范围重叠的规范划定其各自的适用空间,使保护范围尚不明确的权利(诸如一般人格权)得以具体化。❶ 具体而言,利益衡量方法的适用场域应限定在法律上缺乏明文规定或规定不明确,存在漏洞,或者特定法律规定的适用有违个案的具体正义,有悖法律的一般价值观念的各种情形,这意味着利益衡量只能适用于疑难案件或特殊情况,因而只是一种补充性的裁判方法,也不是优先考虑的裁判方法。当然,也有学者认为,利益衡量是诉讼过程的必然环节,诉讼的过程在很大程度上也就是通过司法进行利益衡量的过程。❷ 但是,这里我们需要注意的是法官的思维过程与裁判方法之间的区别,尽管法官可以通过某种与利益衡量相关联的直觉(也是一种"法律感觉")对案件进行判断,但是,这并不是严格意义上的利益衡量方法的运用。如果法官关于利益衡量的直觉恰好与三段论推理的结论相一致,这时他所运用的仍然是逻辑推理方法,而非利益衡量方法。法官是否运用了利益衡量方法主要看其判决理由的论证力是否来源于利益衡量,尤其是在逻辑推理方法不支持判决结果时,法官通过利益衡量的论证而为其找到坚实的基础,这时,法官的裁判通常可能突破了法律规范的传统含义,揭示了法律规范的新含义,使法律规范在个案中获得了发展。这种发展在判例法国家会具有普遍的效力,而在成文法国家只具有个案的效力。

4.不同法律部门的特殊要求。与利益衡量方法适用场域相关的一个争议是,利益衡量只存在于某个部门法(例如民法)还是可以普遍适用于各个部门法?由于作为一种裁判方法的利益衡量在民法领域讨论得较早、较多,因此有一部分学者主张利益衡量是民事法律的特有方法,但是,这种观点不免有些褊狭。越来越多的学者认为利益衡量方法是一种普遍适用的裁判方法,即不论在民事

---

❶　[德]卡尔·拉伦茨:《法学方法论》,陈爱娥译,商务印书馆2003年版,第286页。
❷　参见胡玉鸿:《利益衡量与社会需求》,《法商研究》2001年第3期。

法领域,还是在行政法领域,甚至刑事法领域,利益衡量都是一种可以使用的裁判方法。❶ 这里需要注意的是,由于不同部门法的性质不同,裁判所可能具有的自由度也可能有所不同。尽管日本学者加藤一郎指出,就利益衡量方法而言,这些不同法领域的法律判断的自由度的不同,只是一种程度上的差异,并非是质的不同。❷ 但是,不同法律部门的特殊要求还是应当得到考虑的,这种特殊要求可能会体现为部门法原则的制约,如在刑事法领域,受制于罪刑法定原则,利益衡量的考虑必将会受到较为民事法更大的限制。

5. 判决书的充分说理。利益衡量在性质上属于一种实质推理方法。在进行实质推理时,由于法官在一定程度上偏离了严格适用法律的轨道,因此理应承担更加深入的论证义务。在进行利益衡量时亦不例外。利益衡量方法的运用需要以强化法官法律论证义务为条件或前提,换言之,法官必须详尽地公开、展示自己的思维过程,对思维的结论进行充分的说理和论证,阐释发现利益、确定利益位阶等理由,用说理和论证来证明裁判结果的实质合理性,防止利益衡量成为法官恣意和任性的借口,提高裁判结果的可接受性。判决书的充分说理对法官的裁判产生重要的制约作用,也促使法官在斟酌利益重要性时更加谨慎。人们所担心和疑虑者,无非是利益衡量带来司法上的主观性,但如果以判决书的充分说理为支撑,法律职业共同体甚至全社会都能够较为清晰地观察法官的司法过程,自然能够有效地去除这些担心和疑虑,而且,在法官的理性论证之中,利益衡量方法也会变得愈加定型和成熟。

6. 正当司法程序的制约。程序是利益衡量获得合法性的依据,而正当的司法程序在这里能够在一定程度上帮助人们削减由利益衡量所导致的司法裁判的不确定性。不经过理性程序检验的客观真实可能只是法官独断的真实,加入了程序的内容之后,客观真实虽然已经转化成为法律真实,但是并没有削减其实体成分,所削减的是传统客观真实观中内在的独断性成分,而增加了其可接受性。

---

❶ 如胡玉鸿教授认为,"作为一种应当具有普适意义的司法活动或司法方法,利益衡量的研究范围就不应当限于民事法律领域。"参见胡玉鸿:《关于利益衡量的几个法理问题》,《现代法学》2001 年第 4 期。又如朱良好认为,"不论在疑难案件抑或在简单案件中,也不管是在还是在非民事司法中,利益衡量都有其广泛的使用空间。"参见朱良好:《司法裁判视域中的利益衡量论略》,《辽宁师范大学学报》(社会科学版)2008 年第 4 期。

❷ 张利春:《日本民法中的利益衡量论》,陈金钊、谢晖主编:《法律方法》(第七卷),山东人民出版社 2008 年版,第 146 页。

传统的司法理念受"主观符合客观"的真理观影响甚大,没有考虑司法活动的特殊性,因而过于强调司法的确定性,当代司法理念在承认司法过程存在不确定性因素的前提下,则更关注裁判的可接受性。为了达到这种可接受性,通过正当而理性的程序,倾听不同主体的声音,展开反复的论辩、对话,使各方当事人的利益都得到充分的表达,每一个过程都尽可能做到透明、公开,法官与当事人、律师、陪审员就利益衡量的理由、利益次序的选择,进行深入的交流与沟通,从而保证了裁判结果的可接受性,也达致了利益衡量方法所能实现的最大客观性。能够影响法官利益衡量的程序是多样,包括由复数审判主体构成的合议庭审判组织,如果能够避免实践中出现的"合而不议"的不良做法,合议制是可以为防止法官个人的擅断发挥重要作用。其他的程序机制还包括:充分的审判公开、严格的审理程序等。

以上只是克服利益衡量局限性的部分因素,除此之外,制度程序、法律传统乃至社会文化都可能对法官的利益衡量过程起到某种制约作用。在现代民主政治与权力制衡的制度架构内,法官的司法行为受到来自各方面的制约。正如卡多佐所说:"法律这一有机体的形式和结构都是固定的,其中细胞的运动并不改变总体的比例;与来自各方的限制法官的规则之数量和压力相比,任何法官创新的权力都无足轻重。"❶作为一种裁判方法,利益衡量具有重大的实践意义,它虽然具有一定局限性,但是,通过制度与方法论上的规制,其局限性是可以得到克服的,而在此基础上,利益衡量方法才可以发挥其应有的现实功能。

---

❶　[美]本杰明·卡多佐:《司法过程的性质》,苏力译,商务印书馆2000年版,第85页。

第十四章　原则裁判方法

　　在人们关于法律的早先认识中,法律原则与法律规则是混杂在一起的。两者的分化,不单是法律要素理论的新发展,更是法官司法职能的扩张。事实上,法律原则的裁判功能是其作为一种独立法律要素的立身之本。与法律规则相比,法律原则与社会道德意识之间存在着更为密切的渊源联系,在法律之中,我们很容易找到具有道德色彩的法律原则,如诚实信用原则、公序良俗原则、人权保障原则等。另一方面,法律原则与纯粹的道德准则又有不同,形式上它通常是由法律明文规定的,或是合乎逻辑地隐含在具体的规则与制度之中,实质内容上它通常是维系社会存在的最低限度道德要求或价值共识,而不属于理想化的高尚品德。法律原则既有道德的内涵,又有法律的分寸。唯其如此,新自然法学理论将基于原则的裁判发展成为克服形式司法局限性的新的司法进路。但是,原则也有缺陷,其天生的模糊性和不确定性减损了其规范指导功能的发挥。因此,原则的裁判功能不是绝对的、无限制的,而应当作出应有的限定。

一、法律要素理论的新发展

　　作为一种规范形态,法律原则在法律之中早就存在了。但是,人们最初只是把它与规则混杂在一起,并不认为它具有独特的性质与功能。此时的法律原则尚不能成为一种独立的法律要素。在英美法上,最早提出系统法律要素理论的是19世纪英国分析法学的代表人物奥斯丁。由于他将法律视为一种"主权者的命令",而这种"主权者命令"在法律体系中又是用规则来表述的,因此,本体论上的"命令说"在法律要素理论上则演化为"规则说"。这一学说为后来的分析实证主义所继承。在理论与实务中,律师、法官与学者也经常会使用"原则"(principle)一词,但其含义并不清晰,基本上与"规则"是同一含义。在此基础上,人们形成了一些片面认识,诸如:"法律是一种纯粹的规则体系"、"法治就是严格规则之治"等。

"规则说"的法律要素理论颇为适合法律形式主义或法条主义的口味,因为规则具有针对性强、界定清楚、便于适用的特点,它能给法官提供一种明确的指引,不留自由裁量的空间。在规则体系之中,法官的任务就是判断本案的情况是否可以归入某项规则中所表述的这种类型,一旦归入,即应当发生该规则所要求的法律后果,这种操作相当简明,能够在很大程度上保证司法过程的确定性。然而,在司法过程中,规则的局限性也是极其明显的。首先,规则具有有限性。规则虽然众多,但无法涵盖具体案件的所有情况。相对于社会事务的复杂性,规则始终是有限的。这是因为人类理性是有限的,立法者难以预见可能发生的所在情形,并将其设置为明确的规则,如果将法律看做是纯粹的规则体系,必然会留下了众多的漏洞和盲区。在漏洞和盲区之中,法官将无法可依。其次,规则具有机械性。规则具有严谨的逻辑结构与语言表述,它具有"全或无"的特性,在适用时,要么有效,要么无效。尽管这一过程也需要法官谨慎细致的思考来参与,但法官通常无须考虑规则中包含的价值或政策,因而规则的适用相对来讲是比较机械的。只能机械适用的法律难以应对案件事实的个别性与丰富性,形式合理性和实质合理性之间的冲突可能会因此加剧,规则的严格适用甚至会牺牲个案的实质正义。

规则在司法过程中表现出来的局限性给原则要素的发现提供了契机。既然单一的、以规则为基础的法律要素理论只能使司法活动成为一种"机械法学",难以适应司法实践的现实需求,这就需要在法律要素体系加入更具有弹性、灵活性的要素形态,来弥补规则的不足之处,以增加法律本身的包容性。美国学者亨利·哈特和阿尔伯特·萨克斯进行了开创性的尝试。他们认为,法律是一种一般性指令的组合(general directive arrangements)。这种一般性指令组合并不是由单一的规则来构成,而是可以划分为两个层次的四种要素:规则、标准、政策、原则。原则与政策被作为法律要素而被提了出来。政策是关于目标的直接陈述。法律中政策要素的例子包括:充分就业、保护自然资源等。原则与政策既有共同点,也有不同点。对此,哈特和萨克斯指出:"原则往往也被描述为想要达到的结果,但是,它的区别点在于它主张结果应当得到实现,而且这一结果之中包含了——不管是明确地表达出来还是作为参照——已被充分理解了的思想体系,为什么这种结果应当达到的一种理由陈述。"❶在两位学者的理论之中,原则已经具备了独立的形成,并具有特殊的裁判功能。

德沃金继承了哈特和萨克斯关于原则独立性的观点,并在与分析实证主义的论战中进一步展开了原则的裁判理论。他认为,分析实证主义是一种规则模式,将法律建立在单一检验标准的基础之上,而忽视了非规则的各种准则的重要作用。他说:"当法学家理解或者争论关于法律上的权利和义务问题的时候,特别是在疑难案件中,当我们与这些概念有关的问题看起来极其尖锐时,他们使用的不是作为规则发挥作用的标准,而是作为原则、政策和其他各种准则而发挥作用的标准。"❷考察英美普通法的司法实践,实证主义法学的规则观并不能反映法官裁判活动的全貌,也不能为法官司法提供全面的指导。德沃金用里格斯诉帕尔默案(Riggs v. Palmer)和亨宁森诉布洛姆菲尔德案(Henningsen v. Bloomfield Motors, Inc.)等案件作为例子,指出构成法院判决基础的并不是哈特所说的法律规则,而是一种独立的法律要素——法律原则,这种在分析实证主义法学中难觅踪迹的规范形态,却在解决疑难案件时显现了独特的功能。他说:"实证主义把法律描绘成一幅规则体系的图画,也许由于它过于简单,对我们的想象力起着一种坚韧的限制作用。如果我们从这一规则模式中解脱出来,我们也许能够去建立一种对我们错综复杂的实践更为真实的模式。"❸德沃金认为,法律是由一套前后一致的、由法律原则和正当程序所构成的整体性体系,这一体系是自给自足的,能够为疑难案件和理论争论提供唯一正确的答案,法的安定性和正当性等难题也可以得到解决。

经由德沃金的系统阐述,一套完整的原则裁判理论浮出水面,也引发了学术界与实务界对原则这种新法律要素的高度关注。尽管在分析实证主义阵营内部也有人仍然试图否认原则与规则之间的实质区别,但是,就连分析实证主义的代表人物哈特也不得不承认忽略了原则这种要素形态。因此,原则的独立要素地

---

❶ H. Hart & A. Sacks, The Legal Process: Basic Problems in the Making and Application of Law(Tentative edition, 1958), p. 159.

❷ [美]罗纳德·德沃金:《认真对待权利》,信春鹰、吴玉章译,中国大百科全书出版社1998年版,第40页。

❸ [美]罗纳德·德沃金:《认真对待权利》,信春鹰、吴玉章译,中国大百科全书出版社1998年版,第68页。

位迅速得到确立,而原则裁判理论亦成为司法理论的一个重要分支,原则裁判方法遂成为一种独特的司法方法。德沃金的法律要素理论被称为"规则—政策—原则模式",他主张在法律体系与司法实践中,并非只有规则一种法律要素在发挥作用,原则和政策的作用也十分重要。因此,为了理解德沃金的原则裁判理论,我们首先要搞清楚原则与其他两种法律要素(规则与政策)之间的区别。

(一)原则与规则之差异

德沃金认为,法律原则和法律规则之间的区别是逻辑上的区别,具体可以归纳为以下方面:

1. 形态不同。法律规则是以"全有或全无"的方式加以规定,具有很强的明确性;但是,原则却不那么明确,因为它一般不会包括某种"非实施不可的条件",而只是"说明主张某种方针的理由"。❶ 规则与原则在形态上的区分通常是清楚的,例如,"遗嘱非经三名证人签字无效"是一项规则,而"任何人不得从自己的错误行为中获得利益"是一项原则,对此,懂得一点美国法律的人都不会有分歧。但也有时候,规则与原则并不那么容易区分,例如包含有像"合理的"、"过失"、"不公平"和"意义重大的"这类词汇的规则,容易被当成是一种原则,因为,这种规则的适用在很大程度上确实"依赖于这条规则之外的各种原则和政策"。但是,德沃金认为,"这并没有把这条规则完全变成一条原则,因为虽然这些词汇的界限很细微,但它仍然限制着这条规则所依赖的其他原则和政策的种类。"❷换言之,规则与原则之间的区分是可以做到的。

2. 适用方式不同。规则与原则在形态上的差异影响了它们的适用方式。规则是以完全有效或者完全无效的方式适用的。这就是说:"如果一条规则所规定的事实是既定的,那么,或者这条规则是有效的,在这种情况下,必须接受该规则所提供的解决办法。或者该规则是无效的,在这样的情况中,该规则对裁决不

---

❶ [美]罗纳德·德沃金:《认真对待权利》,信春鹰、吴玉章译,中国大百科全书出版社1998年版,第45页。

❷ [美]罗纳德·德沃金:《认真对待权利》,信春鹰、吴玉章译,中国大百科全书出版社1998年版,第47～48页。

起任何作用。"❶而原则是通过它们的分量或重要性程度来发挥裁判作用的。也就是说,在进行原则裁判时,法官不仅要判断适用何种原则,而且还须衡量它们对于作出裁决的重要性程度。尤其是当不同原则以相互交叉与冲突的方式共同影响某一个案时,关于分量的考量就显得特别重要;关于原则分量的判断并不存在一个确定的标准,但却是引导甚至决定判决形成的重要因素。德沃金说:"当反对的理由不存在或者不够强大的时候,这一原则可能就是决定性的。"❷

3.体系特征不同。规则或原则的组合形成法律体系。由于规则具有明确性,以确定的方式来来调节各种事实关系,因此,如果以规则来构筑法律体系,往往需要很多的规则来完成,因为每一个反例都用一个例外规则来表述。尽管在现实世界中,将规则的所有例外都列举出来很难做到,但是,"至少在理论上说,例外是能够全部列举出来的,列举出来的例外越多,规则的表述就越完备。"❸而原则是以重要性程度的权衡来发挥作用,这意味着它的调节范围涵盖了从低重要性程度到高重要性程度的宽阔连续体,原则与具体事实情境之间不存在精确的对应关系,但却拥有了难以测度的丰富性。因此,如果以原则来构筑法律体系,它无须穷尽例外,但调节的范围却很广泛。

4.冲突时的解决方式不同。如果规则之间发生冲突,必然是一个有效,而另一个无效;在同一个案件中,不可能适用两个相互冲突的规则;规则之间冲突的解决,必然是其中一个被放弃,或者被改变,或者被废止。原则并不像规则那样只存在有效与无效两种状态,在原则之间发展生冲突时,并不会导致某一原则无效的结果。由于原则的适用方式是权衡不同原则所具有的分量或重要性程度,因此,即便法官选择了优势的原则,也并不意味着其他原则被放弃或被废止,这些次要的原则仍然可能对案件、对法律制度产生某种影响,而非处于无效的状态。德沃金举例说:法律尊重"任何人不得从自己的错误行为中获利"这条原则,但这并不是说,法律从来没有允许过任何一个人从他的错误行为中获利。事实上,在诸如不利占有这些情况下,"人们常常完全合法地从他们法律上的错误

---

❶ [美]罗纳德·德沃金:《认真对待权利》,信春鹰、吴玉章译,中国大百科全书出版社1998年版,第43页。

❷ [美]罗纳德·德沃金:《认真对待权利》,信春鹰、吴玉章译,中国大百科全书出版社1998年版,第45页。

❸ [美]罗纳德·德沃金:《认真对待权利》,信春鹰、吴玉章译,中国大百科全书出版社1998年版,第44页。

行为中获得利益。"❶但我们不能据此将原则当成某种不完备的规则,恰恰相反,正因为原则的这种特性,它才成为法律体系中一种独立的要素形式。

　　无论原则和规则之间存在多少区别,它们都是法律准则的形式,都是针对特定情况下有关法律责任的决定。德沃金指出:"当我们说某一条原则是我们法律制度的原则时,它的全部含义是:在相关的情况下,官员们在考虑决定一种方向或另一种方向时,必须考虑这一原则。"❷换言之,尽管原则无法精确表述,在适用中还需权衡与论证,但它在法律上是有约束力的,可以成为也应当成为法官的一种重要裁判依据。

(二)原则与政策之界分

　　德沃金认为,在规则之外,除了原则,还存在着另一种准则形式,即政策。在许多时候,人们宽泛地理解"原则"这个词汇,将政策也涵盖于内,但是,在理论上将原则与政策区分开来是十分必要的。因为只有将这两种法律要素区分开来,揭示出各自的特性,才能充分发挥它们的作用。政策与原则在规定的内容上有所不同。政策规定"一个必须实现的目标,一般是关于社会的某些经济、政治或者社会问题的改善"❸。而原则之所以应该得到遵守,"并不是因为它将促进或者保证被认为合乎需要的经济、政治或者社会形势,而是因为它是公平、正义的要求,或者是其他道德层面的要求。"❹政策所追求的是一项特定的社会目标,而原则关注的是个人或组织权利的尊重和保障。通过减少车祸维护交通秩序、为加强国防而对飞机制造商提供政府补贴是政策,而任何人不得从自己的错误行为获利、反对种族歧视、主张少数民族享有平等的权利则是原则。

　　从德沃金关于原则与政策相区分的观点中,我们可以看到他对哈特和萨克斯理论的继承与发展关系。无论是德沃金,还是哈特和萨克斯,都将政策看成是

---

❶　[美]罗纳德·德沃金:《认真对待权利》,信春鹰、吴玉章译,中国大百科全书出版社1998年版,第44页。

❷　[美]罗纳德·德沃金:《认真对待权利》,信春鹰、吴玉章译,中国大百科全书出版社1998年版,第45页。

❸　[美]罗纳德·德沃金:《认真对待权利》,信春鹰、吴玉章译,中国大百科全书出版社1998年版,第41页。

❹　[美]罗纳德·德沃金:《认真对待权利》,信春鹰、吴玉章译,中国大百科全书出版社1998年版,第41页。

一种应当追求的经济、政治或社会的目标,而在功能上,他们都认为,政策与原则一样,都构成了法律规则与司法判决的正当化理由。但是在原则的内涵问题上,观点发生了变化。哈特和萨克斯认为,原则之中包含了"已被充分理解了的思想体系,为什么这种结果应当达到的一种理由陈述"❶,可见,原则从属于一种理性的思想体系,至于这种理性是不是道德理性并没有清晰地阐述出来。而德沃金却明确地把原则与公平、正义或其他道德层面的要求联系起来,旗帜鲜明地站在自然法学说的立场上,并将实证主义法学当成批判的直接靶子。从这一点出发,德沃金进而阐发原则论证高于政策论证的观点。

德沃金认为,原则与政策都是独立的法律要素,并都能够为法律规则与司法判决提供实质性论证,但是,原则的论证和政策的论证具有不同的功能或旨向。政策的论证旨在表明法律规则或司法判决有助于促进或保护社会公共利益或者社会整体目标。原则的论证旨在表明法律规则或司法判决尊重和保障了特定个体或团体的权利。德沃金强调,应当将原则的论证和政策的论证区分开来,切不可混为一谈。他说:"把一项原则说成是确定一个社会目标,或者把一个政策解释为声明一条原则,或者采取功利主义的命题,即正义的原则只是社会目标的伪装,就会把它们之间的区分破坏无遗。在某些情况下,这种区分是有用处的,如果它们被破坏了,这种作用就丢失了。"❷在区分两种论证形式的基础上,德沃金进而主张,在司法过程中应当更多地使用原则的论证,而不是政策的论证,他说:"赫尔克勒斯必须假设,尽管人们也许并未公开承认,但是,在他所处的社会中,人们所理解的司法判决必须被看作是由原则的论据而不是政策的论据加以论证的东西。他现在了解到,法官们用来解释他们对先例的推理的那种人们所熟悉的概念,深埋于普通法背后或根植于其中的那些原则的概念,本身只是权利命题的形而上学的陈述。"❸这一观点显然与他的"权利论"立场是密不可分的。如果原则的论证与政策的论证之间发生了冲突,应当如何抉择? 德沃金的答案是

---

❶ H. Hart & A. Sacks, The Legal Process: Basic Problems in the Making and Application of Law (Tentative edition, 1958) , p. 159.

❷ [美]罗纳德·德沃金:《认真对待权利》,信春鹰、吴玉章译,中国大百科全书出版社 1998 年版,第 41 页。

❸ [美]罗纳德·德沃金:《认真对待权利》,信春鹰、吴玉章译,中国大百科全书出版社 1998 年版,第 154 页。

政策一般要让位于代表个人权利的法律原则,他说:"如果我们对原则问题重视甚微,以至于在政策合乎我们意图和目的时为它披上原则外衣,我们就削弱了原则,并降低了他的权威。"❶在德沃金看来,将原则与政策混同起来,或者只重视追求社会整体利益的政策,而忽视蕴涵个人权利的原则,都是极其有害的,会危及法治的基本价值。由此,他把原则以及原则裁判提升到理论核心的地位。

二、原则的司法功能及其限定

作为一种独立的法律要素,原则有其独特的功能。总体上看,原则的功能可以从立法和司法两大层面来加以考察。原则的立法功能是指原则作为指导思想和一般性准则对整个规则体系的抽象统摄作用。原则的司法功能是指它在规则出现疏漏时直接作为裁判依据以及指引法官行使自由裁量权方面的作用。对于原则所具有的立法功能,学者们争议很少,在一个统一的法律体系,原则在制度与规则之中的灵魂与涵盖作用得到了肯定。

争议较大的是原则是否应当具有司法功能的问题。部分学者认为,原则在法律中所起到的主要是宣示作用,很难与案件的具体事实直接结合,因此不能直接适用于个案裁判,换言之,原则对判决的指导作用必须通过规则的适用才能完成。而且,原则的表述都十分宽泛,包容性强而确定性不够,基于原则的直接司法可能会带来很大的任意性。然而,越来越多的学者对原则的司法功能持肯定态度。事实上,原则之所以在理论上成为一种独立的法律要素,其原因正在于弥补规则局限性的直接裁判功能,这一点在哈特、萨克斯、德沃金的理论中得到了充分的阐述。原则固然具有一定的宣示与倡导作用,如果仅限于此,原则的效力与作用恐难以充分发挥。而原则的裁判功能可以克服规则的固有缺陷,并消解司法过程中的固有矛盾,如法律抽象性与案件具体性之间的矛盾;法律稳定性与社会发展性之间的矛盾,等等。同时,它也避免了法官无原则的自由裁量,为法官填补规则漏洞提供了正当化依据。

需要指出的是,既然原则是因克服规则的局限性而产生,那么,原则裁判也只能在规则功能阻滞的情况下才发挥作用。而且,从性质上看,某些原则的确只

---

❶　Ronald Dworkin, A Matter of Principle, Harvard University Press, 1985, p. 6.

具有单纯的宣示与倡导作用,缺乏应有的裁判性。因此,我们有必要对原则的裁判功能作出一般性的限定。

(一)原则裁判性之限定

法律原则的裁判性是指法律原则能够直接用来对具体案件进行裁判的性质。法律的制度与思想之中包含着众多的原则,但却并不是每个原则都具有裁判性。法律原则的存在方式多种多样,有些原则在制定法和判例中明文规定出来,也有一些原则并未在法律中明示,但却蕴涵在法律的观念与价值之中。它们都有可能对司法过程发生影响。在此,我们可以粗略地将原则划分为两种:"实定法律原则"和"非实定法律原则"。❶ 这种分类固然清晰,然而鉴于法律原则存在的复杂方式,尚需作出更加细致的界分,才可进一步讨论原则的裁判性问题。

实定法律原则既有制定法的存在形式,又有判例法的存在形式,甚至还有习惯法的存在形式。制定法的存在形式是指由宪法、其他制定法加以明文规定的法律原则。例如宪法上的"法治国原则"、"人民主权原则"、"权力分立原则"或"尊重人权原则",刑事法上的"罪刑法定原则"、"无罪推定原则"、"罪刑相适应原则",民事法上的"诚实信用原则"、"意思自治原则"、"过错责任原则"等等。判例法的存在形式是指在法官判决及司法意见中加以揭示的法律原则,这种存在形式是英美法系遵循先例制度的产物。博登海默说:"一个先例乃是一种本身就含有一项原则的司法判决。因此,作为它的权威性要素的根本原则,就往往被称之为判决理由。"❷事实上,英美法系的许多法律原则是在一系列判例之中得以形成和发展的。无论何种存在形式,实定的法律原则的共同点在于它具有明确的法律形态,人们把握起来相对容易一些。

实定法律原则并不全部都是裁判意义上的法律原则。有些原则属于单纯的宣示性原则,如"保障福祉"、"维护秩序"等,这些原则多是对法律目标与法律精神的概括性表达;另一些原则不仅起到宣示法律目标与法律精神的作用,而且还

---

❶ 陈林林:《基于法律原则的裁判》,《法学研究》2006 年第 3 期。

❷ [美]博登海默:《法理学–法律哲学与法律方法》,邓正来译,中国政法大学出版社 1998 年版,第 547 页。

为法律制度的确立提供基本的建构性框架,它们属于构造性原则,如"权力分立"、"公检法三机关互相配合、互相制约"等。这些原则虽然也可能与司法权的行使产生宽泛的理论联系,但是,它们通常不能在裁判意义上加以使用。值得指出的是,宣示性原则、构造性原则与裁判性原则之间不是非此即彼、截然划分的关系,它们之间可能会存在交叉与重叠之处。有些原则可以同时具有宣示、构造和裁判功能,民法中的诚实信用原则即为此例:它既明确表述了民事法律的一项基本目标,也影响了民事权利义务设置的界限,同时还成为法官在司法过程中填补法律漏洞的直接依据,集宣示性、构造性与裁判性于一身。

非实定法律原则更为复杂。其表现形式之一是法律的隐含原则,这是指以隐含形式存在于法律之中的法律原则。法律的隐含原则具有两个特征:(1)隐含性,即它不能从立法或判例的明文规定中发现,但却隐藏或贯穿于法律整体脉络或过去的法律实践之中,需要通过法官发挥理性能力才能发掘出来。(2)来源的外部性。按照德沃金的定义,原则的内涵体现为"公平、正义的要求,或者是其他道德层面的要求"❶,显然,法律的隐含原则必须得到外部社会规范或社会意识的支撑与确证。我们注意到,德沃金关于法律原则的定义是从实质论的角度着眼的,这一定义暗示,某些法律原则可以绕开立法或判例的形式效力依据,而直接来源于法律之外的道德规范,因此,这一定义之中似乎可以涵盖一种更具外部性的独立原则形态,姑且称之为体现正义及道德要求的外部原则。但是,将这样的原则称为"法律原则"并非没有问题,只有将其适用于特定案件,赋予其法律上的效力"法律性",它才有可能成为法律原则体系中的成员。

非实定法律原则的实定化往往需要一个过程,正如拉伦兹所说:"尚未实证化的法律原则,经常是借一范例性的事件,突破意识的界阈而进入法律思想之中。"❷在英美法系国家的司法传统之中,非实定法律原则的发现与挖掘往往与一些特殊的案件相伴随,换言之,这一实定化过程恰巧就是其裁判功能发挥的过程。卡多佐、哈特、萨克斯和德沃金都曾引述过的里格斯诉帕尔默案件(Riggs v. Palmer)就是一个典型的例子。虽然帕尔默是合法的遗嘱继承人,但他为了继

---

❶ [美]罗纳德·德沃金:《认真对待权利》,信春鹰、吴玉章译,中国大百科全书出版社1998年版,第41页。

❷ [德]卡尔·拉伦兹:《法学方法论》,陈爱娥译,商务印书馆2003年版,第293页。

承财产,杀死了被继承人。法院最后归纳出"任何人皆不能从自己的错误行为中获利"这一原则,撤销了他的财产继承权。这一原则也通过此案由一条法律的隐含原则而提升为实定的法律原则。这样的过程往往是通过司法上的创新来实现,因此也被一些学者与法官视为司法的高级境界。正如孙斯坦教授所说:"在任何一个国家法律制度中,其中某些最引人注目甚至辉煌的时刻往往是在某个高级法院对某个抽象原则(如人类自由或平等)表示认可的时候。"❶

可见,法律原则是否具有实定的形态并不能作为评判其裁判性的标准。实定法律原则可能具有裁判性,也可能不具有裁判性;而非实定法律原则也可能通过裁判功能的发挥来获得实定的形式。因此,原则的裁判性应当从其他的角度来加以揭示。自然,正当性应当是原则具有裁判性的一个基本前提。德沃金之所以强调,无论原则是否在法律之中有明确规定,它都应当体现"公平、正义的要求,或者是其他道德层面的要求",其目的正在于要确立原则本身的正当性基础。但是,一个法律原则是否具备裁判性,最主要的还是看其在技术上是否具有与具体案件相结合的能力与必要,这可以从以下四个方面来加以考量:

第一,规范性考量,即看某项法律原则能否顺利实现与案件具体事实的联结,从而为人们的活动提供具体的行为导向。原则裁判实质上是将抽象、宽泛的原则与具体的、特定的个案事实相联结的过程,原则裁判性的发挥,关键在于这一具体化过程能否顺利展开。

第二,贯通性考量,即看某项法律原则能否与法律体系融会贯通,能否贯穿于一系列先例之中。换言之,具有裁判意义的法律原则不能是超然于法律的纯粹的道德观念,而是既往的裁判已经有意识或无意识地加以遵循的原则;在技术上则需要通过对既往裁判的归纳来发现这种贯通性。值得一提的是,前文所说的"体现正义及道德要求的外部原则"虽然可以宽泛地包含在德沃金的原则概念之中,但由于难以通过此一贯通性考量的验证,因此不具备裁判性。

第三,衡平性考量,即看某项法律原则的直接适用在效果上能否弥补法律规则的不足,或者填补法律体系上的漏洞,并在个案中实现实质正义,而这个效果是单纯适用法律规则所不可能达到的。这是要求法律原则在司法过程确实起到

---

❶ [美]凯斯·R.孙斯坦:《法律推理与政治冲突》,金朝武等译,法律出版社 2004 年版,序第 3 页。

衡平的作用,其作用方向与相关法律规则是相反相成的。如果针对某个案件事实,原则与规则的作用方向是一致的,则直接适用规则即可,该原则不具有直接的适用性。

第四,论证性考量,即看某项法律原则能否为特定的判决结论提供合乎逻辑、合乎情理的论证,是否具有强于单纯适用规则的论证力。法律原则的裁判本是一种非常规的司法方式,因此法官需要承担更多的论证义务,通过论证说理将法官的思维透明化,使之成为一种可予合理审查的过程,以保证原则裁判的客观性。如果某项法律原则难以提供具有可接受性的论证,或者这种论证缺乏超过单纯适用规则的强度,那么,这样的法律原则不具有裁判性。

(二)原则裁判场合之限定

法律原则应当在什么场合下加以适用? 尤其是就同一个案件,根据法律规则与法律原则可能得出不同的裁判结论时,应依何者为准? 在何种条件下法律原则的效力能够合法地取代法律规则? 一般认为,就规则适用与原则裁判而言,规则适用应是法官的优先选项,而原则裁判是一种非常规的司法方式,它往往限定在出现"规则不能"的疑难案件之中。这是实体上的要求;而在程序(法官的思维过程)上,与此相一致,则有"穷尽规则"的要求。

1. 实体上的"规则不能"

规则不能是疑难案件的标志之一,它是指规则由于其内在局限性而不足以妥善解决案件的一种状态。在不同的学者及司法实务之中,对什么是疑难案件以及规则不能存在不同的认识侧重点。英国学者哈特从语言学的角度,把规则不能的原因归咎为规则语言中存在着"空缺结构",他说:"任何选择用来传递行为标准的工具——判例或立法,无论它们怎样顺利地适用于大多数普通案件,都会在某一点上发生适用上的问题,将表现出不确定性;它们将具有人们称之为空缺结构的特征。"❶凯尔森从法律体系整体性的角度,把规则不能的原因归咎为规则之间的不一致与冲突。

德国学者拉伦茨、魏德士从法律规整范围的角度,把规则不能的原因归咎为

---

❶　[英]哈特:《法律的概念》,张文显等译,中国大百科全书出版社 1996 年版,第 127 页。

法律"违反计划的不圆满性",❶即规则体系因缺乏对某种事实情形的调整而存在法律漏洞。英国学者布莱克斯通从判决效果的角度,揭示了规则不能的另一种情形,即如果按照规则语言含义来理解,有可能会出现"一个十分荒谬的意义",因而"我们必须从它们的已被接受的意义中作一些偏离"❷。这一思想后来具体化为英国成文法解释的"黄金规则",即法官在一般情况下仍然应当遵循词语的语法上和常规的含义,但如果这一含义导致荒唐的、不合理的、令人难以接受的结论则另当别论。

尽管关于规则局限性的观点还有很多,但上述四种无疑是有代表性的,因为它们代表了关于规则不能的四种典型情形,构成并限定了原则裁判的具体场合。(1)规则模糊,即规则的字面含义模糊而难以确定,导致不同的理解,此时法官可以基于法律原则来选择其中一种合乎个案公正处理的较好解释。(2)规则冲突,即在法律文本之中,针对同一事实问题,两个或两个以上不同的规则作出了不同的规定与指示,在效力上发生冲突。确定哪一个规则的优先适用,于是成为一个疑难问题,在此,法律原则可以成为一种有用的指引。(3)规则漏洞,即法律规则对当下案件所涉及的事实情形未作规定,或者依立法者的词语意思、立法计划或其整体脉络,对个案中出现的问题不能涵盖,存在缺失。这种缺失在德沃金的理论中只能称为规则漏洞,而不能称为法律漏洞,因为即使没有明确的规则可用来处理手边的案件,也可诉诸原则的观点。换言之,法律原则可以成为规则漏洞的填充剂。(4)规则悖反,即规则语言虽然明确,规则适用亦无障碍,但是其结果却违反了规则的意图或目的,一般是指判决结果出现了极不公正乃至荒唐的情况。德国学者拉德布鲁赫曾提到,如果"实在法与正义之矛盾达到如此不能容忍的程度",以至于成为一种"非法之法"时,它"必须向正义屈服"。❸但拉德布鲁赫并未具体指明什么是"违背正义达不能容忍的程度",对此作出判断并不容易,但却是法律原则展示其裁判功能之处,即以原则来取代规则,减少司法可能产生的实质不公问题。

---

❶ 参见[德]卡尔·拉伦茨:《法学方法论》,陈爱娥译,商务印书馆 2003 年版,第 251 页;[德]伯恩·魏德士:《法理学》,丁小春、吴越译,法律出版社 2003 年版,第 362 页。

❷ Sir WM. Blackstone, Commentaries on the Law of England, Book I, Portland: Thomas B. Wait, & Co. ,1807, p.44.

❸ [德]古斯塔夫·拉德布鲁赫:《法律智慧警句集》,舒国滢译,中国法制出版社 2001 年版,第 170 页。

2. 程序上的规则穷尽

规则不能虽然为原则裁判提供实体上的适用标准,但是,由于人们对于规则不能是否存在仍然可能产生争议,因此有必要设定一条程序上的约束,即规则穷尽。规则的优先适用显然是这一约束的基本旨向,换言之,当适用法律规则可以获得妥当的判决结果时,法律规则成为司法的当然依据。在出现了实体上规则不能之时,法官尚需秉承善意,穷尽所有可能适用的相关规则,并针对这些规则运用了各自常规的规则推理方法,仍然不能解决问题时,才能诉诸原则裁判。而且,法官需要对当事人各方所提出的适用某项规则的要求给予回应,论证如此适用所存在的各种不妥切之处,并确立原则裁判的正当性。这一过程既有隐含在法官思维过程中的部分,也有向当事人及公众展现的部分,但总是要依托一定的程序方可进行。质言之,在事实与法律之间的"往返流转"之中,法官可能会发现关于规则适用的新观点,当事人亦可能提供关于规则适用的新要求,只是这种新观点或新要求在法律论辩与司法论证中被不断地否定。这一过程不是一蹴而就的,它会一直持续进行,直到不能再为正当的个案裁判找到可适用的相关规则,以及可能导致规则适用的任何新观点为止。这就是穷尽规则的程序。其目的是防止法官轻率地径自适用原则,从而损害到法的安定性和权威性。

三、原则裁判的方法论约束

原则适用的关键在于衡量其"分量"的强弱,这种"分量"固然是无法精确表述的,只能依据案件的具体情况权衡与之相冲突的原则来进行评价,这种权衡则导致了与规则适用不同的司法技术和论证要求。概念上的难以精确界定与适用上的分量衡量既是原则的作用或价值之所在,又成为原则的固有缺陷。原则论的倡导者认为,司法中的原则裁判有助于消除规则语言的模糊与歧义,弥补法律漏洞;原则论的反对者则认为,原则本身内涵就很模糊,如何来消除规则的模糊?本身漏洞多多,又如何来填补规则的漏洞?这看起来抓住了要害,但实际上将规则与原则发挥作用的方式混为一谈了。不过,他们所提出的担心还是值得认真对待。为了防止由于法律原则的适用而导致法官自由裁判裁量权的肆意扩大,以及司法裁判泛道德化和泛政治化,我们必须为其设定与规则适用不同的约束条件与裁判机制。

不过,笔者认为更为重要的是在方法论的层面上对原则裁判的机制进行优化,并形成具有指导性甚至规范性的操作规程,从而对司法实践产生实用性。这当然需要大量司法经验的积累以及理论上的提炼,非一朝一夕所能成就。总结目前的研究成果,笔者认为以下几点能够提供具体的指导:

(一)权衡与更强理由的判断

权衡是原则裁判的一种方式。法官在决定偏离规则而适用原则时,必须进行权衡以确定是否存在需要适用原则的更强理由。对于何谓"更强理由",德国学者阿列克西做过比较细致的分析。他指出:当法官可能基于某一原则 P 而欲对某一规则 R 创设一个例外规则 R′时,对 R′的论证就不仅是 P 与在内容上支持 R 的原则 R.p 之间的衡量而已。P 也必须在形式层面与支持 R 的原则 R.pf 作衡量。这里的 R.pf 主要的是指"由权威机关所设立之规则的确定性"。要为 R 创设例外规则 R′,不仅 P 要有强过 R.p 的强度,P 还必须强过 R.pf。❶ 换言之,欲适用的原则所具有的强度不仅要超过支持它所排除的规则的那个原则,而且,适用该原则所获得的正当性应当超过维护该规则的确定性要求。对于是否存在更强理由,主张适用法律原则的法官应当负有论证义务。更强理由的判断其实与"规则穷尽"或"规则优先"的要求是一致的,它能够使法官充分意识到进行原则裁判的必要性。

(二)原则排序与权利分层

偏离规则而适用原则看起来是规则与原则之间的冲突,其实质上仍是两个原则分量之间的较量。接下来的问题是如何在不同的原则之间进行选择与取舍。虽然我们难以通过法律原则位阶的确定来彻底解决这个问题,但是,一些基本的排序还是可以得到承认的。拉伦茨曾提到"内在的阶层秩序",认为相较于财产法益,生命、自由、人性尊严具有较高的位阶。❷ 原则的排序还可以借助于权利的分层来作一些细化。以德国联邦宪法法院在 1973 年 1 月 31 日判决的

❶ 参见舒国滢:《法律原则适用中的难题何在》,《苏州大学学报》(哲学社会科学版)2006 年第 4 期。
❷ [德]卡尔·拉伦茨:《法学方法论》,陈爱娥译,商务印书馆 2003 年版,第 350 页。

"私人谈话录音案"❶为例,在该案中,联邦宪法法院阐述和演示了以宪法权利为基础排除非法证据的所谓"三步分析法":第一步,判断证据的使用是否会侵害宪法所确立的个人核心权利,这是个人的最私密空间,超越于所有的政府权力。因此,无论指控有多严重,侵犯这些权利的证据必须排除,如在夫妻卧室内装电子窃听装置而取得的证据。第二步,判断证据的使用是否会侵入个人核心权利之外的隐私领域。侵犯公民这一领域权益的证据可以在法庭上使用,前提条件是它所代表的公共利益能够超越私人利益。这里涉及利益的重要性程度权衡。隐私领域之所以得不到核心秘密空间那样绝对的保护,是因为作为现代社会一分子的公民有义务接受政府为了公共利益(如社会成员的生命权和自由民主的社会秩序)而采取的各种措施。第三步,分析案件所涉及的证据是否属于不会泄露公民隐私信息的证据,比如商业会议的录音等。采纳此类证据不会侵犯被告人的隐私权,因此通常不会被排除。在该案中,法庭认为所涉及的国家利益并不超过隐私领域内的个人利益,因而不足以引起采纳录音带的效果。不过,法庭也指出,如果所指控的罪行不是纳税欺诈而是暴力犯罪,结果则会相反。❷ 这种权利分层的操作既有相对稳定的排序,又可容纳案件事实的具体变化,可以使原则裁判的思维变得清晰一些。

(三)附加事实条件

法律原则向个案适用转换的关键在于建立法律原则与个案的联结点,即如何将抽象、宽泛的原则内涵与具体的、相对确定的个案事实联结起来。这一联结的过程也就是所谓"具体化"的过程。拉伦茨指出:"虽然法律原则通常具有主导性法律思想的特质,其不能直接适用以裁判个案,毋宁只能借其于法律或者司法裁判的具体化才能获得裁判基准。"❸附加事实条件可以成为具体化过程的一个步骤。阿列克西认为,为了两个不同原则在内容上相互矛盾的问题,不妨结合

---

❶　该案的案情是:一对夫妇将一些财产出售给被告人。被告人为了规避纳税,要求这对夫妇在合同中低估所出售财产的实际价值,然后由被告人将实际差价(70,000DM)以现金的形式付给他们。在被告人不知情的情况下,这对夫妇录下了涉及税务欺诈的谈话,随后,他们将录音带交给了警方,于是出现了这盘录音带能否用为证据使用的问题。

❷　See, Kuk Cho, "Procedural Weakness" of German Criminal Justice and Its Unique Exclusionary Rules Based on the Right of Personality, Temple International and Comparative Law Journal, Spring, 2001, pp. 24–27.

❸　[德]卡尔·拉伦兹:《法学方法论》,陈爱娥译,商务印书馆2003年版,第353页。

具体案件为它们附加优先条件(C),假定在 C 条件下原则 A 优先,那么原则 B 必须退让;如果原则 P1 在 C 条件下具有法律效果 Q,则构成了一条以 C 为假定,以 Q 为处理的规则。此处的 C 其实扮演了双重角色:在原则的比较中构成优先关系的条件,而在可表述为 C→Q 的审判规范中构成规范要件。❶ 这里所附加的事实条件十分重要,因为它是确定哪个原则优先的关键,而且,原则的适用实质上是为一项拟排除的规则创设例外规则,事实条件实质上构成了这个例外规则的假定要件。值得注意的是,这个事实条件必须宽窄适度,否则具体化过程难以成功。但是,生活中的事实关系是复杂的,如果选择过宽的事实要件作联结点,必然会使例外规则的可能适用不恰当地扩大化,从而减损既有规则的效力范围。有鉴于此,笔者主张所附事实要件应尽可能地具体。

(四)比例分析与冲突原则的最佳化实现

规则以"全或无"的方式被适用,而原则是以"或多或少"的方式来实现。原则裁判须以原则的这个特点来展开。所以阿列克西指出,法律原则是"最佳化要求"(optimization requirements),❷ 即谋求不同原则中所包含的法益在法律与事实的可能范围内应尽最大可能地予以实现。这意味着在相互矛盾的不同原则之间,可以彼此作出让步与妥协,直到它们都可以得到"最佳的"实现。在此,比例原则的分析方法具有启发性的,这种分析方法包括三个方面:适合性分析要求某一原则的适用能够实现法律的目的;必要性分析要求原则的适用是不可避免的,而且应将因为适用某一原则而对其他原则、法律安定性价值的减损控制在最小限度;相称性分析要求适用某一原则所获得的法益应当大于不适用该原则所获得的法益。冲突着的原则或许不可通约,但未必不能共容。

(五)构建类型化的适用模式

拉伦茨认为,重复的、累积的案件构成了一种可以为人们易于归纳的"平均的或经常性的类型",它在一定程度上体现着"典型的事件发展"脉络,因此可以为法官作为法律原则适用的基础:"法院由'经验法则'中获得这些'典型的事件

---

❶ Robert Alexy, A Theory of Constitutional Rights, Oxford University Press, 2002, p. 50.
❷ Robert Alexy, A Theory of Constitutional Rights, Oxford University Press, 2002, p. 47.

发展'",而这些都源于法官对"一般的生活经验"的观察。❶"类型化"是指在积累大量判例的基础上,法官将本质相同的社会生活归类合并,以确定其适用于哪一个法律原则处理。案件展示了生活的多个维度,而生活也提供了解决案件的基本素材,在这个时候,法官可以从生活中撷取、提炼出相应的法律原则,用以解决类型相同的案件。❷德国学者霍恩等人在论述了类型化方法对于法律原则适用的重要性时指出:"没有一个一般公式能够告诉我们什么行为是不道德,从而是不正当的,因为这个问题在很大程度上取决于一个国家的文化传统,以及当前商业生活所面临的问题;除此之外,人们的观念也在不断地变化。因此,讲求实际的法学家所关注的是将各种不同的情况加以归类,并找出每一类情况所应适用的特定原则。有时,立法者在确定具体的法定禁止事项时,实际上就是在将各种情况加以分类。"❸法律原则适用的类型体系可以通过归纳推理的方法来加以建立,虽然没有一个案件会在所有方面都与另一个案件一一雷同,但是,还是有许多事例,他们在一些特征上,在一定程度上相类似。将类型论运用于司法裁判之中,其意义在于:所涉案件与法律规定或判例虽然不完全相同,但只要主要特征相同,就属同一类型,就可依该法律规定或判例解决新的纠纷。❹建立法律原则适用的类型谱,提高原则适用的确定性和统一性。从而使法律原则的内涵不至于流于空洞或者飘忽,"法院裁判的事件愈多,提供比较的可能性也随之增长;因此,作出确实可靠的裁判之机会也随之增加,而残留的必须作不那么确定的裁判之判断空间也将随之缩小。"❺例如,英美法系国家将违反公序良俗的行为类型化为七种行为:有损家庭关系、不道德两性关系的行为;限制人身自由的行为;限制贸易的行为;射幸行为;妨害国交、公务的行为;妨害司法审判、排除法院审判权的行为;违反公共政策的行为等。❻大陆法系国家亦有类似归纳。这种类型化的思维方式对于克服原则裁判的随意性显然是大有裨益的。

---

❶ ［德］卡尔·拉伦兹:《法学方法论》,陈爱娥译,商务印书馆 2003 年版,第 340 页。
❷ 胡玉鸿:《法律原则适用的时机、中介及方式》,《苏州大学学报》(哲学社会科学版)2006 年第 6 期。
❸ ［德］罗伯特·霍恩等:《德国民商法导论》,中国大百科全书出版社 1996 年版,第 313 页。
❹ 刘士国:《类型化与民法解释》,《法学研究》2006 年第 6 期。
❺ ［德］卡尔·拉伦兹:《法学方法论》,陈爱娥译,商务印书馆 2003 年版,第 174 页。
❻ ［英］P. S. 阿狄亚:《合同法导论》,赵旭东等译,法律出版社 2002 年版,第 337～365 页。

第十五章　后果评估方法

　　司法在社会中运行,因而必然会对社会产生多方面的影响。一项判决关涉到特定时空之下的人和事,它对当事人,对一定的社会关系、社会秩序乃至对法官本人、法律的权威性都会产生某种现实的效果或后果,于是,它必须接受来自社会各界的各种评价:赞许、接受、容忍、质疑、愤懑、抗议等等,评价无论正面还是负面,都会对法院和法官的司法活动产生事实上的作用力。既然司法不是在真空中发生,那么人们就不能否认甚至不敢小觑判决的现实效果以及所招致的社会评价对法院和法官所产生的影响。在流派理论上,学者们所关注的问题是:判决的现实效果及相应的社会评价能否成为法官司法的直接考量因素? 换言之,本应依法裁判的法官能否追求法律效果之外的某种社会效果? 对此看法不一,但趋势是明显的,即承认判决的社会效果对法官司法的指导意义。然而,分歧之处在于如何判断和分析判决的社会效果,以及如何将这种社会效果置于一定的客观基础之上,不同的法学流派选取了不同的视角,给出了不同的方案。

一、司法过程的"因果次序"

　　司法判决如何产生? 通常观点认为它是依法裁判的结果,即以现行制定法或判例为"因",以当前判决为"果",司法就是一种由"因"到"果"的逻辑推理。这种观点在法律形式主义之中得到系统的阐述。法律形式主义者将抽象的法律视同理性的规律或主权者的律令,判决是按照演绎推理模式从作为大前提的法律规则中推导出来的必然结果。这是一种由"因"到"果"的线性次序,其推理路径表现为由基础规范——裁判规范——判决的演绎序列。作为"因"的现行制定法或判例是决定性的因素,而作为"果"的个案判决则是被决定的因素,两者之间决定与被决定的关系是单向度的、不可颠倒的。这是追求必然性、确定性的证明结构,它体现一种绝对的思维方式。在这种思维方式中,司法过程的结果即判决只是一种被检验的对象,而不是可以发生某种影响力的因素。

法律形式主义或许也会进行某种意义上的后果评估,即考察个案中的判决是否符合了法律上的既定标准,以及这种符合是否具有坚实的理性分析基础。为此,法律形式主义将法律体系设计成一种金字塔体系,精确界分的法律概念与规则呈现出一定的次序和组织,逻辑是将它们联结起来的纽带。下位规则可以从上位的基本范畴和原则之中推导出来,而且任何一个案件的判决也都可以通过这种逻辑推导关系得到验证。然而,这种验证充其量只是法律效果的检视,而不能称其为真正意义上的后果评估。因为在这种模式之中,"果"几乎没有任何力量,总是处在受决定的地位,而不能影响到对"因"的选择,换言之,法官不会去考虑判决对当事人、社会所产生的后果来斟酌和确定案件中所应适用的法律,社会效果的考量不仅是没有必要的,而且是"非法"的。法官可以也应该成为"象牙塔"之中的"神谕者",他无需面对自下而上的各种社会需求,而只需传递自上而下的法律旨意,这样,他自然会忽略当事人的实际意图、具体特征、特殊情况,以及案件得以发生的社会情境。

真正的后果主义司法模式要求法官对"果"的考量能够实质性地影响到对"因"的选择,即判决的实际效果可以逆向地影响到法律的适用。在这种模式之下,形式推理的线性方式不再适用,法官的思维顺序发生重大改变(参见表15-1)。

表15-1 后果主义司法推理模式与形式主义司法推理模式之比较

形式主义司法 推理模式	选择法律规则→作出司法判决→衡量判决效果 因　　　　→　　　果 因　　　　→　　　果
后果主义司法 推理模式	果　　←　　因 果　　←　　因 选择法律规则←作出司法判决←衡量判决效果

在这个模式中,除了从法律规则到司法判决、从司法判决到判决效果的正向因果关系,还包含了两重逆向因果关系:(1)从判决效果到司法判决,即通过考量特定判决对当事人、社会所产生的可能后果来调适具体的判决;(2)从司法判决到法律规则,即根据具体的判决来选择相应的法律规则及其解释。这种"倒

因为果"或"因果颠倒"的次序提升了判决效果在法官形成判决过程中的作用，其目的是要使司法活动更为贴近具体的案件情境和社会生活，使判决更为妥切地应对当事人及社会公众的需求。其结果则是在司法过程中引入了法律之外的因素，例如，判决效果的衡量需结合具体的社会情境方能展开，伦理、习俗、情理、政策等外部规范甚至当事人的个体情况都可能发挥作用，法官的思维已不再"纯粹"，但却会更加丰富与周详。或许我们会担心法官对法律"领地"的偏离，但这种偏离在时间上并不会太长，因为当他从判决效果的衡量转向特定判决及相关法律的选择时，法律的制约必然发挥作用。立法或先例限定了判决的具体样式和内容，换言之，法官不能作出法律未曾规定的判决形式，亦不能抛开法律规定，直接援引外部规范来进行判决。实际上，法官从衡量判决效果到适用相关法律并非一蹴而就，需要在后果与规则之间来回穿梭、反复参验，以弥合抽象与具体之间的背离，最大可能地兼顾法律与社会的要求，即所谓"融通法意与人情"，"法律效果与社会效果相统一"。

美国学者戈尔丁认为对司法中的法律推理可以从广义和狭义两方面来理解，前者是指法官在处理案件、形成判决时所经历的心理过程；后者是指为了支持其决定所给出的论证（往往表现为书面形式），论证的目的是要向社会各方人士证明其决定的正当性。[1] 依据这一思路，我们可以将后果主义司法分为两种，一种为纯粹的后果主义思维，另一种为后果主义论证。在前一种情况下，法官只有判决后果估量的实质思维，却未必在判决书中坦言，而是用由法律规则到判决结论的演绎推理将其包裹起来；第二种情况则是指法官是将其对判决后果的评估与考量明确表述在判决书的论证之中。采取何种方式，主要受制于法律要求法官对判决书说理所承担义务的范围与程度。

后果主义司法其实古已有之，但其成熟理论形态的形成，则与现代以来诸多法学思潮的兴盛有关。这虽只是一种司法方法或其学说，但其背后却隐含着法律理念与司法哲学的变革，举其要者有三：

（一）法律的后果论视角，即从实际后果而不是抽象理性或超验实体的角度来观察与评价法律。霍姆斯说，如果将法律看成一种世俗的职业，那么就必须从坏人而不是好人的角度来看法律，因为"坏人只关心法律知识允许他预测的物

---

[1] Martin P. Golding, Legal Reasoning, Broadview Press, 2001, pp. 1-2.

质后果,而好人却从更为模糊的良知命令去寻找其行为的理由"。❶ 这是说,不能从抽象律令的角度来理解法律,而应当实际后果的角度来观察法律。在一篇司法意见中,他说得更加明确:"法律的目标不是惩罚犯罪,而是预防某些外部结果。"❷霍姆斯的这一观点旨在通过清除法律中的"道德语言",带来法律思想上的一场变革。卢埃林延续了霍姆斯的观点,他说,现实主义法学的共同观点是"坚持对法律的任何部分都用效果来进行评价,同时坚持为查明这些效果而进行的努力是有价值的。"❸他说:"没有效果的'法律'在其意义上接近于零。忽视它的效果就是忽视它的意义。"❹庞德则是将对法律后果的评估写到了社会学法学的研究纲领之中,在社会学法学家必须坚持的八项主张中,有三项是与后果或效果直接相关的:研究法律制度、法律律令和法律准则所具有的实际的社会效果;研究使法律律令具有实效的手段;对法律史进行社会学的研究,其间不仅要研究法律准则——亦即仅仅被视作是法律材料的那些法律准则——是如何演化的,而且还要研究这些法律准则在过去产生了什么社会效果,以及它们是如何产生这些社会效果的。❺

　　(二)司法工具主义,即强调司法应服务于一定的公共政策和社会需求,而非从法律自足的角度来看待司法活动。霍姆斯说,在英美法系的历史发展之中,"每一个通过诉讼发展出来的重要原则,事实上、并且归根到底,都是或多或少地准确理解公共政策的结果"。❻ 这是说,司法是实现一定的公共政策服务的。卡多佐也告诫法官:"主要的问题并不是法律的起源,而是法律的目标。如果根本不知道道路会导向何方,我们就不可能智慧地选择路径。对于自己的职能,法官在心目中一定要总是保持这种目的论的理解。"❼现实主义法学也主张打破法

---

❶ [美]奥利弗·温德尔·霍姆斯:《法律的道路》,张千帆、杨春福、黄斌译,《南京大学法律评论》2000年秋季号。

❷ Holms,J.,in Commonwealth v. Kennedy,170 Mass.18,20.转引自[美]罗斯科·庞德:《法律与道德》,陈林林译,中国政法大学出版社2003年版,第95页,注35。

❸ Karl N. Llewellyn,Some Realism About Realism-Responding to Dean Pound,44 Harv. L. Rev. 1222,1931,p.1237.

❹ Karl N. Llewellyn, Some Realism About Realism-Responding to Dean Pound, 44 Harv. L. Rev. 1222, p.1931.

❺ [美]罗斯科·庞德:《法理学》(第1卷),邓正来译,中国政法大学出版社2004年版,第356~360页。

❻ [美]小奥利弗·温德尔·霍姆斯:《普通法》,冉昊、姚中秋译,中国政法大学出版社2006年版,第32页。

❼ [美]本杰明·卡多佐:《司法过程的性质》,苏力译,商务印书馆2000年版,第63页。

律自治的壁垒,从工具主义的立场来把握法律。卢埃林说:"法律是达到社会目的的一种手段,但非目的本身,因此,对法律的任何部分都应当不断地从目的、效果的角度来加以研究,并依据目的、效果以及二者相互关系来加以评判。"❶波斯纳在其实用主义哲学中,不仅将判决与特定的法律目标相联系,甚至将良好判决后果的追求当成了司法本身的目标。在他看来,判例与制定法其实并非法官裁判的依据,法官寻求最佳判决效果的资源,他说:"实用主义法官只是将这些正式的法律看作是一种信息的来源,或者是对他司法裁量权的一种有限度的制约。在面对一个全新的案件时,他不会以来于这些过去制定的法律来提供当前案件的裁判规范。"❷这些观点较之传统的形式主义法学,代表了一种根本性的改变。形式主义法学将法律看成一种自足的体系,主张从法律规则、原则本身或其相互关系的角度来理解法律;而现实主义法学、实用主义法学则更加关注社会现象对于法律规则的内容、目的和适用的影响,带有更直接的目的论取向,即法律应当作为人类需要、社会福利的仆人,它始终应当是向前看的。波斯纳法官明确地指出,法律实证主义与实用主义的基本分歧点在于:实证主义主要关注于保障现在的判决与过去的制定法或判例之间的一致性;而实用主义法官只有在这样的一致性恰巧有助于获得面向未来的最佳结果,才会去关注它。❸ 换言之,司法是追求最佳判决效果的工具。

(三)结论先导的法律推理观,即司法过程并非由前提到结论的简单推导,在先行结论指引下的法律适用。人们通常从判决书来了解法官的思维过程。由于这些判决书往往以严谨的演绎推理为基本结构,人们很容易产生一种印象,好像判决是按照三段论推理模式从作为大前提的法律规则中推导出来的必然结果。但这种观点似乎与实际情况不相符合。霍姆斯曾提到过实际的思维路径:"先对案件作出判决,然后确定适用的原则。"❹就这个问题,弗兰克从人类心理的角度进行了细致的分析。普通人在处理日常事务时作出判断,很少由导出结

---

❶ Karl Llewellyn,Some Realism About Realism-Responding to Dean Pound,44 Harv. L. Rev. 1222,1931,p. 1236.

❷ Richard A. Posner,Pragmatic Adjudication,18 Cardozo L. Rev. 1(1996),p. 5.

❸ Richard A. Posner,Pragmatic Adjudication,18 Cardozo L. Rev. 1(1996),p. 4.

❹ Oliver Wendell Holmes,Codes,and the Arrangement of the Law,5 AM. L. Rev. 1,reprinted in 44 Harv. L. Rev. 725(1931).

论的前提开始,相反,它始于一个以多少有点模糊的方式而形成的结论。再从这个结论出发,找到将证明这一结论的前提。虽说司法推理有自身的特点,但法官是人,不会因为披上法袍就获得一种非自然的推理方法。法官形成判决的实际过程,其实与正常人的思维过程是很类似的,即先确定案件的结论,然后才会去判断这一结论是否存在法律依据。他说:"毫无疑问,在大多数情况下,司法判决和其他判断一样是从暂时形成的结论回过头来作出的。"❶同时,这种结论先导的法律推理观在大陆法系也得到了认可与发展,德国学者拉伦茨指出:"可以想象,当法官最后终于在两个均可认为正当的判决中作出抉择时,他事先已经考量过各该判决的后果(即由各该判断将推论出的案件裁判结果)。因为法官希望尽可能对事件作出'正当'的裁判,在事件中实现正义也是司法裁判的正当意愿,因此,预先考量法官自己认为正当的事件裁判,原无不可。"❷在司法过程中,法官先凭法律感在心中形成判决结果,然后再为这种结果寻找判决理由。结论先导的法律推理观正是后果主义司法模式得以生发与展开的基点。

二、后果主义司法的不同视角

(一)后果主义司法的个案视角

这是指从案件具体情境的角度来衡量判决效果的优劣并进行取舍,使个案及当事人获得个别化的对待,由于它强调当前个案的妥当处理,因此我们称之为"后果主义司法的个案视角"。

这种视角可以用庞德的"司法个别化"理念来诠释。这种理念强调对法律律令进行"个殊化适用"(individualized application),❸即对规则进行司法调适并应用于具体案件。形式主义法学为了使法律确定性达到一种不可能达到的程度,片面注重规则的抽象演绎,牺牲了案件事实的丰富性与具体性,而司法个别化就是要充分关注个别案件的重要性,不仅要使案件适合于规则,而且是使规则适用于案件。庞德考察了欧陆和英美的司法实践,发现司法的个别化主要是通

---

❶　Jerome Frank,Law and the Modern Mind,Peter Smith,1970,p.108.

❷　[德]卡尔·拉伦茨:《法学方法论》,陈爱娥译,商务印书馆2003年版,第175页。

❸　[美]罗斯科·庞德:《法理学》(第1卷),邓正来译,中国政法大学出版社2004年版,第362页。

过衡平解释以及扩大法官自由裁量权的方式来实现的。庞德引用亚里士多德的观点指出,裁量权是一种具有行政属性的权力,因为"行政过程中必须因时、因人、因具体境况而制宜,行政官员要行使明智的裁量权以使得国家机器适应于具体的现实情势"❶。法律的行政适用是一个典型的自由裁量问题。案件都被视为独一无二的,并且谋求根据特定案件的特定情况被处理。❷ 传统观点认为,司法中的法律适用是一种严格的案件裁决过程,应该拒斥行政性的因素。而 20 世纪的衡平法学派(the equitable school)试图在司法过程中应引入"行政性因素",使法官能够在宽泛的限度内自由地处理个案,以满足各方当事人的正义要求,并与理性以及普通人的道德观相协调。于是,"行政因素视为司法功能一个合理的组成部分,并且法律律令适用中的个别化与律令本身一样重要。"❸尽管庞德批评衡平法学派跨过了合理的界限,但是,他主张:"我们必须承认司法功能中的行政因素。在这一点上,德国的改革家们是言之有据的。"❹

庞德认为,法律适用的个别化是所有达致成熟的法律体系所必须考虑与解决的一个问题。而在不同的法系传统中,司法个别化亦有不同的表现形式。在英美法律体系中,有六种法律个别化适用的模式:(1)衡平法中的个别化适用;(2)由陪审团进行的个别化适用;(3)法院以选择或者确定规则的名义下通过一定范围的自由适用所实现的个别化适用;(4)通过法律准则的个别化适用;(5)在刑事诉讼程序中通过一系列减刑措施进行的个别化适用;(6)在治安案件中通过法官广泛的自由裁量权实现的个别化适用。❺ 在大陆法系,司法个别化主要是通过衡平司法来实现的,公平正义观念被用作法律发现,解释和适用过程中自由裁量的边界。尽管两大法系都有衡平司法,但是二者之间是存在区别的。普通法主要通过管辖权行使中和救济措施调适中的自由裁量权来确立衡平法上的个别化适用体系,仅涉及程序性事项或当事人的权利救济方式。普通法上的衡平法"不允许任何关于实体权利的自由裁量权"。❻ 这一点较大陆法系的范围

---

❶ [美]罗斯科·庞德:《法理学》(第4卷),王保民、王玉译,法律出版社 2007 年版,第 6 页。
❷ [美]罗斯科·庞德:《法理学》(第4卷),王保民、王玉译,法律出版社 2007 年版,第 26 页。
❸ [美]罗斯科·庞德:《法理学》(第4卷),王保民、王玉译,法律出版社 2007 年版,第 14 页。
❹ [美]罗斯科·庞德:《法理学》(第4卷),王保民、王玉译,法律出版社 2007 年版,第 16 页。
❺ [美]罗斯科·庞德:《法理学》(第4卷),王保民、王玉译,法律出版社 2007 年版,第 15 页。
❻ [美]罗斯科·庞德:《法理学》(第4卷),王保民、王玉译,法律出版社 2007 年版,第 18 页。

要狭窄一些。但是既然衡平法重视规则的目的,并寻求最有效的方式以获得并使案件获得公正的结果,那么实体权利的个别化问题也包含其中。庞德于是深有感触地说:"法律适用的衡平化是我们未来面临问题之一。"❶

　　司法个别化理念中包含着一个值得探讨的问题,即如何在要求确定性、一致性和可预测性的公共安全、经济秩序安全与要求个别化适用法律的个人生活之间进行平衡?❷ 在技术层面上,这个问题关系到法律的形式。19 世纪概念法学盛行的时代,立法之中充斥着各种个别性、细节性的规定,立法者试图使每一个可能出现的案件都有一条相应的规则,来帮助法官个别化地适用法律。其后的德国衡平法学派则通过从规则中剥离所有特性而只留下一般性指示的属性,使规则成为"一束摇摆不定的灯光"。❸ 但是,任何一种极端的观点都会将一个难题过于简单化。这里有一个平衡的问题,一方面,司法个别化中难以完全抛弃法官的自由裁量因素;另一方面,又必须承认规则和概念的地位,因为规则和概念提供确定性和一致性,赋予公共安全中的社会利益以效力。就这一点而言,普通法系的衡平司法方法或许是一条未必完善却较为恰当的解决办法,其要义是使个别化遵循一定的原则并采纳某种法律发现的理论,以获得合理的形式和理智的指导,相关的律令可以在手头案件中发生最好效力。❹

　　除了庞德的社会学法学之外,后果主义司法的个别论视角也受到实用主义法学的推崇。波斯纳法官通过案例分析向我们展示了判决效果分析的个案视角。在哈米林诉密歇根州一案❺中,16 岁的被告人哈米林因持有 650 克可卡因而被判处强制性的终身监禁,不得假释。美国联邦最高法院维持了这一刑罚判决。波斯纳认为,这个判决结果对实用主义法官而言是不能忍受的。实用主义法官并不像实证主义法官那样拘泥于法律的演绎效果,相反,他会结合案件的具体情境,关注判决结果是否能够满足当前和未来的需要。就本案而言,他会思考监禁一名年轻人对他的整个生活所具有的心理与社会意义。在这种情境下他会面对什么? 他能适应吗? 还是会破罐破摔? 这样的判决对于他的家庭,对于社

---

❶ [美]罗斯科·庞德:《法理学》(第 4 卷),王保民、王玉译,法律出版社 2007 年版,第 18 页。
❷ [美]罗斯科·庞德:《法理学》(第 4 卷),王保民、王玉译,法律出版社 2007 年版,第 15 页。
❸ [美]罗斯科·庞德:《法理学》(第 4 卷),王保民、王玉译,法律出版社 2007 年版,第 16 页。
❹ 参见:[美]罗斯科·庞德:《法理学》(第 4 卷),王保民、王玉译,法律出版社 2007 年版,第 16 页。
❺ Harmelin v. Michigan,501 U. S. 957(1991).

会可能产生什么影响？人们的感受如何？刑期是否会实际执行？还是可能获得减刑？以牺牲这位年轻人为代价进行效用最大化的投机（utility-maximizing venture），真的能够极大地发挥禁毒法的威慑效果，减少违法行为？在这里，效用是一个正确的标准吗？等等。❶ 这些问题的思考能够帮助法官获得更加妥当的判决结果。

批判法学的代表人物之一昂格尔则认为，传统法学所推崇的合理化法律分析方法并不像预想的那样能够保障裁判的一贯性和正当性，在司法活动中，应当而且必须使用"以具体语境为根据、以解释目的作为引导的类比推理"来作为基本的法律分析方法。为了把握这种目的性类比推理，我们应当首先理解它与理性化法律分析的显著不同之处，即它"不会去推进任何系统化的封闭与抽象"；❷ 同时，我们还要消除自由主义法学传统强加于类比推理之上的偏见，即把本来具有不可普遍化、不可累积性的类比推理用作了将某项政策或原则普遍化的手段。昂格尔的这种法律分析方法强调"以具体语境为根据"，要求"将诉讼当事人因其脆弱和期望而看作是真实的人"，承认"具体问题上的利益和关注是可争论的、具有宗派性的"，并且"在诉讼当事人的社会境况中"来考虑和解释利益和目的之间的冲突。❸ 这在实质上就是一种诉诸于个案视角的后果分析。

（二）后果主义司法的规范视角

这是指从可普遍化的角度来衡量判决的效果，它考虑的是如果将当前案件的判决推而广之，适用于相似的案件、相似的人，所带来的效果是积极还是消极，以此作为衡量与取舍的准据。由于它从判决的普遍效果而非个案妥当性着眼，具有较强的规范性意味，因此我们称之为"后果主义司法的规范视角"。

麦考密克的"后果主义论证"（Consequentialist Argument）是这种视角的典型代表。为了在严格的形式主义与绝对的现实主义之间找到一条合理的中间路径，他主张法官在疑难案件中可以引入后果评估。自然，在麦考密克分析法学的

---

❶ Richard A. Posner, Pragmatic Adjudication, 18 Cardozo L. Rev. 1, 1996, p. 14.

❷ ［美］罗伯托·曼戈贝拉·昂格尔：《法律分析应当为何？》，李诚予译，中国政法大学出版社 2007 年版，第 167 页。

❸ ［美］罗伯托·曼戈贝拉·昂格尔：《法律分析应当为何？》，李诚予译，中国政法大学出版社 2007 年版，第 167、169 页。

画板上,循演绎推理展开的规则论证仍然是司法的主色调。后果主义论证并非在每一个案件或者裁判过程的每一个阶段都会出现,它所针对的只是疑难案件以及规则适用之前的规则选择环节。由此,判决的论证过程划分为两个层次:演绎证明与二阶证明。在前一个层次,法律论证通过演绎性证明方式得以维持,这主要用来处理规则明确的简单案件;但是,如果遇到规则含义模糊、冲突、漏洞等不确定情形需要选择规则并讨论其合法性与正当性时,演绎证明难免捉襟见肘,于是转入二阶证明层次。这一层次包括两个论证环节:后果主义论证与一致性、融贯性论证。可见,麦考密克的法律论证理论是围绕简易案件与疑难案件、演绎证明与二阶证明的两分法来构建,后果主义司法正是其中的一个重要环节。

　　麦考密克并不认为这种后果主义论证模式是他的首创,相反,他试图将其建立在坚实的经验基础上。在广泛考察了不同法律领域、司法辖区的司法判例之后,他指出,判决后果的考量并非新奇之见,而是普遍存在历史和现实的司法实践之中。在理论上,分析法学的开山者奥斯汀早就认识到,法官的判决结论"通常依赖于对判决理由作为一般性法律或者规则所可能导致的后果所做的审慎权衡"❶。但是这种现象不能仅仅看成对法官司法的一种实然描述,更重要的是,它还对当前及未来的法官司法具有应然的指导意义,或者说,对判决后果的考量应当成为法官处理疑难案件时的常规方法,成为法官实现司法公正的天然义务。他说:"我们有理由认为,在处理案件时,法官理应对摆在其面前的各种可供选择的裁判规则所可能造成的后果予以审慎考量,以权衡利弊。"❷尤其是"在那些无法根据明确的强制性规则得出判决结论的场合,或者规则本身语焉不详的场合,依靠对后果的考量做出判决实乃必要之举。"❸

　　后果主义司法是一种客观存在。存在的合理性不是麦考密克关注的重点问题,他着力探讨的是怎样使后果主义司法"做到不失正确和妥当?"❹特定的法官判决会带来各种可能后果,它们在性质上是不同的。因此,需要厘清的问题是:何种后果才能说是与司法决定过程"相关的"？更重要的是,用什么样的标准来评价后果的好坏优劣,可接受或不可接受？而要回答这些问题,关键是要弄清楚

---

❶ ［英］尼尔·麦考密克:《法律推理与法律理论》,姜峰译,法律出版社 2005 年版,第 125 页。
❷ ［英］尼尔·麦考密克:《法律推理与法律理论》,姜峰译,法律出版社 2005 年版,第 125 页。
❸ ［英］尼尔·麦考密克:《法律推理与法律理论》,姜峰译,法律出版社 2005 年版,第 147 页。
❹ ［英］尼尔·麦考密克:《法律推理与法律理论》,姜峰译,法律出版社 2005 年版,第 126 页。

什么才是司法过程中的法官所应考虑的后果。

关于后果的性质,首先应将后果(consequences)与结果(results)区分开来。特定的行为会导致特定的结果,如扣动扳机,就会射出子弹;而后果的含义则超出了自然的结果,子弹击中某人致其死亡,这就造成了后果。在司法领域,法院作出判决,被告人因而被入罪或出罪,权利因而被授予或剥夺,这是结果,但判决所引发的各种效应才是后果。结果其实已包含在判决行为的基本含义之中,"它是需要被证明为正当的对象,却非证明过程中的要素。"❶后果主义司法所关注的是后果而非结果。

其次,对不同的判决后果也应作出区分。判决所导致的后果是多种多样的,既有直接后果(Causal Consequences)又有间接后果(Ulterior Outcomes)。前者如原告因判决而沮丧,被告因判决而兴奋;后者如被告因为败诉需要还款因而撤销一笔捐款,致使由该款项支持的项目被取消,许多人又因此而失去工作。这样的后果还有很多,它们都在影响着人们对判决后果的判断。但是,麦考密克认为,这些后果都太特殊了,司法推理所需要的是一种非特殊的"类的后果"(Generic Consequences)。他指出,如果我们仍然只关注特定的决定及其特定的结果、后果、效果,我担心难以澄清后果主义在论证法律决定时的作用。❷ 可见,麦考密克不是将后果主义司法的立足点放在个案的个别后果上,这使他的理论与后果主义司法的个别视角明确地区分开来。

规范视角的后果衡量具有两个特点:(1)一般性,即对判决后果的考量必须超越个别案件,诉诸普遍化的或者可普遍化的理由。在麦考密克看来,后果衡量实际上是要为判决寻求"好的理由",但是"好的理由不应当是个别化的和仅适用于本案的"。❸ 在此,对具体案件的后果衡量其实已转化为对相关抽象规则的衡量。麦考密克指出:"由于证明过程就是表明为什么判决遵循的是这项规则而不是那项规则的过程,所考虑的后果也就包括一般性裁判规则所可能导致的

---

❶ Neil MacCormick, On Legal Decisions and Their Consequences: From Dewey to Dworkin, 58 N. Y. U. L. Rev. 239, 1983, pp. 246-247.

❷ Neil MacCormick, On Legal Decisions and Their Consequences: From Dewey to Dworkin, 58 N. Y. U. L. Rev. 239, 1983, p. 248.

❸ Neil MacCormick, On Legal Decisions and Their Consequences: From Dewey to Dworkin, 58 N. Y. U. L. Rev. 239, 1983, p. 249.

所有可能后果,而不仅仅是判决对某个特定当事人的特定影响。"❶(2)前瞻性,即对判决后果的考量不仅要考虑当前案件,更要考虑未来可能发生的类似案件。在麦考密克看来,前瞻性之所以会成为一个必要因素,是因为"对待当下案件的方式,也会成为将来对待同样案件的理由"。❷ 如果说一般性可以通过对过去的归纳来获得,那么,前瞻性就需要法官通过综合考量正义、常识、公共政策等因素进行感悟,这使得麦考密克的后果主义司法理论带有了实用主义的色彩。但麦考密克更加强调的是其"制度法论"的立场,既然审判过程是一种制度性实践,那么它就应当遵循体制化的规范秩序(institutional normative order)来运作,因此不能脱离普遍化的规范秩序来孤立地来考虑一个案件的解决。在这个意义上,一项可普遍化的法律裁决(Rulings)与特定的判决结论(Decisions)是不同的,前者超越并包含了后者,后者只是前者的一个特例,两者的关系是:"只有得到充分论证的法律裁决才能接下来为判决结论提供证明依据。"❸

麦考密克用女王诉达德利和史蒂芬(Regina v. Dudley & Stephens)一案来说明后果主义司法的这些特点。这个案件的被告人是两个遇到海难的船员,他们乘救生船在海上漂浮,在食物吃光的8天以及淡水喝光的6天之后,将同船的一个男孩杀死,靠他的血肉维持到最后获救。检察机关指控其犯有谋杀罪,在法庭上,辩护律师则试图从生存必需的角度来论证杀死他人的合理性。从该案的特殊情况来看,杀人自救似乎具有某种不可避免的性质。但是,审理本案的科尔里奇大法官看到的不是个案的特殊性,而是规则的普遍后果,即如果承认本案中被告人的杀人自救具有合理性,那就意味着在诸多类似的情况下赋予人们以自救为理由而杀人的权利。可是,谁来评价杀人自救的必要性?用何种标准来比较不同生命之间的相对价值?科尔里奇法官认为这里存在着"可怕的风险"——"这样的规则一旦确立,就会成为无约束激情和残暴犯罪的法律包装。"❹尽管每个案件都是特殊的,案件的判决结论及其所涉及的规则却是可延展适用的,由此,判决的后果不能仅从个案本身来思考,而应该从已经发生或可能发生的类似

---

❶ [英]尼尔·麦考密克:《法律推理与法律理论》,姜峰译,法律出版社2005年版,第147页。
❷ [英]尼尔·麦考密克:《法律推理与法律理论》,姜峰译,法律出版社2005年版,第147页。
❸ Neil MacCormick, On Legal Decisions and Their Consequences: From Dewey to Dworkin, 58 N. Y. U. L. Rev. 239, 1983, p. 250.
❹ Neil MacCormick, On Legal Decisions and Their Consequences: From Dewey to Dworkin, 58 N. Y. U. L. Rev. 239, 1983, p. 250.

案件来进行综合性的评估,这样的后果主义论辩才是具有一致性和融贯性的法律论辩,也才能造就出"正确和妥当"的后果主义司法。

(三)后果主义司法的类型视角

这是指从案件事实类型或情境类型出发来衡量判决效果的优劣,它考虑的是在某种典型的事实情境中,或者在针对同种类型的人或事时,特定判决及其所适用规则的效果。事实类型或情境类型的形成虽与法律规则存在一定的关联,但更多地来源于对事物本质和日常经验的概括,因而往往会突破法律概念的界限。它比法律概念具体,却不局限于个案的具体性,属于一种"类"的思考方式,因而我们称之为"后果主义司法的类型视角"。

如前所述,分析法学也提出了"类的后果"问题,但它所强调只是判决后果的可普遍化,而并未明确界分后果衡量的概念思维与类型思维,这是规范视角与类型视角的重要区别。明确提出以类型思维来评价判决效果的首推美国现实主义法学。现实主义法学认为,以规则为前提的演绎推理不能解释判决形成的过程,概念不是影响法官的决定因素,而围绕案件事实形成的"情境类型"所发挥的作用却颇为重要。奥利芬特在对司法判决的实证研究中发现,能够引起法庭作出的反应的刺激是"具体案件中的事实,而不是司法意见和学术著作中过于一般的抽象概念"。❶ 例如,同样是在合同中承诺不予竞争的情况,联邦法院却作出了一系列相互冲突的判例,而且这种冲突不能以合同法的现有规则来加以解释。为什么在这些判例中法庭确认了承诺的效力,而在其他的判例中却又否认了它的效力?奥利芬特在案件背后的"情境类型"中找到了答案:如果是商业交易的卖方承诺不与买方进行竞争,法庭就会确认其效力;如果是雇佣关系中的雇员承诺不与其雇主竞争,法庭则倾向于否认其效力。实际上,在这里起到决定作用的是得到普遍认可的但又是非正式的"商业规范"。但是,法庭不会明确表明他们实际所依据的是法律之外的商业规范,相反却会声称他们遵循的是合同法的一般规则,而这些规则对解释实际的判决来讲毫无作用。以大量的实证研究为基础,现实主义法学认为,法庭判决实际上是针对特定的情境类型适用在社会占主导地位的、未上升为法律的社会规范。在他们看来,并不存在自足的法律

---

❶ Herman Oliphant, A Return to Stare Decisis, 14 A. B. A. J. 71, 1928, p. 75.

体系,所存在的是针对不同的事实情境类型而设立的一系列法则。❶

依此思路,我们不难理解在现实主义学者所编写的侵权法教科书中,提纲挈领的不是传统的理论范畴,如过失、故意侵权等,而是"情境类型",如外科手术、动物饲养、交通运输等。相应的法律救济并不是通过关于法律救济的一般规则去理解,而是按照这些救济得以产生的损害情境的类型来加以解决。现实主义法学试图抛弃法律概念,按照某种情境来组织判例,这突破了传统观点中抽象的规则和概念体系,将法律的运作与生活世界紧密相连。尽管这未必能够完全实现,但其主旨却是值得赞赏的,与其让事实情境的丰富性削足适履,来适应僵化的规则,不如增加规则的弹性来容纳事实情境的特殊性,这样,司法在应对社会需求方面会更有活力。

在现实主义法学的司法模式中,情境类型是一个重要概念,它对于评估判决效果以及选择可适用的规则具有重要意义。卢埃林认为,司法过程实际上就是"法庭不断寻求妥当的方式来使事实与某些重要的模式或者类型相契合"的过程。❷ 而"出于最佳上诉审理的目的,我们需要将类型情境的事实梳理清晰,令其作为显示某一特别的讯息以及特定种类的事实而存在"❸。从卢埃林的观点来看,法官的类型思维包含以下要点:(1)事实引导(fact-guided decision),即找寻判决结果的出发点不是从抽象的法律规则,而是案件事实。其步骤是:(a)理解案件事实;(b)在这些事实的基础上作出决定;(c)为这一决定寻找法律上的论证;(d)撰写包含前述论证的司法意见书。❹ 在这个过程中,事实的引导是主导性的,它决定了判决结果的基本方向;寻求法律论证则是辅助性的,它服务于判决结果的基本方向。甚至,人们在收集提供法律论证的法律规则时,可以"扭曲和改变这些法律规则,直到它们看起来能够产生那个既定的结果"❺。(2)典型情境(Type-situation),这是相对于个案情境与个别事实而言的。情境类型虽然来自于个案,但却不能将它们完全等同起来。卢埃林反复强调了个案事实以

❶ Brian Leiter,Positivism,Formalism,Realism,Columbia Law Review,May,1999,pp.1148-1149.
❷ [美]卡尔·N.卢埃林:《普通法传统》,陈绪刚、史大晓、仝宗锦译,中国政法大学出版社2002年版,第147~148页。
❸ [美]卡尔·N.卢埃林:《普通法传统》,陈绪刚、史大晓、仝宗锦译,中国政法大学出版社2002年版,第148页。
❹ Karl N.Llewellyn,The Case Law System in America,Columbia Law Review,1988,p.1011.
❺ Karl N.Llewellyn,The Case Law System in America,Columbia Law Review,1988,p.1011.

及作为一个类型的情境事实之间的差别,他说:法官"要注意的事实并非那些非常细节化的事实,不是那些有关某个交易或者某些交易方的事实,而是背景事实、商业惯例的事实以及情境类型的事实,这些事实才能从整体上供当事方和法庭衡量"❶。典型事实不是孤立的事实,而是包含于原始事实材料之中的某些"关键性"事实,是能够纳入法律事实范畴的、具有法律意义的事实。他也承认,置于生活世界之中,个案情境与典型情境其实难以截然分离,但是,法官或律师的伟大之处在于"将两者糅合起来的能力,以及运用某些具体特定的东西来切中其要害,并诉诸更为一般的情境,这反过来又有助于形成规则"❷。由此看来,典型情境介于个案事实与一般规则之间,起到联结具体与抽象桥梁的作用。

(3)情境感悟(Situation Sense),这是指法官迅速察觉事实情境之法律意义的敏感与能力。法官的司法在一定意义上就是寻找适合于当前处理案件的情境类型,这既包括对旧的事实情境的类推适用,也包括对新的事实情境的察觉与提炼。一方面,法官的情境感悟伴随着正义感而发生。卢埃林说:"法官对于新的事实情境及其意义的洞察力,在个案中通常被称作'正义感'"。❸ 另一方面,这种情境感悟也是法官灵活运用各种社会经验和知识、妥当作为判断的结果,他说:"情境感是对于正确分析的问题情境类型而得到好法律和判决的关键所在,在可以利用的地方,我发现诉诸这种知识和判断已经不再是需要,而是必需。"❹通过情境感悟,法官得以迅速感知变动的社会环境所产生的新需求,并在个案的判决中作出反应。

从事实情境而非法律规则出发来裁决案件会不会导致法官的主观裁量行为呢?卢埃林的回答是否定的。由于形式规则所固有的缺陷,因此机械适用法律会时不时地偏离人们对于社会公正的基本预期;而事实情境却常常"导致不同的法官——尽管他们不同的分析思路——达成相同的判决结果"❺,这反而使司

---

❶ [美]卡尔·N.卢埃林:《普通法传统》,陈绪刚、史大晓、全宗锦译,中国政法大学出版社2002年版,第148页。

❷ [美]卡尔·N.卢埃林:《普通法传统》,陈绪刚、史大晓、全宗锦译,中国政法大学出版社2002年版,第143页。

❸ Karl N. Llewellyn, The Case Law System in America, Columbia Law Review, 1988, p. 1011.

❹ [美]卡尔·N.卢埃林:《普通法传统》,陈绪刚、史大晓、全宗锦译,中国政法大学出版社2002年版,第375页。

❺ Karl N. Llewellyn, The Case Law System in America, Columbia Law Review, 1988, p. 991.

法判决具有可预测性。将个案中所反映出来的社会问题又置于特定的情境类型中加以考量,进一步增强了处理结果的恒常性与可估量性。由于法官不同的个性与阅历,或许会存在某种偏离,但这种偏离由于情境类型的作用而不会走得太远。卢埃林把情境类型比作"海浪",把法官的主观偏离比作"回头浪",虽然"特定案件所激起的强烈感情或感伤会像回头浪那样搅乱人的心绪或者令人心烦意乱",但是,"类型情境对于有关的情感以及公正感所施加的压力和拉力,具有一种类似于平稳但有力的海流对比于回头浪那样的风味和效果。它稳固的拉力可能不知不觉地在发挥作用。"❶由于情境类型来自于生活经验的提炼,反映了社会对于特定类型问题解决的稳定预期,因此,基于情境类型的后果考量不会局限于单个个案的处理,这样,法官在特定案件中产生的主观任意就会受到抑制,保证了司法行为的恒常性以及判决结果的可估量性。

三、社会效果与实证标准

后果评估方法代表了一种与规则演绎不同的法律思维模式,规则演绎所寻找的是司法的前提,而后果评估所关注的是司法的实际效果。由于司法活动深深地镶嵌在社会生活之中:它因特定的社会纠纷而起,指向具体的社会主体,并在特定的社会环境中展开,因此,判决后果的评估主要是对判决社会效果的评价问题。但是,接下来的问题是:我们应该使用什么样的标准来评价判决的社会效果呢? 应该说,社会效果本身是一个弹性很大的概念,而社会效果的评价往往又意味着对依法裁判原则的某种偏离与调整,这带来了司法上的不确定性乃至风险。我们有理由担心,诸如法官的恣意专断、社会强势集团的意志、不恰当的人情关系以及政治对司法的不当干预等因素都可能在社会效果的幌子之下潜入司法过程之中,我们可能平息了一时的纠纷,却长远地损害了法律的权威,这是得不偿失的事情。正是在这个意义上,如何来获得判决社会效果的评价标准是一个值得探讨的问题。

霍姆斯法官认为,为了追求司法判决的社会效果,法官应当对适用法律规则

---

❶ 〔美〕卡尔・N. 卢埃林:《普通法传统》,陈绪刚、史大晓、仝宗锦译,中国政法大学出版社 2002 年版,第 287～288 页。

所可能赢得的利益和遭受的损失进行比较和权衡。至于比较与权衡的尺度,他从社会达尔文主义的立场出发,主张依靠和援引"社会领域竞争中生活利益的经验",因为这些经验"教会了我们比较利害得失的价值观念"。❶ 在这里,他所倡导的是一种"经验标准"。在《普通法》一书中,他还对经验标准进行了说明:"对时代必然性的感知,流行的道德和政治理论,对公共政策的直觉,甚至法官和他的同行所共有的偏见"都是其中的重要内容;在形式上,则既可以是"被公开宣称出来"的,也可以是"尚未被人们意识到"的。❷ 这种经验标准看起来丰富却十分庞杂,而且诉诸于法官的直觉认识来把握的,因此,它实际上是一种直觉的经验标准。

这种直觉经验标准所包含的内容相当庞杂,社会的价值观念、伦理规范、风俗习惯、公共政策、政治哲学和经济理论等都可以包罗其内,这些因素往往并不具有十分确定的内涵与外延。有一些因素(如政治哲学和经济理论等)虽然是公开宣称出来的,但是其中往往充满着分歧与争议;另一些因素(如伦理、习俗、政策等)虽然也像法律一样具有规范的形态,但不具有法律那样明确、严谨的形式;而且,在法官的思维中,这些因素往往交织、混杂在一起。卡多佐法官把司法中的权衡比喻成特殊"化合物"(brew)的"酿制"过程,他说:"日复一日,以不同的比例,所有这些成分被投入法院的锅炉中,酿造成这种奇怪的化合物。"❸这种"化合物"显然是难以精确测定的,那么它又是如何获得的呢?卡多佐法官接着说:"就事物的性质来说,从来也不可能将这些检验标准编成精确的目录。许多工作都必须留待工具使用的熟练,而这要工艺实践来发展。这里有的只是一些提示,一些建议,而其余的都必须委托给这位艺匠的感觉。"❹换言之,评价判决效果的社会标准来源于法官司法实践经验的积累,具体的获得则需要诉诸一种"无言之知"即直觉的作用。哈奇森法官描述了这一心理过程:"在详察和慎重考虑了所能掌握的所有可用材料之后,我让想象的翅膀飞翔,对诉讼的原因进行

---

❶ [美]斯蒂文·J.伯顿主编:《法律的道路及其影响——小奥利弗·温德尔·霍姆斯的遗产》,张芝梅、陈绪刚译,北京大学出版社2005年版,第186页。

❷ [美]小奥利弗·温德尔·霍姆斯:《普通法》,冉昊、姚中秋译,中国政法大学出版社2006年版,第1页。

❸ [美]本杰明·卡多佐:《司法过程的性质》,苏力译,商务印书馆2000年版,第2页。

❹ [美]本杰明·卡多佐:《司法过程的性质》,苏力译,商务印书馆2000年版,第20页。

深度思考,等待着那种感觉,那种顿悟——一种直觉性的判断力闪光,它产生了联结问题与决定的跳跃火花,于是,司法之足所面对的漆黑道路上,洒下了照亮前行的光亮。"❶详察、内省、深思、想象、然后顿悟,这就是法官获得直觉经验标准的基本过程。

　　直觉认识是人类思维的一种高级机能,其作用方式与概念、判断、推理等逻辑思维颇为不同。它能够以特殊的敏锐性穿透事物的外表或现象,迅速洞察事物的内在本质;它瞬间发生,但却又是一种整体性感悟,以人的所有过往经验为基础,因此其结论具有一定程度的真实性与确定性。波斯纳法官说:"直觉是我们的一套基本的确信,它埋藏得很深,我们甚至不知如何质疑它,它无法令我们不相信,因此,它也为我们的推理提供了前提。"❷因此我们相信,直觉认识在法官提炼裁判标准、形成判决结论方面可以发挥重要作用。然而,直觉毕竟是一种无法用语言交流的内心体验,主观性很强。它虽然能够帮助人们发现事物的本质,但是我们却无法确切知道直觉在何种情况下才算进入了事物的内部,把握了事物的本质;它虽然能够产生某些具有确定性的判断,但是,这并非普遍现象。虽然我们都有直觉,但是谁也不能确证别人直觉的内容的真正含义。

　　直觉认识的这种特点给司法中直觉经验标准的运用带来了不确定性,以直觉顿悟的方式来获得社会标准显示出一定的弊端。弗兰克法官在雷波埃尔诉美国案(Repouille v. United States)❸的司法意见中专门讨论了这个问题。在该案中,法庭需要解决的问题是原告雷波埃尔是否有资格获得美国国籍。当时美国的《国籍法》规定,公民身份的申请人应当在其提出该申请之前的五年内表明他是一个具有"良好道德品质"(good moral character)的人(8 U.S.C.A. § 707(a)(3))。但是,雷波埃尔在提出申请的四年之前曾因二级非谋杀罪而被判处缓刑。该案的情况是:雷波埃尔是五个孩子的父亲,其中一个孩子先天残疾,又聋又哑,身体畸形,在出生时由于脑部受伤而智能低下,基本上处于无意识状态,终

---

❶　Joseph C. Hutcheson, Jr., The Judgment Intuitive: The Function of the "Hunch" in Judicial Decision, 14 Cornell. Q. 274, (1929), p.278.

❷　[美]理查德·A.波斯纳:《法理学问题》,苏力译,中国政法大学出版社2002年版,第93页。波斯纳法官还举例说:诸如"没有人一顿饭能吃下一只成年大象";"猫不长在树上";"纯粹为了娱乐的目的而杀人是罪恶的"等命题,仅凭直觉就可以作出具有高度肯定性的判断,吊诡的是,有时逻辑和科学反倒不能得出如此肯定的结论。

❸　Repouille v. United States, 165 F.2d 152(2d Cir. 1947).

日只能躺在婴儿床内,依靠其他人的喂养来生存。在孩子13岁时,雷波埃尔毒死了他。公诉机关以一级非谋杀罪向刑事法庭起诉,经审理,陪审团以二级非谋杀罪将其定罪,并建议法官给予宽恕,法官最后判处了缓刑。由于存在这个情节,移民拒绝了申请公民身份的请求,雷波埃尔不服,起诉到法院。该案争议的焦点问题是:曾经杀死亲子的雷波埃尔是不是一个具有"良好道德品质"的人?地区法院判决,雷波埃尔具有《国籍法》所规定的"良好道德品质",移民局不服,提起上诉。

在上诉审的审理过程中,弗兰克法官认为,所谓的"良好道德品质",其实是一个公众舆论与社会评价的问题。这是一个关于社会标准的判断,传统上法官采取司法认知的方式来进行,即把它们当做众所周知的显著事实来加以认识,但实际上这些事实并不是毫无争议,本案就是一个典型的例子。固然,法律也许可法庭进行一些非正式的调查,但是,由于法庭往往缺乏足够的人手来进行这一类的调查,因此法官常常是根据案件的情况作出直觉的、主观的判断。鉴于缺乏实证的依据,"司法认知"(judicial notice)于是难免沦为"司法无知"(judicial ignorance)。对这个问题,弗兰克法官也提出自己的建议:既然法庭缺乏了解当下公众反应的手段,不如要求原被告双方来对此问题承担证明责任,由当事人以合适的方式提供可靠的、相关的信息,法官可以据此作出判断。而且,这些信息应当记录在案。如果当事人提出上诉,上诉法院也能够将自己的判决建立在相关信息的基础上,而不是一种纯粹的主观臆测。

弗兰克法官的司法意见书中包含两个基本的要点:首先,是否具有"良好道德品质"必须要依据一定的社会标准才能加以判断,它与社会道德、宗教、习俗有着密切的联系,也容易引发公众的情感反应。如果完全交由法官作直觉性的、主观的判断,很可能会导致法官以自己的道德观念来取代了社会的价值。其次,既然社会标准是一种社会性的事实,就应当有证据来加以证明;这种证据可以是由当事人向法庭提供,也可以是由法庭依职权调查,但由此获得的证明应当具有不同于纯粹理性分析的实证基础,换言之,社会标准的最佳形态应当是实证的经验标准。

弗兰克法官所期待的实证经验标准显然不能通过单纯的情理分析或常识判断来取得,它有赖于社会科学方法的引入。早在1897年,霍姆斯对此就有所预言,他说:"对于法律的理性研究,懂得法条的人可能掌握着现在,但是掌握未来的人是熟练掌握统计学和经济学的人。"❶在霍姆斯的时代,社会科学方法在司法中的运用尚属罕见,即便是那些富有思想的法官往往只能是根据"社会领域竞争中生活利益的经验",来"比较利害得失的价值观念"。❷ 但如果法官以个人的经验来置换社会的经验,判决的基础就不稳固;相应地,人们会担心,法官在追求社会效果的幌子之下事实上成了某个利益集团的直接代言人。为了消除这样的弊端,霍姆斯本人试图引入政治经济学理论来对法律及判决的效果进行手段—成本的分析,但囿于时代的局限,以其丰富的司法经验及卓越的洞察力,仍感到力难能及,只能寄希望于未来社会科学的发展。

似乎为了应验霍姆斯的预言,时隔不久便产生了一例运用社会科学方法来帮助司法的著名案件,这就是1908年的马勒诉俄勒冈州案(Muller v. Oregon)❸。马勒是俄勒冈州一家洗衣店的店主,因要求店中一名女工每日工作10小时以上而被地方法庭罚款,理由是他违反了俄州《十小时工作制法》。马勒向联邦最高法院申诉。担任州方律师的是后来(1916年)成为联邦最高法院大法官的布兰代斯。这个案件对州方颇为不利,因为在1905年的洛克纳案中,美国联邦最高法院以违反宪法第十四条修正案的契约自由条款为由,判决纽约州一项规定面包工每周工作时间不得超过60小时的立法无效。鉴于此,布兰代斯在拟定诉讼策略时并没有从法律规则出发,而是收集了大量关于妇女健康与长工时之间关系的调查数据和报告等,他的目的是要用充分的社会科学资料来说明妇女限时工作法的合理性。在给最高法院的辩护简要(brief)中,布兰代斯只用了两页的篇幅来追溯案例,他没有直接对洛克纳案判决提出直接挑战,而是采用其用过的观点(即州在证明长工时会影响工人的安全和健康后可以限制工时),随后用了15页的篇幅引用其他州和外国法律中有关长工时影响工人健康的报告和条例,最后用了95页的篇幅引用了美国和欧洲的工厂和医学报告,说明长工时对妇女的健康有害。布兰代斯的策略十分成功,他提出的大量证据完全征服了最高法院的大法官们。在9︰0的判决中,最高法院宣布俄州限时工作法是有效的。在

---

❶ [美]奥利弗·温德尔·霍姆斯:《法律的道路》,张千帆、杨春福、黄斌译,《南京大学法律评论》2000年秋季号。

❷ [美]斯蒂文·J.伯顿主编:《法律的道路及其影响——小奥利弗·温德尔·霍姆斯的遗产》,张芝梅、陈绪刚译,北京大学出版社2005年版,第186页。

❸ Muller v. Oregon,208 U. S. 412-423(1908).

丰富的社会科学资料面前,大法官们一致认为,"妇女的身体结构及生育功能使她们在为生存的奋斗中处于十分不利的地位";长时间工作会导致妇女早亡;由于健康的母亲是健康的后代的根本,考虑到妇女本身的健康和"(我们)种族的健康","妇女的身体健康必须成为公众利益的一部分"。在此案的宣判中,最高法院将妇女看成是一个具有特征的群体,并提到妇女缺乏政治权利的问题,但指出这是一个更为深刻的问题,是"因妇女和男性在生活中扮演不同的角色而造成的"。❶

有意思的是,尽管说布兰代斯所收集的健康报告和医学资料打动了当时最高法院的大法官们,但如果这些报告和资料被拿到现在的美国法庭上,却不可能当成社会科学证据接受的,这是因为它们都是"很宽泛的、带有价值取向的、由一些很随意的看法和意见支持的结论",从今天的观点来看,它们是缺乏"研究质量"的。❷ 但是,马勒案开了一个重要的先例,即在司法论证中为证明立法的合理性可以引用社会学和医学意义上的数据,社会科学方法及其所产生的实证标准被引入司法过程。虽说布兰代斯所使用的材料存在缺陷,但这是当时社会科学发展水平不高的结果,因此可以预见,随着社会科学研究的发展以及社会科学方法的进步,司法活动中会出现更有质量、更加客观的社会科学证据。

现实主义法学在推动将社会科学方法引入法律领域方面功不可没。在揭示了法条主义的弊端之后,他们转向经验观察与定量研究来寻找真正的法律即"行动中的法律"。现实主义者库克指出:"只有经验的观察才能给我们以任何具体科学、包括法律科学中有用的基本原理。"❸他们认为,对法律行动者的行为进行实证的观察与归纳可以发现引发司法反应的刺激因素,这对于法律的预测以及司法中社会标准的把握是具有重要意义的。一系列的研究就此展开。例如,现实主义学者、耶鲁大学法学院教授穆尔面向康涅狄格州的所有银行进行调查问卷研究和定量分析,试图从中找出有关期票的实际银行惯例;他还专门研究了康涅狄克州纽黑文地区的交通模式,以探讨交通法规在不同情境下被遵守的

---

❶ Muller v. Oregon,208 U. S. 422–423(1908).

❷ [美]约翰·莫纳什、劳伦斯·沃克:《法律中的社会科学》(第六版),何美欢、樊志斌、黄博译,法律出版社2007年版,第8页。

❸ 参见[美]斯蒂芬·M.菲尔德曼:《从前现代主义到后现代主义的美国法律思想——一次思想航行》,李国庆译,中国政法大学出版社2005年版,第208~209页。

范围和程度,为立法与司法提供参考意见。而另外一位现实主义学者道格拉斯运用对照小组、调查问卷以及统计分析等方法,对破产的原因进行专门的实证研究,为《破产法》的适用与改进提出了诸多建议。❶ 现实主义法学的目的是将法律的制定与适用建立在科学研究的基础之上,他们认为,如果法官所适用的是符合社会实际状况的法律,那么,司法的社会效果就能够得到很好的保证。

在现实主义法学理念的推动之下,美国法庭越来越多地利用社会科学证据来确立实证的法律标准。1990 年,帕克法官深有感触地说:"准入统计学的证据对法院而言现在已经是司空见惯了",而之所以法院以及社会如此信奉这门科学,是因为"它被证实能够在准确度和经济成本可以接受的范围内提供信息。"❷ 产生这一认识经历了一个发展过程,我们可以在商标侵权案件的语境下清晰地感受到这一点。美国法律上认定商标侵权的标准是"很可能造成消费者混淆"。这一标准似乎可以从公众一般认识的角度来加以把握,但什么公众的一般认识往往又只能诉诸法官个人的主观判断,其实并不那么确定。于是,一些原告为了证明被告的侵权行为已经达到了法律标准,开始针对一般消费者进行较大范围的调查,并将统计分析的结果提交到法庭,但法官往往因无先例可循而拒绝原告所提交的调查数据(如 1928 年的 Elgin National Watch Cl. v. Elgin Clock Co. 案)。当然,由于这种调查结果具有相当的说服力,而且避免了法庭召集众多证人来法庭作证的麻烦,因此,其后也有法官根据案件具体情况认定了原告的调查(如 1940 年的 Oneida v. National Silver 案)。对司法中出现的这个新问题,法官们感到困惑,但同时开始反思。

1948 年 Triangle Publication v. Rohrlich 一案中弗兰克法官的观点可看做是这种反思的典型。该案涉及的是年轻女性时尚杂志与服饰的标识是否存在消费者混淆问题。弗兰克法官感慨地说:法官对什么是"很可能造成消费者混淆"标准的把握"完全是一种臆测,是一种想当然和揣测"。就本案而言,法官遇到了特别的困难,因为他们"都不是(或者不像)十几岁的少女,也不是她们的母亲或姐妹,除非我们能够得到从这些'青春期少女'和习惯了为她们买东西的女性亲

---

❶ [美]斯蒂芬·M.菲尔德曼:《从前现代主义到后现代主义的美国法律思想——一次思想航行》,李国庆译,中国政法大学出版社 2005 年版,第 209 页。

❷ 参见[美]约翰·莫纳什、劳伦斯·沃克:《法律中的社会科学》(第六版),何美欢、樊志斌、黄博译,法律出版社 2007 年版,第 158~159 页。

戚那儿直接获得的信息,否则我们无法很好地履行'司法认知'的职责。"❶恪尽职责的弗兰克法官为了充分了解女性消费者对这个问题的看法,亲自询问了一些随机选择的十几岁的女孩和她们的母亲、姐妹,并据以作出了相应的判决。他说:"我承认我获得这些数据的方法不够令人满意,但是它比卷宗中的任何材料对那个关键问题都更有说服力。"❷

与弗兰克法官的思路一致,美国的法官们越来越倾向于用社会科学证据来诠释"消费者混淆"这一法律标准,接下来是要扫清法律上的障碍,即这些调查材料是否属于法律上要求排除的传闻证据。事实上,被告通常正是以传闻证据规则来提出抗辩的。判例认为这些调查一般不应视为传闻证据,即使视为传闻证据,它们也可以归入传闻证据规则的例外,因此,在诉讼程序中引入这些社会调查证据不存在法律上的障碍。❸于是,社会调查证据逐渐成为司法活动中证明消费者混淆的常规手段。在法庭上已不再讨论这些社会调查证据的合法性问题,关注得更多的是调查方法的科学性与恰当性问题;而相关的程序机制也得以建立与完善,如专家证人的引入、质证机制的完善等。所有这一切,都是为了借助于科学实证的手段来帮助法官确立判决社会标准的客观性,将判决的社会效果建立在坚实的实证基础之上。

---

❶ [美]约翰·莫纳什、劳伦斯·沃克:《法律中的社会科学》(第六版),何美欢、樊志斌、黄博译,法律出版社2007年版,第96页。

❷ [美]约翰·莫纳什、劳伦斯·沃克:《法律中的社会科学》(第六版),何美欢、樊志斌、黄博译,法律出版社2007年版,第96页。

❸ Zippo Manufacturing Co. v. Rogers Imports, Inc. ,216 F. Su(1963) ,p.670.

主要参考文献

一、中文著作

1. 陈嘉映:《语言哲学》,北京大学出版社 2003 年版。

2. 陈兴良主编:《刑法方法论研究》,清华大学出版社 2006 年版。

3. 陈章龙:《冲突与构建——社会转型时期的价值观研究》,南京师范大学出版社 1997 年版。

4. 封毓昌:《辩证逻辑:认识史的总结》,中国社会科学出版社 1990 年版。

5. 葛洪义:《法律方法讲义》,中国人民大学出版社 2009 年版。

6. 葛洪义主编:《法理学》,中国人民大学出版社 2003 年版。

7. 何勤华主编:《西方法学流派撮要》,中国政法大学出版社 2003 年版。

8. 胡玉鸿:《法学方法论导论》,山东人民出版社 2002 年版。

9. 黄茂荣:《法学方法与现代民法》,中国政法大学出版社 2001 年版。

10. 焦宝乾:《法律论证导论》,山东人民出版社 2006 年版。

11. 孔祥俊:《法律方法论》,人民法院出版社 2006 年版。

12. 李桂林、徐爱国:《分析实证主义法学》,武汉大学出版社 2000 年版。

13. 梁慧星:《裁判的方法》,法律出版社 2003 年版。

14. 梁慧星:《民法解释学》,中国政法大学出版社 1995 年版。

15. 梁治平主编:《法律解释问题》,法律出版社 1998 年版。

16. 林立:《法学方法论与德沃金》,中国政法大学出版社 2002 年版。

17. 刘凤璞主编:《逻辑学大全》,吉林大学出版社 1991 年版。

18. 刘星:《法律是什么》,中国政法大学出版社 1998 年版。

19. 罗念生:《罗念生全集》(第 2 卷),世纪出版集团/上海人民出版社 2004 年版。

20. 吕世伦:《法理的积淀与变迁》,法律出版社 2001 年版。

21. 吕世伦主编：《现代西方法学流派》，中国大百科全书出版社 2000 年版。

22. 沈宗灵：《比较法总论》，北京大学出版社 1987 年版。

23. 沈宗灵主编：《法理学》，高等教育出版社 1994 年版。

24. 舒国滢等：《法学方法论问题研究》，中国政法大学出版社 2007 年版。

25. 宋冰主编：《程序、正义与现代化》，中国政法大学出版社 1998 年版。

26. 苏力：《法治及其本土资源》，中国政法大学出版社 2004 年版。

27. 孙笑侠主编：《法理学》，中国政法大学出版社 1996 年版。

28. 王泽鉴：《法律思维与民法实例—请求权基础理论体系》，中国政法大学出版社 2001 年版。

29. 王泽鉴：《民法学说与判例研究》第一册，中国政法大学出版社 2005 年版。

30. 杨仁寿：《法学方法论》，中国政法大学出版社 1999 年版。

31. 张大松、蒋新苗主编：《法律逻辑学教程》（第二版），高等教育出版社 2007 年版。

32. 赵玉增、郑金虎、侯学勇：《法律方法：基础理论研究》，山东人民出版社 2010 年版。

33. 郑成良：《法律之内的正义》，法律出版社 2002 年版。

34. 郑永流主编：《法哲学与法社会学论丛》（六），中国政法大学出版社 2003 年版。

35. 朱景文主编：《对西方法律传统的挑战——美国批判法律研究运动》，广西师范大学出版社 2004 年版。

二、中文论文

36. 陈金钊：《司法过程中的法律方法论》，《法制与社会发展》2002 年第 4 期。

37. 陈金钊：《文义解释：法律方法的优位选择》，《文史哲》2005 年第 6 期。

38. 陈林林：《基于法律原则的裁判》，《法学研究》2006 年第 3 期。

39. 葛洪义：《试论法律论证的概念、意义与方法》，《浙江社会科学》2004 年第 2 期。

40. 公丕祥：《当代中国的自主型司法改革道路——基于中国司法国情的初步分析》，《法律科学》2010 年第 3 期。

41. 郝明金：《司法的目的与方法》，《山东审判》2005 年第 5 期。

42. 胡玉鸿:《法律技术的内涵及其范围》,《现代法学》2006 年第 5 期。

43. 胡玉鸿:《法律原则适用的时机、中介及方式》,《苏州大学学报》(哲学社会科学版)2006 年第 6 期。

44. 胡玉鸿:《关于利益衡量的几个法理问题》,《现代法学》2001 年第 4 期。

45. 胡玉鸿:《利益衡量与社会需求》,《法商研究》2001 年第 3 期。

46. 季卫东:《法律解释的真谛(上)》,《中外法学》1998 年第 6 期。

47. 焦宝乾:《"法律方法"的用语及概念解析》,《甘肃政法学院学报》2008 年第 1 期。

48. 梁上上:《利益衡量的层次结构与利益衡量的展开》,《法学研究》2002 年第 1 期。

49. 刘士国:《类型化与民法解释》,《法学研究》2006 年第 6 期。

50. 秦策:《法律价值的冲突与选择》,《法律科学》1998 年第 3 期。

51. 秦策:《霍姆斯法官"经验"概念的方法论解读》,《法律适用》2006 年第 11 期。

52. 秦策:《司法推理的基本矛盾分析》,《政治与法律》2001 年第 2 期。

53. 舒国滢:《法律原则适用中的难题何在》,《苏州大学学报》(哲学社会科学版)2006 年第 4 期。

54. 苏力:《解释的难题:对几种法律文本解释方法的追问》,《中国社会科学》1997 年第 4 期。

55. 王婧华:《良心至上方显公平——我心目中的司法格言》,《山东审判》2008 年第 4 期。

56. 吴丙新:《法律概念与法治——兼为概念法学辩护》,《山东大学学报》2004 年第 4 期。

57. 夏锦文:《法律职业化:一种怎样的法律职业样式——以司法现代化为视角的考察》,《法学家》2006 年第 6 期。

58. 张建理:《词义不确定性面面观》,《浙江大学学报(人文社会科学版)》2002 年第 5 期。

59. 张利春:《日本民法中的利益衡量论》,陈金钊、谢晖主编:《法律方法》(第七卷),山东人民出版社 2008 年版。

60. 郑永流:《道德立场与法律技术——中德情妇遗嘱案的比较和评析》,《中国法学》2008 年第 4 期。

61. 朱良好:《司法裁判视域中的利益衡量论略》,《辽宁师范大学学报》(社会科学版)2008 年第 4 期。

三、外文译著、译文

62. [奥]汉斯·凯尔森:《法与国家的一般理论》,沈宗灵译,中国大百科全书出版社 1996 年版。

63. [德]K.茨威格特、H.克茨:《比较法总论》,潘汉典、米健、高鸿钧、贺卫方译,贵州人民出版社 1992 年版。

64. [德]M.石里克:《普通认识论》,李步楼译,商务印书馆 2005 年版。

65. [德]伯恩·魏德士:《法理学》,丁小春、吴越译,法律出版社 2003 年版。

66. [德]恩吉施:《法律思维导论》,郑永流译,法律出版社 2004 年版。

67. [德]古斯塔夫·拉德布鲁赫:《法律智慧警句集》,舒国滢译,中国法制出版社 2001 年版。

68. [德]哈贝马斯:《交往行动理论(第一卷)——行动的合理性和社会合理化》,洪佩郁等译,重庆出版社 1994 年版。

69. [德]卡尔·拉伦茨:《法学方法论》,陈爱娥译,商务印书馆 2003 年版。

70. [德]拉德布鲁赫:《法学导论》,米健、朱林译,中国大百科全书出版社 1997 年版。

71. [德]罗伯特·阿列克西:《法律论证理论》,舒国滢译,中国法制出版社 2002 年版。

72. [德]罗伯特·霍恩等:《德国民商法导论》,中国大百科全书出版社 1996 年版。

73. [德]马克斯·韦伯:《论经济与社会中的法律》,埃德华·希尔斯、马克斯·莱因斯坦英译,张乃根中译,中国大百科全书出版社 1998 年版。

74. [法]勒内·达维德:《当代主要法律体系》,漆竹生译,上海译文出版社 1984 年版。

75. [法]卢梭:《社会契约论》,何兆武译,商务印书馆 1982 年版。

76. [荷]伊芙琳·T.菲特丽丝:《法律论证原理——司法裁决之证立理论概览》,张其山等译,商务印书馆 2005 年版。

77. [美]E.博登海默:《法理学—法哲学及其方法》,邓正来、姬敬武译,华夏出版社 1987 年版。

78. [美]William Brunham:《英美法导论》,林利芝译,中国政法大学出版社 2003 年版。

79. [美]爱德华·S. 考文:《美国宪法的"高级法"背景》,强世功译,生活·读书·新知三联书店 1996 年版。

80. [美]昂格尔:《现代社会中的法律》,吴玉章、周汉华译,中国政法大学出版社 1994 年版。

81. [美]本杰明·卡多佐:《法律的成长·法律科学的悖论》,董炯、彭冰译,中国法制出版社 2002 年版。

82. [美]本杰明·卡多佐:《司法过程的性质》,苏力译,商务印书馆 2000 年版。

83. [美]布莱恩·H. 比克斯:《牛津法律理论词典》,邱昭继等译,法律出版社 2007 年版。

84. [美]弗兰克:《初审法院:美国司法中的神话与现实》,赵承寿译,中国政法大学出版社 2007 年版。

85. [美]弗洛姆:《追寻自我》,苏娜、安定译,延边大学出版社 1987 年版。

86. [美]富勒:《法律的道德性》,郑戈译,商务印书馆 2005 年版。

87. [美]哈罗德·J. 伯尔曼:《法律与革命》,贺卫方、高鸿钧、张志铭、夏勇译,中国大百科全书出版社 1993 年版。

88. [美]卡尔·N. 卢埃林:《普通法传统》,陈绪刚、史大晓、仝宗锦译,中国政法大学出版社 2002 年版。

89. [美]凯斯·R. 孙斯坦:《法律推理与政治冲突》,金朝武、胡爱平、高建勋译,法律出版社 2004 年版。

90. [美]考文:《美国宪法的"高级法"背景》,生活·读书·新知三联书店 1996 年版。

91. [美]理查德·A. 波斯纳:《法理学问题》,苏力译,中国政法大学出版社 1994 年版。

92. [美]理查德·A. 波斯纳:《正义/司法的经济学》,苏力译,中国政法大学出版社 2002 年版。

93. [美]鲁格罗·亚狄瑟:《法律的逻辑》,唐欣伟译,台北商周出版社有限公司 2005 年版。

94.［美］罗伯特·斯蒂文斯:《法学院:19 世纪 50 年代到 20 世纪 80 年代的美国法学教育》,阎亚林、李新成、付欣译,中国政法大学出版社 2003 年版。

95.［美］罗伯托·曼戈贝拉·昂格尔:《法律分析应当为何?》,李诚予译,中国政法大学出版社 2007 年版。

96.［美］罗科斯·庞德:《法律史解释》,曹玉堂、杨知译,华夏出版社 1989 年版。

97.［美］罗纳德·德沃金:《法律帝国》,李常青译,中国大百科全书出版社 1996 年版。

98.［美］罗纳德·德沃金:《认真对待权利》,信春鹰、吴玉章译,中国大百科全书出版社 1998 年版。

99.［美］罗斯科·庞德:《法理学》(第 1 卷),邓正来译,中国政法大学出版社 2004 年版。

100.［美］罗斯科·庞德:《法理学》(第 3 卷),廖德宇译,法律出版社 2007 年版。

101.［美］罗斯科·庞德:《法理学》(第 4 卷),王保民、王玉译,法律出版社 2007 年版。

102.［美］罗斯科·庞德:《法律史解释》,邓正来译,中国法制出版社 2002 年版。

103.［美］罗斯科·庞德:《法律与道德》,陈林林译,中国政法大学出版社 2003 年版。

104.［美］罗斯科·庞德:《通过法律的社会控制·法律的任务》,沈宗灵译,商务印书馆 1984 年版。

105.［美］迈尔文·艾隆·艾森伯格:《普通法的本质》,张曙光等译,法律出版社 2004 年版。

106.［美］史蒂文·J. 伯顿:《法律和法律推理导论》,张志铭、解兴权译,中国政法大学出版社 1999 年版。

107.［美］斯蒂芬·M. 菲尔德曼:《从前现代主义到后现代主义的美国法律思想——一次思想航行》,李国庆译,中国政法大学出版社 2005 年版。

108.［美］斯蒂文·J. 伯顿主编:《法律的道路及其影响——小奥利弗·温德尔·霍姆斯的遗产》,张芝梅、陈绪刚译,北京大学出版社 2005 年版。

109.［美］小奥利弗·温德尔·霍姆斯:《普通法》,冉昊、姚中秋译,中国政法大学出版社 2006 年版。

110. [美]约翰·罗尔斯:《正义论》,何怀宏、何包钢、廖申白译,中国社会科学出版社 1988 年版。

111. [美]约翰·莫纳什、劳伦斯·沃克:《法律中的社会科学》(第六版),何美欢、樊志斌、黄博译,法律出版社 2007 年版。

112. [苏联]列克托尔斯基等编:《现代西方哲学辞典》,贾泽林等译,东方出版社 1995 年版。

113. [日]川岛武宜:《现代化与法》,申政武等译,中国政法大学出版社 2004 年版。

114. [日]望月礼二郎:《英美法》,郭建、王仲涛译,商务印书馆 2005 年版。

115. [英]D. D. 拉斐尔:《道德哲学》,邱仁宗译,辽宁教育出版社、牛津大学出版社 1998 年版。

116. [英]H. L. A. 哈特:《法理学与哲学论文集》,支振锋译,法律出版社 2005 年版。

117. [英]H. L. A. 哈特:《法律的概念》(第二版),许家馨、李冠宜译,法律出版社 2006 年版。

118. [英]H. L. A. 哈特:《法律的概念》,张文显、郑成良、杜景义、宋金娜译,中国大百科全书出版社 1996 年版。

119. [英]H. L. A. 哈特:《法律推理问题》,刘星译,《法学译丛》1991 年第 5 期。

120. [英]H. L. A. 哈特:《实证主义和法律与道德的分离》,翟小波译,《环球法律评论》2001 年夏季号。

121. [英]L. 乔纳森·科恩:《理性的对话——分析哲学的分析》,邱仁宗译,社会科学文献出版社 1998 年版。

122. [英]P. S. 阿狄亚:《合同法导论》,赵旭东等译,法律出版社 2002 年版。

123. [英]戴维·M. 沃克:《牛津法律大辞典》,李双元等译,法律出版社 2003 年版。

124. [英]迪亚斯:《法律的概念与价值》,黄文艺译,张文显、李步云编:《法理学论丛》(第一卷),法律出版社 2000 年版。

125. [英]洛克:《政府论》,瞿菊农、叶启芳译,商务印书馆 1981 年版。

126. [英]尼尔·麦考密克:《法律推理与法律理论》,姜峰译,法律出版社 2005 年版。

127. ［德］菲利普·黑克：《利益法学》，傅广宇译，《比较法研究》2006 年第 6 期。

128. ［美］奥利弗·温德尔·霍姆斯：《法律的道路》，张千帆、杨春福、黄斌译，《南京大学法律评论》2000 年秋季号。

四、英文著作

129. Andrew Altman, Critical Legal Studies: a liberal critique, New Jersey: Princeton University Press, 1990.

130. Antonin Scalia, A Matter of Interpretation: Federal Courts and the Law, Amy Gutmann ed. , Princeton University Press, 1997.

131. Brian Leiter, Positivism, Formalism, Realism, Columbia Law Review, May, 1999.

132. Brian Leiter, Rethinking Legal Realism: Toward a Naturalized Jurisprudence, Texas Law Review, December, 1997.

133. C. Langdell, A Selection of Cases on the Law of Contracts, 1871.

134. Catharine Pierce Wells, Symposium: Oliver Wendell Holmes, Jr. : The Judging Years: Holmes on Legal Method: The Predictive Theory of Law as an Instance of Scientific Method, 18 S. Ill. U. L. J. 329, 1994.

135. Christopher Columbus Langdell, A Selection of Cases on the Law of Contracts, 1871.

136. Csaba Varga, ed. , Comparative Legal Cultures, Dartmouth Publishing , 1992.

137. Edward H. Levi, An Introduction to Legal Reasoning, The University of Chicago Press, 1949.

138. F. A. R. Bennion, Statutory Interpretation, Butterworths, 1984.

139. G. Gilmore, The Age of American Law, 1977.

140. Hans Kelsen, Introduction to the Problems of Legal Theory, The Clarendon Press, 1992.

141. Henry M. Hart, Jr. & Albert M. Sacks, The Legal Process: Basic Problems in the Making and Application of Law (tentative ed. 1958).

142. Ian Mcleod, Legal Method, Fourth Edition, Palgrave Macmillan, 2002.

143. James Boyle, The Anatomy of a Torts Class, American University Law Review, Summer, 1985.

144. James M. Landis, The Administrative Process, Yale University Press, 1938.

145. Jerome Frank, Law and the Modern Mind, Peter Smith, 1970.

146. Karl Llewellyn, The Bramble Bush: on Our Law and its Study, New York, Oceana Publication, 1930.

147. Kenneth J. Vandevelde, Thinking Like a Lawyer: An Introduction to Legal Reasoning, Westview Press, 1996.

148. Kent Greenawalt, Law and Objectivity, New York: Oxford University Press, 1992.

149. L. Fuller, The Morality of Law, New Haven and London, Yale University Press, 1964.

150. Lief H. Carter, Reason in Law (Fifth Edition), Addison-Wesley Educational Publishers Inc. , 1998.

151. Lloyd, The Idea of Law, Penguin, 1964.

152. Mangaberia Unger, The Critical Legal Studies Movement, Harvard University Press, 1986.

153. Martin P. Golding, Legal Reasoning, Broadview Press, 2001.

154. Matin Stone, Formalism, Jules Coleman & Scott Shariro, The Oxford Handbook of Jurisprudence and Philosophy of Law, Oxford University Press, 2002.

155. Morton J. Horwitz, The Transformation of American Law 1870–1950, 1994.

156. Oliver Wendell Holmes, The Common Law, Harvard University Press, 1963.

157. Oliver Wendell Holmes, Twenty Years in Retrospect, in The Occasional Speeches of Justice Oliver Wendell Holms 154, Mark D. Howe ed. , 1962.

158. Reed Dickerson, The Interpretation and Application of Statutes, Little, Brown and Company, 1975.

159. Robert Alexy, A Theory of Constitutional Rights, Oxford University Press, 2002.

160. Roberto Mangaberia Unger, Knowledge and Politics, The Free Press, 1975.

161. Ronald Dworkin, A Matter of Principle, Harvard University Press, 1985.

162. Roy L. Brooks, Structures of Judicial Decision-making from Legal Formalism to Critical Theory, Carolina Academic Press, 2002.

163. Sir WM. Blackstone, Commentaries on the Law of England(Book I) , Portland: Thomas B. Wait, & Co. , 1807.

164. Wassertrom. R. A, The Judicial Decision, Stanford University Press, 1961.

165. [美]威廉·L·雷诺德:《司法程序》(美国法精要·影印本),法律出版社 2004 年版。

五、英文论文

166. Bradley C. Karkkainen, "Plain Meaning": Justice Scalia's Jurisprudence of Strict Statutory Construction, 17 Harv. J. L. & Pub. Pol'y 401, 1994.

167. Burt Neuborne, Of Sausage Factories and Syllogism Machines: Formalism, Realism, and Exclusionary Selection Techniques, 67 N. Y. U. L. Rev. 419, 1992.

168. C. Langdell, Teaching Law as Science, 21 Am. L. Rev. 123, 1887.

169. Cass R. Sunstein, On Analogical Reasoning, 106 Harv. L. Rev. 741, 1993.

170. Charles Groves Haines, General Observations of the Effects of Personal, Political and Economic Influences in the Decision of Judges, 17 Ill. L. R. 96, 1922.

171. Cook, Scientific Method and the Law, 13 A. B. A. J. 303, 1927.

172. David Kairys, Perspectives on Critical Legal Studies: Law and Politics, 52 Geo. Wash. L. Rev. 243, 1984.

173. David L. Shapiro, The Case of the Speluncean Explorers: A Fiftieth Anniversary Symposium, Foreword: A Cave Drawing for the Ages, 112 Harv. L. Rev. 1834.

174. Felix Cohen, Field Theory and Judicial Logic, 59 Yale L. J. 238, 1950.

175. Felix Cohen, The Ethical Basis of Legal Criticism, 41 Yale L. J. 201, 1931.

176. Felix Cohen, Transcendental Nonsense and the Functional Approach, 35 Colum. L. Rev 809, 1935.

177. Felix Frankfurter & Henry M. Hart, Jr., The Business of the Supreme Court at October Term 1934, 49 Harv. L. Rev. 68, 1935.

178. Felix Frankfurter, Some Reflections on the Reading of Statutes, 47 Colum. L. Rev. 527, 1947.

179. Frank H. Easterbrook, Text, History, and Structure in Statutory Interpretation, 17 Harv. J. L. Pub. Pol'y 61.

180. Gary Peller, The Metaphysics of American Law, 73 Calif. L. Rev. 1151, 1985.

181. H. L. A. Hart, Positivism and the Separation of Law and Morals, 71 Harv. L.

Rev. 593,1957.

182. Herman Oliphant, A Return to Stare Decisis, 14 A. B. A. J. 71,1928.

183. Jerome Frank, A Plea for Lawyer-Schools, 56 Yale L. J. 1303,1947.

184. Jerome Frank, Are Judges Human? 80 U. Pa. L. Rev. 17,1931.

185. Jerome Frank, What Courts Do In Fact, 26 Ill. L. Rev. 645,1932.

186. Jerome Frank: Words and Music: Some Remarks on Statutory Interpretation, 47 Colum. L. Rev. 1259,1947.

187. John Dewey, Logical Method and Law, 10 Cornell L. Q. 17,1924.

188. John F. Manning, Textualism and Legislative Intent, 91 Va. L. Rev. 419,2005.

189. John F. Manning, The Absurdity Doctrine, 116 Harv. L. Rev. 2387,2003.

190. Jon O. Newman, Between Legal Realism and Neutral Principles: The Legitimacy of Institutional Values, 72 Calif L Rev 200,1984.

191. Joseph C. Hutcheson, Jr. , The Judgment Intuitive: The Function of the "Hunch" in Judicial Decision, 14 Cornell. Q. 274,1929.

192. Joseph William Singer, Legal Realism Now, 76 Calif. L. Rev. 465,1988.

193. Karl Llewellyn, A Realistic Jurisprudence: The Next Step, 30 Colum. L. Rev. 438,1930.

194. Karl N. Llewellyn, Some Realism About Realism–Responding to Dean Pound, 44 Harv. L. Rev. 1222,1931.

195. Karl N. Llewellyn, The Case Law System in America, Edited with an Introduction by Paul Gewirtz, Translated from the German by Michael Ansaldi, Book Excerpt, 88 Colum. L. Rev. 989,1988.

196. Kuk Cho, "Procedural Weakness" of German Criminal Justice and Its Unique Exclusionary Rules Based on the Right of Personality, Temple International and Comparative Law Journal, Spring, 2001.

197. Lon L. Fuller, Freedom–A Suggested Analysis, 68 Harv. L. Rev. 1305,1955.

198. Lon L. Fuller, Positivism and Fidelity to Law – A Reply to Professor Hart, 71 Harv. L. Rev. 630,1958.

199. Lon L. Fuller, The Case of the Speluncean Explorers, 62 Harv. L. Rev. 616,1949.

200. Lon L. Fuller, The Forms and Limits of Adjudication, 92 Harv. L. Rev. 353,1978.

201. Marcia Speziale, Langdell's Concept of Law as Science: The Beginning of Anti-Formalism in American Theory,5 Vt. L. Rev. 1,1980.

202. Neil MacCormick, On Legal Decisions and Their Consequences: From Dewey to Dworkin,58 N. Y. U. L. Rev. 239,1983.

203. Oliver Wendell Holmes, Book Notices,14 Am. U. L. Rev. 233,1880.

204. Oliver Wendell Holmes, Codes, and the Arrangement of the Law,5 AM. L. Rev. 1,reprinted in 44 Harv. L. Rev. 725,1931.

205. Oliver Wendell Holmes, Jr. , Law in Science and Science in Law,12 Harv. L. Rev. 443,1899.

206. Oliver Wendell Holmes, Jr. , Natural Law,32 Harv. L. Rev. 40,1918.

207. Oliver Wendell Holmes, The Path of the Law,10 Harv. L. Rev. ,457,1897.

208. Oliver Wendell Holmes, The Theory of Legal Interpretation,12 Harv. L. Rev. 417,1899.

209. Patricia Wald, The Sizzling Sleeper: The Use of Legislative History in Construing Statutes In The 1988-1989 Term Of The United States Supreme Court,39 Am. U. L. Rev 277,1990.

210. Paul L. Biderman, Esq. , Of Vulcans and Values: Judicial Decision-Making and Implications for Judicial Education,47 Juv. & Fam. Ct. J. 61,1996.

211. R. H. Clark, Karl Llewellyn on Legal Method: A Social Science Reconsideration, 14 Tulsa L. J. 491,1979.

212. R. Randall Kelso, Styles of Constitutional Interpretation and the Four Main Approaches to Constitutional Interpretation in the American Legal History,29 Val. U. L. Rev. 121,1994.

213. Ralph J. Savarese, American Legal Realism,3 Hous. L. Rev. 180,1965.

214. Richard A. Posner, Pragmatic Adjudication,18 Cardozo L. Rev. 1,1996.

215. Richard A. Posner, Statutory Interpretation-in the Classroom and in the Courtroom,50 U. Chi. L. Rev. 800,1983.

216. Richard A. Posner, The Meaning of Judicial Restraint, 59 Indiana L Rev

1,1983.

217. Richard Posner,The Decline of Law as an Autonomous Discipline,100 Harv. L. Rev. 761,1987.

218. Robert J. Araujo, S. J. , The Use of Legislative History in Statutory Interpretation:A Look at Regents v. Bakke,16 Seton Hall Legis. J. 57,1992.

219. Roberto Mangabeira Unger,The Critical Legal Studies Movement,96 Harv. L. Rev. 561,1983.

220. Roscoe Pound,Theory of Judicial Decision,36 Harv. L. Rev. 641,1923.

221. Thomas C. Grey,Holmes and Legal Pragmatism,41 Stan. L. Rev. 787,1989.

222. Thomas C. Grey,Langdell's Orthodoxy,45 U. Pitt. L. Rev. 1,1983.

223. Thomas C. Grey,Modern American Legal Thought,106 Yale L. J. 493,1996.

224. Vincent A. Wellman,Dworkin and the Legal Process Tradition:The Legacy of Hart & Sacks,29 Ariz. L. Rev. 413,1987.

225. W. Burlette Carter,Reconstructing Langdell,32 Ga. L. Rev. 1,1997.

226. William N. Eskridge Jr. & Philip P. Frickey,Statutory Interpretation as Practical Reasoning,42 Stan. L. Rev. 321,1990.

227. William N. Eskridge, Jr. , The Case of the Speluncean Explorers:Twentieth-Century Statutory Interpretation in a Nutshell, 61 Geo. Wash. L. Rev. 1731,1993.

228. William N. Eskridge,Jr. ,The New Textualism,37 UCLA L. Rev. 621 ,1990.

229. Wilson Huhn,The Use and Limits of Syllogistic Reasoning in Briefing cases,42 Santa Clara L. Rev. 813,2002.

后　　记

　　本书是作者之一秦策主持的司法部法治建设与法学理论研究部级科研项目青年项目"司法方法与法学流派"（04SFB3001）的最终成果。西方法学思想源远流长，理论流派林林总总、数量众多。但本书主要以美国法学流派为研究对象，对来自大陆法系的学说只作稍稍兼顾。这不仅仅是为了便于集中讨论，防止漫无边际，也是因为，基于美国独特的司法传统，其诸多重要的法学流派都将司法问题作为一项重点论题，对司法过程的性质和方法论均形成了独特的理论立场。在时间脉络上，本书选取美国进入现代以来的第一个法学流派——法律形式主义作为开端，渐次梳理现实主义法学、法律过程理论、新自然法学、新分析实证主义、实用主义法学、批判法学的司法方法论思想，这是试图将法学流派演变与司法的形式、实质二维之间的互动关系加以映照，以凸显两者之间的内在关联。这种设计使我们不得不舍弃了一些同样具有深刻内涵的流派理论，而对选取的流派，又会舍弃其中与司法方法论无关或者与本书写作意旨不相干的部分。主观的剪裁难免带来缺漏和失当，对于书中所出现的问题与不足之处，敬请学界前辈与同仁批评指正！

　　本书的写作与出版，仰承夏锦文与龚廷泰两位先生的鼓励、扶持与帮助。南京师范大学党委副书记、副校长夏锦文教授在公务繁忙之余，仍然时时地关心着本书的写作与完成情况，并且对书稿的部分内容提出了很有价值的修改建议；本书付梓之际又荣幸地列入他所主编的"现代司法文丛"系列之中，在此给予特别的感谢！本书最初的写作意图形成于2004年，龚廷泰教授时任南京师范大学法学院院长，对于研究的立题与推进给予了大力支持，没有这一支持，本书或许很难成形。成书之际，他还欣然为本书作序，在此同样表示特别的感谢！

　　本书的完成还与其他许多人的付出和关心是分不开的。感谢司法部研究室科研管理处在课题立项和管理过程中所付出的辛勤劳动。感谢南京师范大学法学院院长李力教授、书记李浩教授、副院长李建明教授、副院长刘敏教授、副院长蔡道通教授、庞正教授以及南京师范大学社科处副处长秦国荣教授,他们曾经从不同方面关心和支持本课题的研究,并尽其所能地为课题的完成提供便利。刘俊教授、陈爱武教授、程德文副教授、董长春副教授、方乐博士在学院举办的论文报告会上就本书的部分内容提出过意见,严海良副教授在本书最终成稿之际提出了中肯意见,在此一并致谢! 感谢浙江工商大学法学院副院长张学军教授、山东大学法学院副院长周长军教授、苏州大学法学院张成敏教授,他们曾对本书的初稿提出过宝贵意见。感谢人民出版社法律编辑室的李春林编审和张立编辑,他们以精益求精的态度编辑本书,并就本书的结构安排及诸多出版事宜提出了很好的建议。感谢南京师范大学法学院2009级硕士研究生季雯娟、刘晓梅、段建富、侯晓林,2010级硕士研究生陈新、方一之,他们以极为认真的态度参与了本书的后期校阅。

　　感谢所有为本书的成稿与出版有所付出或提供过帮助的人们!

作　者

2011 年 11 月

责任编辑:李春林　张　立
装帧设计:周涛勇
责任校对:吕　飞

图书在版编目(CIP)数据

司法方法与法学流派/秦策　张镭 著. -北京:人民出版社,2011.12
(现代司法文丛)
ISBN 978－7－01－010679－3

Ⅰ.①司…　Ⅱ.①秦…　②张…Ⅲ.①法学流派-方法论-研究-世界
　Ⅳ.①D909

中国版本图书馆 CIP 数据核字(2012)第 021270 号

司法方法与法学流派
SIFA FANGFA YU FAXUE LIUPAI

秦　策　张　镭　著

人民出版社 出版发行
(100706　北京朝阳门内大街 166 号)

北京新魏印刷厂印刷　新华书店经销

2011 年 12 月第 1 版　2011 年 12 月北京第 1 次印刷
开本:710 毫米×1000 毫米 1/16　印张:25
字数:300 千字　印数:0,001-3,000 册

ISBN 978－7－01－010679－3　定价:48.00 元

邮购地址 100706　北京朝阳门内大街 166 号
人民东方图书销售中心　电话 (010)65250042　65289539